Lei das Práticas Restritivas do Comércio: Comentário

Lei das Práticas Restritivas do Comércio: Comentário

2014

Miguel Gorjão-Henriques

Com a Colaboração do prof. Doutor José Lobo Moutinho

ALMEDINA

Edição numerada: 335

LEI DAS PRÁTICAS RESTRITIVAS DO COMÉRCIO: COMENTÁRIO

AUTOR
Miguel Gorjão-Henriques
EDITOR
EDIÇÕES ALMEDINA, S.A.
Rua Fernandes Tomás, nºs 76-80
3000-167 Coimbra
Tel.: 239 851 904 · Fax: 239 851 901
www.almedina.net · editora@almedina.net
DESIGN DE CAPA
FBA.
PRÉ-IMPRESSÃO
EDIÇÕES ALMEDINA, SA
IMPRESSÃO E ACABAMENTO
PENTAEDRO, LDA.
Julho, 2014
DEPÓSITO LEGAL
378214/14

ALMEDINA | GRUPOALMEDINA

BIBLIOTECA NACIONAL DE PORTUGAL – CATALOGAÇÃO NA PUBLICAÇÃO
PORTUGAL. Leis, decretos, etc. Lei das práticas restritivas do comércio
Lei das práticas restritivas do comércio / coment. Miguel Gorjão-Henriques. – (Legislação anotada)
ISBN 978-972-40-5710-1
I – GORJÃO-HENRIQUES, Miguel, 1969-
CDU 347

I. Prefácio

A 25 de Fevereiro de 2014 entrou em vigor o Decreto-Lei nº 166/2013, que regula as práticas restritivas do comércio e visa assegurar "a transparência" e "o equilíbrio" das relações comerciais e negociais.

Importa ser claro: o novo diploma não tem por objectivo a concorrência. Não prossegue qualquer dos objectivos próprios de uma política de concorrência no contexto do mercado aberto, livre e interno em que Portugal se encontra. Quem tenha dúvidas, leia as palavras do prof. António Ferreira Gomes na recente conferência organizada pela Centromarca.

O Decreto-Lei nº 166/2013 *regula* o comércio mas, creio, não usa meios adequados e proporcionais para atingir objectivos que são legítimos e louváveis. Além dos inúmeros problemas técnico-jurídicos que levanta e que vão limitar os seus efeitos (aplanáveis por uma consulta pública e uma maior qualidade legística), o diploma é um exemplo de uma concepção ideológica de regulação, vista por aqueles que, num esgar (pós-) marxista, trasladam todas as esperanças para o Estado regulador e "forte": o mesmo que tem cada vez menos meios e pessoal. E dizendo reconhecer "o direito fundamental à iniciativa económica privada", o legislador, num diploma todo ele dirigido a limitar a liberdade económica e contratual, usa a mesma cartilha – é dos livros – e diz o seu contrário para produzir o efeito de *épater le bourgeois*.

Todo o seu *ser* se dirige ao equilíbrio nas relações comerciais. E é verdade que nem tudo vai bem ao nível das práticas negociais do comércio entre empresas que se encontram numa relação *vertical*, onde há problemas reais e preocupações legítimas e dignas de atenção. Mas responde *este* diploma a esses problemas reais?

Se o Direito visa resolver problemas, aqui são mais os que são colocados ou ignorados (v.g. *poder de compra* vs. *poder de venda*). Mas mesmo tendo apenas em vista o sector agroalimentar, o que acontecerá se:

a) Os contratos de fornecimento em vigor não forem "revistos e compatibilizados" num ano?

b) Com a crise, a redução da protecção social e o desemprego, não restar à distribuição, para garantir preços mais baixos ao consumidor, outra alternativa que não seja adquirir produtos a empresas não estabelecidas em território nacional ou produtos que venham de países terceiros à União Europeia? (o diploma não se aplica a esses produtos nem empresas, pelo que o objectivo de proteger o sector agroalimentar pode assumir-se perversamente como uma medida destinada a apoiar o esforço exportador do sector agroalimentar dos países fora da UE...).

c) Os produtores tiverem de colocar os seus produtos em cada loja, agora que não é possível cobrar por esses ou outros serviços que lhes são prestados no interesse de ambas as partes?

d) Como é esperável, os custos de transacção aumentarem. Pense-se no regime da factura ou no regime especial de responsabilidade contratual (o comprador tem de <u>demonstrar</u> que a culpa é do fornecedor): haverá uma corrida a seguros e outros mecanismos, com os custos inerentes?

Urge perguntar: assegura este diploma o *level playing field*? Não.

E quanto aos consumidores? Seria de esperar que, no contexto actual, se procurassem soluções que não afectassem o poder de compra dos consumidores. Mas o agravamento da ficção jurídica usada para definir o preço de compra efectivo e proibir a venda com prejuízo fornece um incentivo normativo a efeitos coordenados quanto aos preços, impede a passagem dos benefícios para os consumidores e, quando muito, liberta fundos para o investimento produtivo (*ironia*).

Finalmente, números: de 2007 a 2012 a ASAE enviou para a AdC menos c. 33% de processos (fonte: AdC, 2013). E, de 2007 a 2012, a AdC aplicou um total de € 1,9 milhões em coimas por práticas restritivas do comércio. Mas, no novo diploma a coima que pode ser aplicada por <u>uma</u>

única infracção é de 2, 5 milhões de euros! Atente-se: o valor das coimas aumenta 16666,66% (entre a lei anterior e a lei nova).

Se é imperioso que o PIB, a procura privada e a confiança cresçam, permite este quadro normativo acreditar que a "capacidade empresarial para a captação e satisfação dos clientes da distribuição" vai encontrar uma via para favorecer os consumidores e, ao mesmo tempo, os fornecedores e produtores?

Tudo isto mostra que o presente diploma levanta justas dúvidas e inquietações interpretativas aos práticos e teóricos do Direito que sobre este diploma se vão debruçar.

É neste contacto que surge o presente ***Comentário***, que tem na sua origem um conjunto significativo de pareceres que, desde 2012, foram sendo produzidos pelo Autor na sua prática jurídica como advogado da Sérvulo & Associados, em conjunto, de modo especial, com o prof. Doutor José Lobo Moutinho e com a colaboração de muitos outros Colegas, com destaque especial para o professor Evaristo Ferreira Mendes (cujo contributo para a anotação do artigo 17º foi essencial), mas incorporando também uma tão extensa quanto possível reflexão académica do Autor e, espera-se, com um sentido prático-jurídico que possa torná-la uma ferramenta útil e clarificadora, tanto quanto o diploma o permite.

É de salientar que, além do contributo essencial dado em relação à componente parecerística que esteve na base do presente livro (de todo o livro), o prof. José Lobo Moutinho é o autor material das anotações aos artigos 9º e 10º, pois a opção foi a de fazer um aproveitamento integral de um texto para o qual o Autor humildemente confessa não ter dado contributo muito relevante. Um agradecimento é, por isso, devido ao prof. José Lobo Moutinho e à sua Equipa, com realce para o David Silva Ramalho. Do mesmo modo, há que reconhecer e agradecer o trabalho de todos os que, na Equipa do meu Departamento, desde 2012, colaboraram activamente na elaboração dos pareceres e da presente anotação, muito em especial, nos últimos meses, o Luís Bordalo e Sá, que se não é co-autor é cúmplice qualificado deste livro, e a Inês Avelar Santos. A equipa integrava, na altura, o agora novel prof. Miguel Sousa Ferro, a quem não resta agradecer.

Importa dizer que o presente livro, conquanto não reproduza integralmente qualquer dos trabalhos jurídicos realizados entre 2012 e 2014 e assinados pelo Autor, sozinho ou com o prof. José Lobo Moutinho, foi pedida autorização aos Clientes para a utilização dos materiais produzidos. Lamenta-se apenas que tenha já existido uma publicação sobre a matéria em que, apesar do mérito intelectual do seu Autor ao abordar inovadoramente o que o Decreto-Lei nº 166/2013 surpreendentemente introduziu, não houve o mesmo cuidado quanto à utilização do trabalho alheio e aos direitos inerentes à produção intelectiva. De realçar é, finalmente, a possibilidade de, atrasando um pouco a edição do livro, ter podido beneficiar do notável acórdão de uniformização de jurisprudência proferido pelo Supremo Tribunal de Justiça, no passado dia 14 de Maio deste mesmo ano de 2014, cuja primeira notícia nos foi dada numa conferência organizada pela ICC – Portugal, em concreto pela Comissão de Concorrência, a que presido, no passado dia 4 de Junho de 2014, pelo Dr. Joaquim Vieira Peres.

Pretende-se que esta anotação tenha um cariz essencialmente prático, o que muitas vezes se tornará difícil, dada a dificuldade em discernir hermeneuticamente o sentido adequado, razoável e conforme à unidade do sistema jurídico subjacente a algumas ou mesmo muitas disposições do Decreto-Lei nº 166/2013.

A anotação é precedida do diploma anotado (Decreto-Lei nº 166/2013) e da Lei nº 31/2013, que concedeu autorização legislativa ao Governo para a modelação das coimas a aplicar.

Resta deixar um voto: o de que a presente Obra possa ser um primeiro contributo, ainda que frágil, para uma melhor compreensão destas matérias e uma correcta aplicação dos normativos em causa, em prol do funcionamento eficiente da nossa economia e do nosso comércio.

Lisboa, aos 6 de Junho de 2014, homenagem aos 70 anos do dia "D", que marcou a viragem na 2ª Guerra Mundial

II. Decreto-Lei nº 166/2013, de 27 de dezembro

A transparência nas relações comerciais e o equilíbrio das posições negociais entre agentes económicos são fundamentais para a concretização de desígnios constitucionais como os do direito fundamental à livre iniciativa económica e da garantia da equilibrada concorrência entre as empresas, cabendo ao Estado estabelecer os mecanismos que assegurem o cumprimento e impeçam a distorção destes princípios.

Após 19 anos de aplicação do Decreto-Lei nº 370/93, de 29 de outubro, alterado pelos Decretos-Leis nºs 140/98, de 16 de maio, e 10/2003, de 18 de janeiro, verifica-se uma necessidade de rever este regime. Na verdade, os constrangimentos que conduziram à sua aprovação mantêm-se e em alguns casos, alteraram-se com a evolução significativa do setor do comércio.

De salientar que o esforço para alcançar eficazmente os objectivos de equilíbrio nas relações comerciais e da sã concorrência não depende unicamente da aprovação de regulamentação pela Administração, devendo ser privilegiadas soluções de índole consensual, que envolvam o compromisso dos agentes económicos representados pelas suas estruturas associativas, num processo complementar, de autorregulação, por natureza voluntário e que, como tal, se reveste de um conjunto de vantagens, designadamente, o facto de assentar no compromisso das partes em cumprir determinados princípios e seguir determinadas condutas, bem como a inerente flexibilidade e capacidade de ajustamento ao dinamismo da atividade económica. A elaboração de um documento com as condições básicas de negociação tem, também, o mérito de reforçar a transparência e de assegurar a não discriminação e a reciprocidade entre parceiros, sendo de especial importância quando estejam em causa relações comerciais entre distribuidores e fornecedores fora do setor agroalimentar, e dentro deste, fornecedores de média e grande dimensão.

Por fim, salienta-se que a autorregulação permitirá alcançar resultados mais efectivos e eficazes se incluir soluções de monitorização e de resolução de conflitos que lhe confiram credibilidade.

Assim, e considerando, igualmente, as dificuldades e limitações identificadas no decurso da aplicação do Decreto-Lei nº 370/93, de 29 de outubro, bem como a inadequação de algumas das suas normas, sentida e transmitida pelos operadores económicos, procedeu-se à revisão do regime jurídico das práticas individuais restritivas de comércio, no sentido de clarificar a sua aplicação e de tornar suficientemente dissuasor o seu incumprimento.

Comparativamente ao regime que se revoga, o presente decreto-lei clarifica a noção de venda com prejuízo, em particular do que se entende por preço de compra efectivo, no sentido de facilitar a sua interpretação e fiscalização, tendo em consideração, entre outros, os descontos diferidos no tempo, quando estes sejam determináveis no momento da emissão da respetiva factura.

Da mesma forma, também passa a resultar claro que a determinação do preço de venda de um determinado produto tem em consideração os descontos concedidos a esse mesmo produto mesmo que consistam na atribuição de um direito de compensação em aquisição posterior de bens equivalentes ou de outra natureza.

O diploma densifica ainda o conceito de práticas negociais abusivas, que até agora era vago e indefinido, identificando expressamente algumas práticas consideradas abusivas, nomeadamente alterações retroativas de contratos, proibindo-se ainda determinadas práticas no setor agroalimentar, quando o fornecedor seja uma micro ou pequena empresa, organização de produtores ou cooperativa.

Aumentam-se, por outro lado, as penalizações pela violação do disposto no presente decreto-lei através do agravamento dos montantes das coimas, da previsão da possibilidade de adoção de medidas cautelares e de aplicação de sanções pecuniárias compulsórias.

Transfere-se, ainda, a competência para a instrução dos processos de contraordenação da Autoridade da Concorrência para a Autoridade de Segurança Alimentar e Económica (ASAE) uma vez que este regime pretende proteger diretamente os agentes económicos e garantir a transparência nas relações comerciais, sempre que não esteja em causa uma afetação sensível da concorrência.

Finalmente, introduz-se uma norma inovadora, que visa consagrar a institucionalização da autorregulação nesta área.

Tendo em conta que a aplicação do presente decreto-lei deve ser objecto de um acompanhamento que permita os ajustamentos necessários à sua eficácia, estabelece-se que a Direção-Geral das Atividades Económicas, em articulação com a ASAE, elabora um relatório no final do segundo ano a contar da data da respetiva entrada em vigor, do qual deve constar a avaliação do mecanismo previsto para a verificação da venda com prejuízo, nos casos em que o desconto consista na atribuição de um direito de compensação em aquisição posterior de bens equivalentes ou de outra natureza.

Assim:

No uso da autorização legislativa conferida pela Lei nº 31/2013, de 10 de maio, e nos termos das alíneas *a)* e *b)* do nº 1 do artigo 198º da Constituição, o Governo decreta o seguinte:

Artigo 1º – Objecto

O presente decreto-lei aprova o regime aplicável às práticas individuais restritivas do comércio.

Artigo 2º – Âmbito de aplicação

1 – O presente decreto-lei apenas é aplicável às empresas estabelecidas em território nacional.

2 – Estão excluídos do âmbito de aplicação do presente decreto-lei:

a) Os serviços de interesse económico geral;

b) A compra e venda de bens e as prestações de serviços, na medida em que estejam sujeitas a regulação setorial, nomeadamente no setor financeiro, postal, dos transportes, comunicações eletrónicas e energia;

c) A compra e venda de bens e as prestações de serviços com origem ou destino em país não pertencente à União Europeia ou ao Espaço Económico Europeu, sem prejuízo do disposto no nº 1 do artigo 4º.

Artigo 3º – Aplicação de preços ou de condições de venda discriminatórios

1 – É proibido a uma empresa praticar em relação a outra empresa preços ou condições de venda discriminatórios relativamente a prestações equivalentes, nomeadamente quando tal prática se traduza na aplicação de diferentes prazos de execução das encomendas ou de diferentes modalidades de embalamento, entrega, transporte e pagamento, não justificadas por diferenças correspondentes no custo de fornecimento ou do serviço, nem resultantes de práticas conformes ao Direito da Concorrência.

2 – São prestações equivalentes aquelas que respeitem a bens ou serviços similares e que não difiram de maneira sensível nas características comerciais essenciais, nomeadamente naquelas que tenham uma repercussão nos correspondentes custos de produção ou de comercialização.

3 – Não se consideram prestações equivalentes aquelas entre cujas datas de conclusão se tenha verificado uma alteração duradoura dos preços ou das condições de venda praticados pelo vendedor.

4 – Não são consideradas discriminatórias as ofertas de objectos desprovidos de valor comercial.

Artigo 4º – Transparência nas políticas de preços e de condições de venda

1 – Os produtores, fabricantes, importadores, distribuidores, embaladores e grossistas de bens e os prestadores de serviços são obrigados a facultar a qualquer revendedor ou utilizador tabelas de preços com as correspondentes condições de venda, quando solicitadas.

2 – As condições de venda devem referenciar, nomeadamente, os prazos de pagamento, as diferentes modalidades de descontos praticados e os respetivos escalões, sempre que não estejam abrangidos por segredo comercial.

3 – Nos contratos sujeitos à lei portuguesa, devem ser reduzidas a escrito, sob pena de nulidade, quaisquer disposições sobre as condições em que uma empresa obtenha uma remuneração financeira ou de outra natureza dos seus fornecedores, como contrapartida da prestação de serviços específicos.

Artigo 5º – Venda com prejuízo

1 – É proibido oferecer para venda ou vender um bem a uma empresa ou a um consumidor por um preço inferior ao seu preço de compra efectivo, acrescido dos impostos aplicáveis a essa venda e, se for caso disso, dos encargos relacionados com o transporte.

2 – Entende-se por preço de compra efectivo o preço unitário constante da factura de compra, líquido dos pagamentos ou descontos que se relacionem direta e exclusivamente com a transação dos produtos em causa, e que se encontrem identificados na própria factura ou, por remissão desta, em contratos de fornecimento ou tabelas de preço que estejam em vigor no momento da transação e que sejam determináveis no momento da respetiva emissão.

3 – Para efeitos do disposto no número anterior, entende-se por descontos relacionados direta e exclusivamente com a transação em causa os descontos de quantidade, os descontos financeiros e os descontos promocionais desde que identificáveis quanto ao produto, respetiva quantidade e período por que vão vigorar.

4 – Os descontos que forem concedidos num determinado produto são considerados na determinação do respetivo preço de venda.

5 – Para efeitos de aplicação do número anterior, os descontos que consistirem na atribuição de um direito de compensação em aquisição posterior de bens equivalentes ou de outra natureza, concedidos em cada produto, são imputados à quantidade vendida do mesmo produto e do mesmo fornecedor nos últimos 30 dias.

6 – Para os efeitos do presente decreto-lei, as facturas de compra consideram-se aceites em todos os seus termos e reconhecidas pelos seus destinatários, quando não tenham sido objecto de reclamação no prazo de 25 dias seguintes à respetiva receção.

7 – Em caso de desconformidade da factura, a sanação do vício e a emissão de uma factura retificada deve ocorrer no prazo de 20 dias após a reclamação prevista no número anterior.

8 – Para os efeitos do disposto no presente artigo, não são consideradas as alterações contidas em facturas retificadas, emitidas em data posterior aos prazos indicados.

9 – A alegação de existência de erro material afeta apenas a parcela em que se verifica, considerando-se cumprido o dever de interpelação para pagamento dos restantes bens e serviços constantes da factura.

10 – O disposto no nº 1 não é aplicável a:

a) Bens perecíveis, a partir do momento em que se encontrem ameaçados de deterioração rápida;

b) Bens cujo valor comercial esteja afetado, quer por ter decorrido a situação que determinou a sua necessidade, quer por redução das suas possibilidades de utilização, quer por superveniência de importante inovação técnica;

c) Bens cujo reaprovisionamento com outros bens, de características equivalentes, se efetue a preço inferior, sendo então o preço efectivo de compra substituído pelo preço resultante da nova factura de compra;

d) Bens vendidos em saldo ou liquidação.

11 – A prova documental do preço de compra efectivo, do preço de venda para efeitos do disposto nos nºs 4 e 5, bem como das justificações previstas no número anterior cabe ao vendedor, sem prejuízo de a entidade fiscalizadora poder solicitar as informações que julgar convenientes aos fornecedores ou a quaisquer outras entidades.

Artigo 6º – Recusa de venda de bens ou de prestação de serviços)

1 – Sem prejuízo dos usos normais da respetiva atividade ou de disposições legais ou regulamentares aplicáveis, é proibido a uma empresa recusar a venda de bens ou a prestação de serviços a outra empresa, ainda que se trate de bens ou de serviços não essenciais e que da recusa não resulte prejuízo para o regular abastecimento do mercado, excepto quando se verifique causa justificativa de recusa.

2 – É equiparada à recusa de venda a subordinação da venda de um bem ou da prestação de um serviço à aquisição de outro bem ou serviço.

3 – Para efeitos do disposto no nº 1 do presente artigo, e sem prejuízo dos nºs 1 e 2 do artigo 19º do Decreto-Lei nº 92/2010, de 26 de julho, são consideradas causas justificativas de recusa:

a) A satisfação das exigências normais da exploração industrial ou comercial do vendedor, designadamente a manutenção dos seus *stocks* de segurança ou das necessidades de consumo próprio;

b) A satisfação de compromissos anteriormente assumidos pelo vendedor;

c) A desproporção manifesta da encomenda face às quantidades normais de consumo do adquirente ou aos volumes habituais das entregas do vendedor;

d) A falta de capacidade do adquirente para, face às características do bem ou serviço, assegurar a sua revenda em condições técnicas satisfatórias ou manter um adequado serviço de pós-venda;

e) A fundada falta de confiança do vendedor quanto à pontualidade do pagamento pelo adquirente, tratando-se de vendas a crédito;

f) A existência de débitos vencidos e não liquidados referentes a fornecimentos anteriores;

g) A existência de acordos de distribuição exclusiva para determinado território, conformes ao Direito da Concorrência;

h) A proteção da propriedade intelectual;

i) As restrições vigentes no Direito da União Europeia e no Direito Internacional, nomeadamente para a repressão e combate da criminalidade e terrorismo;

j) A dificuldade anormal de venda ou a prestação por motivos de força maior, nomeadamente em consequência de guerra, greve, *lock-out*, tumultos, comoções civis, assaltos, sequestros, sabotagem, terrorismo, atos de vandalismo, insurreições civis ou militares, assaltos ou fenómenos naturais de natureza catastrófica e imprevisível;

k) A ocorrência de qualquer outra circunstância inerente às condições concretas da transação que, segundo os usos normais da respetiva atividade, tornaria a venda do bem ou a prestação do serviço anormalmente prejudicial para o vendedor ou para o comprador.

4 – Incumbe ao vendedor a prova das causas justificativas a que se refere o número anterior.

Artigo 7º – Práticas negociais abusivas

1 – São proibidas as práticas negociais entre empresas que se traduzam:

a) Na imposição da impossibilidade de venda a qualquer outra empresa a um preço mais baixo;

b) Na obtenção de preços, condições de pagamento, modalidades de venda ou condições de cooperação comercial exorbitantes relativamente às suas condições gerais de venda;

c) Na imposição unilateral, direta ou indireta:

i. De realização de uma promoção de um determinado produto;

ii. De quaisquer pagamentos enquanto contrapartida de uma promoção;

d) Na obtenção de contrapartidas por promoções em curso ou já ocorridas, incluindo os descontos que consistirem na atribuição de um direito de compensação em aquisição posterior de bens equivalentes ou de outra natureza;

e) Na alteração retroativa de um contrato de fornecimento.

2 – Para efeitos do número anterior, consideram-se como «exorbitantes relativamente às condições gerais de venda» os preços, condições de pagamento, modalidades de venda ou condições de cooperação comercial que se traduzam na concessão de um benefício ao comprador, ou ao vendedor, não proporcional ao volume de compras ou vendas ou, se for caso disso, ao valor dos serviços prestados.

3 – São, ainda, proibidas, no setor agroalimentar, as práticas negociais do comprador quando o fornecedor seja uma micro ou pequena empresa, organização de produtores ou cooperativa, e que se traduzam em:

a) Rejeitar ou devolver os produtos entregues, com fundamento na menor qualidade de parte ou da totalidade da encomenda ou no atraso da entrega, sem que seja demonstrada, pelo comprador, a responsabilidade do fornecedor por esse facto;

b) Impor um pagamento, diretamente ou sob a forma de desconto:

i. Pela não concretização das expectativas do comprador quanto ao volume ou valor das vendas;

ii. Para introdução ou reintrodução de produtos;

iii. Como compensação por custos decorrentes de uma queixa do consumidor, exceto quando o comprador demonstre que essa queixa se deve a negligência, falha ou incumprimento contratual do fornecedor;

iv. Para cobrir qualquer desperdício dos produtos do fornecedor, exceto quando o comprador demonstre que tal se deve a negligência, falha ou incumprimento contratual do fornecedor;

v. Por custos relativos a transporte e armazenamento posteriores à entrega do produto;

vi. Como contribuição para abertura de novos estabelecimentos ou remodelação dos existentes;

vii. Como condição para iniciar uma relação comercial com um fornecedor.

4 – Nos contratos sujeitos à lei portuguesa, qualquer cláusula contratual que viole o disposto no presente artigo é nula e tem-se por não escrita.

5 – As práticas negociais não proibidas pelo presente artigo, nomeadamente em virtude da dimensão ou do setor de atividade dos intervenientes, devem ser objecto de autorregulação nos instrumentos a que se refere o artigo 16º.

Artigo 8º – Medidas cautelares

1 – A entidade fiscalizadora pode determinar, com caráter de urgência e sem dependência de audiência de interessados, a suspensão da execução de uma prática restritiva do comércio suscetível de provocar prejuízo grave, de difícil ou impossível reparação, a outras empresas, sempre que constate que existem indícios fortes da sua verificação, ainda que na forma tentada.

2 – Após a aplicação de medida cautelar provisória nos termos do número anterior, a entidade fiscalizadora promove a audição do interessado no prazo máximo de cinco dias e decide sobre a conversão da medida cautelar provisória em definitiva no prazo máximo de 10 dias após a realização da audição.

3 – Na ausência de promoção de audição ou de decisão nos prazos referidos no número anterior, a medida cautelar provisória e a sanção pecuniária compulsória a que se refere o artigo 11º, caducam automaticamente.

4 – A medida cautelar definitiva, e a sanção pecuniária compulsória a que se refere o artigo 11º, caducam automaticamente caso o despacho de acusação em processo contraordenacional não seja notificado ao arguido, no prazo de 30 dias após aquela aplicação.

5 – A medida cautelar e a sanção pecuniária compulsória referidas no número anterior vigoram até a decisão em processo contraordenacional se tornar definitiva, transitar em julgado ou caducar por condenação em processo criminal pelo mesmo facto, sem prejuízo da alteração, substituição ou revogação da medida cautelar nos termos gerais ou por aplicação de medida de coação de efeito equivalente.

Artigo 9º – Contraordenações

1 – Constitui contraordenação punível com coima:

a) A violação do disposto no nº 1 do artigo 3º, no nº 3 do artigo 4º, no nº 1 do artigo 5º e nos nºs 1 e 3 do artigo 7º;

b) A violação do disposto no nº 1 do artigo 4º e dos nºs 1 e 2 do artigo 6º;

c) A não prestação ou a prestação de informações falsas, inexatas ou incompletas, em resposta a pedido da entidade fiscalizadora;
d) A violação das medidas cautelares impostas pela entidade competente.

2 – A negligência e a tentativa são puníveis, nos termos gerais.

Artigo 10º – Coimas

1 – As contraordenações referidas nas alíneas *a)* e *d)* do nº 1 do artigo anterior são puníveis com as seguintes coimas:
a) Se praticadas por pessoa singular, coima mínima de 750 EUR e máxima de 20 000 EUR;
b) Se praticadas por microempresa, coima mínima de 2 500 EUR e máxima de 50 000 EUR;
c) Se praticadas por pequena empresa, coima mínima de 3 000 EUR e máxima de 150 000 EUR;
d) Se praticadas por média empresa, coima mínima de 4 000 EUR e máxima de 450 000 EUR;
e) Se praticadas por grande empresa, coima mínima de 5 000 EUR e máxima de 2 500 000 EUR.

2 – As contraordenações referidas nas alíneas *b)* e *c)* do nº 1 do artigo anterior são puníveis com as seguintes coimas:
a) Se praticadas por pessoa singular, coima mínima de 250 EUR e máxima de 7500 EUR;
b) Se praticadas por microempresa, coima mínima de 500 EUR e máxima de 10 000 EUR;
c) Se praticadas por pequena empresa, coima mínima de 750 EUR e máxima de 25 000 EUR;
d) Se praticadas por média empresa, coima mínima de 1 000 EUR e máxima de 100 000 EUR;
e) Se praticadas por grande empresa, coima mínima de 2 500 EUR e máxima de 500 000 EUR.

3 – Para efeitos da classificação da empresa como microempresa, pequena empresa, média empresa ou grande empresa, são utilizados os critérios definidos na Recomendação nº 2003/361/CE, da Comissão Europeia, de 6 de maio de 2003.

Artigo 11º – Sanções pecuniárias compulsórias

1 – A entidade competente pode aplicar uma sanção pecuniária compulsória no caso de o agente não cumprir a decisão que impõe a adoção de medidas cautelares ou a decisão a que se refere o nº 1 do artigo 8º.

2 – A sanção pecuniária compulsória referida no número anterior consiste no pagamento de uma quantia pecuniária por cada dia de incumprimento que se verifique para além do prazo fixado para o cumprimento da obrigação.

3 – A sanção pecuniária compulsória é fixada segundo critérios de razoabilidade e proporcionalidade, atendendo ao volume de negócios do infrator realizado no ano civil anterior e ao impacto negativo causado no mercado e nos utilizadores pelo incumprimento, podendo o seu montante diário oscilar entre 2 000 EUR e 50 000 EUR.

4 – Os montantes fixados podem ser variáveis para cada dia de incumprimento no sentido crescente, não podendo ultrapassar, cumulativamente:

a) Um período máximo de 30 dias;

b) O montante máximo acumulado de 1 500 000 EUR.

Artigo 12º – Legislação subsidiária)

Às contraordenações previstas no presente decreto-lei aplica-se o regime geral do ilícito de mera ordenação social, constante do Decreto-Lei nº 433/82, de 27 de outubro, alterado pelos Decretos-Leis nºs 356/89, de 17 de outubro, 244/95, de 14 de setembro, e 323/2001, de 17 de dezembro, e pela Lei nº 109/2001, de 24 de dezembro.

Artigo 13º – Fiscalização, instrução e decisão dos processos)

1 – Compete à Autoridade de Segurança Alimentar e Económica (ASAE) a fiscalização do cumprimento do disposto no presente decreto-lei e a instrução dos processos de contraordenação.

2 – A decisão de aplicação das coimas compete ao inspetor-geral da ASAE.

Artigo 14º – Destino do montante das coimas

1 – O produto das coimas e sanções pecuniárias compulsórias cobradas por infração ao disposto no presente decreto-lei reverte:

a) Em 60% para os cofres do Estado;

b) Em 20 % para a ASAE;
c) Em 10% para a Direção-Geral das Atividades Económicas (DGAE);
d) Em 10% para o financiamento do mecanismo previsto no artigo 16º, caso exista.

2 – Caso não seja aplicável a alínea *d)* do número anterior, o produto do montante das coimas reverte para a ASAE.

Artigo 15º – Relatório de execução

A ASAE elabora, com uma periodicidade bienal, relatórios com indicação de todos os elementos estatísticos relevantes, relativos à aplicação do presente decreto-lei.

Artigo 16º – Autorregulação

1 – Sem prejuízo do disposto no presente decreto-lei, as estruturas representativas de todos ou de alguns dos setores de atividade económica podem adotar instrumentos de autorregulação tendentes a regular as respetivas transações comerciais.

2 – Os instrumentos de autorregulação adotados nos termos do número anterior estão sujeitos a homologação pelos membros do Governo responsáveis pela área da economia e pelos setores de atividade representados nos referidos instrumentos.

3 – Os membros do Governo responsáveis pelas áreas da economia e da agricultura podem criar um mecanismo de acompanhamento da autorregulação, por portaria, que também define as competências e o modo de funcionamento do mesmo.

4 – O financiamento do mecanismo de acompanhamento da autorregulação é assegurado exclusivamente pelas entidades que dele beneficiem, sem prejuízo do disposto na alínea *d)* do nº 1 do artigo 14º.

Artigo 17º – Validade dos contratos de fornecimento

1 – Todos os contratos de fornecimento vigentes à data de entrada em vigor do presente decreto-lei cessam no prazo máximo de 12 meses, salvo se, dentro daquele prazo, forem revistos e compatibilizados com o regime jurídico previsto no presente diploma.

2 – As cláusulas dos novos contratos que estejam em desconformidade com o regime jurídico previsto no presente decreto-lei são nulas.

Artigo 18º – Avaliação

1 – O acompanhamento da aplicação do presente decreto-lei compete à DGAE, cabendo-lhe elaborar e publicar, no final do segundo ano a contar da data da respetiva entrada em vigor, e posteriormente com uma periodicidade bienal, com base em dados fornecidos pela ASAE, um relatório sobre a execução do diploma.

2 – O relatório referido no número anterior deve incluir uma avaliação do mecanismo previsto para verificação da venda com prejuízo nos casos em que o desconto consista na atribuição de um direito de compensação em aquisição posterior de bens equivalentes ou de outra natureza.

Artigo 19º – Transição de processos

1 – Os processos contraordenacionais por infração ao Decreto-Lei nº 370/93, de 29 de outubro, alterado pelos Decretos-Leis nºs 10/2003, de 18 de janeiro, e 140/98, de 16 de maio, que se encontrem pendentes em fase de instrução na Autoridade da Concorrência no 30º dia anterior à data da entrada em vigor do presente decreto-lei são remetidos oficiosamente à ASAE.

2 – Nos casos a que se refere o número anterior, os prazos processuais ou substantivos suspendem-se no 30º dia anterior à data da entrada em vigor do presente decreto-lei, reiniciando-se a contagem no 30º dia posterior à referida data.

Artigo 20º – Norma revogatória

São revogados:

a) O Decreto-Lei nº 370/93, de 29 de outubro, alterado pelo Decretos-Leis nºs 140/98, de 16 de maio, e 10/2003, de 18 de janeiro;

b) A alínea *b)* do nº 1 do artigo 5º do Decreto-Lei nº 10/2003, de 18 de janeiro.

Artigo 21º – Entrada em vigor

1 – O presente decreto-lei entra em vigor 60 dias após a data da sua publicação.

2 – Sem prejuízo do disposto no número anterior, o artigo 19º do presente decreto-lei entra em vigor no dia seguinte ao da sua publicação.

Visto e aprovado em Conselho de Ministros de 30 de outubro de 2013. – *Pedro Passos Coelho – Maria Luís Casanova Morgado Dias de Albuquerque – Paula Maria von Hafe Teixeira da Cruz – António de Magalhães Pires de Lima – Maria de Assunção Oliveira Cristas Machado da Graça.*

Promulgado em 16 de dezembro de 2013.

Publique-se.

O Presidente da República, ANÍBAL CAVACO SILVA.

Referendado em 23 de dezembro de 2013.

O Primeiro-Ministro, *Pedro Passos Coelho.*

III. Lei nº 31/2013, de 10 de maio

Concede autorização legislativa ao Governo no âmbito da aprovação do regime jurídico aplicável às práticas individuais restritivas do comércio

A Assembleia da República decreta, nos termos da alínea *d)* do artigo 161º da Constituição, o seguinte:

Artigo 1º – Objecto

É concedida ao Governo autorização para, no âmbito da aprovação do regime jurídico aplicável às práticas individuais restritivas do comércio, estabelecer o regime contraordenacional nos termos dos artigos seguintes.

Artigo 2º – Sentido e extensão

1 – A autorização legislativa referida no artigo anterior é concedida ao Governo para legislar nos seguintes termos:

a) Estabelecer limites mínimos e máximos das coimas aplicáveis, para além dos previstos no artigo 17º do Decreto-Lei nº 433/82, de 27 de outubro, alterado pelos Decretos-Leis nºs 356/89, de 17 de outubro, 244/95, de 14 de setembro, e 323/2001, de 17 de dezembro, e pela Lei nº 109/2001, de 24 de dezembro;

b) Estabelecer a possibilidade de adoção de medidas cautelares;

c) Estabelecer a possibilidade de adoção de sanções pecuniárias compulsórias.

2 – A autorização prevista na alínea *a)* do número anterior tem como sentido e extensão a previsão de que os ilícitos de mera ordenação social tipificados no regime jurídico aplicável às práticas individuais restritivas do comércio são puníveis com coima:

a) De € 250 a € 20 000, se forem praticados por pessoa singular;
b) De € 500 a € 50 000, se forem praticados por microempresa;
c) De € 750 a € 150 000, se forem praticados por pequena empresa;
d) De € 1000 a € 450 000, se forem praticados por média empresa;
e) De € 2500 a € 2 500 000, se forem praticados por grande empresa.

3 – A autorização prevista na alínea *b)* do nº 1 tem como sentido e extensão a previsão de que, quando se verifiquem fortes indícios de uma prática restritiva do comércio, que esteja na iminência de provocar a outros agentes económicos um prejuízo grave e irreparável ou de difícil reparação, a entidade fiscalizadora pode ordenar preventivamente a imediata suspensão da referida prática.

4 – A autorização prevista na alínea *c)* do nº 1 tem como sentido e extensão a previsão de que a entidade competente pode aplicar uma sanção pecuniária compulsória no caso de não acatamento de decisão que imponha medida cautelar, fixada segundo critérios de razoabilidade e proporcionalidade, atendendo ao volume de negócios do infrator realizado no ano civil anterior e ao impacto negativo causado no mercado e nos utilizadores pelo incumprimento, podendo o seu montante diário variar entre € 2000 e € 50 000 e não podendo ultrapassar, cumulativamente, um período máximo de 30 dias e o montante máximo acumulado de € 1 500 000.

Artigo 3º – Duração

A presente autorização legislativa tem a duração de 180 dias.

Aprovada em 28 de março de 2013.

A Presidente da Assembleia da República, *Maria da Assunção A. Esteves.*

Promulgada em 29 de abril de 2013.

Publique-se.

O Presidente da República, Aníbal Cavaco Silva.

Referendada em 30 de abril de 2013.

O Primeiro-Ministro, *Pedro Passos Coelho.*

IV. Comentário

Decreto-Lei nº 166/2013, de 27 de dezembro

A transparência nas relações comerciais e o equilíbrio das posições negociais entre agentes económicos são fundamentais para a concretização de desígnios constitucionais como os do direito fundamental à livre iniciativa económica e da garantia da equilibrada concorrência entre as empresas, cabendo ao Estado estabelecer os mecanismos que assegurem o cumprimento e impeçam a distorção destes princípios.

Após 19 anos de aplicação do Decreto-Lei nº 370/93, de 29 de outubro, alterado pelos Decretos-Leis nºs 140/98, de 16 de maio, e 10/2003, de 18 de janeiro, verifica-se uma necessidade de rever este regime. Na verdade, os constrangimentos que conduziram à sua aprovação mantêm-se e em alguns casos, alteraram-se com a evolução significativa do setor do comércio.

De salientar que o esforço para alcançar eficazmente os objectivos de equilíbrio nas relações comerciais e da sã concorrência não depende unicamente da aprovação de regulamentação pela Administração, devendo ser privilegiadas soluções de índole consensual, que envolvam o compromisso dos agentes económicos representados pelas suas estruturas associativas, num processo complementar, de autorregulação, por natureza voluntário e que, como tal, se reveste de um conjunto de vantagens, designadamente, o facto de assentar no compromisso das partes em cumprir determinados princípios e seguir determinadas condutas, bem como a inerente flexibilidade e capacidade de ajustamento ao dinamismo da atividade económica. A elaboração de um documento com as condições básicas de negociação tem, também, o mérito de reforçar a transparência e de assegurar a não discriminação e a reciprocidade entre parceiros, sendo de especial importância quando estejam em causa relações comerciais entre distribuidores e fornecedores fora do setor agroalimentar, e dentro deste, fornecedores de média e grande dimensão.

Por fim, salienta-se que a autorregulação permitirá alcançar resultados mais efectivos e eficazes se incluir soluções de monitorização e de resolução de conflitos que lhe confiram credibilidade.

Assim, e considerando, igualmente, as dificuldades e limitações identificadas no decurso da aplicação do Decreto-Lei nº 370/93, de 29 de outubro, bem como a inadequação de algumas das suas normas, sentida e transmitida pelos operadores económicos, procedeu-se à revisão do regime jurídico das práticas individuais restritivas de comércio, no sentido de clarificar a sua aplicação e de tornar suficientemente dissuasor o seu incumprimento.

Comparativamente ao regime que se revoga, o presente decreto-lei clarifica a noção de venda com prejuízo, em particular do que se entende por preço de compra efectivo, no sentido de facilitar a sua interpretação e fiscalização, tendo em consideração, entre outros, os descontos diferidos no tempo, quando estes sejam determináveis no momento da emissão da respetiva factura.

Da mesma forma, também passa a resultar claro que a determinação do preço de venda de um determinado produto tem em consideração os descontos concedidos a esse mesmo produto mesmo que consistam na atribuição de um direito de compensação em aquisição posterior de bens equivalentes ou de outra natureza.

O diploma densifica ainda o conceito de práticas negociais abusivas, que até agora era vago e indefinido, identificando expressamente algumas práticas consideradas abusivas, nomeadamente alterações retroativas de contratos, proibindo-se ainda determinadas práticas no setor agroalimentar, quando o fornecedor seja uma micro ou pequena empresa, organização de produtores ou cooperativa.

Aumentam-se, por outro lado, as penalizações pela violação do disposto no presente decreto-lei através do agravamento dos montantes das coimas, da previsão da possibilidade de adoção de medidas cautelares e de aplicação de sanções pecuniárias compulsórias.

Transfere-se, ainda, a competência para a instrução dos processos de contraordenação da Autoridade da Concorrência para a Autoridade de Segurança Alimentar e Económica (ASAE) uma vez que este regime pretende proteger diretamente os agentes económicos e garantir a transparência nas relações comerciais, sempre que não esteja em causa uma afetação sensível da concorrência.

Finalmente, introduz-se uma norma inovadora, que visa consagrar a institucionalização da autorregulação nesta área.

Tendo em conta que a aplicação do presente decreto-lei deve ser objecto de um acompanhamento que permita os ajustamentos necessários à sua eficácia, estabelece-se que a Direção-Geral das Atividades Económicas, em articulação com a ASAE, elabora um relatório no final do segundo ano a contar da data da respetiva entrada em vigor, do qual deve constar a avaliação do mecanismo previsto para a verificação da venda com prejuízo, nos casos em que o desconto consista na atribuição de um direito de compensação em aquisição posterior de bens equivalentes ou de outra natureza.

Assim:

No uso da autorização legislativa conferida pela Lei nº 31/2013, de 10 de maio, e nos termos das alíneas a) e b) do nº 1 do artigo 198º da Constituição, o Governo decreta o seguinte:

A. Anotação

1. A anotação ao presente preâmbulo mas também ao diploma habilitante permite a abordagem de três perspectivas principais mas que estruturarão toda a anotação. A evolução histórica da matéria, uma primeira aproximação aos objectivos, interesses e valores cuja tutela é pretendida nos diversos institutos sujeitos do presente diploma, à luz do elemento histórico da interpretação jurídica, tão subvalorizado mas, cremos, fundamental para perceber a razão de ser e o sentido de soluções que o corpo do diploma – a sua parte verdadeiramente normativa – efectivamente consagrará. E, finalmente, a questão do sentido, objecto e alcance da norma habilitante, a Lei nº 31/2013, de 10 de Maio[1].

2. O Decreto-Lei nº 166/2013 produz uma profunda reforma do regime até agora vigente, que é actualizado mas também alterado de modo muito significativo, e que constava do Decreto-Lei nº 370/93, de 29 de

[1] Para uma análise completa do processo legislativo na Assembleia da República: http://www.parlamento.pt/ActividadeParlamentar/Paginas/DetalheIniciativa.aspx?BID=37449.
V., também, Comunicado do Conselho de Ministros de 29.11.2012, ponto 2: http://www.portugal.gov.pt/pt/os-ministerios/ministro-da-presidencia-e-dos-assuntos-parlamentares/documentos-oficiais/20121129-cm-comunicado.aspx.

outubro[2]. A opção do legislador foi a de substituir integralmente o regime anterior por um novo que, além de bastante inovador e exigente, implica uma redefinição teórica e prática dos limites e sentido das normas aplicáveis.

Se muitos institutos já eram objecto do Decreto-Lei nº 370/93 – como é o caso da chamada venda com prejuízo (que havia sido introduzida no sistema jurídico nacional pelo Decreto-Lei nº 253/86, de 25 de Agosto) ou a recusa de venda ou mesmo as normas sobre transparência de políticas de preços e condições comerciais –, noutras matérias o Decreto-Lei nº 166/2013 inova de modo significativo, como sucede na área das práticas negociais abusivas.

3. A origem deste diploma – e o regime dele constante – estão indissoluvelmente ligados a um desígnio político fomentado pelo XIX Governo Constitucional (mais, diga-se, o Ministério responsável pela Agricultura) que fez constituir a *Plataforma de Acompanhamento das Relações na Cadeia Agroalimentar* (PARCA)[3], através do Despacho conjunto nº 15480/2011 dos Ministérios da Economia e do Emprego e da Agricultura, do Mar, do Ambiente e do Ordenamento do Território, e composta pelos seguintes membros:

a) MAM – Ministério da Agricultura e do Mar (anterior MAMAOT);
b) ME – Ministério da Economia;
c) DGAE – Direção-Geral das Atividades Económicas;
d) GPP – Gabinete de Planeamento e Políticas do MAM (secretariado);
e) AdC – Autoridade da Concorrência;
f) APED – Associação Portuguesa de Empresas de Distribuição;
g) CAP – Confederação dos Agricultores de Portugal;
h) CCP – Confederação do Comércio e Serviços de Portugal;
i) CENTROMARCA – Associação Portuguesa de Empresas de Produtos de Marca;
j) CIP – Confederação da Indústria Portuguesa;
k) CNA – Confederação Nacional da Agricultura;

[2] Decreto-Lei nº 370/93, de 29 de Outubro ("Decreto-Lei nº 370/93", na redacção que resulta das alterações introduzidas pelo Decreto-Lei nº 140/98, de 16 de Maio, e pelo Decreto-Lei nº 10/2003, de 18 de Janeiro).

[3] A sua página electrónica oficial está disponível em: http://www.gpp.pt/parca.

l) CONFAGRI – Confederação Nacional das Cooperativas Agrícolas e do Crédito Agrícola de Portugal, CCRL; e
m) FIPA – Federação das Indústrias Portuguesas Agro-Alimentares.

4. A composição da PARCA é reveladora das preocupações que lhe estavam subjacentes e das posições que da mesma poderiam emergir. Além de cinco representantes de entidades da Administração, tem quatro representantes do sector agro-alimentar, dois do sector industrial e dois da distribuição e comércio. E nenhum representante dos consumidores. Da PARCA surgiram um conjunto de iniciativas e propostas que, de uma forma ou de outra, estiveram na base de vários diplomas normativos, entre os quais se contam, além do Decreto-Lei nº 166/2013, também o Decreto-Lei nº 2/2013, de 9 de Janeiro que, alterando o Decreto-Lei nº 118/2010, de 25 de Outubro, teve em «vista [o] fomento e equidade e [o] equilíbrio na cadeia alimentar», com um regime favorável para os «pequenos fornecedores» no que respeita aos «prazos de pagamento», mas que assume ainda como objectivo, em termos que melhor veremos adiante, o «reforço da concentração da oferta», não só mas também através da «autorregulação»[4].

5. É verdade que o Decreto-Lei nº 166/2013 se assinala como pretendendo a "concretização de desígnios constitucionais como os do direito fundamental à livre iniciativa económica e da garantia da equilibrada concorrência entre as empresas"[5]. Contudo, estas proclamações no preâmbulo não têm correspondência na parte dispositiva do diploma.

Mais aproximada do propósito parece ser a indicação segundo a qual se pretende "clarificar a sua [do regime jurídico das práticas individuais restritivas do comércio] aplicação" e de "tornar suficientemente dissuasor o seu incumprimento". Para tal, o preâmbulo afirma que, "[c]omparativamente ao regime que se revoga, o presente decreto-lei clarifica a noção de venda com prejuízo, em particular do que se entende por preço de compra efectivo, no sentido de facilitar a sua interpretação e fiscalização". A este ponto, contudo, voltaremos na anotação ao artigo correspondente.

[4] Citações retiradas do preâmbulo do Decreto-Lei nº 2/2013, de 9 de Janeiro.

[5] Preâmbulo do Decreto-Lei nº 166/2013. Do preâmbulo da PPL 126/XII constava apenas que esta pretendia a "concretização de desígnios constitucionais como o da liberdade contratual e o da sã concorrência".

6. Uma coisa é indiscutível: o Decreto-Lei nº 166/2013 representa um marco significativo nesta matéria normativa das práticas restritivas do comércio, ao permitir que se formule pela primeira vez um *distinguo* conceitual muito claro entre os objectivos e interesses que tutela e prossegue (o combate às práticas restritivas do comércio com vista à protecção da igualdade entre os concorrentes) e aqueles que são próprios do direito da concorrência (*maxime*, e com porventura exagerada simplificação, uma concorrência praticável e os interesses dos consumidores).

Uma análise deste novo regime normativo e dos diversos institutos que alberga mostra que os objectivos, interesses e valores que persegue são em absoluto estranhos àqueles que as leis da concorrência perseguem. Neste ponto, aliás, o Decreto-Lei nº 166/2013 reforça via já iniciada com o Decreto-Lei nº 370/93, cujo preâmbulo indicava que este regime se debruçava sobre comportamentos que "de *per se* constituem comportamentos menos transparentes embora sem efeitos graves a nível de concorrência". Ora, se o Decreto-Lei nº 370/93 havia concentrado num único diploma a disciplina de certas práticas individuais restritivas do comércio (anteriormente reguladas no Decreto-Lei nº 422/83, de 3 de Dezembro, que foi a primeira lei da concorrência portuguesa adoptada após o 25 de Abril e a primeira lei efectivamente aplicável), é de notar que o fez num contexto normativo em que o legislador separou intencionalmente, em dois diplomas distintos e sucessivos, as condutas que violavam as proibições típicas do direito da concorrência (que ficaram reunidas no Decreto-Lei nº 371/93) e as condutas que não afectavam de forma grave a concorrência (que ficaram no Decreto-Lei nº 370/93).

Assim, a proibição de práticas discriminatórias ou a recusa de venda ficaram no Decreto-Lei nº 370/93 e a proibição de (re)venda com prejuízo (até então constante do Decreto-Lei nº 253/86, de 25 de Agosto) migrou para o Decreto-Lei nº 370/93. No Decreto-Lei nº 371/93 (lei da concorrência) ficaram os tipos legais contra-ordenacionais que punem práticas anti-concorrenciais.

Em rigor, como se verá mais adiante, o Decreto-Lei nº 166/2013, mais do que estranho às preocupações do direito da concorrência, conduz a resultados que, se da sua utilidade social podem ser e são certamente desejados, são contrários aos pressupostos e objectivos clássicos do direito da concorrência. Assim, simplificando muito, é verdade, sempre se dirá que a defesa de mercados abertos e livres, o combate a práticas unilaterais ou colectivas de empresas em posição dominante que possam ser consideradas abusivas, o combate a práticas coligadas que permitam rendas excessivas ou lucros excessivos ou a práticas de exploração ou exclusão que possam reduzir a liberdade de escolha dos consumidores, quer em preço quer em qualidade, ou a defesa de estruturas de mercado minimamente *constestáveis*, tudo isso são objectivos possíveis do direito da concorrência. O direito da concorrência quer, em suma, empresas eficientes (na tripla dimensão da eficiência) que actuem no mercado de forma livre e possam competir para oferecer preços mais baixos e produtos ou serviços mais variados e de melhor qualidade. Daí que, entre a liberdade contratual e a liberdade de concorrência, os legisladores e os aplicadores do direito da concorrência tenham em regra preferido a liberdade de concorrência (Nogueira Serens).

O presente diploma também assume uma preferência. Mas essa não é da mesma natureza e com o mesmo fundamento e resultados pretendidos pelo direito da concorrência. A *ratio legis* do Decreto-Lei nº 166/2013 é susceptível, até, de conduzir a resultados contrários[6].

A diversidade de naturezas entre o regime das práticas restritivas do comércio e da concorrência, expressa sintomaticamente na dupla normação de 1993, mantém-se e reforça-se na presente reforma. É verdade, em primeiro lugar, que a nova Lei nº 19/2012, de 8 de Maio[7], não acolheu qualquer dos institutos previstos no Decreto-Lei nº 166/2013 (ou, antes, no Decreto-Lei nº 370/93). Mas, em segundo lugar, também o preâmbulo do Decreto-Lei nº 166/2013 salienta bem esta acentuação autonómica do paradigma normativo-finalístico subjacente. Fá-lo ao reconhecer de modo expresso que a matéria das práticas restritivas do comércio não tem em si mesma dignidade jusconcorrencial, ao suprimir a referência à "leal" concorrência, e ao afastar da aplicação do diploma a Autoridade da Concorrência. A atribuição à Autoridade da Concorrência da compe-

[6] Não é também por acaso que a legislação alemã (seja na versão em vigor até 31 de Dezembro de 2012, seja naqueloutra que entrou em vigor a 1 de Janeiro de 2013) não só não proíbe toda e qualquer venda com prejuízo como exige um conjunto de requisitos que tornam a infracção relevante para o direito da concorrência, como a existência de dominância.

[7] Lei nº 19/2012, de 8 de Maio, adiante "Regime Jurídico da Concorrência". Também nesta recente reforma da lei da concorrência não foi feita qualquer referência, directa ou indirecta, da qual pudesse resultar que estas práticas configuram, enquanto tais, infracções às proibições próprias do direito da concorrência.

tência para a instrução e decisão de processos de contra-ordenação das práticas restritivas do comércio violadoras das proibições constantes do Decreto-Lei nº 370/93 configurava um claro anacronismo e, mais ainda, não tinha substracto legal, pois, ao contrário do que foi preparado em 2002, o legislador do Decreto-Lei nº 10/2003 resolveu incluir à última hora uma disposição que suprimia a competência da Autoridade da Concorrência.

Agora, com o Decreto-Lei nº 166/2013, sintomaticamente há apenas uma entidade competente para a fiscalização e instrução de processos de contra-ordenação e não é a Autoridade da Concorrência mas sim a Autoridade de Segurança Alimentar e Económica, adiante "ASAE".

Ao mesmo tempo, é afirmado expressamente que "este regime pretende [1] <u>proteger diretamente os agentes económicos</u> e [2] garantir a transparência nas relações comerciais, <u>sempre que não esteja em causa uma afetação sensível da concorrência</u>[8]" (sublinhado nosso). Pois que, se estiver ou quando estiver em causa uma afectação sensível da concorrência poderá ocorrer (ou, ainda assim, não) uma infracção anti-concorrencial violadora de qualquer dos tipos legais previstos e proibidos na Lei nº 19/2012, de 8 de Maio, ou na legislação correspondente da União Europeia.

7. Não é estranha esta clarificação feita pelo legislador, quanto à sua intencionalidade. Como há alguns anos sublinhou o prof. Cruz Vilaça, actual juiz português no Tribunal de Justiça (da União Europeia) e presidente da Comissão de Revisão da Legislação da Concorrência em 2002, referindo-se ao Decreto-Lei nº 370/93, este conjunto de normas são um exemplo de "falsas regras de concorrência, realidade virtual em que somos peritos e cujos custos em termos de litigância, de recursos administrativos e, sobretudo, de perda de eficiência dinâmica da economia estão por calcular". De acordo com este autor, a "razão funda [desta lei] é evitar que se façam ondas nas relações entre operadores económicos, acalmá-los e dissuadi-los de se enfrentarem na arena da concorrência; mantém-se assim a paz podre em que gostamos de viver, na convicção de que o exige o interesse geral e de que disso beneficiará toda a legião de

[8] Cfr. preâmbulo do Decreto-Lei nº 166/2013, 10º parágrafo. Em concreto, o novo regime parte do juízo, aliás correcto, de que as práticas nele reguladas/proibidas não envolvem em si mesmas "uma afectação sensível da concorrência".

consumidores". Ou seja, o objectivo não é o de promover a concorrência mas o de excluir a possibilidade de concorrência em vários parâmetros. E a restante doutrina fazia eco da mesma ideia. Assim, Pinto Ferreira/ /Bangy referiam que a recorrente "tendência" para "qualificar [estas práticas] sempre como restrições abrangidas pela legislação de defesa da concorrência" é "manifestamente incorrect[a]". "Com efeito, quando não decorrem de comportamentos abusivos ou colusivos, estas práticas não são um obstáculo à concorrência nem afectam a liberdade de formação da oferta e da procura ou do acesso ao mercado. Elas marcam a transição entre conceitos de cariz mais marcadamente deontológico ligados a uma ética de estar no mercado e práticas que verdadeiramente o afectam"[9]. E ainda antes da introdução em Portugal da proibição destas práticas, sublinhava Simões Patrício tratarem-se de "práticas concorrenciais (...), não em si mesmas anti-concorrenciais"[10].

8. Sintomático é também o modo como se deve fazer a leitura constitucional deste diploma. O Decreto-Lei nº 166/2013 já não encontra o seu fundamento normativo-constitucional na alínea *f)* do artigo 81º da Constituição da República Portuguesa (adiante, "CRP" ou "Constituição"), na sua redacção actual – que prevê que é da competência do Estado "assegurar o funcionamento eficiente dos mercados, de modo a garantir a equilibrada concorrência entre as empresas, contrariar as formas de organização monopolistas e reprimir os abusos de posição dominante e outras práticas lesivas do interesse geral" – mas sim no artigo 99º do inciso constitucional, o qual define, entre os objectivos da política comercial, "a concorrência salutar dos agentes mercantis" e o "combate às actividades especulativas e às práticas comerciais restritivas". Ou seja, <u>não se trata aqui de proteger ou assegurar a concorrência</u>, nos termos a que se refere o artigo 81º da CRP, mas os objectivos do Estado em matéria de política e estruturação comercial da sociedade e, de modo muito especial, o de combater "práticas comerciais restritivas" (artigo 99º). E isso tem, naturalmente, implicações de regime significantes.

[9] J. E. P. Ferreira/R. A. Bangy, *Guia prático do Direito da Concorrência em Portugal e na União Europeia*, AJE, 1998, pág. 153.
[10] J. Simões Patrício, *Direito da concorrência (aspetos gerais)*, Gradiva, 1982, pág. 64.

Esta mesma leitura pode ser demonstrada com referência a algum ou alguns dos institutos relevantes previstos no Decreto-Lei nº 166/2013. Como realçou Carolina Cunha, a mesma ciência económica que dita que, no direito da concorrência, só no caso de preços predatórios por empresas em posição dominante se justifica a proibição de preços abaixo de certo nível, implica que a proibição de vendas com prejuízo, no sentido do Decreto-Lei nº 370/93 (ou, julgamos, também agora do Decreto-Lei nº 166/2013), é uma imposição que leva a resultados ineficientes no mercado, prejudicando a concorrência e os consumidores[11]. Apenas a título exemplificativo, refira-se, em França, o estudo de M.L-Allain/C. Chambolle[12], que salientam que as leis que visam a proibição de revenda com prejuízo [*Resale Below Cost* – RBC] «*enable producers to impose price-floors to their retailers. That induces higher prices on the whole range of products sold by retailers and not only those that would have been sold below cost. (...) Although less restrictive restraint, a price-floor may neutralize downstream as well as upstream competition. (...) retail competition has been weakened*» pois «*RBC laws lead to higher prices and lower welfare*».

O mesmo se diga também quando se argumente com um propósito de protecção do consumidor. Visto na perspectiva dos seus institutos principais – a proibição de revenda com prejuízo e as práticas negociais abusivas – pode dizer-se que nenhum deles tem como destinatário imediato ou mesmo mediato os consumidores mas, antes, os próprios agentes económicos, visando sobretudo o equilíbrio entre estes. Só uma análise funcional e, porventura, pós-eficaz, i.e. na sequência da experiência de aplicação prática do diploma, permitirá verificar o impacto das alterações produzidas pelo Decreto-Lei nº 166/2013, quer na actividade e relacionamento inter-empresarial, quer na protecção dos consumidores.

[11] Neste sentido, ver Carolina Cunha, *Estudo sobre o regime jurídico da venda com prejuízo – análise do artigo 3º do Decreto-Lei nº 370/93, de 29 de Outubro, avaliação crítica da sua aplicação concreta e proposta de reformulação da norma,* 2005, disponível em www.rousseau.com.pt/documentos/estudovendacomprejuizo.pdf, pp. 18-23.

[12] «Anti-Competitive Effects of Resale-Below-Cost Laws», in *Institut National de la Statistique et des Études Économiques*, CREST, nº 2007-29, disponível em http://www.crest.fr/doctravail/document/2007-29.pdf (ver também, Marie-Laure Allain/Claire Chambolle, «Anti-Competitive effects of resale-below-cost laws», in *International Journal of Industrial Organization*, Elsevier, vol. 29(4), 2011, pp. 373-385.)

Debruçando-se especificamente sobre o instituto da "**venda com prejuízo**", a AdC reconhecia que este instituto apenas é "susceptível de prejudicar tanto os produtores como os concorrentes do vendedor" mas, quanto ao consumidor, apenas dizia que não contribuia "para o bem-estar geral do consumidor"[13]. E isto corresponde à razão de ser da protecção que, de acordo com as convicções dominantes em cada momento, presidam a este instituto. Não a protecção da estrutura ou o funcionamento do mercado aberto e livre, a que se refere o artigo 81º, alínea *f*), da Constituição[14], ou mesmo o bem-estar geral (como esta mesma afirmação do regulador parece insinuar ao utilizar o termo "expectavelmente")[15], mas o seu enquadramento como medida de política comercial. O que, por seu turno, justificava as profundas críticas e até o desinteresse que era imputado à AdC na aplicação do diploma e que culminou na transmissão formal da competência para a sua fiscalização e garantia para a ASAE:

9. O Decreto-Lei nº 166/2013 olha juridicamente o fenómeno das relações verticais no sector da distribuição partindo do pressuposto de que se trata de relações à partida desequilibradas e nas quais se impõe a criação de um conjunto de normas e institutos dirigidos à protecção dos "mais fracos", sendo que estes não são os consumidores mas, sobretudo, os concorrentes. Mas se é certo que o direito do consumo e do consumidor se constrói, como direito à busca de uma autonomia substancial e até dogmática, no pressuposto da desigualdade entre o consumidor e o empresário/fornecedor/distribuidor, o certo é que em nenhum momento se pode dizer que o regime da revenda com prejuízo se constrói no Decreto-Lei nº 166/2013 como um regime que se dirija ou sequer contenha qualquer disposição que possa ser identificada como visando a protecção

[13] Cfr: http://www.concorrencia.pt/vPT/Praticas_Proibidas/Praticas_restritivas_do_comercio/Vendas_com_Prejuizo/Paginas/Vendas-com-Prejuizo.aspx

[14] É desde logo sintomático que Gomes Canotilho/Vital Moreira, na sua *Constituição da República Portuguesa Anotada – Artigos 1º a 107º*, Vol. I, 4ª Edição revista, Coimbra Editora, pp. 969-970, na nota IX ao artigo 81º, não refiram estas práticas mas apenas os tipos concorrenciais constantes da lei da concorrência (práticas restritivas da concorrência; abusos de posição dominante; concentrações).

[15] Quanto a uma análise de direito comparado, remete-se, no essencial, para Carolina Cunha, *Estudo sobre o regime jurídico da venda com prejuízo – análise do art. 3º do DL nº 370/93, de 29 de Outubro, avaliação crítica da sua aplicação concreta e proposta de reformulação da norma* pp. 61-72, disponível em: www.rousseau.com.pt/documentos/estudovendacomprejuizo.pdf.

do consumidor. E o mesmo se diga do regime das práticas negociais abusivas. Estes institutos poderiam ser vistos, forçadamente, como visando muito mediatamente alcançar um equilíbrio entre o interesse do concorrente médio e o interesse do consumidor. Ora, o "interesse do consumidor" só pode concretizar-se num mercado em que o consumidor possa obter produtos a preços mais baixos, com maior oferta e maior qualidade. Interessa-lhe, em termos que não cabem nos limites da presente anotação, poder beneficiar da concorrência entre as empresas que produzem ou oferecem os produtos ou serviços de que precisa e deve ser protegido no quadro dos direitos dos consumidores, designadamente à protecção dos interesses económicos[16].

10. Também no instituto das chamadas "**práticas negociais abusivas**" o novo regime revela a sua opção paradoxal pela tutela dos interesses dos concorrentes em detrimento do objectivo proposto de promover a liberdade contratual. Com efeito, o preâmbulo do diploma afirma que este novo regime "densifica o conceito de práticas negociais abusivas, que até agora era vago e indefinido" mas, em vez de uma densificação, o que ocorre é uma reconfiguração global das práticas que o legislador classifica como "abusivas" de *per se*, independentemente da natureza ou das características das relações entre as partes. Exemplo disso é o facto de se especificar agora que são proibidas determinadas práticas no "setor agroalimentar, quando o fornecedor seja uma micro ou pequena empresa, organização de produtores ou cooperativa". Por conseguinte, o novo regime mostra-se assim claramente inovatório e visa directamente a relação B2B (*business to business*) de um modo cujos efeitos potencialmente disruptores na estrutura das relações entre fornecedores e distribuidores é de temer.

11. Resta-nos, pois, identificar qual ou quais dos restantes são os verdadeiros objectivos subjacentes ao regime das práticas restritivas do comércio, agora de uma perspectiva positiva. Importa ver como é que os diplomas que regem esta matéria intencionalmente a apresentaram.

[16] Ana Maria Guerra Martins, «O Direito Comunitário do Consumo – Guia de Estudo», in *Estudos do Instituto de Direito do Consumo*, Vol. I (Coord. Luís Menezes Leitão), IDC – FDUL, Almedina, Coimbra, 2002, pág. 79.

Quanto ao Decreto-Lei nº 370/93, o seu preâmbulo referia-se à contribuição "para a transparência do mercado", o preâmbulo do Decreto-Lei nº 140/98, que reviu aquele, descreveu este regime como um "instrumento de repressão de comportamentos que impeçam uma concorrência leal entre as empresas", referindo-se ainda aos "objectivos de promoção do equilíbrio e da transparência das relações entre agentes económicos que lhe estão subjacentes". E o que faz o Decreto-Lei nº 166/2013? No seu preâmbulo, refere-se à "concretização de desígnios constitucionais como os do direito fundamental à livre iniciativa económica e da garantia da equilibrada concorrência entre as empresas", a intenção de "alcançar eficazmente os objectivos de equilíbrio nas relações comerciais e de sã concorrência", concluindo que "este regime pretende proteger diretamente os agentes económicos e garantir a transparência nas relações comerciais".

12. Excluídos em geral os objectivos de protecção da concorrência (reservado para as práticas com efeito sensível sobre o mercado, actual ou presumido, e objecto de disciplina autónoma), da promoção da concorrência leal (ou sã) (que, ou tem uma componente ética ou da honestidade das relações comerciais – e estaremos no domínio da concorrência desleal, também objecto de disciplina autónoma – ou se reduz ao objectivo anterior), ou da protecção dos consumidores (visto que o diploma todo ele se estrutura na lógica das relações lá fora chamadas *B2B – Business to Business*), há que olhar para o diploma na lógica da transparência, do equilíbrio nas relações comerciais ou, porventura, sobretudo tendo em vista o desiderato de protecção dos interesses dos pequenos produtores (agrícolas ou industriais, incluindo os fornecedores) ou dos pequenos retalhistas[17].

[17] Os objectivos assinalados eram os mais diversos, consoante os autores. Se Adalberto Costa (*Práticas individuais restritivas do comércio*, Vislis Ed., 2000, pág. 27) identificava como desiseratos a protecção da "posição do consumidor e do próprio mercado, por forma a que o equilíbrio do mercado e as garantias dos consumidores estejam asseguradas", sem que conhecêssemos concretizações normativas dessa intencionalidade, o prof. Menezes Leitão ("A protecção do consumidor contra as práticas comerciais desleais e agressivas", in *O Direito*, anos 134-135, 2003, pp. 84-85) dirá que se trata de uma «situação em que se articula o interesse do concorrente médio com o interesse do consumidor no funcionamento racional do mercado», identificando ainda o propósito de evitar distorções da concorrência. Mas partindo apenas do pressuposto

13. Uma questão recorrente a propósito destes institutos é a da sua inconstitucionalidade. Desde logo quanto à proibição de venda (revenda) com prejuízo (artigo 5º do Decreto-Lei nº 166/2013[18]). Alega-se para isso uma violação da liberdade de iniciativa económica, decorrente do artigo 61º, nº 1, da CRP, designadamente na medida em que o legislador impõe, sem qualquer condicionalismo ou limite, uma restrição injustificada à

de que «a venda com prejuízo só é possível de ser praticada por grandes comerciantes, funcionando assim como uma forma de esmagamento do pequeno comércio, ao mesmo tempo que cria no consumidor a ilusão de que o grande comerciante pratica preços mais baixos, o que só efectivamente sucede nalguns casos, mas esse desconto é largamente compensado pelo impulso à aquisição de uma série de outros produtos, a maior parte dos quais dispensáveis para o consumidor. O consumidor vem a ser assim atraído para um estabelecimento, em virtude de uma imagem errónea sobre os preços nele praticados, quando seguramente sem essa imagem não se deslocaria a esse estabelecimento, nem aquiria certos produtos. Naturalmente que, por esse motivo, o consumidor vem a ser prejudicado com este tipo de venda, já que ao impedir uma construção racional do preço dos produtos comercializados, prejudica a transparência do mercado e distorce a concorrência». Se isso poderia ser plausível face a um regime como o alemão, a descrição do tipo na lei portuguesa torna possível que qualquer comerciante esteja em condições de realizar "vendas com prejuízo" com o objectivo de atrair clientela – um pequeno retalhista tem o mesmo interesse em utilizar esta estratégia de atracção, sendo perfeitamente capaz de o fazer para um conjunto restrito de produtos sem que isso ponha em causa a sua margem de lucro global. Na verdade, a "construção racional dos preços" feita pelos retalhistas (grandes ou pequenos) tanto considera cada produto, isoladamente considerado, quanto gamas mais ou menos extensas ou mesmo o conjunto das suas vendas. Afirma-se também a existência de uma "distorção da concorrência", mas não se diz como nem em que termos e, além do mais, um tal juízo é expressamente afastado no próprio Decreto-Lei nº 166/2013. Já para Deolinda de Sousa («O alinhamento de preços nas vendas com prejuízo», in *Revista de Concorrência e Regulação*, nº 6, 2011, pág. 206), o regime (entenda-se, o anterior) "veio disciplinar a actividade do agente económico, não com enfoque na concorrência, mas na promoção do equilíbrio e da transparência das relações entre os agentes económicos, bem como na protecção dos direitos dos consumidores", duplicidade esta última que nos parece ficar indemonstrada, repto que se lança.

É que, não pode esquecer-se, o regime das práticas individuais restritivas do comércio coexistiu, desde o início e de forma inconfundível (desde logo, no Decreto-Lei nº 422/83, de 3 de Dezembro), com a proibição de práticas restritivas da concorrência, nas formas de acordos, práticas concertadas ou decisões de associações de empresas (hoje, no artigo 9º da Lei nº 19/2012), abusos de posição dominante (artigo 11º) e abusos de dependência económica (artigo 12º da mesma lei). Estas proibições – próprias do direito da concorrência – encontram-se actualmente vertidas, no nosso ordenamento jurídico, no Regime Jurídico da Concorrência (ou, quando ponham em causa o mercado interno, nos artigos 101º e seguintes do TFUE).

[18] Anterior artigo 3º do Decreto-Lei nº 370/93.

liberdade de empresa e, mais genericamente ainda, de iniciativa económica privada [19]. É um argumento que nos parece merecer consideração detida.

Com efeito, também entendemos que é corolário necessário da liberdade de empresa e de iniciativa económica privada o direito das empresas a fixarem os preços que pretendem para a revenda dos produtos que adquiriram, independentemente de esse preço se situar abaixo ou acima do custo, bem como de acordarem livremente os termos contratuais que pretendem com os seus parceiros de negócio. Em Portugal – como aliás em todos os demais Estados membros da União Europeia[20], e não só –, vigoram como direitos fundamentais de natureza económica[21] mas análogos[22] a direitos, liberdades e garantias, e como tal sujeitos ao mesmo regime (artigo 17º da Constituição[23]), os direitos à *iniciativa económica privada* ou ao *livre exercício de uma actividade económico-produtiva através de uma organização empresarial*[24] (artigo 61º da Constituição[25]). Seguindo aqui o

[19] Neste sentido, entre outros, Carolina Cunha, *Vendas com prejuízo,* cit., pág. 207; A. Martins Ferreira, "A «venda com prejuízo»", cit., pág. 37.

[20] Ainda que, porventura, com diferentes configurações jusconstitucionais.

[21] Dentro da categoria dos chamados «direitos económicos, sociais e culturais», na CRP.

[22] Para amplas indicações bibliográficas sobre esta qualificação, pacífica na doutrina constitucional portuguesa, vide Vasco Moura Ramos, «O direito fundamental à iniciativa económica privada (art. 61º, nº 1, da CRP): Termos da Sua Consagração no Direito Constitucional Português», in *Boletim da Faculdade de Direito de Coimbra,* 77, 2001, pp. 833-871, em especial as pp. 835, nota 6, 851 e 865.

[23] Gomes Canotilho/Vital Moreira, *CRP – Constituição da República Portuguesa – Anotada – Artigos 101º a 107º*, 4ª Edição revista, Vol. I, Coimbra Editora, Coimbra, 2007, pág. 789: «Ao reconhecer a liberdade de a iniciativa económica privada (nº 1), a Constituição considera-a seguramente (após a primeira revisão constitucional) como um direito fundamental (e não apenas como um princípio objectivo da organização económica), embora sem a incluir diretamente entre os direitos, liberdades e garantias (beneficiando, porém, da analogia substantiva com eles, enquanto direito determinável e de exequibilidade imediata)». Já antes da Lei Constitucional nº 1/82 assim o consideravam os professores Sousa Franco e Jorge Miranda (v. A. Sousa Franco, «Nota sobre o princípio da liberdade económica», in *BMJ*, nº 355, 1986, pág. 21).

[24] Na formulação adotada por E. Ferreira Mendes, na sua anotação ao artigo 61º da Constituição, em J. Miranda/R. Medeiros, *Constituição da República Portuguesa Anotada,* Tomo I, 2ª Edição, Wolters Kluwer/Coimbra Editora, 2010, pág. 1183.

[25] Nos termos do nº 1 do artigo 61º da Constituição, a «iniciativa económica privada exerce-se livremente nos quadros definidos pela Constituição e pela lei e tendo em conta o interesse geral». Para uma lista bibliográfica sobre esta disposição, *vide* Gomes Canotilho/Vital

ensino dos professores Gomes Canotilho e Vital Moreira, no âmbito da liberdade de iniciativa económica privada conta-se tanto a liberdade de iniciar uma actividade económica como a liberdade de organização, gestão e actividade de empresa, como um direito da empresa em si mesma[26]. A nível da União Europeia, e sem limitação, estes direitos resultam explicitamente da Carta dos Direitos Fundamentais da União Europeia, que tem o valor jurídico dos tratados, como diz expressamente o artigo 6º, nº 1, do Tratado da União Europeia e, de modo especial, no seu artigo 16º (Liberdade de Empresa)[27].

Impõe-se constatar que o preâmbulo do Decreto-Lei nº 166/2013 refere-se, de modo expresso, à "concretização de desígnios constitucionais como os do direito fundamental à livre iniciativa económica e da garantia da equilibrada concorrência entre as empresas". E com razão: recusar protecção constitucional à liberdade de estabelecer e definir contratos, expressões incontornáveis das opções de gestão e actividade de uma empresa, reconduz-se, inevitavelmente, a recusar protecção constitucional à liberdade de iniciativa económica privada. Como referem Mafalda Miranda Barbosa e João Pedro da Silva Rodrigues[28], «[s]e a autonomia é entendida como a faculdade de cada um gerir livremente a sua esfera

Moreira, *CRP – Constituição da República Portuguesa – Anotada – Artigos 1º a 107º*, 4ª Edição revista, Vol. I, Coimbra Editora, Coimbra, 2007, pág. 788.

[26] Gomes Canotilho/Vital Moreira, *CRP*, cit., pág. 790.

[27] A Carta dirige-se em primeira linha às instituições, órgãos e organismos da União Europeia, mas não pode esquecer-se que também se aplica aos Estados membros, quando apliquem direito da União. Sobre a Carta existe uma inabarcável doutrina – por todos, entre nós, AA. VV., *Carta dos Direitos Fundamentais da União Europeia*, (coord. Vital Moreira), Coimbra Editora, 2001; R. Moura Ramos, «A Carta dos Direitos Fundamentais da União Europeia e a protecção dos Direitos Fundamentais», *Cuadernos Europeos de Deusto*, n.º 25, 2001, pp. 161-185; A. Goucha Soares, *A carta dos Direitos Fundamentais da União Europeia – A protecção dos Direitos fundamentais no ordenamento comunitário*, Coimbra Editora, Coimbra, 2002; A. Cadilha, «O impacto da Carta dos Direitos Fundamentais da UE no Sistema de Tutela Jusfundamental no Espaço Europeu», in *Estudos Comemorativos dos 10 Anos da Faculdade de Direito da Universidade Nova de Lisboa*, Separata do Vol. I, Almedina, 2008, com amplas indicações bibliográficas; ou J. N. Cunha Rodrigues, «The incorporation of Fundamental Rights in the Community Legal Order», in *The Past and Future of EU Law – The Classics of EU Law revisited on the 50th Anniversary of the Rome Treaty*, M. Poiares Maduro/ L. Azoulai (Eds.), 2010, pp. 89-97.

[28] Mafalda Miranda Barbosa e João Pedro da Silva Rodrigues, «Nós (Eu e Tu) e o Outro (Estado) ou o Outro entre Nós? – Breves notas a propósito do impacto da Directiva 2000/43/ /CE do Conselho, de 29 de Junho de 2000, sobre o princípio da liberdade contratual – morte

de interesses, é ao nível obrigacional que ela se galvaniza, traduzindo-se na já referida liberdade contratual. Segundo este princípio, cada um é livre de decidir se contrata ou não, de escolher a contraparte com quem vai celebrar o negócio e de conformar o conteúdo contratual». E «como salienta Mota Pinto, a liberdade contratual pressupõe "determinadas regras de organização económica e social (...). É o caso dos princípios da livre empresa ou da iniciativa privada, da economia de mercado e da propriedade privada das unidades de produção"». Acrescentam os autores que «"podemos dizer que a regra da liberdade contratual é o instrumento jurídico necessário à actuação do princípio económico da empresa livre, ao sistema de economia de mercado e ao exercício da autonomia privada"» e, embora a lei possa limitar e restringir esta actividade, estas «limitações ou restrições terão de ser justificadas à luz do princípio da proporcionalidade e sempre com respeito de um "núcleo essencial" que a lei não pode aniquilar (artigo 18º da CRP), de acordo, aliás, com a "garantia institucional" de um sector económico privado».

Mais: com Vasco Moura Ramos[29], é possível dizer que, enquanto direito análogo a um direito, liberdade e garantia – referindo-se justamente ao direito à livre iniciativa económica privada –, o conteúdo deste direito é determinável[30] a partir da Constituição e só pode ceder na medida necessária a assegurar o princípio da máxima efectividade das normas constitucionais e, em particular, na medida necessária a garantir a harmonização com "outros valores ou bens constitucionalmente protegidos"[31] ou com "os restantes princípios constitucionais que com a mesma poderiam conflituar, não podendo ultrapassar essa medida"[32].

Ora, por um lado, a limitação de direitos, liberdades e garantias, ou de direitos económicos, sociais e culturais análogos (artigo 17º da CRP) está sujeita ao princípio da reserva de lei e, desde logo, da reserva de

do princípio ou manutenção do *status quo ante*?», in *BFD*, 87 (2011), pp. 319-355, em especial, pp. 342-343.

[29] Vasco Moura Ramos, «O Direito Fundamental...», cit., pp. 862 e 865.

[30] E. Ferreira Mendes, cit., pp. 1184 e 1186, onde fala no "princípio constitucional da liberdade empresarial que se impõe ao legislador ordinário, afastando a interpretação que tem prevalecido do artigo 61º, nº 1, no sentido de que a liberdade de iniciativa privada está, por expressa disposição da Lei Fundamental, sujeita ao respectivo poder conformador, só existindo na medida em que esta a reconhecer."

[31] Vasco Moura Ramos, cit., pág. 870.

[32] Vasco Moura Ramos, cit., pág. 865.

lei formal, «o que significa que (...) só podem ser regulados por lei da AR [Assembleia da República] ou, nos termos do artigo 165º, por decreto-lei governamental devidamente autorizado»[33], o que, em todo o caso, não sucedeu com o Decreto-Lei nº 370/93, ou com o Decreto-Lei nº 140/98 (ou com o Decreto-Lei nº 10/2003) ou, agora, com o Decreto-Lei nº 166/2013.

Por outro lado, apenas podem ser limitados nos termos estritamente necessários, desde logo com respeito pelo princípio da proporcionalidade[34], para assegurar valores igualmente fundamentais da sociedade. Ora, recorde-se que, consoante as circunstâncias, as práticas abrangidas pelo diploma das práticas restritivas do comércio podem ser proibidas por vários regimes legais, entre os quais:

(i) Regime Jurídico da Concorrência, que proíbe as práticas restritivas da concorrência (abuso de posição dominante ou de dependência económica – artigos 11º e 12º da Lei nº 19/2012);
(ii) Regime das práticas restritivas do comércio (Decreto-Lei nº 166/ /2013);
(iii) Regime da concorrência desleal (artigo 317º do Código de Propriedade Industrial);
(iv) Regime das vendas com redução de preços, saldos e liquidações (Decreto-Lei nº 70/2007, de 26 de Março); e
(v) Regime de defesa dos consumidores (Lei nº 24/96, de 31 de Julho, na redacção dada, por último, pela Lei nº 10/2003, de 28 de Janeiro).

[33] Gomes Canotilho/Vital Moreira, *CRP*, cit., pp. 396. No mesmo sentido, v. J. Miranda/J. Pereira da Silva, «Artigo 18º», in J. Miranda/R. Medeiros, *Constituição da República Portuguesa Anotada*, Tomo I, 2ª ed., Wolters Kluwer/Coimbra Editora, 2010, pp. 357-361.

[34] Relembre-se, a este respeito, o decidido no Acórdão do Tribunal Constitucional nº 187/01 (relator: Paulo Mota Pinto), de 02-05-2001, proc. 120/95, relativo à actividade farmacêutica e quanto à liberdade de exercício da profissão, no qual se afirmou – convocando, para tal, a Jurisprudência alemã – que "quando uma profissão (...) pode ser exercida de forma independente ou por conta de outrem, e ambas as formas de exercício assumem relevância social, a escolha de uma ou outra está também abrangida no âmbito de protecção do direito consagrado no artigo 47º, nº 1 [da CRP]", daí se podendo concluir que quaisquer restrições só possam ser previstas cumpridos que estejam os requisitos consagrados no artigo 18º da CRP, nomeadamente quanto à observância do princípio da proporcionalidade. Cfr., no mesmo sentido, J. Miranda/R. Medeiros, *Constituição da República Portuguesa Anotada*, I, 2ª Edição, Coimbra Editora, pp. 967-968.

É neste contexto que, por um lado, a ponderação da necessidade – e, portanto, constitucionalidade – das proibições decorrentes do regime das práticas restritivas do comércio deve ser feita, e que, por outro lado, a aferição da justificação desta restrição imposta à liberdade de iniciativa económica depende da identificação dos "outros direitos ou interesses" que se visa proteger e que serão, como vimos, o de promoção da transparência, do equilíbrio nas relações comerciais e da protecção da parte mais fraca nas relações de distribuição.

Haverá que reconhecer, porém, que a promoção destes objectivos, em si mesmos, seria absurda e inconsequente se não servisse os interesses de algum grupo ou grupos. Com efeito, a transparência e o equilíbrio das relações comerciais são instrumentos que podem visar a protecção, nomeadamente (no que releva para o regime em análise), dos interesses dos consumidores, de pequenos retalhistas, de pequenos fornecedores, etc. Já se as normas que visam tais objectivos não permitirem uma tal tutela de acordo com as diversas dimensões do princípio da proporcionalidade – de forma adequada, necessária e proporcional *stricto sensu* –, será notório e manifesto que essas normas não são adequadas à prossecução dos seus objectivos. E este juízo é porventura o mais adequado, olhando para o regime estabelecido a estes propósitos no Decreto-Lei nº 166/2013, que se revela até mais oneroso, em alguns pontos, para as pequenas empresas. Não será por acaso que a AdC se referiu ao Decreto-Lei nº 370/93 como respeitando "a práticas de diminuta relevância em termos do bem-estar nacional"[35].

14. Uma palavra merece a ideia de que este diploma visa proteger a lealdade da concorrência. Sem querer entrar na magna discussão sobre os fins do direito da concorrência, poderemos sinteticamente (e sincreticamente) dizer que, com as normas de concorrência, se visa assegurar a existência de uma estrutura de mercado concorrencial, com suficiente concorrência *intra* e *interbrand* e que assegure aos consumidores a existência de possibilidades efectivas de escolha e aos agentes económicos um grau mínimo de contestabilidade dos mercados, do mesmo passo que se punem condutas que, pelo seu objecto ou efeito, possam ser prejuidicais para a concorrência, medida pelos interesses dos consumidores (que não,

[35] AdC, *Plano de Actividades para 2005*, ponto 79.

necessariamente, a curto prazo) e pelo seu impacto na contestabilidade dos mercados. Quanto a isto, salientem-se apenas duas outras ideias. Primeiro, que, constitucionalmente, a protecção da concorrência não surge na Parte I da Constituição (Direitos, liberdades e garantias), mas sim na Parte II, como uma incumbência prioritária do Estado (artigo 81º, alínea *f)*). E, enquanto tal, a referência à protecção da concorrência surge após o objectivo de promoção do "funcionamento eficiente dos mercados" e enquadrada pelas referências às missões de "contrariar as formas de organização monopolistas e a reprimir os abusos de posição dominante e outras práticas lesivas do interesse geral". Segundo, que a ideia de tutela da concorrência está firmada na noção de eficiência e nas práticas proibidas pelo direito da concorrência, na qual dificilmente se enquadra um instrumento jurídico que promove justamente a ineficiência do mercado, proíbe práticas que o direito da concorrência considera legítimas e desejáveis na óptica económica, e mantém os preços artificialmente mais elevados do que resultaria do normal funcionamento do mercado.

Estas linhas demonstram que o objecto dos diversos institutos previstos no Decreto-Lei nº 166/2013 não é o de garantir a concorrência ou sequer a lealdade da concorrência. Pensar isso é cair num equívoco essencial sobre a as realidades económicas subjacentes e, até, sobre as motivações e características das práticas proibidas. Na vida dos contratos e das empresas, a realidade não é nem pode reduzir-se à de uma relação de adesão mas a uma procura e oferta de vantagens mútuas. E se é certo que existe o risco de "exploração" de uma parte por outra, esse tem duas características: por um lado, apresenta-se como um problema de distribuição do acréscimo de bem-estar total entre as partes na troca; por outro, tanto pode ocorrer num sentido como noutro, em função dos produtos, das características dos mercados, do grau de concorrência no mercado, das alternativas ao fornecimento ou ao escoamento, etc. E, a longo prazo, nenhuma empresa pode aceitar participar numa troca se não lhe couber ainda uma parte desse acréscimo de bem-estar que remunere, não apenas os seus custos (no sentido contabilístico), mas também o seu custo de oportunidade (no sentido económico). Esta realidade foi claramente destacada por Carolina Cunha[36], a propósito dos vários tipos

[36] Carolina Cunha, «O contrato de fornecimento no sector da grande distribuição a retalho: perspectivas actuais», in *Estudos em Homenagem ao Prof. Doutor Manuel Henrique Mesquita*, Vol.

de descontos praticados no mercado e o seu relevo (ou a sua irrelevância) no quadro do instituto da venda com prejuízo. Como realça esta autora, os descontos de quantidade, independentemente da forma em que são atribuídos (e.g. "*rappel*", "desconto de investimento mínimo", "desconto relacionado com lançamento de novos produtos", etc.) são concedidos pelo fornecedor "porque é do seu interesse criar incentivos ao escoamento dos seus produtos", "estimular a sua aquisição pelos revendedores"[37]. Outros tipos de descontos ("bónus de garantia de tronco comum nacional", "bónus *facing* mínimo do linear", "bónus de não devolução", "bónus de organização de operações comuns especiais", etc.) são concedidos "como contrapartidas de certas utilidades proporcionadas pelo revendedor ao fornecedor", "para remunerar aquelas utilidades", sendo certo que o interesse do fornecedor na prestação destas utilidades é, novamente, "criar incentivos ao escoamento dos seus produtos e incrementar o seu volume de vendas"[38].

15. Assim sendo, quais os interesses potencialmente postos em causa pelas práticas proibidas pelo artigo 5º do Decreto-Lei nº 166/2013 que poderão, eventualmente, justificar uma restrição à liberdade de iniciativa económica? Como esta ilustre professora[39] prenunciou e o Supremo Tribunal de Justiça aceitou, no seu acórdão de fixação de jurisprudência de 14 de Maio de 2014[40], podem identificar-se genericamente três possíveis categorias de interesses que poderiam, potencialmente, ser salvaguardados por uma proibição desta natureza:

(*i*) **Interesses dos consumidores**: as vendas com prejuízo podem esconder "riscos encobertos" (técnica do "chamariz", anunciando informação falsa ou atraindo clientes com desconto num produto no pressupostos – falível – a de que o consumo de outros produtos permitirá a subsidiação cruzada da oferta) "riscos futuros"

I, Coimbra Editora, pág. 621.

[37] *Idem*, pág. 625.

[38] *Idem*, pág. 626.

[39] Carolina Cunha, *Vendas com prejuízo*, cit., pp. 212 e segs.

[40] Acórdão do Pleno das Secções Criminais do Supremo Tribunal de Justiça, recurso de uniformização de jurisprudência nº 86/12.5YQSTR.E1-A.S1, de 14.5.2014, subscrito por unanimidade e relatado pela Conselheira Isabel Pais Martins.

(eliminação de concorrentes para exploração futura de poder de mercado[41]);

(ii) **Interesses dos concorrentes**: as práticas em causa podem levar à expulsão do mercado de concorrentes de menores dimensões ou com menor capacidade económica (efeito de exclusão); e

(iii) **Interesses dos fornecedores**:

a. Reputação de certas marcas pode ser prejudicada por campanhas de preços reduzidos;

b. Pequenos fornecedores podem, alegadamente, ser levados a aceitar condições consideradas injustas; etc.

16. No entanto, é doutrina assente que os interesses identificados em (I) e (II) são tutelados, numa economia de mercado, pelas normas de concorrência (excedendo as soluções aqui previstas o necessário e não sendo sequer adequadas a tutelar esses propósitos[42]) e que os interesses apresentados em III ou têm uma tutela diferenciada (havendo mecanismos para garantia da reputação e qualidade das marcas ou redes) ou podem de facto merecer uma tutela jurídica específica do tipo previsto no diploma (seria o caso de normas destinadas a proteger pequenos fornecedores ou retalhistas ou até qualquer agente económico que seja levado a aceitar uma exigência desproporcionada da contraparte).

17. Perante a identificação, descrição e análise das disposições normativas constantes do Decreto-Lei nº 166/2013 será possível verificar, caso a caso, se essas mesmas prescrições, sejam impositivas, permissivas ou proibitivas, são ou não conformes ao ordenamento jurídico nacional e europeu. Em particular, a partir da análise das alterações constantes do Decreto-Lei nº 166/2013 e do novo *desenho* do instituto da venda com prejuízo, procuraremos ver em que medida esta proibição, nos exactos termos em que é formulada, é compatível com o respeito dos princípios constitucionais da livre iniciativa económica privada, da liberdade contratual e do funcionamento eficiente dos mercados, bem como em que

[41] Foi este o interesse considerado primordial no Acórdão do Tribunal da Relação de Lisboa, de 21.4.2009, proc. 5354/2008-5.

[42] Cfr. Carolina Cunha, *Vendas com prejuízo*, cit., pp. 212 e segs.

medida é que essas alterações se podem justificar ao abrigo do princípio da igualdade ou da proporcionalidade, constitucionalmente consagrados.

18. Desde 2007[43], pelo menos, que a União Europeia ("UE", então ainda Comunidade Europeia), através quer do Parlamento Europeu quer da Comissão Europeia, o seu braço executivo, tem vindo a desenvolver um conjunto de acções quanto à identificação e tratamento do que chama as *unfair business-to-business comercial practices*, em especial em relação ao funcionamento da cadeia de distribuição no que respeita ao sector dos produtos agrícolas (de forma mais intensa desde 2009), que levaram à adopção de diversos documentos de referência com carácter meramente político, da Comissão Europeia[44] ou do Parlamento Europeu[45]. A Comissão Europeia começou por assinalar que as dificuldades sentidas a nível económico na *food supply chain* se deviam tanto a "*structural weaknesses in the system, such as the number of intermediaries operating along the chain and the competitive structure at certain steps of the chain*», como a "*pervasive inequalities in the bargaining power between contracting parties*».

19. É neste contexto e com esta justificação que surgem as iniciativas desenvolvidas pela Comissão Europeia em relação às chamadas *potentially unfair trading practices* («*related to the imbalances in bargaining power of contracting parties*»[46]), nas quais, apesar do reconhecimento de que "*large multinational food producers may also have importante bargaining power as they offer branded products that retailers cannot do without*"[47] e de que "*inbalance can exist from any side of B2B relationship: retailers as well as suppliers can be*

[43] No quadro da *Single Market Review* e, de modo especial, a partir do *Commission Staff Working Document* sobre "*Implementing the new methodology for product market and sector monitoring*" SEC(2007) 1517, *accompanying the Communication from the Commission on "A single market for 21st century in Europe"* – COM(2007) 724.

[44] Destacam-se o COM(2008) 821 (*Food Prices in Europe*), o COM(2009) 591 final (*A Better functioning food supply chain in Europe*) ou, mais recentemente, o COM(2013) 037 final, de 31 de Janeiro de 2013 (*Green Paper on Unfair Trading Practices in Business-to-Businees Food and Non-Food Supply Chain in Europe*).

[45] No Parlamento Europeu destaca-se o relatório *Corazza Bildt* (*Relatório sobre um mercado de comércio retalhista mais eficiente e equitativo 2010/2109(INI)*, de 1.6.2011, em especial §§ 26.

[46] COM(2009) 591, pág. 5.

[47] COM(2009) 591, pág. 5.

victims of UTPs"[48], a atenção se virou essencialmente para os intermediários grossistas retalhistas e, nestes, para os chamados grandes grupos retalhistas (adiante, GGR) – sendo estes, em Portugal, pelo menos 9, de acordo com o relatório da AdC de Outubro de 2010[49] – assumindo a Comissão Europeia o objectivo de promoção de um "*sustainable and market-based contractual relationships between stakeholders of the food supply chain*".

O processo teve depois desenvolvimentos significativos. Em 2010, a Comissão criou o *High Level Forum for a Better Functioning Food Supply Chain* (em português, o *Fórum de Alto Nível sobre a Melhoria do Funcionamento da Cadeia de Abastecimento Alimentar*)[50] no seio do qual tem funcionado, como grupo de trabalho, a *Expert Platform on B2B Contractual Practices*. Em 2011, a Comissão Europeia anunciou, além de acções especificamente dirigidas aos mercados agrícolas, que «[a]*n initiative will be launched to* ***combat unfair business-to-business commercial practices****, in order to identify the nature and scale of the problems associated with unfair commercial practices between professional operators throughout the supply chain, list current regulations within the Member States, to assess their implementation and, finally, identify the various possible options. The goal will be to put an end to unfair practices which jeopardise the viability of businesses and stimulate the competitiveness of the various operators in the supply chains in the context of a fairer and more effective single market in the retail and wholesale sectors, while at the same time meeting consumers and producers expectations with regard to competitive prices*»[51]. Em 2012, merece destaque o relatório da *European Competition Network* (ECN) intitulado *ECN Report on competition law enforcement and market monitoring activities by European competition authorities in the food sector*[52].

É de notar, contudo, que muitas das situações descritas nos diversos documentos da Comissão Europeia são potencialmente susceptíveis, entre nós, de obter já tutela jurídica ao abrigo do instituto do abuso de dependência económica, sobretudo quando as práticas sejam sofridas por

[48] COM (2013) 37 final, pág. 6.

[49] AdC, *Relatório final sobre Relações Comerciais entre a Distribuição Alimentar e os seus Fornecedores*, pág. 10, § 21.

[50] Decisão 2010/C 210/03, e 30 de Julho (JO, C 210, de 3.8.2010), cujo mandato foi depois estendido até 31.12.2014 (Decisão de 19.12.2012 – JO, C 396, de 21.12.2012, pág. 17).

[51] Negrito no original – COM(2011) 206final (*Single Market Act – Twelve levers to boost growth and stengthen confidence "Working together to create new growth*, SEC(2011) 467 final, pág. 11).

[52] De Maio.

uma empresa que não disponha de alternativa equivalente. Ainda assim, é de notar que o *Relatório final sobre Relações Comerciais entre a Distribuição Alimentar e os seus Fornecedores*, adoptado pela AdC em Outubro de 2010, não identificou qualquer situação passível de constituir uma infracção clara às regras de concorrência, aqui incluindo a proibição de abuso de dependência económica[53] que não tem paralelo na legislação da União Europeia, apesar de ter emitido uma recomendação no sentido de se "regulamentar as práticas comerciais problemáticas no âmbito das relações contratuais entre fornecedores e distribuidores"[54].

Finalmente é ainda de salientar que, no quadro do Fórum de Alto Nível, o relacionamento contratual entre empresas tem sido objecto de ampla discussão, tendo sido recentemente obtido um acordo sobre as *Vertical Relationships in the Food Supply Chain: Principles of Good Practice*, a 29 de Novembro de 2012, no quadro do "*multi-stakeholder dialogue*" e com vista, quer ao reconhecimento da existência de algumas práticas comerciais desleais, quer à sua disciplina e resolução de forma efectiva e consensual[55]. Sobre a adesão a este acordo, escreveu em 2013 a Comissão Europeia:

> «*In the food sector, the work of the High Level Forum for a Better Functioning Food Supply Chain represented a concerted effort by stakeholders to bring forward a self-regulatory solution to this problem. The Expert Platform on B2B Contractual Practices has delivered a set of principles of fair practices in vertical relations in the food supply chain signed by eleven organisations representing different interests across the European food supply chain and has been working on an enforcement mechanism. Despite common efforts, the proposed framework did not gain the support of representatives from across the entire supply chain and failed to identify effective remedies for non-compliance. Work is on-going to find a compromise through this sector-specific approach, and the Commission will continue to monitor the specific developments in the food supply chain*»[56].

[53] AdC, *Relatório final sobre Relações Comerciais*, cit., § 1403.

[54] AdC, *Relatório final sobre Relações Comerciais*, cit., §§ 83-88, 1352-1370 e 1396.

[55] Sendo criada a *The Supply Chain Initiative*, com um sítio próprio na internet, em http://www.supplychaininitiative.eu/about-initiative/principles-good-practice-vertical-relationships-food-supply-chain, onde constam os princípios, em língua portuguesa (http://www.supplychaininitiative.eu/sites/default/files/entr-2013-00308-00-00-pt-tra-00final.pdf).

[56] COM(2013) 36 final, cap. 3.3, pág. 11. À data da conclusão da presente anotação, tinham aderido 111 empresas a esta iniciativa, incluindo, quanto ao retalho, em Portugal, as empre-

20. A protecção dos interesses económicos dos consumidores em relação às práticas comerciais é um objectivo válido e reconhecido há muito no quadro da nossa integração europeia. Assim sucedeu logo na primitiva forma da Comunidade Económica Europeia em que, mesmo antes do mercado interno, se legislou contra a publicidade enganosa[57]. E mantém-se ainda hoje no quadro da agora chamada União Europeia, onde tal ocorre e decorre, entre outras, com a Directiva 2011/83/UE do Parlamento Europeu e do Conselho, de 25 de Outubro de 2011, relativa aos direitos dos consumidores[58], recentemente transposta pelo Decreto-Lei nº 24/2014, de 14 de Fevereiro[59].

Mas a legislação europeia não trata o consumidor como cidadão menorizado incapaz de resistir à normal actividade da grande distribuição, pelo simples facto de poder oferecer um portefólio mais alargado de produtos e serviços, utilizando na relação com o consumidor técnicas de *marketing* (*lato sensu*, abrangendo todas as formas de comunicação comercial) como aquelas acima descritas por Menezes Leitão. Se não o faz, o legislador europeu e, por arrastamento, também o nacional, prevêem já hoje mecanismos capazes de defender o consumidor, a nível nacional ou da União Europeia, desde logo, nesta última, através da legislação adoptada contra a chamada publicidade enganosa ou comparativa.

sas Lidl, Aldi Nord, Lidl & Cia, Jerónimo Martins e Sonae. No total, são 28 as empresas que operam em Portugal que aderiram à iniciativa, incluindo também a Unilever, a Nestlé, o grupo Metro (grossistas, Makro), a Coca-Cola, Kronos, Kellogs, Iberfruta, uma Cooperativa de Citricultores do Algarve (CACIAL), a GSK, a Simões (grossista), etc.

[57] Directiva 84/450/CEE do Conselho (JO, L 250, de 19.9.1984, pág. 17).

[58] Directiva que altera a Directiva 93/13/CEE do Conselho e a Directiva 1999/44/CE do Parlamento Europeu e do Conselho e que revoga a Directiva 85/577/CEE do Conselho e a Directiva 97/7/CE do Parlamento Europeu e do Conselho (JO, L 304, de 22.11.2011, pp. 64-88) – sobre as directivas da União Europeia vide *EC Consumer Law Compendium – The Consumer Acquis ainda its transposition in the Member States*, Hans Schulte-Nölke/Christian Twigg-Flesner/Martin Ebers (Ed), Sellier – European law publisher, 2008, em especial pp. 453 e seguintes, que apresenta os resultados de um estudo financiado pela Comissão Europeia relativo à avaliação da transposição das Directivas relativas à protecção do consumidor em todos os Estados membros, de que foi relator português Miguel Gorjão-Henriques.

[59] Entra em vigor a 13 de Junho de 2014.

21. Em particular, é de salientar a existência de legislação europeia em matéria de práticas comerciais desleais[60], adoptada, desde cedo, no quadro do objectivo do mercado comum (artigo 100º do Tratado CEE) ou do mercado interno (v. artigo 26º, nº 2, do Tratado sobre o Funcionamento da União Europeia, "TFUE") e ao abrigo da base jurídica constante do (actual) artigo 114º TFUE (antes, o artigo 95º do Tratado CE[61], que era o 100º do Tratado CEE[62]), o qual tem na sua base o princípio da liberdade de circulação das mercadorias (cfr., artigos 28º e seguintes TFUE) e sujeita a intervenção limitativa ou restritiva dos Estados às condições previstas nas normas europeias (como as Directivas já acima referidas) ou em razões imperativas de interesse geral (e condicionadas ainda ao respeito do princípio da proporcionalidade e da não discriminação, *inter alia*)[63].

Ora, a matéria das práticas comerciais desleais é hoje objecto de duas Directivas, a título principal (a Directiva 2006/114/CE e a Directiva 2005/29/CE) e a conformidade de normas nacionais com o ordenamento jurídico da União é, em princípio, dirimida à luz destas disposições de direito derivado da União Europeia e já não das normas constantes do TFUE, em particular dos artigos 34º a 36º TFUE. As Directivas 2006/114//CE e 2005/29/CE[64] têm âmbitos subjectivos e objectivos de aplicação assaz distintos.

Assim, enquanto a Directiva 2005/29/CE visa, em primeira linha, a **protecção dos consumidores** contra práticas comerciais desleais, a Directiva 2006/114/CE proíbe a publicidade enganosa mas dirige-se, em primeira mão, à **protecção dos concorrentes** (e não dos consumidores), como aliás resulta dos seus artigos 1º e 8º. Isto mesmo é realçado pelo

[60] Sobre a publicidade comparativa, entre nós, vide Alexandre Dias Pereira, «Publicidade comparativa e práticas comerciais desleais», in *Estudos de Direito do Consumidor,* CDC, nº 7, 2005, pp. 341-378.

[61] Numeração resultante da renumeração dos artigos do Tratado de Roma de 25 de Março de 1957 feita pelo Tratado de Amesterdão.

[62] Numeração original, resultante da versão original do Tratado de Roma de 25 de Março de 1957.

[63] Sobre este ponto, por todos, vide Miguel Gorjão-Henriques, *Direito da União,* Almedina, 6ª Edição, 2010, pp. 533-554.

[64] Transposta pelo Decreto-Lei nº 57/2008. Mas já não da Directiva 84/450/CEE (entretanto, como vimos, revogada e substituída pela Directiva 2006/114/CE), que a doutrina refere ter sido transporta pelo Código da Publicidade.

artigo 14º da Directiva 2005/29/CE, que alterou o artigo 1º da Directiva 84/450/CEE, segundo o qual esta última Directiva (que foi codificada pela Directiva 2006/114/CE) tem por objectivo "proteger os negociantes [profissionais] contra a publicidade enganosa e as suas consequências desleais..."[65].

22. É pois clara a repartição de tarefas. Através da Directiva 2005/29/ /CE, o legislador visou assegurar a realização do mercado interno e, directamente, a protecção dos consumidores no domínio da chamada publicidade enganosa ou comparativa. Mas esta Directiva não se aplica à legislação nacional que não vise objectivos de protecção dos consumidores[66]. Ora, se o legislador nacional, com o Decreto-Lei nº 370/93 ou, hoje, com o Decreto-Lei nº 166/2013, visasse a protecção dos consumidores contra práticas comerciais desleais (chamadas, na Directiva 2005/29/ /CE, acções enganosas – artigo 6º – ou omissões enganosas – artigo 7º) estaria a ultrapassar os limites da legalidade europeia. É que esta matéria é objecto de ***harmonização completa*** na Directiva 2005/29/CE e que, de acordo com a jurisprudência assente do Tribunal de Justiça da UE[67], «embora seja verdade que o artigo 36º do Tratado [o TFUE] permite aos Estados membros manter restrições à livre circulação de mercadorias, é um facto que a aplicação desta disposição deve ser excluída quando as

[65] Directiva 2006/114/CE do Parlamento Europeu e do Conselho, de 12.12.2006, relativa à publicidade enganosa e comparativa (versão codificada) (JO, L 376, de 27.12.2006, pp. 21-27). Esta Directiva encontra-se no início de um processo de revisão – v. Comunicação da Comissão ao Parlamento Europeu, ao Conselho, ao Comité Económico e Social Europeu e ao Comité das Regiões *Proteger as empresas contra práticas comerciais enganosas e garantir uma aplicação efectiva das normas – Revisão da Directiva 2006/114/CE relativa à publicidade enganosa e comparativa*, Bruxelas, 27.11.2012, COM(2012) 702 final.

[66] Assim o declarou, recentemente, o Tribunal de Justiça no despacho de 4.10.2012, *Pelckmans Turnhout NV c. Walter Van Gastel Balen NV, Walter Van Gastel NV, Walter Van Gastel Schoten NV, Walter Van Gastel Lifestyle NV* (*Pelckmans*), proc. C-559/11, nº 20: «*toute législation nationale qui ne poursuit pas des finalités tenant à la protection des consommateurs ne relève pas du champ d'application de ladite directive* [2005/29/CE]».

[67] Desde pelo menos o acórdão de 5.10.1977, *Carlo Tedeschi contra Denkavit Commerciale srl* (*Tedeschi*), proc. 5/77, Colect., 1977, pág. 1555 (EE Portuguesa, pág. 555), nºs 34-35 – K.J. M. Mortelmans, «The Functioning of the Internal Market: The Freedoms», in Kapteyn/VerLoren van Themaat, *The Law of the European Union and the European Communities*, 4.th revised edition, Wolters Kluwer, 2008, pág. 646.

directivas comunitárias prevejam a harmonização das medidas necessárias à realização do objectivo específico prosseguido pelo recurso ao referido artigo 36º. Esta exclusão impõe-se igualmente quando é invocada a necessidade de proteger os consumidores (acórdão de 12.11.1998, *Comissão/Alemanha*, C-102/96, Colect., p. I-6871, nº 21)»[68].

Neste sentido, qualquer intervenção do Estado português, mesmo que legislativa, que afecte a capacidade concorrencial das empresas em praticar preços de venda mais baixos, restringindo a sua liberdade contratual e comercial, deve ser avaliada à luz do quadro normativo já previsto no direito da UE e, em particular, nesta sede, na Directiva nº 2005/29/CE[69]. Como o Tribunal de Justiça declarou no acórdão *Mediaprint*, «na medida em que a Directiva [2005/29/CE] procede a uma harmonização completa das regras relativas às práticas comerciais desleais das empresas em face dos consumidores, os Estados membros, como o prevê expressamente o artigo 4º desta, não podem adoptar medidas mais restritivas do que as definidas pela referida Directiva, mesmo que seja com o fim de assegurar um grau mais elevado de protecção dos consumidores»[70].

[68] Acórdão do Tribunal de Justiça (Sexta Secção), de 24.10.2002, *Processo-crime contra Gottfried Linhart e Hans Biffl*, proc. C-99/01, Colect., 2002, I, pp. 9375, nº 25. Recorde-se que, neste caso, ainda que referido a legislação especial (cosméticos), o Tribunal de Justiça declarou que o direito comunitário se opunha «*à regulamentação de um Estado membro que, na comercialização de produtos cosméticos, proíbe a referência a estudos médicos – particularmente a utilização da menção «dermatologicamente testado» – quando essa referência não contenha indicações relativas ao objecto e ao resultado desses estudos*». Mais adiante, dizia também que, na medida em que uma menção não seja enganosa, i.e. não induza o consumidor em erro quanto às características do produto, «a colocação no mercado de produtos cosméticos que preencham as exigências da Directiva 76/768 [no nosso caso, da Directiva 2006/114/CE] encontra-se sujeita à regra fundamental da livre circulação de mercadorias, não estando os Estados membros, por conseguinte, autorizados a tomar medidas que tenham por efeito restringir a sua comercialização» (considerandos 39 e 44).

[69] Como refere Laurence W. Gromley, «[w]*here Community rules on a subject are exhaustive, any attempt by a national body to impose compliance with its own recommendations which are stricter than Community rules will be unlawful*» – *EU Law of free movement of goods and customs union*, Oxford, 2009, pág. 446. Mais adiante, na pág. 476, afirma ainda que «[t]*his is because the Community measures are designed to replace the proliferation of unilateral national measures*», explicação parcial, pois que tal se justifica também pela necessidade de assegurar o objectivo de um mercado interno que constitua, para as empresas intervenientes, um *level playing field*.

[70] Isto mesmo tem sido sucessivamente reafirmado pela jurisprudência do Tribunal de Justiça, designadamente quanto à licitude genérica de proibição de vendas conjuntas de produtos

23. Ora, a Directiva 2005/29/CE estabelece a proibição de práticas comerciais desleais (artigo 5º, nº 1) que sejam "contrárias[71] às exigências relativas à diligência profissional" (alínea *a)* do nº 2 do artigo 5º) e, cumulativamente[72], possam "distorcer ou [ser] susceptível[is] de distorcer de maneira substancial o comportamento, em relação a um produto, do consumidor médio a que se destina ou que afecta" (alínea *b)* do nº 2 do artigo 5º). Por seu turno, o que seja isso de "distorcer substancialmente o comportamento económico dos consumidores" é definido na Directiva como a "prática comercial que prejudique sensivelmente a aptidão do consumidor para tomar uma decisão esclarecida, conduzindo-o, por conseguinte, a tomar uma decisão de transacção que não teria tomado de outro modo" (alínea *c)* do artigo 2º). Estamos aqui perante enuncia-

(*bundling*) no acórdão do Tribunal de Justiça de 23.4.2009, *VTB-VAB NV c. Total Belgium NV (C-261/07) y Galatea BVBA contra Sanoma Magazines Belgium NV* (C-299/07), procs. C- 261/07 e C-299/07, Colect., 2009, I, pág. 2949; ou o acórdão do Tribunal de Justiça de 9.11.2010, *Mediaprint Zeitungs und Zeitschriftenverlag GmbH & Co. KG c. «Österreich»Zeitungsverlag GmbH*, proc. C-540/08, Colect., 2010, I, pág. 10909, nºs 27 e 30 – vide, também, o acórdão *Plus Warenhandelsgesellschaft*, já citado, nº 41, e jurisprudência aí referida.

[71] Como bem nota Alexandre Soveral Martins [«A Transposição da Directiva sobre Práticas Comerciais Desleais (Directiva 2005/29/CE) em Portugal pelo Decreto-Lei nº 57/2008, de 26 de Março», in *Estudos em Homenagem ao Professor Doutor Carlos Ferreira de Almeida*, Vol. I (José Lebre de Freitas/Rui Pinto Duarte/Assunção Cristas/Vítor Pereira das Neves/Marta Tavares de Almeida – Comissão Organizadora), Almedina, Coimbra, 2011, pp. 574-575)], o Decreto-Lei nº 57/2008 fala em "desconformidade". Na verdade, uma realidade desconforme não tem necessariamente de ser "contrária" e, por isso, a lei nacional deve ser aqui objecto de interpretação restritiva, para se adequar à teleologia e à letra da Directiva, tanto mais quanto esta não permite aos Estados membros a restrição da livre circulação de mercadorias no âmbito coberto pela Directiva, salvo se com recurso aos mecanismos previstos no artigo 3º, nºs 5 e 6, da Directiva. Salientando, em geral, a necessidade desta conformidade entre conceitos nacionais e comunitários, no domínio específico do direito do consumidor, António Pinto Monteiro, «Sobre o direito do consumidor em Portugal e o Anteprojecto do Código do Consumidor», in *Estudos de Direito do Consumidor*, Centro de Direito do Consumo (CDC), nº 7, 2005, pág. 254.

[72] Assim, expressamente, Adelaide Menezes Leitão, «Práticas Comerciais Desleais como Impedimento à Outorga de Direitos Industriais?», in *Estudos em Homenagem ao Professor Doutor Carlos Ferreira de Almeida*, cit., pág. 558. Discute-se a cumulatividade dos requisitos, mas apenas para efeitos do artigo 5º, nº 3, que não consideramos relevante para efeitos da nossa análise – v. María Antonieta Gálvez Krüger, «O Consumidor de Referência para Avaliar a Deslealdade da Publicidade e de Outras Práticas Comerciais», in *Estudos em Homenagem ao Professor Doutor Carlos Ferreira de Almeida*, cit., pp. 545-548.

dos gerais ou uma cláusula geral[73], depois densificados "em especial" nos artigos seguintes. Com efeito, o legislador europeu logo estabeleceu que a sua atenção se virava, primacialmente, para práticas comerciais "enganosas" (artigos 5º, nº 4, alínea *a*), 6º e 7º) e "agressivas" (artigos 5º, nº 4, alínea *b*), 8º e 9º). Estando fora de causa, pela natureza das coisas, a mera hipótese de prática de revenda com prejuízo como agressiva, resta analisar se as práticas em questão – aliás, horizontais a quase todo o mercado – se apresentam, indiciariamente, como enganosas.

Na Directiva, é de salientar um duplo critério, de um lado formal, do outro substantivo. Assim, a Directiva começa por assentar no conceito de que só são automaticamente proibidas as 31 práticas comerciais enganosas – porque só destas aqui fará sentido, ainda que teoricamente, falar – que constam da "lista negra" [74] (*black list*) de práticas comerciais desleais constantes do Anexo I. Todas as outras dependem de uma análise casuística e específica ao abrigo do que podemos chamar o critério *substancial.*[75] Daqui decorre que, em relação a qualquer prática comercial que não entre num dos casos previstos no Anexo I da Directiva, os Estados membros não podem declará-la proibida através de uma proibição geral ou preventiva imposta pela legislação nacional ou pela administração nacional. Como recentemente sintetizou a advogada-geral *Verica Trstenjak* no processo *Köck*[76], «[a]té à data, os pedidos prejudiciais apresentados pelos órgãos jurisdicionais dos Estados membros referiam-se simplesmente àquelas disposições da Directiva com base nas quais é possível apreciar o carácter desleal das práticas comerciais.»

A este respeito, pôde constatar-se que a incompatibilidade da respectiva legislação nacional nas diversas espécies submetidas ao Tribunal de Justiça se devia, no essencial, ao facto de essa legislação contrariar o princípio de harmonização plena prosseguido pela Directiva no domínio da legislação relativa ao carácter leal das práticas comerciais. Para o Tribunal de Justiça, através da adopção de uma proibição geral relativamente a práticas comerciais específicas, os Estados membros pretenderam alargar, de modo inadmissível, a lista exaustiva das práticas comerciais proi-

[73] Alexandre Dias Pereira, cit., pág. 368.

[74] Alexandre Dias Pereira, cit., pág. 368.

[75] No mesmo sentido, acórdão *Mediaprint*, nºs 34 e 43.

[76] Conclusões apresentadas a 6.9.2012 no proc. C-206/11, *Georg Köck c. Schutzverband gegen unlauteren Wettbewerb*, nº 33.

bidas constante do anexo I da Directiva. Uma importância especial teve, nesta matéria, o processo *Mediaprint*, onde estava em causa uma proibição de brindes consagrada na UWG austríaca. Nesse processo, o Tribunal de Justiça decidiu que a Directiva se opõe a uma regulamentação nacional formulada como proibição geral. Além destas, é apenas de salientar a existência de regras que visam proteger o consumidor na relação com empresas que disponham em relação a eles de um poder significativo, como é o caso das instituições de crédito e, sobretudo, das relações hipotecárias entre estas e os consumidores[77].

24. Tanto no quadro da União Europeia como no quadro do direito nacional existem institutos e instrumentos normativos que visam estabelecer regras tendentes a assegurar um ambiente favorável ao desenvolvimento do comércio retalhista (preâmbulo do Decreto-Lei nº 70/2007, de 26 de Março[78]). Entre nós, a autonomização da proibição da revenda com prejuízo face à tutela do consumidor no quadro das relações comerciais com a distribuição tornou evidente que ambos os institutos têm racionalidades e objectivos diferentes. Assim, enquanto o Decreto-Lei nº 70/2007 se preocupa directamente com os consumidores, clarificando as modalidades de venda com redução de preços e os direitos dos consumidores nesses momentos implicados, deixa para disciplina autónoma (por lhe serem estranhos os objectivos do Decreto-Lei nº 70/2007) a prática de venda com prejuízo, que é aí vista como mero limite exterior à prática de vendas com redução de preços através de promoções, visto que a venda em saldos (artigo 3º, nº 1, alínea *a)*, do Decreto-Lei nº 70/2007) e a venda em liquidações (artigo 3º, nº 1, alínea *c)*, do Decreto-Lei nº 70//2007) não estão sujeitas à proibição da revenda com prejuízo (assim, especificamente, o artigo 5º, nºs 4 e 3, do Decreto-Lei nº 70/2007). O mesmo juízo se deve fazer, também, do Decreto-Lei nº 57/2008, de 26 de Março, que transpôs a Directiva 2005/29/CE.

25. Já no quadro da tutela comunitária dos concorrentes contra práticas comerciais desleais, realizada através da Directiva 2006/114/CE,

[77] Decreto-Lei nº 51/2007, de 7 de Março, depois alterado pelos Decretos-Lei nºs 88/2008, de 29 de Maio, 192/2009, de 17 de Agosto, e, mais recentemente, 226/2012, de 18 de Outubro.

[78] Importante diploma, foi o que revogou o Decreto-Lei nº 253/86, de 25 de Agosto, que tinha introduzido a proibição de revenda com prejuízo.

impõe-se reconhecer que não estabelece uma harmonização jurídica completa em matéria de práticas restritivas do comércio (B2B) fora do contexto acima assinalado.

26. E é essa inexistência de uma harmonização completa que justifica, permite e impõe uma análise das soluções previstas no Decreto-Lei nº 166/2013 à luz das liberdades fundamentais, tal como consagradas, hoje, no TFUE, em particular a liberdade de circulação de mercadorias (artigos 28º e 34º-36º TFUE) ou a liberdade de prestação de serviços, nas modalidades de direito de estabelecimento (artigos 49º-55º TFUE) ou de livre prestação de serviços (artigo 56º-62º TFUE). A este propósito, há duas ideias-chave a reter.

Primeiro, se as matérias da proibição de revenda com prejuízo ou das práticas comerciais desleais integrarem os domínios de "atribuição" da União Europeia (artigo 5º, nºs 1 e 2 do Tratado da União Europeia), a sua regulação pelo Estado está dependente, hoje, do não exercício pela União Europeia das referidas competências. Ora, parece evidente que a matéria das práticas comerciais desleais, desde logo, integra o âmbito do mercado interno, sendo por isso domínio de atribuição partilhada entre os Estados membros e a UE (artigo 4º, nº 2, alínea *a)*, do TFUE). Assim, por força do princípio da preempção, recentemente erigido em princípio geral do direito da UE pelo Tratado de Lisboa e consagrado no artigo 2º, nº 2, do TFUE, «quando os tratados atribuam à União competência partilhada com os Estados membros em determinado domínio, a União e os Estados membros podem legislar e adoptar actos juridicamente vinculativos nesse domínio. Os Estados membros exercem a sua competência na medida em que a União não tenha exercido a sua»[79].

Do mesmo modo, também a matéria da revenda com prejuízo não se pode dizer estranha ao direito da UE. Com efeito, a própria licitude da venda com prejuízo face à livre circulação de mercadorias e ao (actual) artigo 34º TFUE foi apreciada pelo Tribunal de Justiça e afirmada no acórdão proferido por este no reenvio prejudicial feito pelo *tribunal de grande instance de* Estrasburgo no processo *Keck et Mithouard*[80]. Recorde-se que

[79] Sobre o sentido e alcance do princípio da preempção, *vide*, com indicações bibliográficas, Miguel Gorjão-Henriques, *Direito da União*, cit., pp. 391-395.

[80] Acórdão *Processos Penais c. Bernard Keck e Daniel Mithouard*, de 24.11.1993, procs. apensos C-267/91 e C-268/91, Colect., I, pp. 6097 e segs. Sobre este acórdão, sua análise e com indica-

o Tribunal de Justiça, numa inflexão significativa da sua jurisprudência considerou aí que a proibição de revenda com prejuízo estabelecida pelo legislador francês através da lei nº 63-628 de 2 de Julho de 1963, na redacção resultante do artigo 32º do Decreto nº 86-1243, de 1 de Dezembro de 1986, não era restritiva da livre circulação de mercadorias nem, em concreto, se podia dizer que constituía uma "medida de efeito equivalente" a uma restrição quantitativa à importação ou exportação de produtos na medida em que não tinha como objecto "regular as trocas"[81]. O Tribunal de Justiça declarou, em concreto, que "uma legislação nacional que proíbe, em geral, a revenda com prejuízo não se destina a regular o comércio de mercadorias entre os Estados membros"[82] (considerando 12 do acórdão), mesmo se "[é] verdade que essa legislação é susceptível de restringir o volume das vendas e, por conseguinte, o volume das vendas de produtos importados de outros Estados membros, na medida em que priva os operadores de um método de promoção." Prosseguindo, declarou então que «convém, no entanto, questionarmo-nos sobre se essa eventualidade basta para desqualificar a legislação em causa de medida de efeito equivalente a uma restrição quantitativa à importação»[83]. E, reavaliando a sua jurisprudência, numa rara mutação expressa de jurisprudência, declarou que «[e]m contrapartida, impõe-se considerar que, *contrariamente ao que até agora foi decidido*[84], a aplicação de disposições nacionais que limitam

ções bibliográficas, Miguel Gorjão-Henriques, *Direito da União*, cit., pp. 550-552. A doutrina sobre este acórdão é praticamente inabarcável, podendo uma extensa lista, mas não exaustiva, ser encontrada em http://eur-lex.europa.eu/Notice.do?val=197884:cs&lang=pt&list=614122:cs,197884:cs,190296:cs,190295:cs,675491:cs,&pos=2&page=1&nbl=5&pgs=10&hwords=keck~&checktexte=checkbox&visu=#texte.

[81] Recorde-se que havia sido invocado no processo nacional que "a proibição em França da revenda com prejuízo, imposta pelo artigo 32º do Decreto nº 86-1243, poderia não ser compatível com os princípios da livre circulação de pessoas, de serviços e de capitais, do estabelecimento da livre concorrência no mercado comum e da não discriminação em razão da nacionalidade, atendendo a que a legislação francesa é, com efeito, susceptível de falsear a concorrência", de um lado, por "apenas incriminar a revenda com prejuízo e excluir do âmbito da proibição o fabricante, livre de vender no mercado o produto que fabrica, transforma ou melhora, mesmo infimamente, a um preço inferior ao de custo;" e, "por outro lado, por falsear o jogo da concorrência através dos preços, nomeadamente nas zonas de fronteira, entre os diferentes operadores económicos, em função da nacionalidade e do lugar de implantação."

[82] Considerando 12 da parte dispositiva do acórdão.

[83] Considerando 13 da parte dispositiva do acórdão.

[84] Itálico nosso.

ou proíbem determinadas modalidades de venda a produtos provenientes de outros Estados membros não é susceptível de entravar directa ou indirectamente, actual ou potencialmente, o comércio intracomunitário na acepção da jurisprudência *Dassonville*[85], **[1]** desde que se apliquem a todos os operadores interessados que exerçam a sua actividade no território nacional e **[2]** desde que afectem da mesma forma, tanto juridicamente como de facto, a comercialização dos produtos nacionais e dos provenientes de outros Estados membros».

Para o Tribunal de Justiça, estas regulamentações, na medida em que não sejam susceptíveis "de impedir o seu acesso ao mercado ou de o dificultar mais do que dificulta o dos produtos nacionais" "escapam ao âmbito de aplicação do [actual] artigo [34º] TFUE" e não são sequer restritivas da livre circulação de mercadorias.

Mas ao contrário do que por vezes se pensa, diz e escreve, esta fórmula está longe de constituir um *cheque em branco*. Com efeito, é legítimo questionarmo-nos hoje sobre se a proibição de revenda com prejuízo, acoplada à previsão de uma extensa e intrusiva lista de práticas comerciais desleais, implicando até um exercício assumido de ficção jurídica, torna de facto neutro o Decreto-Lei nº 166/2013 face à "afectação da comercialização de produtos nacionais e provenientes de outros Estados membros". Na verdade, a complexidade inerente à relação comercial mista de distribuição de produtos resultante do Decreto-Lei nº 166/2013 torna claramente mais difícil o acesso ao mercado por parte de produtos provenientes de outros Estados membros e dificilmente pode ser considerada como neutra. Por isso, caso a ASAE venha a iniciar um processo por infracção baseado em venda com prejuízo ou uma contraparte venha declarar a nulidade de um acordo relativo à distribuição de produtos por alegadas práticas negociais abusivas, deverá ser ponderado o aprofundamento da eventual incompatibilidade entre essas invocações e o direito da UE.

27. Também a lei de autorização legislativa com base na qual o Governo aprovou o Decreto-Lei nº 166/2013, e a relação entre os dois diplomas, suscita três questões concretas e relevantes:

a) A Lei nº 31/2013, de 10 de Maio, definiu, de acordo com os parâmetros constitucionalmente relevantes, o seu objecto, sentido e extensão?

[85] Acórdão do Tribunal de Justiça de 11.7.1974, *Dassonville*, proc. 8/74, Colect., p. 423.

b) O Decreto-Lei nº 166/2013 terá ido mais além do que a Lei nº 31//2013, de 10 de Maio, em qualquer caso permitiria?

c) A autorização legislativa, concedida com uma duração de 180 dias, terá caducado, considerando que o Decreto-Lei nº 166/2013 foi publicado a 27 de Dezembro?

28. Comecemos por este último ponto, de explanação mais simples. É sabido que a autorização legislativa consubstancia a atribuição pela Assembleia da República ao Governo de um poder para legislar sobre determinada matéria cuja competência pertence à reserva relativa parlamentar. Ora, a lei de autorização legislativa simultaneamente legitima e delimita a actividade do Governo, material, teleológica e temporalmente, condicionando o exercício por este da competência legislativa na matéria sujeita a reserva parlamentar ao respeito e ao cabal cumprimento das limitações impostas pelo órgão primária e originariamente competente. Ora, refere o artigo 3º da Lei nº 31/2013 que a "presente autorização legislativa tem a duração de 180 dias". Cumpre, pois, questionar se a autorização legislativa, publicada em 10 de Maio de 2013, já tinha caducado, por o diploma não ter sido promulgado e/ou publicado durante o seu período de vigência (a 11 de Novembro de 2013[86]). Se é certo que a contagem se inicia a 16 de Maio de 2013, a questão que tem vindo a dividir a doutrina prende-se precisamente em saber qual é o último dia do prazo para o Governo fazer uso da referida autorização legislativa. Será o dia de promulgação do Decreto-Lei nº 166/2013, em 16 de Dezembro de 2013? O da referenda do Primeiro-Ministro, em 23 de Dezembro de 2013? Ou o

[86] Considerando o prazo de *vacatio legis* de cinco dias, nos termos do disposto no artigo 2º, nº 3, da Lei nº 74/98, de 11 de Novembro (na redacção resultante da Lei nº 42/2007, de 24 de Agosto). O Tribunal Constitucional, na sua jurisprudência, tem dado eco de, na doutrina, se afirmar por vezes que as leis de autorização legislativa poderão não gozar de *vacatio legis* (por todos, acórdão nº 672/95, de 23 de Novembro). Devemos dizer que não propendemos para essa interpretação, que nos parece *contra legem*, ainda que, no nosso caso, tivesse como efeito fazer com que a caducidade da lei de autorização legislativa tivesse ocorrido a 6 de Novembro de 2013 que, em qualquer caso, é uma data posterior a 30 de Outubro de 2013, pelo que o argumento poderia dizer-se irrelevante para efeitos da presente anotação, quando centrada na data de aprovação em Conselho de Ministros, mas poderia ou poderá ter relevância se a data relevante puder ou dever ser a da recepção na Presidência da República, a da promulgação ou a da referenda.

dia da publicação em 27 de Dezembro de 2013? Ou será antes que o que releva é o dia de aprovação em Conselho de Ministros?

29. A questão é de indubitável importância prática uma vez que só neste último caso, e se ficar demonstrado que a aprovação pelo Conselho de Ministros ocorreu efectivamente a 30 de Outubro de 2013, conforme foi declarado, é que a autorização legislativa se considera ainda não ter caducado. A questão parece ter uma resposta simples, por o Tribunal Constitucional já sobre isso se ter pronunciado. Mas continua a dividir a doutrina.

De um lado estão aqueles, como o prof. Jorge Miranda, para quem, "[e]m rigor deveria ser o da **aprovação em Conselho de Ministros**, mas a sua **prática muito irregular** e o **défice de publicidade** envolveriam o risco de manipulação de datas. E, muito menos, poderia ser, por então tudo depender do Presidente da República, o dia da promulgação. Propendemos para o dia da recepção do decreto-lei na Presidência da República, por se verificar aí o enlace da intervenção dos dois órgãos – Governo e Presidente – e por razões pragmáticas de objectividade; é certo que essa data não aparece depois no diploma a publicar, mas através dos serviços da Presidência da República pode ser determinada com rigor. Por conseguinte, se nesse dia ainda não tiver decorrido o tempo da autorização, o decreto-lei será válido; senão, padecerá de inconstitucionalidade"[87] (sublinhado nosso).

Entendimento ligeiramente diferente parece ter o prof. Blanco de Morais. Para este "[a] menção feita no nº 2 do art. 165º da CRP à duração da autorização, significa que, se os decretos-lei autorizados não forem aprovados, promulgados e referendados dentro do prazo-limite para a sua utilização, a lei de autorização caduca por decurso do prazo não podendo mais ser utilizada. Para que a autorização possa ser utilizada dentro do prazo fixado para a duração da mesma, basta que o decreto-lei autorizado tenha sido aprovado até ao termo do referido prazo, ou exigir-se-á, ao invés, que tenha sido publicado até ao limite máximo de duração? Entende-se que o decreto-lei deve ter-se como juridicamente

[87] Jorge Miranda, *Manual de Direito Constitucional,* Tomo V, 4ª Edição, Revista e Actualizada, Wolters Kluwer Portugal/Coimbra Editora, 2010, pp. 349-350. Esta posição não diverge, substancialmente, da que havia sido expressa na anotação ao artigo 165º da Constituição em Jorge Miranda/Rui Medeiros, cit., Tomo II, 2006, pág. 541.

perfeito e existente no momento em que a autorização cessa por decurso do limite temporal e, que, como tal, tenha sido aprovado, promulgado e referendado, não relevando a data da publicação, na medida em que esta é um mero requisito integrativo de eficácia"[88] (sublinhado nosso).

Já o meu Mestre, Gomes Canotilho, embora comece por reconhecer, como os autores anteriores, que "[p]revalece a tese da não exigência da publicação dentro dos limites temporais fixados pela lei de autorização", argumentando neste sentido com o facto de "a publicação ser um acto sucessivo estranho ao exercício da autorização legislativa, além de a publicação ser hoje (depois da LC nº 1/82) uma mera condição da eficácia da lei e não um requisito de existência" pelo que seria suficiente, no seu entendimento, "a simples aprovação pelo Governo", vem no entanto depois considerar que a simples aprovação pelo Governo não tem vindo a ser considerada como "condição suficiente de existência de um acto legislativo"[89]. Com efeito, Gomes Canotilho pende a favor da exigência da publicação no DR, invocando que só assim será possível o "controlo público da data do diploma", nomeadamente por forma a que o Governo não cometa "a fraude de «antedatar» diplomas.

30. No entanto, do outro lado, como também bem assinala o prof. Gomes Canotilho, tem o Tribunal Constitucional vindo a considerar que, para que "se considere respeitado o prazo de autorização legislativa basta que ocorra dentro desse prazo a aprovação pelo Conselho de Ministros do decreto-lei emitido no uso dessa autorização (cfr. acórdãos do Tribunal Constitucional nºs 156/92, 386/93, 268/97, 461/99)"[90]. Neste sentido seguem, com o Tribunal Constitucional outros constitucionalistas, seja de *iure condito* seja até *de iure condendo.*

[88] Carlos Blanco de Morais, *Curso de Direito Constitucional,* Tomo I, 2ª ed., Coimbra Editora, 2012, pp. 389-390.

[89] Posição que assume também na anotação ao artigo 165º da Constituição (XXX), ao dizer que "a verdade é que, por um lado, a aprovação não basta para que se dê por existente um diploma legislativo e não é publicamente controlável a sua data. (...). De qualquer modo, não podem prevalecer-se da autorização os decretos-leis, respectivamente, anteriores à publicação ou posteriores à cessação da vigência da lei da autorização», Gomes Canotilho/Vital Moreira, *CRP Constituição da República Portuguesa Anotada*, cit., vol. II, 2010, pág. 338.

[90] Gomes Canotilho, *Direito Constitucional e Teoria da Constituição*, cit., pág. 769.

31. Expostas ficam por isso as diferentes perspectivas. Para a doutrina (*stricto sensu*) não é claro qual o momento ou o acto relevante para apurar se a autorização legislativa foi ou não tempestivamente utilizada pelo Governo, isto é, qual o momento em que se deve considerar que uma lei de autorização foi exercida. Como vimos, as hipóteses são várias: em ordem cronológica, o momento da aprovação em Conselho de Ministros, o dia da recepção na Presidência da República, para promulgação, o próprio dia da promulgação, o dia em que o diploma regressa ao Governo para ser referendado pelo Primeiro-Ministro ou, finalmente, o dia da publicação em Diário da República. A questão é tanto mais relevante porquanto, como se viu, apenas o dia da aprovação em Conselho de Ministros se pode considerar dentro do prazo de autorização legislativa no presente caso.

Para o Tribunal Constitucional, através da sua jurisprudência constante[91], "[p]ara que se considere respeitado o prazo da autorização legislativa, basta que ocorra dentro desse prazo a aprovação pelo Conselho de Ministros do decreto-lei emitido no uso dessa autorização"[92]. Afigura-se no entanto adequado verificar se a fundamentação que utiliza nos diversos casos que tem julgado é transponível para o nosso. Com efeito, em muitos casos o tribunal limita-se a um *obter dictum*. Noutros, o Tribunal Constitucional vem pronunciar-se relativamente a autorizações que incidem sobre matéria fiscal, que têm um regime constitucional próprio, só caducando no termo do ano económico a que respeitam, como a Constituição consagra formalmente a partir da Lei Constitucional nº 1/89 (cfr. artigo 168º, nº 5)]. Noutros ainda, o Tribunal Constitucional não respondeu directamente à questão mas limitou-se a excluir a relevância da publicação do diploma por esta não ser um elemento constitutivo do acto legislativo ("seja qual for a resposta que deva dar-se à questão de saber qual o momento relevante para se poder concluir que a autorização legislativa foi atempadamente utilizada – se o da aprovação em Conselho de Ministros do diploma autorizado, se antes o do seu envio para promulgação pelo Presidente da República, se o da data em que a promulgação teve lugar, se, ainda, o da referenda –, a verdade é que a *publicação não é,*

[91] No que é acompanhado por outros tribunais, como mostra a espécie decidida pelo Tribunal da Relação do Porto, em 11.10.2006, proc. 0511366.

[92] Entre outros, vide acórdão do TC nºs 150/92 e 461/99, acessíveis em www.tribunalconstitucional.pt. Por último, de forma enfática, o acórdão nº 249/02, de 4 de Junho, 2ª secção, proc. 216/00, relator: Paulo Mota Pinto.

seguramente, *elemento constitutivo do acto legislativo.*"). Ora, é indubitável quer na jurisprudência, quer na doutrina, que a falta de promulgação e de referenda são actos que importam a inexistência jurídica do diploma assim aprovado.

Cumpre assim concluir, relativamente a esta matéria, que mesmo na tese mais favorável ao Governo, competir-lhe-á demonstrar que a aprovação ocorreu efectivamente no Conselho de Ministros de 30 de Outubro de 2013. E, ainda que possa gozar de uma presunção, esta não se deverá considerar inilidível. É verdade que no sentido de que a autorização legislativa foi exercida a 30 de Outubro de 2013 milita não só a referência à mesma no comunicado da reunião do Conselho de Ministros nesse dia[93] mas também a indicação da data de aprovação em Conselho de Ministros no próprio decreto-lei autorizado.

Mas, dito isto, como explicar, à luz do exposto, que o diploma só tenha entrado nos serviços da Presidência da República a 20 de Novembro de 2013[94]? Recorde-se que parte muito significativa da doutrina considera que «a simples aprovação não é condição suficiente de existência de um acto legislativo», admitindo apenas que se «tenha em conta o momento de recepção pelo Presidente da República para efeitos de promulgação».

Neste sentido, o argumento utilizado pelo Tribunal Constitucional (por ex., nos acórdãos nº 150/92, 672/95 e 461/99), nos termos dos quais, utilizando sempre o condicional, refere que "quanto à possibilidade de o Governo antedatar os diplomas, sempre se poderia estabelecer a presunção de que a sua aprovação ocorreu na data que deles consta (com admissão de prova em contrário)", cria uma *probatio diabolica*, implicando a prova de um facto negativo, extremamente difícil de demonstrar, em prejuízo para as garantias constitucionais envolvidas na limitação temporal das leis de autorização legislativa. No entanto, mesmo cabendo o ónus ao Governo, este poderia demonstrar que efectivamente aprovou o diploma na data indicada através, por exemplo, da sua divulgação pública

[93] Comunicado do Conselho de Ministros, de 30 de Outubro de 2013, pelo qual o Governo informa da aprovação em Conselho de Ministros do diploma autorizado.

[94] Informalmente, obtivemos a 17 de Janeiro de 2014 a informação, proveniente do "Digesto" (Conselho de Ministros), de que o diploma que foi publicado como Decreto-Lei nº 166/2013, de 27 de Dezembro entrou nos Serviços da Presidência da República no dia 20 de Novembro de 2013. Mais, foi-nos referido que esta informação foi obtida junto dos Serviços de Publicação da Imprensa Nacional e foi depois confirmada junto do "Gabinete do Ministro".

imediatamente subsequente à aprovação em Conselho de Ministros, ou da sua disponibilização por outras vias a terceiros. Não existe disponível, no entanto, qualquer evidência de que isso terá sucedido, após a alegada aprovação em Conselho de Ministros.

32. [95]Se é certo que o decreto-lei autorizado tem de cumprir os limites substanciais, formais, subjectivos e temporais impostos pela lei de autorização legislativa, não menos certo é que a própria conformidade constitucional da lei de autorização legislativa depende da suficiente densificação desses mesmos pressupostos que guiarão a actividade legislativa do Governo[96]. Com efeito, não serviria qualquer propósito impor ao Governo o respeito por uma lei de autorização legislativa cujos contornos e vigência não fossem eles próprios susceptíveis de delimitação. Daí que seja de suprema importância aferir da suficiência da densificação do objecto, sentido e extensão da própria lei de autorização legislativa, por forma a definir se a mesma é apta a revelar a «predefinição parlamentar da orientação política da medida legislativa a adoptar»[97]. Caso a lei não identifique de forma suficientemente precisa a matéria sobre a qual o Governo fica autorizado a legislar (o *objecto*), a amplitude com que o poderá fazer (a *extensão*), bem como os princípios-base, as directrizes ou as orientações que presidirão à elaboração do decreto-lei autorizado (o *sentido*)[98], será forçoso concluir pela insusceptibilidade de a lei de autorização poder desempenhar a sua função de limite substantivo à actividade legislativa do Governo e, consequentemente, pela sua desconformidade com as exigências do disposto no artigo 165º, nº 2, da CRP.

33. Não obstante a deficiente definição do objecto da autorização legislativa concedida pela Lei nº 31/2013 no plano da técnica legislativa, nenhum óbice de natureza jus-constitucional parece poder ser encontra-

[95] Este e os parágrafos seguintes contaram, de modo substancial, com a co-autoria do prof. Doutor José Lobo Moutinho e do Dr. David Silva Ramalho.

[96] Cfr. Artigo 165º, nº 2, da CRP.

[97] Gomes Canotilho/Vital Moreira, *Constituição da República Portuguesa Anotada*, Volume II, 4ª ed., Coimbra Editora, pág. 337.

[98] Cfr. acórdão do TC nº 213/95, acessível em www.tribunalconstitucional.pt, acórdão do Tribunal da Relação do Porto, de 11 de Outubro de 2006, Proc. 5296/2006-5, acessível em www.dgsi.pt e Jorge Miranda, *Manual de Direito Constitucional*, Tomo V, cit., pág. 312.

do no que respeita à definição do ***objecto*** da autorização legislativa concedida pela referida lei. Com efeito, pelas razões que se verão adiante, resulta claro que o objecto da autorização será encontrado na conjugação dos artigos 1º e 2º do citado diploma, e traduzir-se-á na concessão do poder, ao Governo, para, no contexto da aprovação do novo regime jurídico aplicável às práticas individuais restritivas do comércio, alterar o seu regime contra-ordenacional, estabelecendo coimas cujo montante máximo exceda os plasmados no chamado Regime Geral das Contra-Ordenações (RGCO).

34. Diferentemente sucederá, porém, no que respeita à delimitação do ***sentido*** da referida autorização e da distinção deste face ao conceito de ***extensão***. É que a Lei nº 31/2013 limita-se a fixar, muito genericamente, as medidas sobre as quais o Governo poderá legislar, adicionando, em matéria contra-ordenacional, no nº 2 do seu artigo 2º, que a autorização em causa «tem como sentido e extensão a previsão de que os ilícitos de mera ordenação social tipificados no regime jurídico aplicável às práticas individuais restritivas do comércio são puníveis com coima» nos montantes e com o âmbito de incidência subjectiva constante das alíneas que se seguem. Acontece que aquilo que a norma do artigo 2º, nº 2, da Lei nº 30/2013 e, bem assim, as dos nºs 3 e 4 do mesmo artigo[99], prevêem é, tão-só, matéria atinente à amplitude, isto é, à *extensão* da autorização concedida para legislar sobre o referido *objecto*, nada dizendo quanto ao seu *sentido*. Ora, o cabal cumprimento das exigências impostas pelo nº 2 do artigo 165º da Constituição não se coaduna com a mera indicação, na lei de autorização legislativa – ainda mais de forma incompleta – da *medida* da disciplina jurídica objecto de autorização[100]. Pelo contrário, a Constituição impõe que a Assembleia da República especifique, na lei de autorização, qual o *objectivo* e o *critério* da disciplina jurídica a estabelecer pelo Governo, enquanto elementos essenciais «*para a determinação das* linhas gerais *das alterações a introduzir*»[101] ou, melhor dizendo, qual o seu *sentido*[102].

[99] Estes em matéria de medidas cautelares e de aplicação de sanções pecuniárias compulsórias.

[100] Cfr. Carlos Blanco de Morais, *Curso de Direito Constitucional*, Tomo I, cit., pág. 387.

[101] Acórdãos do TC nº 107/88 e 311/93.

[102] Neste sentido, ensina António Vitorino que «[...] se o sentido não tem que exprimir-se em abundantes princípios ou critérios directivos (que levados às últimas consequências até

35. Na certeira formulação do Tribunal Constitucional: «[e]ssencial é [...] que na autorização legislativa possam colher-se os princípios rectores que hão-de servir ao Governo de critério ou de linhas de orientação na produção da respectiva disciplina jurídica, mas basta que constem da lei de autorização os princípios, as directrizes ou as orientações gerais que habilitem o Governo a emitir a legislação autorizada e que, uma vez produzida essa legislação (autorizada) permitam às instâncias de controlo da constitucionalidade verificar se ela respeita o modelo que a Assembleia da República esboçou»[103]. É na definição do sentido que se encontrará o limite interno da autorização legislativa[104] que permitirá, simultaneamente, à Assembleia da República (e aos Tribunais) assegurar-se de que o Governo não ultrapassará o teor da autorização conferida, ao Governo balizar a sua actividade legislativa derivada e, por fim, ao cidadão antecipar o conteúdo do decreto-lei a elaborar e confiar no cumprimento das directrizes parlamentares que o deverão nortear[105]. Neste sentido, entende o Tribunal Constitucional que é «através do sentido [que] são fixados os princípios base, as directivas gerais, os critérios rectores que hão-de orientar o Governo na elaboração da lei delegada». Assim, «[e]ste último elemento de condicionamento substancial constitui já, não um limite externo, definidor dos contornos da autorização, mas um verdadeiro limite interno à própria autorização, pois que é essencial para a determinação das linhas gerais das alterações a introduzir numa dada matéria legislativa. Logo, conclui o Tribunal, «a autorização há-de conter os princípios, as normas fundamentais que concedem unidade lógico-política à disciplina a editar pelo Governo, e há-de estabelecer também as directivas, reconduzíveis à determinação das finalidades a que aquela disciplina tem de adequar-se. E deve sublinhar-se com espe-

poderiam condicionar totalmente em termos de conteúdo o exercício dos poderes delegados), deverá, pelo menos ser suficientemente inteligível para que o seu conteúdo possa operar com clareza como parâmetro de aferição dos actos delegados e consequentemente da observância por parte do legislador delegado do essencial dos ditames do legislador delegante» – António Vitorino, *As Autorizações Legislativas na Constituição Portuguesa*, policopiado, Lisboa, 1985, pág. 240.

[103] Acórdão do TC nº 302/95, disponível em www.tribunalconstitucional.pt.

[104] Cfr. Jorge Miranda/Rui Medeiros, *Constituição da República Portuguesa Anotada,* Tomo II, Coimbra Editora, 2006, pág. 539.

[105] Assim, António Vitorino, *cit.*, pp. 238-239.

cial destaque, que se o sentido da autorização não tem de exprimir-se em abundantes princípios ou critérios directivos (que levados às últimas consequências poderiam até condicionar por inteiro em termos de conteúdo o exercício dos poderes delegados), deverá, no mínimo, como condição da sua própria verificação, ser suficientemente inteligível a fim de poder operar como parâmetro de aferição dos actos delegados e, consequentemente, como padrão de medida por parte do legislador delegado do essencial dos ditames do legislador delegante»[106].

Acontece que, compulsado o articulado da Lei nº 31/2013 e, em particular, o seu artigo 2º, subordinado à epígrafe "*Sentido e extensão*", o intérprete não poderá deixar de ver-se confrontado com as seguintes questões inultrapassáveis: qual terá sido a *orientação fundamental* que a Assembleia da República pretendeu que fosse seguida no decreto-lei autorizado[107]? Qual o *critério* que estabeleceu para a aplicação das novas molduras sancionatórias às condutas já tipificadas? Qual a *finalidade* que visou prosseguir com o aumento destes limites mínimos e máximos das coimas aplicáveis, isto é, quais os «*fins axiais ou estruturantes a prosseguir pela lei delegada*»[108]? A lei não esclarece. Esta omissão de fixação do sentido da autorização torna-se ainda mais evidente quando confrontada com outras leis de autorização legislativa igualmente concedidas com o intuito de permitir ao Governo fixar novos limites máximos de coimas abstractamente aplicáveis em outras matérias.

Veja-se, a título exemplificativo, as diversas formulações de *sentido da autorização legislativa* consagrada nas seguintes normas:

a) Artigo 3º da Lei nº 4/89, de 3 de Março: «[a] *presente autorização legislativa visa proceder a um reforço da tutela contra-ordenacional em simultâneo com um aumento das garantias dos particulares, bem como harmonizar o regime jurídico das contra-ordenações com o restante ordenamento jurídico português*»;

b) Artigo 2º da Lei nº 64/98, de 2 de Setembro: «*o sentido da legislação a aprovar ao abrigo da presente autorização é obter uma maior eficácia na prevenção e repressão dos ilícitos contra-ordenacionais em causa, tornando todo o sistema mais dissuasor, tendo em vista o objectivo final consubstan-*

[106] Cfr., por todos, os acórdãos nºs 107/88 e 70/92, publicados no Diário da República, respectivamente, I série, de 21.6.1988, e II série, de 18.8.1992.

[107] Cfr. Jorge Miranda/Rui Medeiros, ob. e loc. cit.

[108] *Ibidem.*

ciado na conservação e gestão racional dos recursos disponíveis, bem como privando os responsáveis pelo incumprimento de qualquer benefício económico resultante das infracções ou, no mínimo, sancionando-os de forma proporcional à gravidade das infracções cometidas»;

c) Artigo 2º da Lei nº 17/2008, de 17 de Abril: «[a] *presente lei de autorização legislativa é concedida para permitir agilizar o procedimento contra-ordenacional das infracções rodoviárias, aproveitando os meios que as novas tecnologias disponibilizam, em ordem a diminuir o hiato entre a prática da infracção e a decisão administrativa, sem alterar as garantias de defesa do arguido, retirando da possibilidade da conclusão do processo num curto espaço de tempo repercussões positivas em termos de segurança rodoviária*»;

d) Artigo 2º da Lei nº 36/2009, de 20 de Julho, nos termos da qual «[a] *presente lei de autorização legislativa é concedida para permitir obter uma maior eficácia na prevenção e repressão dos ilícitos contra-ordenacionais em causa, tendo em vista o objectivo final consubstanciado na conservação e gestão racional dos recursos da floresta, de privar os responsáveis de qualquer benefício económico resultante das infracções ou, no mínimo, de os sancionar de forma proporcional à gravidade das infracções cometidas, de aproveitar os meios que as novas tecnologias disponibilizam, sem alterar as garantias de defesa do arguido, de possibilitar o licenciamento pelas câmaras municipais nas acções de arborização e rearborização, bem como da instrução e decisão dos correspondentes processos contra-ordenacionais e ainda obrigar os proprietários e outros produtores florestais à realização de operações silvícolas mínimas, que garantam a salvaguarda do património florestal.*

36. Ora, enquanto de qualquer das citadas formulações é possível, com maior ou menor densificação, extrair os «princípios fundamentais a seguir pelo Governo na definição dos critérios de delimitação substanciais indispensáveis à respectiva concretização legislativa»[109], a verdade é que essa tarefa se revela impossível com base na configuração do artigo 2º da Lei nº 31/2013. Ao abster-se de esclarecer o *sentido* da autorização legislativa, o Parlamento não enunciou o parâmetro e a medida dos actos delegados[110] e acabou por conferir um verdadeiro *cheque em branco* ao

[109] Acórdão do TC nº 396/07, disponível em: www.tribunalconstitucional.pt.
[110] Acórdão do TC nº 842/96, disponível em: www.tribunalconstitucional.pt.

Governo, assim permitindo, em directa violação do disposto no artigo 165º, nº 2, da Constituição, que este legislasse no *sentido* que preferisse dentro do *objecto* e do âmbito delimitados pela referida autorização.

37. A consequência da ausência de densificação do sentido da autorização legislativa não pode ser outra que não a sua inconstitucionalidade por desvio de poder legislativo[111], o que implicará necessariamente a inconstitucionalidade consequente, no mínimo parcial, do decreto-lei autorizado. Admitindo, porém, que a inconstitucionalidade consequente do decreto-lei autorizado apenas afectaria as normas cuja consagração careceria de autorização da Assembleia da República, a consequência a extrair seria, por um lado, a da inconstitucionalidade das normas de sanção que prevêem limites das coimas abstractamente aplicáveis superiores aos fixados no RGCO, e, por outro, a da não afectação pelo vício da inconstitucionalidade das normas de conduta tipificadas como contra-ordenação no Decreto-Lei nº 166/2013. A inconstitucionalidade das normas de sanção, na medida em que deixaria as normas de conduta desprovidas de estatuição, implicaria uma aplicação da norma subsidiária do artigo 17º do RGCO, e respectivos limites para as coimas aplicáveis às contra-ordenações tipificadas no Decreto-Lei nº 166/2013.

38. Um último ponto se suscita, quanto ao âmbito da autorização legislativa. Como se viu, o Decreto-Lei nº 166/2013, sendo um decreto-lei autorizado pela Lei nº 31/2013, levanta questões complexas, também quanto aos seus limites temporais e substanciais. Procuraremos, agora, ser mais precisos quanto à definição do seu âmbito subjectivo e objectivo de aplicação, com especial incidência para a lei de autorização legislativa.

Começa o Decreto-Lei nº 166/2013 por ser audacioso ao, de forma geral, proclamar no artigo 1º que "aprova o regime aplicável às práticas individuais restritivas do comércio". Esta qualificação é prenhe de implicações a nível de regime, sobretudo, mas não só, na relação entre lei de autorização e lei autorizada. Por um lado, é certo que a Lei nº 31/2013 confere ao Governo "autorização para, no âmbito da aprovação do regime

[111] Assim Carlos Blanco de Morais, *cit.*, pp. 388-389, segundo o qual «*os fins constantes da lei habilitante desviam-se por defeito, daqueles que lhe são assinados pelo nº 2 do art. 165º da CRP*» e ainda Jorge Miranda/Rui Medeiros, *cit.*, pp. 540-541.

jurídico aplicável às práticas individuais restritivas do comércio, estabelecer o regime contra-ordenacional". No entanto, esclarece a mesma norma, tal será feito "*nos termos dos artigos seguintes*". E, no artigo 2º, a Lei nº 31/2013 dispõe que o *sentido* e *extensão* da autorização legislativa são os de permitir ao Governo "estabelecer limites mínimos e máximos das coimas aplicáveis, para além dos previstos" no Regime Geral das Contra-ordenações (RGCO) (alínea *a)* do nº 1 do artigo 2º), e estabelecer a possibilidade de "adoção de medidas cautelares" (alínea *b)* do nº 1 do artigo 2º) e de "sanções pecuniárias compulsórias" (alínea *c)* do nº 1 do artigo 2º). Mais ainda, a "autorização prevista na alínea *a)* do número anterior tem como sentido e extensão os ilícitos de mera ordenação social tipificados no regime jurídico aplicável às práticas individuais restritivas do comércio"[112]. Ou seja, a Lei nº 31/2013 tem como pressuposto a tipificação contra-ordenacional tal como esta é realizada pelo Decreto-Lei nº 370/93, na redacção então em vigor, resultando do Decreto-Lei nº 140/98 e do Decreto-Lei nº 10/2003. Por outro lado, não pode deixar de ser realçado que, quando na Lei nº 31/2013 se fala dos poderes cautelares – i.e. da possibilidade de "a entidade fiscalizadora (...) ordenar preventivamente a imediata suspensão da referida prática" (nº 3 do artigo 2º da Lei de autorização legislativa e nº 1 do artigo 8º do Decreto-Lei nº 166/2013) – a Assembleia da República já não fala de "práticas individuais restritivas do comércio" mas de "práticas restritivas do comércio"[113].

39. Que dizer desta distinção? A resposta a dar a esta questão implica uma análise do problema sob três vertentes: a primeira, respeitante à evolução e consagração destes diferentes conceitos no plano do direito constituído; a segunda, relativa à atribuição de consequências de natureza civil às práticas negociais abusivas no Decreto-Lei nº 166/2013; a terceira relativa à intenção do legislador parlamentar de restringir a autorização para o alargamento dos limites mínimos e máximos das coimas abstractamente aplicáveis a práticas *individuais* restritivas do comércio. No que respeita à primeira vertente, é forçoso considerar que a não utilização do termo *individuais* no nº 3 do artigo 2º da Lei nº 31/2013 e no nº 1 do artigo 8º do Decreto-Lei nº 166/2013 não pode atribuir-se a um

[112] Sublinhado nosso. V. corpo do nº 2 do artigo 2º.

[113] Sublinhado nosso.

lapso ou a uma qualquer simplificação discursiva. Isso não acontece por acaso e, ademais, tem uma justificação, quer face ao regime constante do Decreto-Lei nº 370/93 quer face à Proposta de Lei nº 126/XII, submetida pelo Governo à Assembleia da República (adiante, "PPL 126/XII")[114].

40. No que concerne ao regime do Decreto-Lei nº 370/93, não é necessário ser especialista nestas matérias para recordar que, na sua redacção original, este apenas cobria as chamadas "práticas <u>individuais</u> restritivas do comércio"[115] e não as práticas negociais abusivas. Com efeito, todas as práticas previstas no Decreto-Lei nº 370/93 resultavam, originariamente, de uma decisão *unilateral* – e por isso, *individual* –, qual seja ela a de um agente económico, por si só, (*i*) determinar de forma discriminatória os preços e condições de venda a aplicar às suas potenciais contrapartes (artigo 1º), (*ii*) não possuir nem facultar tabelas de preços ou condições de venda (artigo 2º), (*iii*) decidir (re)vender com prejuízo um produto (artigo 3º)[116] ou, também unilateralmente, (*iv*) recusar-se a vender produtos ou a prestar serviços (artigo 4º). Tudo práticas que o próprio senso comum aceita que são práticas individuais ou, podemos dizer, unilaterais, prescindindo de um qualquer acto negocial posterior ou da adesão da vontade de qualquer actual ou potencial co-contratante. Com efeito, o que o Decreto-Lei nº 370/93 proibia era que um agente económico, unilateralmente, adoptasse um dos comportamentos acima descritos. E, no caso da chamada venda com prejuízo, o legislador proíbe a própria *oferta* para venda, não necessitando sequer da adesão de qualquer hipotético co-contratante.

Foi só o Decreto-Lei nº 140/98 que, invocando expressamente no preâmbulo a «perspectiva de adequação deste diploma à evolução recente das relações empresariais», veio introduzir um novo preceito, visando

[114] Proposta de Lei nº 126/XII, submetida pelo Governo à Assembleia da República, Diário da Assembleia da República, II série A, nº 65/XII/2, de 15.1.2013, disponível em http://app.parlamento.pt/webutils/docs/doc.pdf?path=6148523063446f764c3246795a5868774d546f334e7a67774c336470626d6c7561574e7059585270646d467a4c31684a535339305a58683062334d76634842734d5449324c56684a5353356b62324d3d&fich=ppl126-XII.doc&Inline=true.

[115] Sublinhado nosso.

[116] Recorde-se, como antes assinalado, que o agente económico preenchia o tipo não apenas quando concretizava a venda com prejuízo mas pela mera disponibilização do produto para venda, nessas condições.

sancionar *práticas negociais* tidas como abusivas[117]. Ora, estas práticas *negociais* abusivas são, passe o pleonasmo, práticas *negociais* que, sendo da vida comercial ou da distribuição, não são nem podem ser dogmaticamente reconduzíveis a negócios jurídicos unilaterais[118]. Assentam sempre, portanto, na expressão de vontade de mais do que uma parte e claramente em sentido diverso, civilisticamente, ainda que uma das partes possa ser condicionada por uma situação de dependência funcional, económica ou de outro tipo. Não entender isto seria, extrapolando para outros ramos do direito que nasceram com intenção de proteger uma parte considerada como estando numa situação mais desfavorável, negar a natureza contratual às relações laborais (ainda quando marcadas pelo *favor laboratoris*) ou às relações de consumo[119]. São, portanto, práticas que, apesar de não serem já *individuais*, recaem agora no conceito mais lato de práticas restritivas do comércio.

41. Assim, à primeira vertente de análise *supra* enunciada para a compreensão da distinção entre ambos os conceitos – e, consequentemente, do âmbito de aplicação da lei de autorização legislativa – deve adicionar-se uma outra: a da atribuição de consequências de natureza civil às práticas negociais abusivas no Decreto-Lei nº 166/2013. Dois motivos nos levam a concluir que era intenção do legislador parlamentar adoptar a concepção civilística das práticas negociais abusivas: o primeiro prende-se com o facto de o projecto anexo à PPL 126/XII – e, sublinha-se, o único ao qual a Assembleia da República teve acesso por ocasião da concessão da autorização – não prever como ilícito contra-ordenacio-

[117] Co-implicando a revogação de normas do Decreto-Lei nº 253/86, de 25 de Agosto (artigo 3º do Decreto-Lei nº 140/98, de 16 de Maio).

[118] Por todos, recorremos à lição do prof. Carlos Alberto da Mota Pinto, *Teoria Geral do Direito Civil*, 3ª Edição actualizada, Coimbra Editora, Coimbra, 1986, pp. 387-388. Nos negócios unilaterais, de que são exemplos o testamento, a renúncia à prescrição, a procuração, repúdio da herança, "é desnecessária a anuência do adversário", "vigora o princípio da tipicidade ou dos «*numerus clausus*»". Como é evidente, é uma construção puramente artificiosa considerar que as práticas nas relações comerciais e da distribuição são práticas negociais unilaterais, pois nem mesmo uma tal denominação elimina, juridicamente, a sua natureza de negócio jurídico bilateral ou até contratual.

[119] Com efeito, o artigo 4º-A do Decreto-Lei nº 370/93 vem expressamente proibir, no seu nº 1, que um agente económico obtenha "de um [outro] fornecedor" preços e outras condições gerais de venda exorbitantes comparativamente às suas.

nal, no seu artigo 8º, as práticas negociais abusivas. Circunstância que, acrescente-se, não se poderá imputar a um qualquer lapso do legislador ou do proponente, desde logo porque, assim sendo, não se compreenderia por que motivo teria o Governo procedido à rectificação do artigo 9º da PPL 126/XII sem que se tenha, nesse momento de correcção de lapsos legislativos, feito qualquer pronúncia quanto à necessidade de rectificação do artigo 8º, que qualifica a violação de algumas das normas do mesmo diploma como contra-ordenação e daí exclui as práticas negociais abusivas[120]. O segundo decorre do facto de no regime da PPL 126/XII (e do Decreto-Lei nº 166/2013) se ter procedido à substituição de uma norma contra-ordenacional genérica – como a prevista no artigo 4º, nº 1, do Decreto-Lei nº 370/93, aditado pelo artigo 2º do Decreto-Lei nº 140/98 – por um artigo com várias normas traduzidas numa atomização das diversas novas modalidades de práticas negociais abusivas destituídas de especial gravidade. Esta diluição do ilícito, interpretada à luz do princípio da subsidiariedade do direito sancionatório (ainda que esbatido em sede contra-ordenacional), permite concluir que o legislador pretendeu conferir outro tipo de tutela aos interesses – maioritariamente privados – subjacentes à proibição em causa.

42. A propósito da quase total e absoluta novidade do regime das práticas negociais abusivas constante da PPL 126/XI e do Decreto-Lei nº 166/2013, recorde-se que antes apenas era proibido "obter de um fornecedor preços, condições de pagamento, modalidades de venda ou condições de cooperação comercial exorbitantes relativamente às suas condições gerais de venda" (artigo 4º, nº 1, do Decreto-Lei nº 370/93, aditado pelo artigo 2º do Decreto-Lei nº 140/98). Este tipo contra-ordenacional corresponde, na lógica do Decreto-Lei nº 166/2013, apenas ao disposto na alínea *b)* do nº 1 do artigo 7º do novo regime. Nesse sentido, são inovatórias quer as previsões das alíneas *a)* e *c)* do nº 1 [incluindo aqui as sub-alíneas *i)* a *iii)*], e bem assim, as previsões das alíneas *a)* e *c)* do nº 3 [incluindo as sub-alíneas *i)* a *vii)*], quando se estiver no âmbito do sector agroalimentar (e quando as práticas negociais do comprador se dirijam a

[120] No Relatório de votação na especialidade da PPL 126/XII consta que o Governo informou a Comissão de Economia e Obras Públicas da verificação de um lapso de escrita na PPL 126/XII, solicitando que *«a referência ao artigo 7º no artigo 9º (nº 2 e 3) deve ser feita ao artigo 8º que tipifica as infrações sujeitas a coima (artº 7º respeita a medidas cautelares»* (*sic*).

um fornecedor que seja uma micro ou pequena empresa, organização de produtores ou cooperativa). Estas disposições identificam um conjunto extremamente significativo de, para parafrasear a epígrafe do artigo, "*práticas negociais abusivas*".

43. É, portanto, natural a conclusão de que o legislador optou e até reforçou, com o Decreto-Lei nº 166/2013, o tratamento civilístico da matéria, estabelecendo uma disciplina completa (ainda que a forma e conteúdo com que o fez possa originar outras dúvidas ou perplexidades), nomeadamente prevendo a nulidade das cláusulas contratuais que violassem o artigo 7º (práticas negociais abusivas) e até a revisão dos contratos vigentes (artigo 17º). Assim se justifica que, na PPL 126/XII, a proibição estabelecida redundasse na nulidade dos negócios jurídicos que incluíssem tais práticas abusivas – qualquer que seja o juízo que sobre as mesmas se fizesse –, por violação de disposição imperativa da lei (artigo 294º do Código Civil), com as naturais consequências ao nível do princípio da conservação dos negócios jurídicos (artigos 292º e 293º do Código Civil).

44. Por fim, no que respeita à terceira e última das vertentes de análise *supra* enunciadas, relativa à intenção, por parte do legislador parlamentar, de restringir a autorização para o alargamento dos limites mínimos e máximos das coimas abstractamente aplicáveis às práticas *individuais* restritivas do comércio e não, de forma mais abrangente, às práticas *restritivas* do comércio, dir-se-á o seguinte. A Lei nº 31/2013 é clara ao dizer que, por um lado, o Governo pode "estabelecer limites mínimos e máximos das coimas aplicáveis, para além dos previstos" no Regime Geral das Contra-ordenações (RGCO) quando estejam em causa práticas *individuais* restritivas do comércio (cf. artigo 2º, nº 1, alínea *a)* e proémio do 2), mas, por outro, quando se trate de estabelecer a possibilidade de adopção de medidas cautelares, poderá fazê-lo quando se verifiquem fortes indícios de uma prática *restritiva* do comércio (artigo 2º, nºs 1, alínea *b)* e 3).

45. Entender-se, portanto, que é inconsequente a distinção feita pela Assembleia da República entre os conceitos de prática *individual* restritiva e de prática restritiva do comércio e que, do mesmo modo, não releva a associação diferenciada de cada um destes conceitos a aspectos distintos da mesma autorização (à uma o alargamento dos limites mínimos e máximos das coimas aplicáveis e, à outra, a adopção de medidas cautelares), suscita, desde logo, as seguintes questões: poderá o intérprete entender que, em matéria de tal importância e de tão acesa discussão na opinião pública – e mesmo entre os agentes relevantes para a discussão do diploma –, o referido órgão de soberania não sabia que, juridicamente, práticas negociais não são individuais? Ou mesmo que a Assembleia da República utilizasse termos jurídicos diferenciados (dentro até do mesmo artigo da Lei nº 31/2013) sem que com isso quisesse atribuir um sentido diferente às previsões normativas e, sobretudo, à delimitação do sentido, âmbito, conteúdo e extensão da autorização legislativa? Poderá entender-se que a Assembleia da República, informada de que o Governo não iria tipificar como contra-ordenação as práticas negociais abusivas (e informada, de modo formal, através da PPL 126/XII) não foi rigorosa ao limitar o alargamento dos tipos contra-ordenacionais às práticas *individuais*? Ou que o Governo e a Assembleia da República, durante todo o processo legislativo, se *esqueceram* de tipificar as práticas negociais abusivas como infracções contra-ordenacionais? Seguramente que não.

46. Mais, perguntar-se-á ainda se será razoável o alargamento desse entendimento para o texto do Decreto-Lei nº 166/2013, quando ele próprio distingue claramente os mesmos conceitos? Levanta-se aqui a questão de como compreender que, em consonância com o artigo 2º da Lei nº 31/2013, o legislador – leia-se, o Governo – tenha, no artigo 8º do Decreto-Lei nº 166/2013, continuado a considerar que as medidas cautelares possam ser adoptadas no caso de uma "prática restritiva do comércio" e não apenas de uma "prática *individual* restritiva do comércio"? Ter-se-á, porventura, tratado de outro lapso? O princípio do legislador razoável mostra que o intérprete deve adoptar a solução mais adequada às circunstâncias e considerar que o legislador se exprimiu de modo adequado. Sem prejuízo de outras questões que a mesma norma suscita, isso implica, neste particular, interpretar a Lei nº 31/2013 no sentido de que permite a determinação de tipos contra-ordenacionais para lá do regime geral do direito de ordenação social apenas e só no caso das práticas *individuais* restritivas do comércio mas que, no que toca às práticas não individuais, i.e. às práticas *negociais*, o legislador parlamentar não atribuiu competência ao Governo para tipificar como sanções contra-ordenacionais, neste âmbito, as práticas negociais abusivas, desde logo porque não são individuais, mas também porque no mesmo sentido vai a própria PPL 126/XII e, ainda, porque, também elas, com uma limitada excepção, não eram configuradas como contra-ordenações fora do quadro do Decreto--Lei nº 370/93. Ou que, podendo tipificá-las, na medida em que constitua matéria que não está sujeita a reserva de lei formal, não poderia fixar coimas acima dos limiares fixados no RGCO.

47. A conclusão a retirar será, portanto, a de que, através da tipificação do ilícito contra-ordenacional previsto no artigo 7º do Decreto-Lei nº 166/2013, o Governo excedeu os limites da autorização legislativa conferida pela Lei nº 31/2013, ao aplicar os limites mínimos e máximos das coimas abstractamente aplicáveis, previstos no seu artigo 2º, nº 1, alínea *a)*, a ilícitos de mera ordenação social que, verdadeiramente, não cabem no seu objecto. Com efeito, actualmente, é questão jurisprudencialmente pacífica que o Governo, no exercício da sua competência legislativa originária, pode criar contra-ordenações novas, modificar ou eliminar as contra-ordenações já existentes e estabelecer a respectiva punição ***dentro dos limites impostos pelo RGCO***.[121] Trata-se, aqui, de competência legislativa concorrencial do Governo, nos termos do artigo 198º, nº 1, alínea *a)*, da Lei Fundamental e não derivada, nos termos da alínea *b)* do mesmo artigo, pelo que nenhuma autorização parlamentar é necessária para esse efeito. A autorização legislativa é necessária, sim, para que às contra-ordenações criadas pelo Governo possam ser aplicadas molduras sancionatórias superiores às constantes dos artigos 17º do RGCO[122], uma vez que a reserva de lei, em sentido formal – leia-se, de lei emanada da Assembleia da República ou de decreto-lei autorizado do Governo –, restringe-se aos casos em que o Governo pretenda legislar para além dos limites definidos pelo RGCO[123].

[121] Vejam-se aqui, a título exemplificativo, os acórdãos do Tribunal Constitucional nºs 56/84, 158/92, 269/87, 345/87, 412/87, 175/97, 236/03, 578/2009 ou 583/2013, acessíveis em www.tribunalconstitucional.pt.

[122] Sem prejuízo da elevação dos limites da coima previstos no artigo 18º, nº 2, do RGCO.

[123] Tal decorre, desde logo, do artigo 165º, nº 1, alínea *d)* da CRP, mas ainda, no que ao montante das coimas aplicáveis respeita, da referência expressa no artigo 17º, nºs 1 a 3, do RGCO à necessidade de «*o contrário não resultar de lei*».

48. Portanto, independentemente da atribuição constitucional de competência originária ao Governo para estabelecer os elementos típicos da norma contra-ordenacional, ponto é que, no que concerne à determinação da moldura sancionatória aplicável, para a ultrapassagem dos limites mínimos e máximos fixados no RGCO, o Governo terá obrigatoriamente de receber autorização parlamentar, sob pena de o diploma assim gerado padecer do vício de inconstitucionalidade orgânica[124]. O sentido desta reserva prende-se com o facto de ser à Assembleia da República que cabe a definição da natureza dos ilícitos, dos tipos de sanção a aplicar e a delimitação taxativa da moldura abstractamente aplicável às infracções de cada natureza[125]. Ora, se o legislador parlamentar conferiu ao Governo uma autorização para estabelecer um regime contra-ordenacional que extravasa, em matéria de coimas, o constante no RGCO, então não poderá o Governo, no exercício da sua competência derivada e condicionada, estabelecer uma norma contra-ordenacional cuja conduta típica não tenha sido prevista pela Assembleia da República por ocasião da concessão da autorização para a aplicação desses novos limites sancionatórios ou esteja vertida na lei em vigor[126]. Ao fazê-lo, o Governo excedeu

[124] V., por todos, os acórdãos do TC nºs 304/89, 305/89, 428/89, 324/90, 435/91, 447/91, 314/92, 329/92, 355/92, 385/93, 424/93, 441/93, 787/93, 837/93, 149/94, 585/94, 74/95, 574/95, 620/95, 41/97, 42/97, 165/97, 175/97, 212/97, 190/98, 253/2000, 234/2002, 374/2013, disponíveis em www.tribunalconstitucional.pt.

[125] V., por todos, acórdão do TC nº 447/91, disponível em www.tribunalconstitucional.pt.

[126] O parecer da Comissão de Economia e Obras Públicas da A.R. é claro ao dizer que «[o] Governo pretende, através da Proposta de Lei em análise, e por via de autorização legislativa, aprovar um novo regime contraordenacional, no que se refere ao regime jurídico das práticas individuais restritivas do comércio. Entende o Governo que a fixação de novos limites mínimos e máximos de coimas, com a possibilidade de impor medidas cautelares aos agentes económicos quando se verifiquem indícios de práticas restritivas de comércio que gerem graves prejuízos a outros agentes económicos, bem como a possibilidade de aplicação de sanções pecuniárias compulsórias aos agentes que não cumpram as medidas cautelares em causa, gera maior eficiência e eficácia ao regime. / (...) /As práticas restritivas do comércio encontram-se atualmente reguladas pelo Decreto-Lei nº 370/93, de 29 de outubro, com as alterações introduzidas pelo Decreto-Lei nº 140/98, de 16 de maio.» (pág. 3). (sublinhados nossos).
Deste excerto resulta claramente que também a Assembleia da República considerou que na base da autorização legislativa estavam, não a reconfiguração dos tipos contra-ordenacionais, mas apenas as questões relativas aos limites mínimos e máximos das coimas e a possibilidade de aplicação de medidas cautelares e de sanções pecuniárias compulsórias. E a leitura da "nota técnica" reforça claramente esta leitura: "pretende o Governo (...) no âmbito do regime

a autorização legislativa que lhe foi conferida e legislou em matéria para a qual não tinha competência, pelo que a norma que aplica às práticas negociais abusivas a moldura sancionatória prevista no artigo 2º, nº 1, alínea *a)*, da Lei nº 31/2013, de 10 de Maio, é organicamente inconstitucional.

49. Repare-se que, a este respeito, o Tribunal Constitucional, em jurisprudência que se tem mantido inalterável desde o acórdão nº 56/84, entende que apenas a previsão e enquadramento de um regime geral do ilícito de mera ordenação social se situa no âmbito da competência legislativa reservada da Assembleia da República. Assim, o Governo tem toda a legitimidade para legislar em tal matéria, desde que o faça dentro dos limites impostos por esse regime geral.

50. No entanto, cumpre referir que, em matéria contra-ordenacional, a competência legislativa reservada à Assembleia da República (artigo 165º, nº 1, alínea *d)*, da Constituição) situa-se a nível das "normas primárias", ou seja, que façam parte do regime geral (designadamente, no que se refere à definição do ilícito contra-ordenacional, à definição do tipo de sanções aplicáveis às contra-ordenações e à fixação dos respectivos limites e das linhas gerais da tramitação processual[127]). Neste sentido, o Governo pode, no uso da sua competência legislativa, mas sempre dentro dos limites da Lei de autorização, delinear ilícitos contra-ordenacionais, estabelecer a correspondente punição e moldar as regras do processo contra-ordenacional[128]. Ou seja, dito de outro modo, não existe uma proibição

jurídico aplicável (...) o estabelecimento do regime contraordenacional", entendendo "ser urgente rever as normas relativas às contraordenações e às respectivas coimas, aumentando os seus limites...".

[127] Neste sentido, ver Paulo Otero/Fernanda Palma, *Revisão do Regime Legal do Ilícito de Mera Ordenação Social?*, Separata da RFDUL, 1996, nº 2, Lex, pág. 564.

[128] Cfr., neste sentido, entre outros, o acórdão do TC nº 236/2003. Também no acórdão nº 226/2003 o Tribunal referiu que ao "legislador não está vedado criar regimes especiais», desde que para tanto existam motivos constitucionalmente atendíveis e não se caia em soluções arbitrárias. [O] princípio constitucional da igualdade, entendido como limite objectivo da discricionariedade legislativa, não veda à lei a realização de distinções. Proíbe-lhe, antes, a adopção de medidas que estabeleçam distinções discriminatórias – desde logo, diferenciações de tratamento fundadas em categorias meramente subjectivas, como são as diferenciações baseadas na ascendência, sexo, raça, língua, território de origem, religião, convicções políticas ou ideológicas, instrução, situação económica ou condição social –, ou seja, desigualdades de tratamento materialmente infundadas, sem qualquer fundamento razoável (*vernünftiger*

expressa de o Governo delinear os ilícitos contra-ordenacionais ou proceder à definição da sua moldura sancionativa aplicável, designadamente através do estabelecimento de limites mínimos e máximos das coimas, ainda que para além das previstas no RGCO. No entanto, o Governo terá sempre como limites não só o próprio RGCO, como também a própria lei de autorização legislativa, *in casu*, a Lei nº 31/2013.

51. Embora não decisivo, quanto a este ponto específico, cumpre ainda notar, a final, que, tomando como referencial a principal e mais mediática prática individual restritiva do comércio – a (re)venda com prejuízo –, também o direito da UE suscita, num caso e noutro, diferentes perspectivas de ponderação. E é isto o facto de, não sendo a venda com prejuízo considerada pela jurisprudência constante do Tribunal de Justiça como constituindo em si mesma uma restrição da livre circulação de mercadorias, já a tipificação das práticas negociais abusivas carece de uma análise bem mais complexa ao abrigo das normas sobre a livre circulação de mercadorias que visam realizar o mercado interno e impedir ou limitar a definição pelos Estados membros de "medidas de efeito equivalente a restrições quantitativas à importação" de produtos[129]. Esta diferente natureza também implicará que a intervenção restritiva do Estado se deva ater aos requisitos formulados na referida casuística – visar a protecção de razões imperativas de interesse geral; não ser discriminatório, ser proporcional e não constituir uma restrição dissimulada ao comércio intracomunitário – e, porventura, cumprir os requisitos previstos na legislação da UE para a adopção de regras técnicas que tenham um efeito restritivo da livre circulação das mercadorias.

Grund) ou sem qualquer justificação objectiva e racional. Numa expressão sintética, o princípio da igualdade, enquanto princípio vinculativo da lei, traduzse na ideia geral de proibição do arbítrio *(Willkürverbot)*.

[129] Por todos, acórdão do Tribunal de Justiça de 24.11.1993, *Keck e Mithouard*, procs. apensos C-267/91 e C-268/91, Colect. I, pp. 6097. Para uma análise da jurisprudência Keck et Mithouard, vide, por todos, Peter Oliver, *Free Movement of Goods in the European Community*, pp. 100 et segs.; Piet Eeckhout e Herbert Smith, «Recent Case-law on free movement of goods: Keck and Mithouard», in *European Business Law*, July/August, 1998; José Luís da Cruz Vilaça, «An exercise on the application of Keck et Mithouard in the field of free provision of services», in Études de Droit Européen et International, Mélanges en hommage à Michel Waelbroeck, Vol. II, pág. 797, Bruylant, Bruxelles, 1999.

Artigo 1º – Objecto

O presente decreto-lei aprova o regime aplicável às práticas individuais restritivas do comércio.

A. Referências

Correspondência na lei anterior: Não existia qualquer norma correspondente a esta disposição na legislação anterior.

Antecedentes legislativos: Decreto-Lei nº 422/83, de 3 de Dezembro[130], Decreto-Lei nº 370/93, de 29 de Outubro; PPL 126/XII).

Artigos relacionados: artigos 1º da Lei nº 19/2012; artigo 99º, alínea *d)*, da Constituição.

B. Anotação

1. O presente diploma começa por definir o seu objecto, dizendo estabelecer o "regime aplicável às práticas individuais restritivas do comércio". Na verdade, o legislador diz menos do que pretendia dizer, pois o Decreto-Lei nº 166/2013 não dispõe apenas sobre práticas *individuais* restritivas do comércio, mas também sobre práticas *bilaterais* ou, melhor dizendo, *contratuais*, por dizerem também respeito às relações comerciais que se estabelecem entre os operadores económicos (empresas e outros sujeitos, sejam pessoas singulares ou pessoas colectivas) que podem estar submetidos ao presente diploma e regime.

[130] O artigo 3º do Decreto-Lei nº 422/83, de 3 de Dezembro, sob a epígrafe "Práticas individuais", dispunha que "[s]ão consideradas como restritivas da concorrência as seguintes práticas entre agentes económicos: *a)* A imposição de preços mínimos; *b)* A imposição de preços ou condições de venda discriminatórios relativamente a prestações equivalentes; *c)* A recusa de venda de bens ou de prestação de serviços". O regime foi revisto em 1993, procedendo-se nessa altura à separação clara entre as práticas individuais restritivas do comércio e as práticas restritivas da concorrência. Foi nesse sentido que foi aprovado o Decreto-Lei nº 370/93, de 29 de Outubro (práticas restritivas do comércio) ao lado mas em diploma distinto da lei da concorrência (Decreto-Lei nº 371/93, do mesmo dia).

2. A delimitação do objecto feita neste primeiro artigo é extremamente útil, pois contribuirá heuristicamente para a conclusão de que subjacente a este regime não estão interesses, finalidades ou valores de protecção da concorrência ou dos consumidores. Esta conclusão, a que já se aludiu, é iluminada pela consideração das soluções adoptadas à luz dos diversos elementos utilizados na interpretação das leis: desde o elemento histórico da *mens legislatoris* ao elemento lógico ou aos elementos literal, sistemático e até teleológico, e qualquer que seja a tipologia conceitual preferida.

3. É evidente que o presente diploma e o regime das práticas restritivas do comércio, nas sub-espécies aqui tuteladas, são marcados por uma característica muito portuguesa, ainda que não – certamente – exclusivamente nacional, que pode designar-se por *experimentalismo normativo* ou *criacionismo jurídico*. Muitas das soluções aqui plasmadas não foram testadas na prática, não têm antecedentes ou lugares paralelos no direito comparado nem foram, no mínimo, objecto de estudos preparatórios, quer quanto às soluções possíveis (ao modo dos livros verdes ou brancos adoptados a nível da União Europeia, pela Comissão Europeia) quer quanto às implicações normativo-judicativo concretas que podem ter. Mais ainda, se a árvore se vê pelos seus frutos, o diploma colocará ao intérprete dúvidas quanto ao sentido a atribuir a algumas das suas disposições, quer pela aparente ambiguidade (que o princípio do legislador razoável e a ideia de unidade do sistema jurídico nem sempre permitirão esclarecer) quer até pela potencial contradição face aos interesses dignos de tutela que estão pressupostos como objectivo a alcançar por este regime de práticas restritivas do comércio. Tarefa ingrata é esta que espera, pois, o intérprete deste diploma, seja a Autoridade de Segurança Alimentar e Económica (ASAE)[131], como titular e responsável pelo *enforcement* deste regime, sejam empresas, pessoas singulares e/ou pessoas colectivas, sejam os tribunais.

Artigo 2º – Âmbito de aplicação

1 – O presente decreto-lei apenas é aplicável às empresas estabelecidas em território nacional.

[131] A página electrónica oficial da ASAE encontra-se disponível em http://www.asae.pt.

2 – Estão excluídos do âmbito de aplicação do presente decreto-lei:

a) **Os serviços de interesse económico geral;**

b) **A compra e venda de bens e as prestações de serviços, na medida em que estejam sujeitas a regulação setorial, nomeadamente no setor financeiro, postal, dos transportes, comunicações eletrónicas e energia;**

c) **A compra e venda de bens e as prestações de serviços com origem ou destino em país não pertencente à União Europeia ou ao Espaço Económico Europeu, sem prejuízo do disposto no nº 1 do artigo 4º.**

A. Referências

Correspondência na lei anterior: Não existia qualquer norma correspondente a esta disposição na legislação anterior.

Artigos relacionados: artigos 4º, nº 1, do Decreto-Lei nº 166/2013; artigo 2º, 3º e 4º, do Regime Jurídico da Concorrência.

B. Anotação

Nº 1

1. O Decreto-Lei nº 166/2013 delimita em termos originais, mesmo face à Lei nº 31/2013 ou ao Decreto-Lei nº 370/93, o seu âmbito objectivo e subjectivo de aplicação. Assim, inovatoriamente, estabelece no nº 1 que o seu regime é apenas aplicável "às empresas estabelecidas em território nacional". Esta "pequena" norma introduz logo duas aparentes novidades. Primeiro, ao contrário do que sucedia no Decreto-Lei nº 370/93 (e, para que conste, também na PPL 126/XII), o legislador afirma agora que o diploma se aplica a "empresas" e não já a "agentes económicos", como sucede com o Decreto-Lei nº 370/93 (em qualquer das suas redacções), que nas normas contra-ordenacionais prevê sanções para pessoas singulares e colectivas. É certo que a Lei nº 31/2013, de 10 de Maio (lei de autorização legislativa), já fazia a imputação das contra-ordenações a "pessoas singulares" ou a "empresas", distinguindo entre estas as "microempresas", "pequenas empresas", "médias empresas" ou "grandes empresas", sem explicar em qualquer ponto o que entendia por cada uma destas categorias. Tal suscita as maiores dúvidas do ponto de vista da constitucionalidade da Lei nº 31/2013: a este ponto voltaremos adiante. Por ora, afigura-se essencial salientar que o conceito de "empresa" vs. "pessoa singular" era passível de compaginação com o conceito de "agente económico" usado no Decreto-Lei nº 370/93, pois o sujeito de uma infracção contra-ordenacional ou violação de norma proibitiva, impositiva ou permissiva era aí, e sempre, uma pessoa singular ou uma pessoa colectiva (uma pessoa jurídica), a qual estaria sujeita à moldura contra-ordenacional correspondente à sua dimensão e volume de negócios.

Realce-se que subsistia aí ainda uma dificuldade essencial, qual seja a circunstância de nem a Lei nº 31/2013 nem o Decreto-Lei nº 166/2013 fornecerem um conceito de "micro", "pequena", "média" ou "grande" empresa, tanto mais quanto este diploma substitui mesmo a noção de "agente económico" pela de "empresa". E então, das duas uma: ou esta modificação é um puro aperfeiçoamento formal e não deve ser interpretado como implicando qualquer alteração substancial ao âmbito subjectivo de aplicação do regime jurídico em causa; ou o legislador pretendeu sujeitar o regime jurídico das práticas restritivas do comércio a uma noção específica, designadamente mais ampla, de empresa. Qual será ela?

2. É conveniente reconhecer que a possibilidade da existência de um conceito amplo de "agente económico" ou de "empresa" tem sido discutida na doutrina e jurisprudência, e na nossa comercialística há já largas dezenas de anos. Desde logo, relativamente a este ponto, cumpre sublinhar que já o artigo 230º do Código Comercial (aprovado em 1888 pelo Senhor D. Luís de Saxe-Coburgo de Bragança, que aqui reinou na 5ª dinastia) é explícito ao considerar como comerciais "as empresas singulares ou colectivas". Este preceito visa, naturalmente qualificar determinadas realidades que, de forma estável e permanente, produzem bens ou serviços, apoiando-se numa organização de meios humanos e materiais[132]. Mas, tal como referido anteriormente, nem a Lei nº 31/2013 nem

[132] Para uma perspectiva actual da evolução da realidade "empresa", do ponto de vista metajurídico ou jurídico, por todos, na Escola de Coimbra, J.M. Coutinho de Abreu, *Curso de Direito*

o Decreto-Lei nº 166/2013 nos dão pistas quanto ao conceito jurídico e operativo de "empresa" que têm em mente. E ao verificar-se que o legislador governamental alterou a noção relevante de "agente económico", substituindo-a pela de "empresa", não pode deixar de concluir-se que uma tal modificação se mostra totalmente incompreensível na falta de uma explicação prévia ou concomitante do legislador sobre o que entende por "empresa", na medida em que não existe no Direito – nem mesmo nos diversos ramos de direito aplicáveis directa e imediatamente às empresas – um conceito jurídico unívoco de empresa.

A alteração face ao Decreto-Lei nº 370/93 coloca ao intérprete a questão de saber se o legislador governamental – visto que perante a Assembleia da República a questão se não suscitou – pretendeu alterar o âmbito subjectivo de aplicação do diploma. Se o fez ou pretendeu fazer, qual o sentido que terá essa alteração e o que se deve entender por "empresa"? É que, se por um lado fala em "práticas conformes ao direito da concorrência" (introduzido *ex novo* com o artigo 3º, nº 1 do Decreto-Lei nº 166/2013), por outro lado utiliza, noutras disposições, noções não coincidentes ("produtores, fabricantes, importadores, distribuidores..." – artigo 4º, nº 1 do Decreto-Lei nº 166/2013) sendo que, inclusivamente, na parte sancionatória, prevê especificamente a aplicação de sanções a "pessoa singular" [artigo 10º, nº 1, alínea *a)*, e nº 2, alínea *a)*], por contraposição também às indefinidas "micro", "pequena", "média" e "grande" empresas. No entanto, em ponto algum o diploma diz o que entende por «empresa», para efeitos da sua aplicação.

Também entendemos que não há um conceito unívoco de "empresa" que se possa considerar forçosamente adequado. Só para nomear alguns, recorde-se que no âmbito do direito da insolvência e recuperação de

Comercial, Vol. I, 8ª Ed., Almedina, Coimbra, 2012, pp. 201 e segs. Este ilustre prof. propõe um conceito de empresa em sentido objectivo, como "a unidade jurídica fundada em organização de meios que constitui um instrumento de exercício relativamente estável e autónomo de uma actividade de produção para a troca" (op. cit., pág. 286). Antes, na mesma Escola, o prof. Orlando de Carvalho, falava no conceito de estabelecimento comercial identificando-o como "organização concreta de factores de produção, como valor de posição no mercado" (*Lições de Direitos Reais*). Na Escola de Lisboa, por todos, António Menezes Cordeiro, *Direito Comercial*, 3ª Edição Revista actualizada e aumentada, Almedina, Coimbra, 2012, pp. 214 e 291-326.

empresas[133], no direito do trabalho, no direito comercial[134], no direito da economia[135]" ou no direito da concorrência encontramos diferentes conceitos de "empresa". E se para uns efeitos se prefere um conceito jurídico estrito, para outros vale um conceito de base mais económica do que jurídica, desde que, claro, o Direito as conforme depois ao abrigo da sua linguagem e racionalidade próprias.

Poderia pensar-se que o conceito de "agente económico"/"empresa" pressuposto no regime das práticas restritivas do comércio seria o do direito da concorrência. É verdade que essa assimilação chegou a ser feita pelo Supremo Tribunal de Justiça para o regime do Decreto-Lei nº 370/93, mas (*i*) com base numa redacção e teleologia da lei que agora foi expressamente afastada e, acrescente-se, (*ii*) de forma particularmente confusa[136].

[133] Nesta matéria, a doutrina é clara ao afirmar a existência de um conceito amplo de empresa. Em anotação ao artigo 5º do Código de Insolvência e Recuperação de Empresas (CIRE), Ana Prata, Jorge Morais Carvalho e Rui Simões esclarecem que "[o] conceito de empresa consagrado neste preceito é bastante amplo, abrangendo qualquer organização, independentemente do seu carácter formal, destinada ao exercício de uma actividade"– Ana Prata/Jorge Morais Carvalho/Rui Simões, *Código da Insolvência e da Recuperação de Empresas Anotado*, Almedina, 2013, pág. 27. No mesmo sentido, explica Catarina Serra que a noção de empresa dada pelo CIRE é uma noção "vaga", "o que lhe garante um grande alcance: não se exige qualidade comercial e por isso admitem-se as empresas agrícolas e de artesanato; não se exige profissionalidade ou sistematicidade no exercício da actividade e por isso admitem-se as «empresas ocasionais»; não se exige fim lucrativo e por isso admitem-se as unidades de auto-consumo e as organizações com fim altruístico" – Catarina Serra, *O Novo Regime Português da Insolvência – Uma Introdução*, Almedina, 5ª Edição, 2012, pág. 35.

[134] Embora exista uma certa tendência para perfilhar um modelo "societário" de empresa, assimilando-a à figura jurídica da sociedade, a verdade é que "uma mesma sociedade pode, mantendo-se una, como sujeito jurídico, ter várias empresas" – Pupo Correia, *Direito Comercial*, 4ª edição, Lisboa, 1996, pp. 151 e segs.

[135] Poderá ser tratada uma pluralidade de entes jurídicos como "uma única unidade, independentemente, por exemplo, de elas traduzirem pessoas singulares ou colectivas, com várias subdivisões ou, até, realidades não personalizadas" – António Menezes Cordeiro, *Direito da Economia*, vol. 1, ed. AAFDL, 1986, pág. 233.

[136] Acórdão do STJ de 21.10.2010, proc. 3130/08. Basta constatar que o Supremo Tribunal de Justiça considerava então (entendimento agora já ultrapassado) que o Decreto-Lei nº 370/93 era uma "norma reguladora da concorrência" e "protegia os interesses dos consumidores finais e não os dos agentes económicos". Do mesmo modo, afirmava que o Decreto-Lei nº 370/93 substituíra o Decreto-Lei nº 422/83 (o que sucedeu com o Decreto-Lei nº 371/93!) e revelava outras perturbadoras perspectivas dogmáticas sobre estes institutos. Além do mais, como a doutrina internacional confirma, se o instituto tivesse por objecto a protecção dos

Não cabe qualquer dúvida, no entanto, que o conceito de agente económico, para o Decreto-Lei nº 370/93 se reduzia, para efeitos do regime contra-ordenacional, ao duplo e tradicional conceito dicotómico pessoa singular/pessoa colectiva. E isto está nos antípodas do conceito do direito da concorrência, que "abrange toda e qualquer entidade que exerça uma atividade económica", dc acordo quer com a jurisprudência do Tribunal de Justiça da União Europeia[137] quer com o disposto no artigo 3º da Lei da Concorrência (Lei nº 19/2012, de 8 de Maio), no qual se estabelece que "[c]onsidera-se empresa, ***para efeitos da presente lei***, qualquer entidade que exerça uma atividade económica que consista na oferta de bens ou serviços num determinado mercado, independentemente do seu estatuto jurídico e do seu modo de financiamento"[138]. Trata-se, por isso, daquilo que se chama um conceito pré-jurídico ou, noutra formulação, um conceito económico, a que o Direito deu expressa consagração[139].

consumidores, a legislação nacional seria ilegítima, por ser a matéria objecto de harmonização a nível da União Europeia, no quadro da legislação do mercado interno, o que, de acordo com o disposto no artigo 2º, nº 2, do TFUE, tornaria a competência da UE exclusiva e excluiria a competência de Portugal para legislar sobre a matéria.

[137] Ver acórdãos do Tribunal de Justiça de 23.4.1991, *Klaus Höfner e Fritz Elser/Macrotron*, proc. C-41/90, Colect. I-1979, nº 21; acórdão de 17.2.1993, *Poucet e Pistre*, proc. C-159/91 e C-160/91, Colect. I-637, nº 17, acórdão de 16.11.1995, *Fédération française des sociétés d'assu atrarances(FFSA) e o.*, proc. C-244/94, Colect. I-4013, nº 14; acórdão de 11.12.1997, *Job Centre*, proc. C-55/96, Coleta. I-7119, nº 21, acórdão de 21.9.1999, *Albany*, proc. C-67/96, Colect I-5751, nº 77; acórdão de 12.9.2000, *Pavlov e. a.*, proc. C-180/98 a C-184/98, Colect. I-6451, nº 74; acórdão de 25.10.2001, *Ambulanz Glöckner*, proc. C-475/99, Colect. I-8089, nº 19; acórdão de 16.3.2004, *AOK Bundesverband e o.*, proc. C-264/01, C-306/01, C-354/01 e C-355/01, Colect. I-2493, nº 46; acórdão de 10.1.2006, *Cassa di Risparmio di Firenzee o.*, proc. C-222/04, Colect. I-289, nº 107; acórdão de 23.3.2006, *Enirisorse*, proc. C-237/04, Colect. I-2843, nº 28; e acórdão de 1.7.2008, *MOTOE*, proc. C-49/07, Colect. I-4863, nº 21. Sobre o ponto, Jorge Coutinho de Abreu, «Artigo 3º», in *Lei da Concorrência – Comentário Conimbricense*, (M. Gorjão-Henriques, Dir.; Manuel Lopes Porto/J.L. da Cruz Vilaça/Carolina Cunha/Miguel Gorjão-Henriques et al., Coords.), Almedina, Coimbra, 2013, pp. 398-407.

[138] Itálico e negrito nosso. A noção de empresa apresentada no Regime Jurídico da Concorrência revelava-a em sentido subjectivo, como sujeito de direitos e deveres: "entidade que exerça uma atividade económica (artigo 3º, nº 1 da Lei nº 19/2012), capaz de celebrar "acordos" e entrar em "práticas concertadas" com outras empresas (artigo 9º), obrigada a prestar "informações" (artigo 61º, nº 5), sujeita a coimas (artigos 68º e segs.) – sobre este artigo, *vide* J. M. Coutinho de Abreu, «Artigo 3º», in *Lei da Concorrência – Comentário Conimbricense, cit.*

[139] Vide Coutinho de Abreu, *cit;* ou, noutro registo, Pereira de Almeida: "A empresa é uma organização de pessoas e capitais que tem por finalidade exercer, com certa permanência,

3. Afigura-se, no entanto, de salientar que a própria Lei nº 31/2013 poderia ser lida como tendo abandonado parcialmente o critério tradicional da "pessoa singular/pessoa colectiva" constante do Decreto-Lei nº 370/93, conquanto mantivesse a imputabilidade subjectiva nas pessoas singulares mas, quanto às pessoas colectivas, distinguindo-as entre si consoante sejam uma "micro", "pequena", "média" ou "grande" empresa. Ainda assim, parece que o legislador no Decreto-Lei nº 166/2013, na dimensão contra-ordenacional, partiu de *um* conceito de empresa (as referidas micro, pequena, média ou grande empresas) e admitiu que também as pessoas singulares (sejam ou não empresas, e o sejam no sentido do direito da concorrência; ou no sentido da Recomendação da Comissão[140]; ou no sentido da legislação nacional existente nesta matéria) pudessem ser objecto de sanções contra-ordenacionais, ainda que atenuadas.

Com efeito, de forma a que possamos saber, em concreto, se uma dada entidade e/ou agente económico se encontram abrangidos por este regime (i.e., se são "pessoas singulares" ou "empresas" para efeitos do disposto no Decreto-Lei nº 166/2013), impõe-se ter presente (até por expressa consideração do elemento instra-sistemático) o disposto na Recomendação nº 2003/361/CE, da Comissão Europeia, de 6 de Maio de 2003 (doravante, Recomendação 2003/361/CE). Mas esta ferramenta coloca especiais problemas.

Em primeiro lugar, a remissão no Decreto-Lei nº 166/2013 para a Recomendação 2003/361/CE é feita apenas no nº 3 do artigo 10º, em sede sancionatória e para "efeitos da classificação da empresa como microempresa, pequena empresa, média empresa ou grande empresa". Ou seja, apenas para efeitos da determinação da moldura contra-ordenacional aplicável. Em segundo lugar, o nº 1 do presente artigo (como outros, v.g. o artigo 3º ou o artigo 4º, nº 3) não distingue entre "micro", "pequenas", "médias" ou "grandes" empresas. Apenas fala de "empresas". E se na sequência do disposto no parágrafo precedente nos reconduzirmos à Recomendação

uma actividade económica" – Pereira de Almeida, *Direito Comercial,* ed. AAFDL, pág. 138, *apud* Manuela Rego, «A Definição Legal de Subsídio ou Subvenção – artigo 21º do Decreto-Lei nº 28/84, de 20 de Janeiro», in *Criminalidade no Domínio da Obtenção e Utilização de Subsídios, Arrábida, 14 a 16 de Março de 1996,* Separata do Boletim do Ministério da Justiça, nº 454, pp. 85 e segs.

[140] Recomendação da Comissão Europeia, de 6.5.2003, relativa à definição de micro, pequenas e médias empresas (2003/361/CE).

2003/361/CE vemos que ambos consideram que, embora possa haver agregação de dados e valores contabilísticos para o acesso a programas//determinação de molduras contra-ordenacionais, a noção não é essencial mas meramente instrumental. Isto implica algo que podemos enunciar do modo simples (que não, espera-se, simplista): duas pessoas colectivas, pelo facto de uma deter o controlo da outra (i.e., serem uma empresa no sentido do direito da concorrência) não são consideradas como uma empresa na Recomendação 2003/361/CE mas, antes, são expressamente qualificadas como "empresas associadas", i.e. duas ou mais empresas diferentes que, para os efeitos referidos na Recomendação, são agregadas. Ora, no Decreto-Lei nº 166/2013, essa agregação é apenas procurada para efeitos de determinação da moldura contra-ordenacional aplicável.

4. O Decreto-Lei nº 166/2013 suscita ainda outras dificuldades, desde logo quando prevê a possibilidade de aplicação de sanções contra-ordenacionais a "pessoas singulares" que, na letra do diploma, se parecem opor às micro, pequenas, médias ou grandes empresas (pelo menos para efeitos do artigo 10º, nºs 1, alínea *a)*, 2, alínea *a)*, e 3, do Decreto-Lei nº 166/2013)[141]. Ora, é sabido também que no direito da concorrência a noção de empresa é independente de se tratar de uma pessoa singular ou colectiva. Ou seja, uma pessoa singular pode ser uma "empresa", para esse ramo do direito. Mas, mais ainda, importa notar que o Decreto-Lei nº 166/2013, se utiliza por vezes um conceito de "empresa", também utiliza conceitos como os de "comprador", "fornecedor", "grossista", "importador", "organização de produtores", que, na verdade, são em absoluto incompatíveis com uma noção de empresa própria do direito da concorrência.

[141] O que coloca a questão de saber se o diploma se aplicará a pessoas singulares que não estejam estabelecidas no território nacional. Não é questão relevante, aqui. Contudo, sempre se dirá que o legislador quis sujeitar as pessoas singulares, mesmo não sendo empresas, ao regime contra-ordenacional nele previsto, parecendo-nos não haver lugar para dúvida relevante. É que o artigo 10º determina limites mínimos e máximos de coimas aplicáveis a pessoas singulares por infracção ao disposto no artigo 3º, nº 1 (em que apenas se refere o conceito de "empresa"), no artigo 4º, nº 3 (redigida também a partir da perspectiva da "empresa"), no artigo 5º, nº 1 (com uma redacção mais neutra, sendo que a autoria da prática contra-ordenacional não radica nem deixa de radicar na natureza de empresa ou pessoa singular) ou no artigo 7º (usando o conceito de "comprador", tanto podendo ser "empresa" ou "pessoa singular".

O conceito de empresa usado no nº 1 deste artigo 2º e noutras disposições do Decreto-Lei nº 166/2013 não é o conceito de empresa que releva para o direito da concorrência e, entenda-se, não se vê como possa ter um sentido e alcance diverso do conceito de agente económico que antes era usado no Decreto-Lei nº 370/93[142]. Com efeito, o legislador parece ter pretendido sujeitar todos os comportamentos que considera prejudiciais ao equilíbrio entre os concorrentes, personificados em todas as realidades que, qualquer que seja a sua forma jurídica, de forma estável e permanente, produzem bens ou serviços, apoiando-se numa organização de meios humanos e materiais, independentemente de integrarem ou não a mesma unidade económica. Nestes, incluem-se também as pessoas singulares que aqui supomos reconduzidas também à categoria de "*empresas*".

A questão tem uma implicação prática de maior relevo, sobretudo quando esteja em causa a aplicação do diploma a pessoas colectivas que têm entre si relações de grupo ou participações sociais cruzadas: tal implica o tratamento da imputação subjectiva de comportamentos em situações de empresas participadas. Mais especificamente, deverá uma empresa com sede, estabelecimento principal num outro Estado membro da UE/EEE e que aí e só aí realiza a actividade a que tende o seu objecto social mas que esteja numa relação de domínio com uma outra empresa – nos termos da qual esta última detenha a maioria do capital social ou dos direitos de voto da primeira –, ser considerada como sendo uma só empresa para efeitos do Decreto-Lei nº 166/2013? Sobre este aspecto, vejamos a solução apresentada pela Recomendação 2003/361/CE.

Ao olharmos para a recomendação, é importante ter presente o seu sentido e teleologia prevalecentes. A qualificação dos tipos de empresa dada pela Recomendação 2003/361/CE é relevante para a "determinação dos <u>dados</u> da empresa" (artigo 6º do anexo à Recomendação). Com efeito, se no caso de uma empresa autónoma, "a determinação dos dados, incluindo os efectivos, efectua-se unicamente com base nas contas desta empresa", já quando estejam em causa as empresas parceiras e as empresas associadas, o cenário é diferente. Nestes casos, a determinação destes dados será feita com base nas "contas consolidadas da **empresa**" às quais,

[142] Com fundamentação diversa e inconclusiva, Miguel Sousa Ferro, *O Novo Regime das Práticas Restritivas do Comércio: Decreto-Lei nº 166/2013*, AAFDL, 2014, pp. 23-25.

quando se trate de «**empresas** parceiras» "devem agregar-se os dados das eventuais empresas parceiras da empresa considerada, situadas imediatamente a montante ou a jusante da mesma"[143]. No caso das «empresas associadas», "devem juntar-se 100% dos dados das eventuais empresas directa ou indirectamente associadas à empresa considerada, que não tenham sido retomados por consolidação nas contas". Este documento, aliás não normativo, como se vê, fala sempre no plural quando aborda as empresas autónomas, no seguimento do disposto no artigo 3º do anexo à Recomendação.

O grau mais intenso de relacionamento, para efeitos da agregação pretendida pela Recomendação, é o das «empresas associadas», categoria em que se incluem as empresas que mantêm entre si uma das seguintes relações:

a) **Uma empresa** detém a maioria dos direitos de voto dos accionistas ou sócios de **outra empresa**;

b) **Uma** empresa tem o direito de nomear ou exonerar a maioria dos membros do órgão de administração, de direcção ou de controlo de **outra** empresa;

c) **Uma** empresa tem o direito de exercer influência dominante sobre **outra** empresa por força de um contrato com ela celebrado ou por força de uma cláusula dos estatutos desta última empresa;

d) **Uma** empresa accionista ou associada de outra empresa controla sozinha, por força de um acordo celebrado com outros accionistas ou sócios dessa **outra** empresa, a maioria dos direitos de voto dos accionistas ou sócios desta última.

Menor é a ligação resultante da noção, dada na Recomendação 2003/361/CE, de «Empresas parceiras». Têm essa qualidade, para os efeitos aí indicados, "(...) todas **as empresas** que não são qualificadas como empresas associadas na acepção do nº 3, e entre as quais existe a seguinte relação: uma empresa (empresa a montante) detém, sozinha ou em conjunto com uma ou várias empresas associadas (...), 25 % ou mais do capital ou dos direitos de voto de outra empresa (empresa a jusante)".

[143] Nos termos da Recomendação, "[a] agregação é proporcional à percentagem de participação no capital ou de direitos de voto (a mais alta destas duas percentagens)" e "[e]m caso de participação cruzada, é aplicável a mais alta destas percentagens".

Excluem-se desta qualificação (e, portanto, são consideradas para efeitos da Recomendação 2003/361/CE «empresas autónomas»), não só as empresas que não sejam parceiras nem associadas como ainda aquelas que, tendo atingido ou ultrapassado o limiar dos 25%, tenham algum dos seguintes investidores (desde que estes não estejam associados nos termos da Recomendação):

a) Sociedades públicas de participação, sociedades de capital de risco, pessoas singulares ou grupos de pessoas singulares que tenham uma actividade regular de investimento em capital de risco (*business angels*) e que invistam fundos próprios em empresas não cotadas na bolsa, desde que o total do investimento dos ditos *business angels* numa mesma empresa não exceda 1.250.000 euros;

b) Universidades ou centros de investigação sem fins lucrativos;

c) Investidores institucionais, incluindo fundos de desenvolvimento regional;

d) Autoridades locais e autónomas com um orçamento anual inferior a 10 milhões de euros e com menos de 5.000 habitantes.

5. A Recomendação 2003/361/CE considera ainda que "não há influência dominante no caso de os investidores indicados não se imiscuírem directa ou indirectamente na gestão da empresa em causa, sem prejuízo dos direitos que detêm na qualidade de accionistas ou sócios" e esclarece que uma empresa será igualmente considerada como «empresa associada» ainda que mantenha algumas das relações referidas para a qualificação deste tipo de empresas "por intermédio de uma ou várias outras empresas, ou com os [referidos] investidores visados" ou "por intermédio de uma pessoa singular ou de um grupo de pessoas singulares que actuem concertadamente (...) desde que essas empresas exerçam as suas actividades, ou parte delas, no mesmo mercado ou em mercados contíguos[144]".

É a este respeito que devemos também esclarecer que a leitura de que o Decreto-Lei nº 166/2013 poderia ter pretendido – num diploma que não tutela a concorrência, note-se – usar o conceito de empresa do direito da concorrência, não tem cabimento também na perspectiva do

[144] Entendidos estes como "mercado de um produto ou serviço situado directamente a montante ou a jusante do mercado relevante".

próprio direito da concorrência. É que, mesmo para este ramo do direito, a noção de empresa como que coincide com a ideia da "unidade económica" e esta distancia-se claramente da noção de "empresas associadas" avançada pela Recomendação 2003/361/CE[145]. Ou seja, mesmo que por absurdo o diploma quisesse ter utilizado o conceito de empresa do direito da concorrência (o que poderia ter pretendido fazer, bastando para isso remeter para o artigo 3º da Lei nº 19/2012, de 8 de Maio), importa reter que a jurisprudência do Tribunal de Justiça só presume existir uma unidade económica quando há controlo total (a 98%[146] ou 100%[147]) e, mesmo aí, tratando-se de uma presunção que funciona para determinação das coimas por violação às normas dos artigos 101º e 102º do TFUE, isso dá lugar a uma extensa e complexa jurisprudência[148].

[145] O Tribunal de Justiça tem vindo a pronunciar-se amiúde sobre o enquadramento que deve ser dado na Recomendação 2003/361/CE para efeitos de qualificação de uma determinada empresa como "PME". Refira-se, com especial destaque, o acórdão de 27.2.2014, *HaTeFo GmbH c. Finanzamt Haldensleben*, proc. C-110/13. Antes, no acórdão de 29.4.2004, *Itália c. Comissão* (proc. C-91/01, Colect., pág. I-4355), ainda que referindo-se à recomendação anterior.

[146] Cfr. Acórdão do Tribunal de Justiça de 29.09.2011, *Elf Aquitaine SA c. Comissão*, proc. C-521/09 P, nºs 59 a 70.

[147] Alison Jones & Brenda Sufrin referem que "*[d]etermining the boundaries of this doctrine is difficult. The cases indicate that whether or not the entities constitute an economic unit or whether one has sufficient freedom of action to be considered a separate entity is a question of degree and will depend on a number of factors, for example, whether the parent has control of the board of directors, the amount of profit taken by the parent, and whether the subsidiary complies with directions given by the parent on matters such as marketing and investment. Where a parent has a 100 per cent shareholding in a subsidiary, as in Viho* [acórdão do Tribunal de Justiça de 24.10.1996, *Viho Europe BV c. Comissão*, processo Processo C-73/95 P, Colect., I, 1996, pág. 5457], *there is a rebuttable presumption that the subsidiary is not independent and that the parent exercises decisive influence over it. In contrast, where a subsidiary is not wholly owned it seems that the parent company must be able to exercise decisive influence over the subsidiary's policy. In Gosmé/Martell-DMP, the Commission found that an agreement between a parent and its 50 per cent owned joint venture company designed to prevent parallel exports fell within the scope of Article 101(1). The parent only jointly owned the company which was able to operate to a large extent autonomously of it*" – Alison Jones & Brenda Sufrin, *EU Competition Law: Text, Cases & Materials*, 4th Edition, 2011, Oxford University Press, pág. 137.

[148] Por todos, os acórdãos do Tribunal de Justiça de 10.09.2009, *Akzo Nobel NV, c. Comissão*, proc. C97/08 P, Colect., I, 2009, pp. 8237, nº 60; de 29.03.2011, *ArcelorMittal Luxembourg SA, c. Comissão*, procs. C-201/09 P e C-216/09 P, nº 100; de 25.10.1983, *AEG-Telefunken AG c. Comissão*, proc. 107/82, nº 50; ou, finalmente, de 16.11.2000, *Stora Kopparbergs Bergslags AB c. Comissão*, proc. C-286/98 P, nº 29. Na doutrina, v. Bellamy & Child, segundo os quais "*[t]here is in effect a presumption, at least in the case of a wholly owned subsidiary, that its commercial policy is decisively*

Em suma, considerando a teleologia do diploma, o seu objecto, o sentido da remissão para a Recomendação 2003/361/CE e os demais elementos hermenêuticos já trazidos, sem carácter de exaustividade, o conceito de "empresa" a que se refere o Decreto-Lei nº 166/2013 não se distingue, substancialmente, do conceito tradicional assente na dicotomia pessoa singular/pessoa colectiva, ainda que, quanto à determinação da moldura contra-ordenacional aplicável, sejam agregados dados e valores no sentido previsto na Recomendação 2003/361/CE, e que, em si mesmo, são questionáveis do ponto de vista constitucional como procuraremos explicar adiante, a propósito do artigo 10º.

6. O nº 1 suscita ainda uma segunda questão, qual seja a do sentido da limitação da sua aplicação *apenas* às empresas "estabelecidas em território nacional". Estoutra novidade do Decreto-Lei nº 166/2013 (a limitação da sua aplicabilidade a empresas "estabelecidas no território nacional") – pois que não constava de qualquer texto normativo ou pré-normativo anterior – coloca directamente sob análise a questão da sua articulação com o direito da UE e com o mercado interno em que Portugal se insere.

O sentido desta limitação também não é claro. Poderá entender-se que o legislador pretendeu que a lei apenas se aplique às empresas (sem esquecer, naturalmente, as pessoas singulares) com sede efectiva e admi-

influenced by its parent so as to constitute a single undertaking. However, on the basis of the governing test, the possibility ***cannot be altogether excluded of showing that a subsidiary is in fact free independently to determine its conduct on the market****. Therefore, in justifying the imputation of the conduct of a subsidiary to its parent for the purpose of the imposition of a fine, the fact of ownership, or common ownership is important but is not conclusive and the Commission takes additional factors into account. However, a subsidiary company may be an undertaking which is liable in its own right for infringement of the competition rules. A branch office is not an undertaking. Although it remains unclear whether a division within a company could constitute an undertaking, for the purpose of enforcement it is necessary for a decision finding an infringement to be addressed to entities with legal personality*" (Bellamy & Child, *European Community Law of Competition*, Sixth Ed., Ed. Peter Roth QC/Vivien Rose, OUP, pág. 103. Os autores fazem referência ao acórdão do Tribunal de Justiça de 28.06.2005, *Dansk Rørindustri A/S, e o. c. Comissão*, procs. apensos C-189/02 P *et al.*, onde o Tribunal vem considerar que "a circunstância de o capital social de duas sociedades comerciais distintas pertencer à mesma pessoa ou à mesma família não basta, enquanto tal, para provar a existência de uma unidade económica entre essas duas sociedades, que implique, por força do direito comunitário da concorrência, que os comportamentos de uma possam ser imputados à outra e que uma possa ser obrigada a pagar uma coima pela outra".

nistração principal em Portugal, mas também àquelas que, tendo sido criadas ao abrigo da legislação de qualquer Estado, designadamente do Espaço Económico Europeu, se encontrem "estabelecidas em território nacional"[149]. Se no direito da UE, por «estabelecimento» se entende a "possibilidade de um nacional comunitário participar, de modo estável e contínuo, na vida económica de um Estado membro diferente do seu Estado de origem e dela tirar benefício, favorecendo assim a interpenetração económica e social no interior na [União][150]", o certo é que não pode deixar de entender-se, pela circunscrição feita pelo nº 1 do presente artigo, que o diploma não tem vocação para se aplicar a empresas que operem no território nacional a título de mera prestação de serviços, i.e. às empresas que estão estabelecidas noutros Estados membros e que, de forma ocasional ou transitória, realizem actividades económicas que possam ser objectivamente abrangidas pelos tipos legais constantes do Decreto-Lei nº 166/2013. Ora, sendo assim, coloca-se com acuidade a questão de saber se há ou não violação dos princípios constitucionais da igualdade, da livre iniciativa económica privada, no plano interno e se, além disso, essas disposições, aplicáveis às empresas estabelecidas no território nacional, não colocarão estas em desfavor face às empresas, nomeadamente trans-

[149] O critério adoptado – "empresas estabelecidas em território nacional" – é distinto daquele que foi utilizado na nova Lei da Concorrência, aplicável "(...) nomeadamente às práticas restritivas e às operações de concentração de empresas que ocorram em território nacional ou que neste tenham ou possam ter efeitos" e, por conseguinte, independentemente do local onde as empresas possam ter o seu estabelecimento. No direito da concorrência, o âmbito de aplicação da lei rege-se em função do princípio da territorialidade, isto é, tendo em conta a localização em território nacional dos efeitos das práticas restritivas ou das operações de concentração de empresas. De resto, é a solução que vai de encontro à jurisprudência dos tribunais da UE, para efeitos da aplicação das regras de concorrência previstas no TFUE, nomeadamente, entre outros, do acórdão *Wood Pulp I* – acórdão do Tribunal de Justiça de 28.9.1988, *A. Ahlström Osakeyhtiö e o. c. Comissão*, proc. C-89/85 e ap. – onde se refere, no nº 16, que "(...) uma infracção ao artigo 85º [actual 101º], como é o caso da celebração de um acordo que tenha por efeito restringir a concorrência no mercado comum, implica dois elementos de comportamento: a formação do acordo e a respectiva execução. Fazer depender a aplicabilidade das proibições estabelecidas pelo direito da concorrência do lugar da formação do acordo redundaria evidentemente em fornecer às empresas um meio fácil para se subtraírem às referidas proibições. O que é determinante, por isso, é o lugar da execução do acordo."

[150] V. acórdão do Tribunal de Justiça de 30.11.1995, *Gebhard*, proc. C-55/94, Colect., pág. I4165, nº 25. No mesmo sentido, acórdão de 21.3. 1974, *Reyners*, proc. 2/74, Colect., pág. 325, nº 21.

fronteiriças, que vendem para Portugal sem aqui estarem estabelecidas, o que a verificar-se configuraria uma restrição ilícita à livre circulação de mercadorias no mercado interno da UE.

Do mesmo modo, põe-se também a questão de saber se o legislador no Decreto-Lei nº 166/2013, ao estabelecer o novo regime aplicável às práticas restritivas do comércio, nomeadamente no que concerne ao instituto das práticas negociais abusivas, e ao limitá-lo às empresas estabelecidas em território nacional, viola o disposto no artigo 34º do TFUE, na medida em que crie uma discriminação desfavorável às empresas estabelecidas no território nacional face às empresas que não estejam estabelecidas em território nacional. Com efeito, o que se dirá no caso de uma empresa estabelecida em Espanha ou num outro Estado membro da União Europeia – já para não colocar, aqui, sequer a hipótese de uma empresa estabelecida fora do Espaço Económico Europeu – vir, por exemplo, a praticar unilateralmente vendas abaixo do preço de custo (ou, se se preferir, uma venda com prejuízo) em Portugal?

A nosso ver, a restrição do presente regime às "empresas estabelecidas em território nacional" é contrária à ideia de espaço sem fronteiras internas que se pretende constituir com a criação e manutenção de um mercado interno europeu. No contexto do direito da UE, não se vislumbra que razão imperativa de interesse geral e com carácter não discriminatório legitima um regime nacional que vise regular as práticas restritivas do comércio no território desse mesmo Estado membro e apenas quando praticadas por algumas empresas. É que o critério formalístico do local de estabelecimento da empresa no território nacional acarreta a aplicação das regras estabelecidas no Decreto-Lei nº 166/2013 a empresas que se encontrem estabelecidas em Portugal mas que tenham relações comerciais com todos os outros países do mundo, sejam ou não pertencentes à União Europeia ou ao Espaço Económico Europeu. Ou seja, mesmo quando só estejam em causa relações comerciais em países fora da União Europeia ou ao Espaço Económico Europeu, o simples facto de a empresa ter o seu estabelecimento em Portugal faz com que esta esteja sujeita ao regime das práticas restritivas do comércio nos termos do Decreto-Lei nº 166/2013, o que a coloca numa posição de tremenda desvantagem comercial[151], criando assim (mais) um incentivo à

[151] Neste sentido e sobre esta norma só introduzida no Decreto-Lei nº 166/2013 se pronunciou também outro Autor, referindo que as "proibições do diploma (...) ganham assim um efeito

deslocalização destas empresas para fora do território nacional, seja num outro Estado membro, seja até num país não pertencente à União Europeia ou ao Espaço Económico Europeu, em consequência dessa desvantagem.

Nº 2

7. Centremo-nos nas três hipóteses em que o Decreto-Lei nº 166/2013 exclui ou limita a sua aplicação.

8. A primeira consta da alínea *a)* e exclui do âmbito de aplicação do Decreto-Lei nº 166/2013 os denominados *serviços de interesse económico geral* (os denominados SIEG). O conceito de "serviços de interesse económico geral" é um conceito que, com esta designação[152], tem a sua origem no direito da UE e, mais concretamente, consta dos artigos 14º e 106º do TFUE, de um protocolo anexo ao Tratado e do artigo 36º da Carta dos Direitos Fundamentais da União Europeia. Como a Comissão Europeia recentemente recordou[153], "[a] noção de serviço de interesse económico geral é um conceito que evolui, nomeadamente, em função das necessidades dos cidadãos, dos avanços tecnológicos e do mercado

extraterritorial" v. Miguel Sousa Ferro, cit., pág. 21. Considera este autor que se poderá vir a entender que "(*i*) um fornecedor estrangeiro não está sujeito às obrigações de transparência do artigo 4º; (*ii*) um fornecedor nacional está sujeito às obrigações de transparência do artigo 4º nas suas relações com empresas e consumidores de outros Estados do EEE, mesmo que as leis desses Estados não imponham exigências idênticas; (*iii*) uma empresa com sede em Portugal que compre um produto em Espanha (ou Portugal) e o revenda em França não o pode revender abaixo do "*preço de compra efectivo*" (mesmo que as leis francesas o permitam) [o exemplo não será o mais apropriado, considerando que em França a venda com prejuízo é proibida]; (*iv*) o RPIRC [regime das práticas individuais restritivas do comércio] não se aplica a compras e vendas de bens originários de Estados terceiros (não do EEE)".

[152] Como é evidente, enquanto sinónimo de "serviço público", a origem é bem anterior – v. João Nuno Calvão da Silva, *Mercado e Estado – Serviços de Interesse Económico Geral*, Almedina, Coimbra, 2008, pp. 209 e segs. Sobre a matéria, Luís da Silva Morais, «Artigo 14º TFUE» e «Artigo 106º TFUE», in *Tratado de Lisboa – anotado e comentado*, Almedina, Coimbra, 2012.

[153] *Comunicação da Comissão relativa à aplicação das regras em matéria de auxílios estatais da União Europeia à compensação concedida pela prestação de serviços de interesse económico geral* (JO, C 8, de 11.1.2012, pp. 4-14, nº 45). Ver, também, Comunicação da Comissão – Os serviços de interesse geral na Europa [JO C 17 de 19.01.2001].

e das opções sociais e políticas no Estado membro em causa. O Tribunal de Justiça estabeleceu que os SIEG são serviços que apresentam características especiais em relação às de outras atividades económicas"[154]. E, continua, «[n]a ausência de regras específicas da União que definam as condições para a existência de um SIEG, os Estados membros dispõem de uma ampla margem discricionária para definir um dado serviço como SIEG e para conceder compensações ao prestador desse serviço». Em suma, as empresas que prestam um SIEG são aquelas que, em cada Estado membro desempenham uma «missão particular»[155], em concreto uma «missão particular de serviço público» que implica a prestação de serviços que, se considerasse os seus próprios interesses comerciais, uma empresa não assumiria ou não teria assumido na mesma medida ou nas mesmas condições"[156].

Importa também realçar, adicionalmente, que os SIEG são serviços em áreas tipicamente sujeitas a regulação sectorial, justamente por estarem em causa serviços públicos essenciais (o que, de certa forma, vem sobrepor-se ao âmbito de aplicação da exclusão prevista na alínea *b)* do nº 2 do artigo 2º do Decreto-Lei nº 166/2013). Ora, na verdade, parece indubitável que a possibilidade de uma empresa prestadora de SIEG poder (*i*) não possuir nem facultar tabelas de preços ou condições de venda (artigo 2º), (*ii*) decidir (re)vender com prejuízo um produto (artigo 3º[157]), (*iii*) recusar-se a vender produtos ou a prestar serviços (artigo 4º) ou mesmo vir a ter (*iv*) práticas negociais abusivas com outra empresa (artigo 7º), sem que daí resulte qualquer sanção consubstanciada numa contra-ordenação, é discriminatório e suscita, da nossa parte, tal como referido, as maiores reservas quanto à sua conformidade com o direito da UE. O próprio Tribunal de Justiça tem vindo a aflorar estes temas em que

[154] Cfr. acórdãos *Merci convenzionali porto di Genova* (proc. C-179/90, Colect., 1991, I, pág. 889, nº 27), *GT-Link, A/S* (proc. C-242/95, Colect., 1997, I, p. 4449, nº 53) ou *Corsica FerriesFrance SA* (proc. C-266/96, Colect., 1998, I, pág. 3949, nº 45).

[155] Ver, nomeadamente, o acórdão *BRT/SABAM*, proc. 127/73, Colect., 1974, pág. 313.

[156] Quanto a este aspecto, cfr. Regulamento (CE) nº 1370/2007 do Parlamento Europeu e do Conselho, de 23.10.2007, relativo aos serviços públicos de transporte ferroviário e rodoviário de passageiros (JO L 315, de 3.12.2007, pág. 1).

[157] Recorde-se, como antes assinalado, que o agente económico preenche o tipo não apenas quando concretiza a venda com prejuízo mas pela mera disponibilização do produto para venda, nessas condições. Note-se também que a prestação de um SIEG, tendo por referência "serviços", pode implicar a comercialização de produtos.

há um claro favorecimento a uma empresa encarregada da prestação de um serviço público por parte de um Estado membro e, inclusivamente tem já julgado alguns desses favorecimentos contrários ao regime dos auxílios de Estado do direito da UE[158].

Questiona-se ainda se a exclusão aqui prevista se aplica apenas à prestação do serviço de interesse económico geral em si mesmo considerado ou se, por outro lado, abrange toda a actividade da empresa que em concreto presta, juntamente com outro tipo de serviços, o referido SIEG[159].

Mais uma vez, o diploma apresenta uma redacção extremamente ambígua e, em certa medida, incompleta. E se é certo que entendemos que apenas se encontra excluído do seu âmbito de aplicação a prestação *stricto sensu* do SIEG, não deixamos uma vez mais de recordar que não dispomos de qualquer *pista* sobre o modo como as autoridades administrativas e judiciais e os próprios tribunais irão interpretar estas normas e que, na dúvida, o princípio da tipicidade aplicável no domínio contra-ordenacional pode conduzir a uma desresponsabilização genérica.

9. Mais dúvidas suscita o sentido e alcance da alínea *b)* do nº 2, segundo a qual o Decreto-Lei nº 166/2013 não se aplica à "compra e venda de bens e prestações de serviços sujeitas a regulação sectorial".

Em primeiro lugar, refere esta alínea que o diploma não se aplica à compra e venda de bens e prestação de serviços nomeadamente nos sectores financeiros, postal, dos transportes, das comunicações electrónicas e da energia. Embora a expressão "nomeadamente" tenha mais do que um sentido, como é sabido, podendo tanto designar uma enumeração exemplificativa como concretizadora, sempre se dirá que não há qualquer elemento que induza a pensar que o sentido da lei é o de limitar o âmbito desta excepção às áreas expressamente indicadas. Assim, no que

[158] Há algumas semelhanças, por exemplo, com o caso *Mediaset* em Itália. Neste caso, o favorecimento da República Italiana foi declarado incompatível com o mercado interno – v. acórdão do Tribunal de Justiça de 28.7.2011, *Mediaset SpA v Commission*, proc. C-403/10 P.

[159] Miguel Sousa Ferro (*cit.*, pág. 26) levanta a questão de saber se não estará também proibida pelo artigo 7º, nº 1, alínea *e)*, a conduta de uma empresa que esteja encarregue de um SIEG, mas que desenvolve também outras actividades, e que impõe a um fornecedor uma alteração retroactiva dum contrato de fornecimento de bens e serviços que utiliza tanto na actividade que corresponde ao SIEG como nas restantes. A nossa opinião ficou expressa no texto.

toca a produtos e serviços (estes não sujeitos ao instituto da venda com prejuízo) em áreas objecto de regulação sectorial, o diploma não se aplica.

Em segundo lugar, constata-se que o legislador assumiu uma postura algo equívoca, quanto ao âmbito de exclusão. Se na alínea anterior [alínea *a)*] estavam genericamente excluídos os SIEG, aqui o legislador não consagra a inaplicabilidade *tout court* do diploma a bens ou serviços sujeitos a regulação sectorial mas apenas à "compra e venda".

10. Importa começar por identificar quais as áreas de actividade económica que são objecto de regulação sectorial, de modo a delimitar mais concretamente o âmbito e o alcance da exclusão. Para isso temos de partir de uma questão essencialmente teórica e para a qual o Decreto-Lei nº 166/2013 não oferece uma resposta, que antes deve ser buscada na doutrina: o que se entende por "regulação sectorial"?

Além da já clássica questão de saber qual o *distinguo* que há entre regulação e concorrência, impõe-se procurar uma solução operativa – e coerente com o nosso sistema jurídico e a sua unidade – que permita que se saiba o que se deve entender por "regulação sectorial". Paz Ferreira/ /Luís Morais /Gonçalo Anastácio fixam um "conceito geral de regulação jurídica da economia", que consiste no "desenvolvimento de processos jurídicos de intervenção indirecta na actividade económica produtiva – indirecta, porque se exclui a participação pública directa na actividade empresarial – incorporando algum tipo de condicionamento ou coordenação daquela actividade e das condições do seu exercício, visando garantir o funcionamento equilibrado da mesma em função de determinados objectivos públicos"[160]. Neste quadro, entendemos poder classificar-se como regulação sectorial o conjunto de normas que regulam um determinado sector económico e que condicionam a actividade dos agentes que actuam nesse sector, com base nas quais a respectiva entidade reguladora estabelece as regras, fiscaliza e sanciona a actividade daqueles agentes.

11. Estamos sempre, aqui, a falar de regulação heterónoma e pública. Ora, no ordenamento jurídico nacional, a regulação sectorial tanto pode ser levada a cabo por autoridades públicas com estatuto de instituto pú-

[160] Eduardo Paz Ferreira/Luís Silva Morais/Gonçalo Anastácio, Coord., *Regulação em Portugal: Novos Tempos, Novo Modelo?* Almedina, 2009.

blico[161] ou, por qualquer forma, integrantes da administração indirecta do Estado (é o caso, como veremos, do INFARMED, I.P.), como por entidades que têm a natureza de entidades administrativas independentes.

Quanto às segundas, é referência inultrapassável a recente Lei-quadro das entidades administrativas independentes com funções de regulação da actividade económica dos sectores privado, público e cooperativo (Lei nº 67/2013)[162], que, no seu artigo 3º, nº 3, elenca as entidades reguladoras independentes "atualmente existentes". São elas:

a) Instituto de Seguros de Portugal[163] – sector dos seguros;
b) Comissão do Mercado de Valores Mobiliários[164] – sector financeiro;
c) Entidade Reguladora dos Serviços Energéticos[165] – sector da energia;
d) Autoridade Nacional de Comunicações[166] – sector postal e sector das comunicações electrónicas;
e) Autoridade Nacional da Aviação Civil[167] – sector da aviação civil;
f) Autoridade da Mobilidade e dos Transportes, nas suas atribuições em matéria de regulação, de promoção e defesa da concorrência no âmbito dos transportes terrestres, fluviais e marítimos[168] – sector dos transportes;
g) Entidade Reguladora dos Serviços de Águas e Resíduos[169] – sector dos serviços de águas e resíduos;

[161] Submetidas à Lei-Quadro dos Institutos Públicos, aprovada pela Lei nº 3/2004, de 15 de Janeiro, na redacção resultante do Decreto-Lei nº 123/2012, de 20 de Junho.

[162] Em anexo à Lei nº 67/2013, de 28 de Agosto.

[163] Estatutos do ISP – Instituto de Seguros de Portugal, publicados em anexo ao Decreto-Lei nº 289/2001, de 13 de Novembro.

[164] Estatutos da CMVM – Comissão do Mercado de Valores Mobiliários, aprovados pelo Decreto-Lei nº 473/99, de 8 de Novembro, alterado pelo Decreto-Lei nº 232/2000, de 25 de Setembro e pelo Decreto-Lei nº 183/2003, de 19 de Agosto e alterado e republicado pelo Decreto-Lei nº 169/2008, de 26 de Agosto.

[165] Estatutos da ERSE – Entidade Reguladora dos Serviços Energéticos, aprovados pelo Decreto-Lei nº 97/2002, de 12 de Abril, alterados pelo Decreto-Lei nº 212/2012, de 25 de Setembro, na redação do Decreto-Lei nº 84/2013, de 25 de Junho.

[166] Estatutos do ICP-ANACOM – Autoridade Nacional de Comunicações, publicados em anexo ao Decreto-Lei nº 309/2001, de 7 de Dezembro.

[167] INAC – Instituto Nacional de Aviação Civil – v. Decreto-Lei nº 145/2007, de 27 de Abril.

[168] IMT – Instituto da Mobilidade e dos Transportes, v. Decreto-Lei nº 78/2014, de 14 de Maio.

[169] Estatutos da ERSAR – Entidade Reguladora dos Serviços de Águas e Resíduos, aprovados em anexo ao Decreto-Lei nº 10/2014, de 6 de Março.

h) Entidade Reguladora da Saúde[170] – sector da saúde.

Identificamos assim, para além das áreas de actividade económica mencionadas expressamente na alínea *b)* do presente artigo, a existência de diversas áreas de actividade sujeitas a regulação sectorial, como a dos seguros, a da aviação, a das águas e resíduos e a da saúde.

Deste modo, quaisquer contratos de compra e venda que abranjam bens ou prestações de serviços destas actividades sectoriais encontram-se excluídos do âmbito de aplicação do Decreto-Lei nº 166/2013. Com efeito, todas estas actividades sectoriais e os mercados que nelas funcionam são regulados por entidades administrativas independentes com funções de regulação e de promoção e defesa da concorrência. Os seus poderes "de regulação, de supervisão, de fiscalização e de sanção de infracções respeitantes às actividades económicas dos sectores privado, público, cooperativo e social" encontram-se previstos no artigo 40º da Lei-quadro em anexo à Lei nº 67/2013, de 28 de Agosto.

12. No entanto, o legislador não se limitou a excluir do âmbito do diploma a "compra e venda de produtos ou prestação de serviços" em sectores sujeitos a regulação *independente*. O conceito normativo é o de regulação *sectorial*. Esta opção estende necessariamente o domínio de excepção a autoridades reguladoras e mercados sujeitos a regulação não independente. O que imporá que se faça uma averiguação bastante mais complexa e, porventura, caso a caso/produto a produto, quando há que determinar quais são os produtos e/ou serviços sujeitos a regulação sectorial e, enquanto tal, em que as compras e vendas de bens ou a prestação de serviços não esteja submetida ao Decreto-Lei nº 166/2013.

13. Um grupo típico de produtos submetidos a regulação sectorial *não independente* é o dos produtos de saúde, designação que abrange, desde logo, três grandes categorias: medicamentos, dispositivos médicos ou produtos cosméticos e de higiene corporal[171]. Ora, todos estes produtos

[170] Regime jurídico da ERS – Entidade Reguladora da Saúde, estabelecido no Decreto-Lei nº 127/2009, de 27 de Maio.

[171] O *produto cosmético* é legalmente definido como "qualquer substância ou mistura destinada a ser posta em contacto com as diversas partes superficiais do corpo humano, designadamente epiderme, sistemas piloso e capilar, unhas, lábios e órgãos genitais externos, ou com os dentes

estão inequivocamente sujeitos a regulação sectorial pelo INFARMED, I.P. (Autoridade Nacional do Medicamento e Produtos de Saúde, I.P.[172]) que, no entanto, é um instituto público de regime especial integrado na administração indirecta do Estado e que prossegue as atribuições do Ministério da Saúde[173] e não uma entidade administrativa independente[174].

Além do artigo 3º, nº 2, alínea *b)*, da lei orgânica do INFARMED, I.P. (Decreto-Lei nº 46/2012, de 24 de Fevereiro), que lhe confere as atribuições de "(...) assegurar a vigilância e controlo da investigação, produção,

e as mucosas bucais, com a finalidade de, exclusiva ou principalmente, os limpar, perfumar, modificar o seu aspecto, proteger, manter em bom estado ou de corrigir os odores corporais;" [artigo 2º, alínea p)]; sendo que, de acordo com o artigo 1º nº 3 estão sujeitos às disposições deste diploma os produtos que integrem as categorias constantes do respectivo anexo I, e outros que se destinem aos mesmos fins.

172 De acordo com o artigo 3º, nº 2, alínea *b)*, da lei orgânica do INFARMED, I.P. (Decreto--Lei nº 46/2012, de 24 de Fevereiro), este tem como atribuições "(...) assegurar a vigilância e controlo da investigação, produção, distribuição, comercialização e utilização dos medicamentos de uso humano e dos produtos de saúde, que inclui dispositivos médicos e produtos cosméticos e de higiene corporal".

173 Artigo 1º, nº 1, do Decreto-Lei nº 46/2012, de 24 de Fevereiro, submetido enquanto tal à Lei nº 3/2004 (Lei-Quadro dos Institutos Públicos) e aí especificamente referido, no artigo 48º, nº 3, na redacção resultante do Decreto-Lei nº 123/2012.

174 Como escrevemos a outro propósito, e aqui recuperamos, na síntese de João Caupers, que "a regulação independente [é] assegurada por entidades administrativas dotadas de um estatuto de autonomia face ao Governo", "autonomia regulatória que é assegurada por três grandes tipos de meios", "[e]m primeiro lugar através da limitação legal da capacidade de interferência governamental. Estas entidades não estão, regra geral, sujeitas aos poderes de superintendência de que o Governo tradicionalmente dispõe sobe os entes que integram a administração indirecta do Estado" – João Caupers, *Introdução ao Direito Administrativo*, 10ª Edição, Âncora, 2009, pp. 220-224, com citações bibliográficas. Ora, na doutrina nacional, não há qualquer Autor que, de forma significativa, qualifique o INFARMED, I.P. (ou o anterior Infarmed) como "entidade administrativa independente", como poderá ser confirmado nos trabalhos de José Lucas Cardoso, *Autoridades Administrativas Independentes e Constituição*, Coimbra Editora, 2002, pp. 224-225 (lista positiva) e pág. 226 (lista negativa); Vital Moreira/ /Fernanda Maçãs, *Autoridades Reguladoras Independentes – Estudo e Projecto de Lei-Quadro*, Coimbra Editora, 2004; Vital Moreira, «Regulação Económica, Concorrência e Serviços de Interesse Geral», in *Estudos de Regulação Económica – I*, Coimbra Editora, 2004, pp. 559-560); Maria Manuel Leitão Marques/João Paulo Simões de Almeida/André Matos Forte, *Concorrência e Regulação (a relação entre a Autoridade da Concorrência e as Autoridades de Regulação Sectorial)*, Coimbra Editora, 2005, pág. 11).

distribuição, comercialização e utilização dos medicamentos de uso humano e dos produtos de saúde, que inclui dispositivos médicos e produtos cosméticos e de higiene corporal", o artigo 5º, nº 2, alínea *a)*, daquele diploma estabelece que compete ao conselho directivo do INFARMED, I.P. "exercer os poderes de **regulação**, **supervisão** e **regulamentares** previstos na lei e no presente decreto-lei, bem como acompanhar (...) o funcionamento dos mercados dos medicamentos de uso humano e dos produtos de saúde, que inclui dispositivos médicos, produtos cosméticos e de higiene corporal"[175] (estando os concretos poderes de regulação e supervisão do INFARMED, I.P. previstos no artigo 15º, nº 4, alíneas *d)*, *e)*, *g)*, *i)* e *l)*).

Assim, não restam dúvidas que o INFARMED, I.P. é uma autoridade sectorial com poderes de regulação (um regulador) e que os produtos de saúde, sujeitos a regulação pelo INFARMED, I.P, se encontram excluídos (pelo menos, a "compra e venda") do âmbito de aplicação do Decreto-Lei nº 166/2013.

Deste modo, entendemos que o Decreto-Lei nº 166/2013 não se aplica à compra e venda de todos os produtos e prestações de serviços que se encontram sujeitos a regulação sectorial, seja por parte das entidades reguladoras com a natureza de autoridades administrativas independentes (as actualmente existentes e que são as constantes do artigo 3º, nº 3 da Lei nº 67/2013, ou outras que venham a ser criadas, com as mesmas características) ou integrantes da administração directa ou indirecta do Estado (sujeitas, por exemplo, à Lei nº 3/2004).

14. Já o facto de se excluir da aplicação deste diploma apenas a *compra e venda* de produtos que estão sujeitos a regulação sectorial e não haver uma exclusão *tout court* do âmbito de aplicação do diploma obriga a que se levante a hipótese de o legislador ter pretendido, ainda que exprimindo-se incorrectamente, dizer que o diploma se poderia aplicar a todas as restantes operações (que não, naturalmente, a compra e venda) que sejam reguladas pelo Decreto-Lei nº 166/2013.

Não obstante a letra da norma, considera-se que, na medida em que as operações reguladas por este Decreto-Lei digam respeito a relações de fornecimento e, por isso, a operações de compra ou de venda de bens

[175] Sublinhado nosso.

(ou prestação de serviços), não é fácil vislumbrar institutos no Decreto--Lei nº 166/2013 que não tenham como elemento do tipo contra-ordenacional uma "compra e venda" e, por isso, não é fácil conceber em que sentido podem produtos (ou serviços) objecto de regulação sectorial ser, ainda assim, abrangidos pelo diploma. Só uma análise casuística poderá, porventura, identificar possíveis situações em que a aplicação do diploma possa mostrar-se relevante.

15. Na **alínea *c)* do nº 2** o legislador exclui do âmbito do diploma "a compra e venda de bens[176] e as prestações de serviços com origem ou destino em país não pertencente à União Europeia ou ao Espaço Económico Europeu". Isto sem prejuízo da ressalva do nº 1 do artigo 4º que obriga produtores, fabricantes, importadores, distribuidores, embaladores e grossistas de bens e os prestadores de serviços a "facultar a qualquer revendedor ou utilizador tabelas de preços com as correspondentes condições de venda, quando solicitadas".

Questiona-se, neste âmbito, qual terá sido a *mens legislatoris* e a *mens legis*. É inequívoco que o elemento histórico da interpretação – incluindo trabalhos preparatórios, etc. – será de pouco auxílio, visto que a disposição foi introduzida *ex novo* no Decreto-Lei nº 166/2013 e não tem antecedentes nem na lei anterior nem na PPL 126/XII. Já quanto ao sentido que se extrai de uma interpretação actualista da letra da lei suscita-se desde logo a dúvida sobre onde deve ser posto o acento tónico, ao procurar revelar o sentido da lei: trata-se de inaplicar o Decreto-Lei nº 166/2013 à operação de compra e venda de um bem considerado como sendo produzido fora da União Europeia ou do Espaço Económico Europeu (UE/ /EEE)? Ou será apenas relevante, para excluir a aplicação do diploma, a "compra e venda que tenha *origem* ou *destino* em país não pertencente à UE/EEE", sendo realizada, ela própria, a uma empresa situada fora da UE/EEE? ou, finalmente, será a compra e venda de um produto ou ser-

[176] Marianne Dony, *Droit de l'Union Européenne*, 4ª Ed., 2012, Editions de l'Université de Bruxelles, pp. 340 e segs., explica que "*La notion de marchandises a été interprétée largement par le Cour, comme visant tous les produits appréciables en argente t susceptibles comme tels d'être lóbject de transactions commerciales. La notion recouvre des biens aussi divers que les biens culturels, comme des oeuvres d'art ou des oeuvres cinématographiques, les déchets ou l'electricité.*"

viço de fora da União /EEE e que também tem origem/destino fora da UE/EEE[177]?

A questão anda assim à volta da interpretação do que se entenda por "*compra e venda* de bens ou produtos com *origem* ou *destino* em país não pertencente à União Europeia ou ao Espaço Económico Europeu". Entendemos que, ao convocar o conceito de origem ou destino, o legislador está mais a referir-se ao produto do que ao contrato.

16. A *origem* de um produto ou serviço é determinada por referências às regras aduaneiras da União Europeia, constantes do seu Código Aduaneiro, aliás recentemente aprovado pelo Regulamento (UE) nº 952/2013, de 9 de Outubro[178]. Este dispõe, no artigo 60º, sob a epígrafe "aquisição de origem", que "[c]onsideram-se originárias de um único país ou território as mercadorias *inteiramente* obtidas nesse país ou território" (nº 1). Já no que concerne às mercadorias em cuja produção intervêm dois ou mais países ou territórios, o nº 2 vem explicitar que "é originária do país ou território onde se realizou o último processamento ou operação de complemento de fabrico substancial, economicamente justificado, efectuado numa empresa equipada para esse efeito, que resulte na obtenção de um produto novo ou que represente uma fase importante do fabrico". Trata-se de uma posição tradicional, já afirmada há mais de qua-

[177] Recorde-se que se a compra e venda for feita por ou a empresa que não se encontre estabelecida no território nacional, o Decreto-Lei nº 166/2013 não se aplica a essa empresa, ainda que se aplique *in totum* a eventual contraparte estabelecida no território nacional.

[178] Existe hoje uma extensa legislação aduaneira, cujo principal pilar é constituído pelo código aduaneiro, aprovado pelo Regulamento nº 2913/92 do Conselho, de 12.10.1992 (JO, L 302, de 19.10.1992), já várias vezes alterado [que ainda produz efeitos, apesar de ter sido revogado pelo Regulamento (CE) nº 450/2008, do Parlamento Europeu e do Conselho, de 23.4.2008, que estabelece o Código Aduaneiro Comunitário (Código Aduaneiro Modernizado), JO, L 145, de 4.6.2008, pp. 1-64; v. Regulamentos (UE) nº 452/2013 e 952/2013]. Nos termos do artigo 288º, os artigos 60º e 61º só serão aplicáveis a partir de 1 de Junho de 2016. Todavia, a redacção é muito semelhante àquela que consta do artigo 36º do Regulamento (CE) nº 450/2008, que estabelece o Código Aduaneiro Comunitário (Código Aduaneiro Modernizado) actualmente em vigor, nos termos do qual: "1 – Consideram-se originárias de um único país ou território as mercadorias inteiramente obtidas nesse país ou território. 2 – As mercadorias em cuja produção intervieram mais do que um país ou território são consideradas originárias do país ou território onde se realizou a última transformação substancial." Neste sentido optamos, para a presente anotação, pela nova e mais actual definição constante do novo Código Aduaneiro, estabelecido pelo Regulamento nº 952/2013.

renta anos pela jurisprudência do Tribunal de Justiça da União Europeia e pela legislação comunitária anterior.

Em termos de prova da origem, o próprio Código Aduaneiro prevê que "(...) pode ser emitido na União um documento comprovativo da origem, em conformidade com as regras de origem em vigor no país ou território de destino ou com qualquer outro método que identifique o país onde as mercadorias foram totalmente obtidas ou onde se realizou a última transformação substancial" (artigo 61º)[179].

Pronunciando-se sobre a questão da origem dos produtos no âmbito do princípio da livre circulação de mercadorias previsto no Tratado, refere Laurence W. Gormley que "*[f]or imports into the Community, goods wholly obtained or produced in one country are considered as originating there and goods produced in two or more countries are regarded as originating in the country in which the last substantial process operation that is economically justifies was performed, having been carried out in an undertaking equipped for the purpose, and resulting in the manufacture of a new product or representing an important stage of manufacture". [...] In addition to the general definitions there are methods of laying down detailed rules based on specific criteria for each type of goods. Three methods can be identified. The first is a detailed description of the working or processing operations which do or do not confer 'originating status' on a particular product. This method was too cumbersome for general adoption, and so the second method, involving a change of tariff heading, is more generally used. Under this method, origin is generally conferred by working or processing as a result of which the goods obtained are classified under a tariff heading different from that applied to each of the products worked or processed. [...] The third method of determining origin is the value-added percentage requirement*". Mais decisivo é o facto de, segundo o mesmo autor, "*no particular method is linked to any particular cate-*

[179] Quanto ao significado da expressão "última transformação ou complemento de fabrico substancial", o Tribunal de Justiça (ver, entre outros, acórdão de 13.12.2007, *Asda Stores Ltd c. Commissioners of Her Majesty's Revenue and Customs*, proc. C-372/06, Colect., I, p. 11228) já clarificou que "a Comissão dispõe de uma margem de apreciação que lhe permite precisar os conceitos abstractos dessa disposição para efeitos de transformações ou complementos de fabrico específicos" (v. acórdão do Tribunal de Justiça de 23.3.1983, *Cousin e o.*, proc. 162/82, p. 1101), tendo, ademais, precisado que vale aqui o "(...) critério da transformação substancial [que] se pode exprimir, na prática, pela regra da percentagem *ad valorem*, quando a percentagem do valor dos produtos utilizados ou a percentagem da maisvalia adquirida atinja determinado nível (v. acórdão do Tribunal de Justiça de 13.12.1989, *Brother International*, proc. C-26/88, Colect., p. I-4253).

gory of rules of origin, and whereas some rules are autonomous Community acts, others are the result of contractual arrangements."[180]

Tudo parece estar, pois, na indicação/localização geográfica de um certo produto para efeitos de se determinar a origem ou destino do mesmo. O Regulamento (CEE) nº 2454/93[181] explicita que, para a aplicação das preferências pautais concedidas pela UE a produtos provindos de países em desenvolvimento, são considerados como produtos originários desses países "desde que tenham sido transportados directamente [...] para a Comunidade: *i*) Os produtos inteiramente obtidos nesse país; *ii*) Os produtos obtidos nesse país, em cujo fabrico são utilizados produtos distintos dos referidos na alínea a), desde que esses produtos tenham sido sujeitos a operações de complemento de fabrico ou a transformações suficientes [...]".

Por outro lado, o Regulamento nº 2454/93 estabelece uma lista dos produtos que são considerados como inteiramente obtidos num país beneficiário:

"*a)*Os produtos minerais extraídos do respectivo solo ou do respectivo fundo do mar ou oceanos;
b) Os produtos do reino vegetal nele colhidos;
c) Os animais vivos nele nascidos e criados;
d) Os produtos obtidos a partir de animais que nele vivam;
e) Os produtos da caça ou da pesca nele praticadas;
f) Os produtos de pesca marítima e outros produtos extraídos do mar pelos respectivos navios;
g) Os produtos fabricados a bordo dos seus navios-fábrica, exclusivamente a partir de produtos referidos na alínea *f)*;
h) Os artigos usados nele recolhidos que apenas podem servir para a recuperação de matérias-primas;
i) Os desperdícios resultantes de operações fabris nele efectuadas;

[180] Laurence W. Gormley, *EU Law of Free Movement of Goods and Customs Union*, OUP, 2009, pp. 49 e segs.

[181] Regulamento (CEE) nº 2454/93 da Comissão, de 2.7.1993, que fixa determinadas disposições de aplicação do Regulamento (CEE) nº 2913/92 do Conselho que estabelece o Código Aduaneiro Comunitário (JO, L 253, de 11.10.1993), alterado pela última vez pelo Regulamento (UE) nº 174/2014.

j) Os produtos extraídos do solo ou do subsolo marinho situado fora das águas territoriais, desde que esse país exerça, para efeitos de exploração, direitos exclusivos sobre esse solo ou subsolo;
k) Os produtos aí fabricados exclusivamente a partir dos produtos referidos nas alíneas *a)* a *j)*".

Para o direito da União Europeia, o denominador comum é o local onde o produto foi inteiramente obtido (ou a prestação de serviço foi inteiramente realizada). Dito de outro modo, e no que concerne directamente aos bens, aquilo que importa para a determinação da sua origem é o último local ou área geográfica onde este tiver sido produzido, transformado e/ou elaborado[182].

Assim, nesta leitura, só no caso de a última operação de produção, transformação e/ou elaboração de um produto ter ocorrido numa área geográfica (leia-se, para este efeito, país ou território) localizada fora da UE/EEE, se deve entender que o produto tem a sua origem fora da UE/EEE, para efeitos do disposto na alínea *c)* do nº 2 do artigo 2º do Decreto-Lei nº 166/2013. E a compra e venda desse bem, ainda que o comprador ou vendedor seja uma empresa estabelecida em território nacional ou europeu, e ainda que o produto tenha como destino final de consumo o mercado português, não estará ou estaria sujeita ao Decreto-Lei nº 166/2013.

A isto não deve obstar o facto de a compra e venda ter sido efectuada (ou da prestação de serviço ter sido realizada) através de um terceiro, que age enquanto agente de uma das partes do negócio[183]. Nesse caso, o produto objecto do contrato de compra e venda continuará a ter como *origem ou destino* final um país não pertencente à União Europeia ou ao Espaço Económico Europeu, dado que o papel desempenhado por esse terceiro

[182] A este respeito, v. Peter Oliver, *Oliver on free Movement of Goods in the European Union*, 5th, Hart Publishing, 2010, pp. 362 e segs.

[183] O regime jurídico do contrato de agência ou representação comercial encontra-se previsto no Decreto-Lei nº 178/86, de 3 de Julho, alterado pelo Decreto-Lei nº 118/93, de 13 de Abril, cuja noção consta do seu artigo 1º: "Agência é o contrato pelo qual uma das partes se obriga a promover por conta da outra a celebração de contratos, de modo autónomo e estável e mediante retribuição, podendo ser-lhe atribuída certa zona ou determinado círculo de clientes". As suas características essenciais encontram-se amplamente definidas quer na doutrina, quer na jurisprudência.

é apenas de mera intermediação, não tendo tido qualquer importância (muito menos substancial e economicamente justificada) no processo de fabrico, pelo que tal operação de compra e venda (ou, novamente, de prestação de serviço) continuará a estar excluída das regras estabelecidas pelo Decreto-Lei nº 166/2013. Com efeito, sobre este ponto, o Código Aduaneiro, no seu artigo 72º, prevê até que a "comissão de compra" (i.e. a quantia paga por um importador a um agente pela sua representação na compra das mercadorias a avaliar) não deve ser considerada para efeitos de determinação do valor aduaneiro das mercadorias[184].

É esta a posição que resulta da doutrina e jurisprudência nacional relativamente ao contrato de agência. Por todos, refira-se o acórdão do Supremo Tribunal de Justiça, de 14.2.2012[185], que, seguindo o ensino do prof. Pinto Monteiro, considera que «[o] contrato de agência integra-se dentro de uma concepção mais ampla dos designados contratos de distribuição comercial, ou seja uma classe de contratos que têm com finalidade ou traço comum "[o] servir de via estável para lograr a distribuição de bens e serviços no mercado permitindo uma certa integração (mais ou menos intensa segundo a figura) do distribuidor na rede do fabricante." É, assim, uma forma de o empresário "[nomear] um empresário que, em forma jurídica e economicamente independente, se dedica profissionalmente a captar clientela para o empresário principal, ou mediante a simples promoção ou por meio da conclusão de contratos por conta e em nome e no interesse daquele". O contrato de agência mercantil será definido como "aquele mediante o qual um empresário independente, chamado agente, em troca de remuneração, assume de maneira permanente o encargo de preparar ou celebrar contratos com terceiros por conta e em nome de outro empresário, denominado principal".

Deste modo, ainda que uma empresa adquira um determinado produto a um importador comunitário que, por sua vez, o tenha adquirido em país não pertencente à União Europeia ou ao Espaço Económico

[184] No artigo 70º do Código Aduaneiro, sob a epígrafe "Método de determinação do valor aduaneiro baseado no valor transacional", lê-se que "[a] base principal do valor aduaneiro das mercadorias é o valor transacional, ou seja, o preço efectivamente pago ou a pagar pelas mercadorias quando são vendidas para exportação com destino ao território aduaneiro da União, ajustado, se necessário".

[185] Acórdão do STJ de 14.2.2012, proc. 1889/03.7TBVFR.P1.S1, relator: Gabriel Catarino, disponível em: www.dgsi.pt.

Europeu (onde terá ocorrido a última operação de produção, transformação e/ou elaboração), esse produto não deixará de ter como origem um país fora da União Europeia ou ao Espaço Económico Europeu. Ou seja, o que importa para efeitos de exclusão do âmbito de aplicação do Decreto-Lei nº 166/2013 é a origem de um determinado produto – i.e. o local geográfico da última operação de produção, transformação e/ou elaboração – independentemente de eventuais contratos de agência (ainda que sem representação) que tenham intermediado essa compra e venda. É, de facto, isto que parece resultar da lógica de protecção da parte social ou economicamente mais fraca do contrato, em especial, das empresas portuguesas fornecedoras no sector agroalimentar (em detrimento das *estrangeiras* – leiam-se, as que se encontram estabelecidas fora da UE ou do EEE), inerente a todo este novo regime jurídico das práticas restritivas do comércio.

Esta leitura tem uma consequência bizarra. Com efeito, colocará as empresas estabelecidas em Portugal (designadamente as empresas de distribuição) numa posição em que lhes será mais favorável passarem a desenvolver e manter, sempre que lhes for possível, relações comerciais com países *terceiros*, com países não pertencentes à UE ou ao EEE, de forma a contornar a desvantagem concorrencial associada à aplicação deste diploma. É neste contexto que se impõe uma análise crítica da solução dada no diploma, que não terá sido objecto de ponderação e estudo suficientes. Na verdade, ao abrigo de uma tentativa de equilíbrio das posições negociais entre agentes económicos, este regime que o legislador concebeu como destinado a proteger as empresas fornecedoras (e, dentro destas, em especial, as do sector agroalimentar) terá antes um efeito totalmente perverso uma vez que é apto a reduzir os incentivos por parte das grandes cadeias de distribuição em manter ou criar relações de fornecimento com as empresas que estejam estabelecidas em território nacional, da UE ou do EEE.

Por outro lado, de forma a que estas cadeias de distribuição garantam preços mais baixos ao consumidor e compitam entre elas em livre concorrência, é natural que, nalguns casos, lhes seja mais vantajoso adquirir os produtos para revenda a empresas situadas em países terceiros à UE ou do EEE, em ambos os casos pela simples razão de tais empresas se encontram afastadas do âmbito de aplicação deste regime (nº 1 do artigo 2º). Tal problemática será desenvolvida mais adiante quando nos pronunciarmos acerca do nº 3 do artigo 7º, do Decreto-Lei nº 166/2013, relativo às práticas negociais proibidas no sector agroalimentar. Ainda assim, desde já se diga que, neste âmbito, a proibição de práticas negociais abusivas entre empresas (artigo 7º do Decreto-Lei nº 166/2013), na medida em que não diga directamente respeito a operações de compra ou venda de bens, poderá entender-se como abrangida, cautelarmente e até clarificação posterior.

Artigo 3º – Aplicação de preços ou de condições de venda discriminatórios

1 – É proibido a uma empresa praticar em relação a outra empresa preços ou condições de venda discriminatórios relativamente a prestações equivalentes, nomeadamente quando tal prática se traduza na aplicação de diferentes prazos de execução das encomendas ou de diferentes modalidades de embalamento, entrega, transporte e pagamento, não justificadas por diferenças correspondentes no custo de fornecimento ou do serviço, nem resultantes de práticas conformes ao Direito da Concorrência.

2 – São prestações equivalentes aquelas que respeitem a bens ou serviços similares e que não difiram de maneira sensível nas características comerciais essenciais, nomeadamente naquelas que tenham uma repercussão nos correspondentes custos de produção ou de comercialização.

3 – Não se consideram prestações equivalentes aquelas entre cujas datas de conclusão se tenha verificado uma alteração duradoura dos preços ou das condições de venda praticados pelo vendedor.

4 – Não são consideradas discriminatórias as ofertas de objectos desprovidos de valor comercial.

A. Referências

Correspondência na lei anterior: artigo 1º do Decreto-Lei nº 370/93 (redacção do Decreto-Lei nº 140/98):

Aplicação de preços ou de condições de venda discriminatórios

1 – É proibido a um agente económico praticar em relação a outro agente económico preços ou condições de venda discriminatórios relativamente a prestações equivalentes, nomeadamente quando tal prática se traduza na aplicação de diferentes prazos de execução das encomendas ou de diferentes modalidades de embalamento, entrega, transporte e pagamento, não justificadas por diferenças correspondentes no custo de fornecimento ou do serviço.

2 – São prestações equivalentes aquelas que respeitem a bens ou serviços similares e que não difiram de maneira sensível nas características comerciais essenciais, nomeadamente naquelas que tenham uma repercussão nos correspondentes custos de produção ou de comercialização.

3 – Não se consideram prestações equivalentes aquelas entre cujas datas de conclusão se tenha verificado uma alteração duradoura dos preços ou das condições de venda praticados pelo vendedor.

4 – Não são consideradas discriminatórias as ofertas de objectos desprovidos de valor comercial.

Artigos relacionados: artigos 8º, 9º, nº 1, alínea *a)*, 10º, nº 1, e 11º, todos do Decreto-Lei nº 166/2013; artigo 9º e 11º, nº 2, alíneas *a)* e *c)*, do Regime Jurídico da Concorrência.

B. Anotação

Nº 1

1. O nº 1 do presente artigo diz respeito ao problema da discriminação entre empresas, dispondo que "é proibido a uma empresa praticar em relação a outra empresa preços ou condições de venda discriminatórios relativamente a prestações equivalentes". Numa exemplificação não taxativa, refere a lei que a discriminação pode ocorrer quando estejamos, "*nomeadamente*", perante *(i)* práticas que se traduzam "na aplicação de diferentes prazos de execução das encomendas", *(ii)* práticas que se traduzam na aplicação de "diferentes modalidades de embalamento, entrega, transporte e pagamento, não justificadas por diferenças correspondentes no custo de fornecimento ou do serviço", e desde que se trate de práticas que não sejam conformes ao direito da concorrência.

Relativamente à discriminação em si mesmo considerada, verifica-se da leitura do nº 1 do artigo 3º que esta pode ocorrer quer ao nível dos preços praticados, quer ao nível das condições de transacção. É, com efeito, relativamente a estas últimas que os exemplos elencados na norma dizem respeito ("aplicação de diferentes prazos de execução das encomendas ou de diferentes modalidades de embalamento, entrega, transporte e pagamento"), ainda que, precisamente pelo facto de estarmos perante uma mera exemplificação, a norma deixar propositadamente em aberto a possibilidade de outras "condições de transacção", que não estejam aí previstas, poderem ser também discriminatórias e, nessa medida, proibidas.

Para além da coima aplicável, da possibilidade de aplicação de medida cautelar consubstanciada na suspensão da execução da prática, e ainda da possível aplicação de uma sanção pecuniária compulsória (cfr. artigos 9º a 11º do Decreto-Lei nº 166/2013), a existência de uma prática discriminatória em termos de preços praticados ou ao nível das condições de transacção implicará sempre a nulidade dos acordos celebrados. Aliás em consonância com o disposto no artigo 294º do Código Civil. E, internamente, também se pode dizer que é também a nulidade que o Decreto-Lei nº 166/2013 prevê para as cláusulas dos novos contratos que estejam em desconformidade com o regime previsto no diploma, nos termos do nº 2 do artigo 17º.

2. Dito isto, a aplicação deste artigo pela ASAE encontrará certamente dificuldades as quais se podem revelar, porventura, intransponíveis. E a razão é simples: a norma só proíbe a discriminação entre empresas quando a mesma, além de não justificada pelo custo, não for conforme ao direito da concorrência, o que é uma novidade face ao anterior regime do Decreto-Lei nº 370/93.

Ora, em primeiro lugar, a competência para decidir sobre o que é proibido ou permitido pelo direito da concorrência não compete à ASAE mas sim, e em exclusivo, à AdC (e aos Tribunais e à Comissão Europeia, claro). Em segundo lugar, porque uma restrição deste tipo inserida num acordo vertical entre o fornecedor e o distribuidor não constitui uma restrição vertical proibida pelo Regulamento (UE) nº 330/2010 (aplicável também ao direito nacional da concorrência – artigo 10º, nº 3 da Lei nº 19/2012), tornando-se extremamente difícil provar uma prática de discriminação que seja ilícita ao abrigo do direito da concorrência na relação entre as partes. Em terceiro lugar, só seria viável ver aqui uma prática "não conforme ao direito da concorrência", na acepção do artigo

3º, nº 1, do Decreto-Lei nº 166/2013, se qualquer das partes dispusesse de posição dominante no mercado dos produtos em causa ou mercados estreitamente relacionados e se a prática tivesse por efeito a exclusão do mercado dos fornecedores (ou de distribuidores) e, adicionalmente, não pudesse ser objectivamente justificada[186]. Por fim, atente-se na disparidade resultante desta proibição de discriminação entre empresas quando a mesma não for conformc ao direito da concorrência, com o que se prevê no preâmbulo deste diploma relativamente ao objectivo de "proteger diretamente os agentes económicos e garantir a transparência nas relações comerciais, sempre que não esteja em causa uma afetação sensível da concorrência". Se este regime não se aplica quanto estejamos perante uma afectação sensível da concorrência, qual o sentido de se prever neste artigo 3º que uma prática discriminatória por parte de uma empresa, só o é, de facto, se também for proibida pelo direito da concorrência?

Talvez por causa destas dificuldades, a ASAE veio esclarecer nas FAQ's recentemente publicadas na sua página electrónica[187] que a partir do momento em que a prática pelas empresas de preços e condições de venda discriminatórios, nos termos previstos neste artigo, se encontrarem em conformidade com o direito da concorrência, tais práticas não constituem uma infração contraordenacional nos termos do Decreto-Lei nº 166/2013. Assim, segundo a ASAE, "[n]os termos do referido nº 1 do artigo 3º, entre outras causas justificativas para a aplicação de diferentes preços e condições de venda, a prática que se demonstrar conforme com o direito da concorrência, nos termos consagrados na Lei nº 19/2012, de 8 de maio, não constitui prática discriminatória não justificada.". Mais, esclarece a ASAE que "[n] os termos do artigo 5º da Lei nº 19/2012, de 8 de maio, o respeito pelas regras de promoção e defesa da concorrência é assegurado pela Autoridade da Concorrência. A apreciação de eventuais práticas discriminatórias previstas no nº 1 do artigo 3º será objecto de devida articulação entre esta autoridade e a ASAE, no âmbito da permanente e estreita colaboração estabelecida entre ambas as entidades.".

[186] Sobre este apecto, *vide* Gonçalo Anastácio, «Artigo 11º», in *Lei da Concorrência – Comentário Conimbricense,* cit., pp. 123-163.

[187] Disponível em http://www.asae.pt/pagina.aspx?f=1&mcna=1&lnc=AAAAAAAAAAA AAAAAAAAAAA&parceir oid=0&codigoms=0&codigono=7106AAAAAAAAAA AAAAAAAAA.

Nº 2

3. O nº 2 vem clarificar que "são prestações equivalentes aquelas que respeitem a bens ou serviços similares e que não difiram de maneira sensível nas características comerciais essenciais, nomeadamente naquelas que tenham uma repercussão nos correspondentes custos de produção ou de comercialização". O Supremo Tribunal de Justiça ("STJ"), por acórdão de 24.4.2002[188], analisou de forma exaustiva a noção de "prestações equivalentes", por referência aos artigos 6º e 7º do Decreto-Lei nº 422/83, de 3 de Dezembro (o primeiro diploma a prever um regime jurídico da concorrência, após a revolução de 74). Vejamos como o fez.

Em primeiro lugar, este nosso Tribunal superior começou por fazer referência à "doutrina francesa – *conf. Michel Glais, in "L état de dependence économique au sens de l,art. 8 de L'Ordonnance du 1er Décembre 1986: analyse économique", GP, 1er sem. 1989", págs 292-293 e Boutard Labarde/Canivet, in "Droit Français de la concourrence", pág 93* –, dizendo que a mesma confunde "produtos equivalentes" e "solução equivalente", reconduzindo esta última à existência de produtos permutáveis (solução equivalente = produtos substituíveis para o sortido do comerciante)". Ora, no entendimento do STJ, "[n]ão há, todavia, que restringir a «equivalência» à existência no mercado de bens e serviços substituíveis, já que tal noção possui um alcance global, definindo, ela própria, a existência ou não de dependência económica. Não basta haver soluções alternativas equivalentes, sendo necessário que a elas se possa recorrer em tempo útil, sendo que a dimensão temporal constitui precisamente um dos elementos decisivos de ponderação da "solução equivalente". Esta não constitui propriamente um meio de avaliação da dominação relativa, constituindo antes uma conclusão que procede da análise combinada dos múltiplos critérios, v.g o prestígio e reputação da marca, a quota de mercado do fornecedor, o vínculo que este mantém com o cliente.

Considera, depois, o STJ que o mais importante para este efeito é "verificar se existem ou não alternativas suficientes, bem como avaliar se essas alternativas são ou não razoáveis segundo critérios aferidores

[188] Acórdão do STJ, de 24.4.2002, proc. 01B4170, relator: Ferreira de Almeida, disponível em: www.dgsi.pt. V., também, a este respeito, J. P Mariano Pego, *A Posição Dominante Relativa no Direito da Concorrência*, Coimbra, Almedina, 1991, pp. 138 e 139.

de carácter objectivo". Dito de outro modo, para o STJ, "[a] detecção da "solução equivalente" terá, assim de resultar de múltiplos factores, tais como a reputação e notoriedade da marca, a quota de mercado do fornecedor, a extensão das relações que este mantém com o cliente, o lapso de tempo necessário para encontrar alternativas e, também, a existência de produtos permutáveis em certo mercado, tudo permitindo avaliar o custo resultante da alteração de fornecedor, em ordem a saber se existe ou não a sobredita «solução equivalente»."

Nº 3

4. Nos termos no nº 3, não são consideradas prestações equivalentes "aquelas entre cujas datas de conclusão se tenha verificado uma alteração duradoura dos preços ou das condições de venda praticados pelo vendedor".

No *supra* referido acórdão, o STJ limitou-se a sublinhar que "de harmonia com as regras do ónus da prova (artigo 342º, nº 2, do Código Civil), incumbia à Ré, como invocante da correspondente excepção (...) o ónus de demonstrar não só que as mencionadas "Conagra" e "Sociedade Portuguesa de Fretamentos" eram concorrentes da Ré, mas também a «equivalência» do posicionamento em termos comerciais das relações mantidas (...).". Concluiu o STJ, a este respeito, que o facto de, no caso específico, "não se encontrar provado – nem sequer haver sido alegada matéria de facto que tal permitisse concluir – se, na realidade, era objectivamente equivalente a situação da Ré e das sociedades [A] e [B], em termos comerciais, relativamente à Autora. E só por tal via se poderia concluir (...) se os contratos com estas celebrados não diferiam de maneira sensível nas suas características comerciais essenciais do contrato celebrado com a Ré, dadas as particularidades de cada uma daquelas outras sociedades [pelo que] nada aponta pois – com um mínimo de consistência – para a alegada «aplicação de condições discriminatórias» por parte da recorrida".

Por fim, relativamente à "alteração duradoura dos preços", no mesmo aresto declarou-se "se não é possível ou curial o aumento unilateral do preço dos serviços relativamente a contratos firmados com determinados clientes, já nada impedirá que qualquer prestador de serviços, possa, por sua iniciativa, aumentar o preço relativamente a outros contratos celebrados em ulteriores momentos temporais, tudo dentro da lógica das regras do mercado.". Nestes casos, a ausência de uma prática que possa ser qualificada de discriminatória verifica-se ainda com mais clareza se houver ausência de contemporaneidade entre os contratos.

Nº 4

5. Por fim, estabelece o nº 4 do presente artigo que não são consideradas discriminatórias "as ofertas de objetos desprovidos de valor comercial.". Sobre este conceito, cumpre, desde logo, fazer uma primeira referência ao parecer do Conselho Consultivo da Procuradoria-Geral da República (PGR), de 3.1.2000[189], relativo ao conceito "coisas com valor económico", no âmbito das modalidades afins dos jogos de azar e fortuna, para o diferenciar do conceito de "dinheiro", uma vez que se trata de realidades jurídicas autónomas, não obstante aí se esclarecer que "o valor económico de um qualquer bem exprime-se na soma monetária pela qual é posto à venda". Também o Supremo Tribunal Administrativo ("STA") tem vindo a pronunciar-se relativamente ao conceito de "ofertas de pequeno valor", presente no artigo 3º do Código do Imposto sobre o Valor Acrescentado (de ora em diante, "CIVA")[190]. Com efeito, relativamente a este conceito indeterminado – coincidente com o conceito também indeterminado de "objectos desprovidos de valor comercial", presente no nº 4 deste artigo 3º do Decreto-Lei nº 166/2013 –, o STA é do entendimento que "tal conceito não é rígido e não pode aplicar-se uniforme-

[189] Parecer do Conselho Consultivo da PGR, de 3.1.2000, parecer P000111998, relator: Lucas Coelho, disponível em: www.dgsi.pt.

[190] Na sua redacção actual, o CIVA prevê no artigo 3º, nº 7 que "[e]xcluem-se do regime estabelecido na alínea *f)*, do nº 3, nos termos definidos por portaria do Ministro das Finanças, os bens não destinados a posterior comercialização que, pelas suas características, ou pelo tamanho ou formato diferentes do produto que constitua a unidade de venda, visem, sob a forma de amostra, apresentar ou promover bens produzidos ou comercializados pelo próprio sujeito passivo, assim como as ofertas de valor unitário igual ou inferior a (euro) 50 e cujo valor global anual não exceda cinco por mil do volume de negócios do sujeito passivo no ano civil anterior, em conformidade com os usos comerciais".

mente a todos os sectores económicos”[191], pelo que, nesse sentido, “[a] referência à conformidade com os usos comerciais aponta no sentido de se ter pretendido que o valor das ofertas relevante para preenchimento do conceito de «oferta de pequeno valor» fosse determinado não em função de um valor objectivo, mas sim tendo em atenção, relativamente a cada tipo de actividade comercial, a prática corrente em matéria de ofertas.”[192].

Num outro acórdão, o STA vinha já reconhecendo que “[e]stas «ofertas de pequeno valor, em conformidade com os usos comerciais» são um conceito indeterminado. O legislador pretendeu que fosse considerado, não um valor objectivo mas, antes, um que atendesse especificamente à actividade comercial desenvolvida e às especiais condições do mercado em que se desenvolve. Tal como sucede em domínios normativos sectoriais, como é o caso do sector dos medicamentos. Para este Tribunal[193], «a mesma oferta, quando feita por ocasião da venda de um bem de milhares de euros, poderá haver-se como de pequeno valor; mas já o não será quando o bem vendido seja de valor próximo do da própria oferta. (...)» O que vale por dizer que não é conforme à lei um critério que ignore as diferenças dos usos comerciais de acordo com o ramo de actividade e o valor do negócio com que a oferta se relaciona. Como é o caso de um critério que exclua da excepção da parte final da alínea *f*) citada todas as ofertas que, globalmente, e independentemente do valor de cada uma delas e dos usos comerciais próprios da actividade comercial em que se insiram, excedam uma determinada percentagem do volume de negócios do ofertante.”

Partindo desse raciocínio, a leitura que o STA faz do conceito de “ofertas de pequeno valor” no mesmo acórdão é a de que “[t]udo o que a lei permite e impõe à Administração é que preencha os conceitos de «pequeno valor» e de «usos comerciais»; já lhe não consente que acresça uma exigência não atinente a nenhum daqueles conceitos, consubstanciada num limite total de valor por referência ao volume dos negócios efectua-

[191] Acórdão do STA, de 6.6.2007, proc. 0916/06, relator: António Calhau, disponível em: www.dgsi.pt.

[192] Acórdão do STA, de 14.7.2008, proc. 0204/08, relator: Miranda de Pacheco, disponível em: www.dgsi.pt.

[193] Acórdão do STA, de 26.4.2007, proc. 053/07, relator: Baeta de Queiroz, citado no acórdão de 6.6.2007, proc. 0804/06, relator: Brandão de Pinho, disponíveis em: www.dgsi.pt.

dos, sem qualquer relação com o valor da oferta e os usos comerciais em vigor na actividade do ofertante."[194].

Parece ser esta uma solução adequada. Com efeito, a Administração e, em concreto, neste caso, a ASAE não poderá no futuro acrescer qualquer exigência ou limite a estes conceitos indeterminados que, enquanto tal, devem ser interpretados de forma casuística, em conformidade com a actividade comercial especificamente desenvolvida pelas empresas em causa e às especiais condições do sector de mercado em que tais empresas desenvolvem as referidas actividades.

Artigo 4º – Transparência nas políticas de preços e de condições de venda

1 – Os produtores, fabricantes, importadores, distribuidores, embaladores e grossistas de bens e os prestadores de serviços são obrigados a facultar a qualquer revendedor ou utilizador tabelas de preços com as correspondentes condições de venda, quando solicitadas.

2 – As condições de venda devem referenciar, nomeadamente, os prazos de pagamento, as diferentes modalidades de descontos praticados e os respetivos escalões, sempre que não estejam abrangidos por segredo comercial.

3 – Nos contratos sujeitos à lei portuguesa, devem ser reduzidas a escrito, sob pena de nulidade, quaisquer disposições sobre as condições em que uma empresa obtenha uma remuneração financeira ou de outra natureza dos seus fornecedores, como contrapartida da prestação de serviços específicos.

A. Referências

Correspondência na lei anterior: artigo 2º do Decreto-Lei nº 370/93.

Tabelas de preços e condições de venda

1 – Os produtores, fabricantes, importadores, distribuidores, embaladores e grossistas de bens e os prestadores de serviços são obrigados a possuir tabelas de preços com as corres-

[194] Acórdão do STA, de 21.11.2007, proc. 0709/07, relator: Brandão de Pinho, disponível em: www.dgsi.pt.

pondentes condições de venda e facultá-las, quando solicitados, a qualquer revendedor ou utilizador.

2 – As condições de venda devem referenciar, nomeadamente, os prazos de pagamento, as diferentes modalidades de descontos praticados e respectivos escalões.

3 – As condições em que um agente económico obtenha uma remuneração financeira ou de outra natureza dos seus fornecedores, como contrapartida da prestação de serviços específicos, devem ser reduzidas a escrito.

Artigos relacionados: artigos 8º, 9º, nº 1, alíneas *a)* e *b)*, 10º, nºs 1 e 2, e 11º, todos do Decreto-Lei nº 166/2013; artigos 30º, 31º, 32º e 33º, do Regime Jurídico da Concorrência.

B. Anotação

Nº 1

1. Tal como resultava já do artigo 3º, nº 2, do Decreto-Lei nº 370/93, vem agora o nº 1 do artigo 4º, sob a epígrafe «transparência nas políticas de preços e de condições de venda», referir que "[o]s produtores, fabricantes, importadores (...) são obrigados a facultar a qualquer revendedor ou utilizador tabelas de preços com as correspondentes condições de venda, quando solicitadas." A este respeito, cumpre referir que esta exigência está, de facto, associada a uma lógica de previsibilidade e transparência das condutas comerciais que o novo diploma legal pretende incrementar e que consta como um dos objectivos expressamente previstos no preâmbulo do Decreto-Lei nº 166/2013: "a transparência nas relações comerciais e o equilíbrio das posições negociais entre agentes económicos".

Os sujeitos abrangidos por esta obrigação de disponibilizar as condições de venda não são identificados como "pessoas singulares" ou como "empresas" (ao contrário do critério de imputação contra-ordenacional) mas, numa perspectiva funcional e material, como "produtores, fabricantes, importadores, distribuidores, embaladores e grossistas de bens e os prestadores de serviços". Cremos que o objectivo será o de permitir e assegurar que todas e quaisquer transacções comerciais de produtos ou prestações de serviços sejam prestadas com uma tabela de preços e com condições de venda previamente definidas. Bastará a mera solicitação feita através de qualquer forma, até oral, por quem esteja na posição de comprador – seja "revendedor", seja "utilizador" (note-se uma vez mais, a utilização de conceitos amplos e muito abrangentes) – para que a obrigação de disponibilização se constitua. A redacção do tipo contra-ordenacional não é feliz, pois induz a considerar que constitui elemento do tipo, cumulativamente, não só a existência das tabelas como também a recusa da sua disponibilização, quando solicitada por determinados sujeitos (revendedor ou utilizador)[195].

Nº 2

2. A necessidade de disponibilização das tabelas de preços e das respectivas condições de venda "a qualquer revendedor ou utilizador", bem como a previsão de que estas últimas devem referenciar, nomeadamente os prazos de pagamento, as modalidades de descontos praticados e respectivos escalões, deve ser interpretada de acordo com o disposto na ressalva constante da parte final do nº 2, que garante a confidencialidade das condições de venda, sempre que abrangidas por "segredo profissional".

A protecção do segredo comercial aí prevista é suficiente para justificar tal recusa sempre que estejam em causa condições comerciais individualmente acordadas com um determinado agente de mercado. Deve no entanto uma empresa dispor de uma tabela com as "condições gerais de venda", de onde conste toda a informação relativamente à sua política de preços e condições de fornecimento, a ser prontamente disponibilizada a *qualquer revendedor ou utilizador*, e isto independentemente destas "condições gerais de venda" poderem ser revistas, em qualquer momento, por razões de estratégia comercial da empresa e, naturalmente, negociadas individualmente, caso a caso ou até mesmo compra a compra.

[195] Miguel Sousa Ferro, cit., pág. 42, refere que "a ASAE (que não é um revendedor ou utilizador) não pode impor a uma empresa uma coima ao abrigo desta norma apenas com base no facto de lhe ter solicitado as tabelas de preço e ter constatado que estas não existiam. Só preenche o seu ónus probatório se demonstrar que houve uma solicitação por parte dum revendedor ou utilizador que não recebeu resposta favorável e conforme os termos da lei". Para nós, tudo se resolverá também em função de uma análise dos poderes que, ao abrigo do artigo 13º, a ASAE estiver a utilizar, do seu fundamento e das demais exigências aplicáveis.

Cumpre, no entanto, sublinhar que também o Decreto-Lei nº 166/ /2013 não esclarece o que deve entender-se por "segredo comercial". Partilhamos a reflexão de Nuno Ruiz relativamente aos "segredos de negócio", ainda que aí se refira ao direito da concorrência, quando afirma que "[é] vulgar dizer-se que se trata de informações relativas a empresa e a sua atividade que, se divulgadas, lhe podem causar dano grave."[196] Por outro lado, a jurisprudência administrativa também considera que o conceito de segredo comercial e a sua protecção (por todos, o acórdão do Tribunal Central Administrativo do Sul de 26.10.2006), "visa impedir que sejam aproveitadas informações confidenciais e falseadas as regras da concorrência, evitando que certas empresas se informem junto da Administração de segredos detidos por outras empresas, designadamente técnicas de fabrico, patentes e estratégias comerciais"[197], ou seja, clarifica este Tribunal que, "através do segredo comercial pretende-se evitar a divulgação de elementos sobre a vida interna da empresa, nomeadamente sobre informações financeiras, estratégias comerciais, técnicas empresariais, contratos com terceiros e respectivos custos que abrange"[198].

3. O nº 2 refere apenas que "[a]s condições de venda devem referenciar, nomeadamente, os prazos de pagamento, as diferentes modalidades de descontos praticados e os respetivos escalões, sempre que não estejam abrangidos por segredo comercial", concedendo portanto plena discricionariedade aos "produtores, fabricantes, importadores, distribuidores, embaladores e grossistas de bens e os prestadores de serviços" para qualificarem o que entendem por segredos comerciais.

O âmbito de protecção da norma depende no entanto de um conjunto de factores que podemos identificar de modo razoavelmente determinado. Como refere Nuno Ruiz, "[a] necessidade de protecção pode depender da atualidade da informação, da sua natureza mais ou menos sensível (ex. condições de financiamento(...), quantidades produzidas e vendidas, quotas de mercado, clientes e fornecedores, estratégia comercial, preços e politica de vendas) e, sobretudo, do prejuízo que a sua

[196] Nuno Ruiz, «Artigo 30º», in *Lei da Concorrência – Comentário Conimbricense*, cit., pp. 324-328.

[197] Fernando Condesso, *O Direito à Informação Administrativa*, Lisboa, 1995, pp. 347 e segs.

[198] Acórdão do Tribunal Central Administrativo do Sul, de 26.10.2006, proc. 01877/06, relator: António Coelho da Cunha, disponível em: www.dgsi.pt, citando o acórdão do TCA, de 6.02.2003, proc. 11 783.

divulgação pode efectivamente causar." Ora, neste sentido, "[o]s interessados devem fundamentar devidamente [...] os elementos que consideram confidenciais" e a ASAE "deve ser exigente a esse respeito, sem prejuízo, naturalmente, de se poder presumir que certas matérias, como as relativas as vendas, aos clientes, ao volume de negócios e as quotas de mercado, são por natureza, em principio, sensíveis.". Se os interessados e a ASAE discordarem da qualificação de "segredo comercial" dada pelos primeiros, parece que deve ser dada a oportunidade de fundamentar as razões pelas quais consideram que a disponibilização a determinado "revendedor ou utilizador" das tabelas de preços ou de outros documentos de onde constem as condições de venda pode legitimamente colocar em causa os seus interesses comerciais.

Por conseguinte, a necessidade de disponibilização a qualquer revendedor ou utilizador das tabelas de preços com as respectivas condições de venda (devendo estas conter os prazos de pagamento, as modalidades de descontos praticados e respectivos escalões), não prejudica o direito à protecção dos segredos comerciais da empresa. Tal argumento parece-nos suficiente para justificar a recusa da disponibilização, em casos específicos, designadamente quando as condições comerciais sejam individualmente acordadas com um determinado agente de mercado. Devem, no entanto, "produtores, fabricantes, importadores, distribuidores, embaladores e grossistas de bens e os prestadores de serviços", em nome da transparência, dispor de uma tabela com as "condições gerais de venda" (i.e., as condições típicas, de base, que a empresa pratica), de onde conste toda a informação relativamente à sua política de preços e condições de fornecimento, a ser prontamente disponibilizada a quem a solicite.

Nº 3

4. A norma prevista neste nº 3 aplica-se única e exclusivamente aos contratos que estejam "sujeitos à lei portuguesa". A lei parece assim estabelecer uma distinção entre o regime aplicável às empresas estabelecidas no território nacional (a que se aplica o diploma *in totum* – artigo 2º, nº 1), mesmo que o contrato esteja sujeito à lei de outro país, e o regime aplicável aos contratos sujeitos à lei portuguesa, que apresenta algumas especificidades (além do presente artigo, vide o artigo 7º, nº 4). No presente caso, "os contratos sujeitos à lei portuguesa, devem ser reduzidas a escrito, sob pena de nulidade, quaisquer disposições sobre as condições em que uma empresa obtenha uma remuneração financeira ou de outra natureza dos seus fornecedores, como contrapartida da prestação de serviços específicos.". Estão aqui em causa, quando se trate de disposições relativas à remuneração financeira ou de outra natureza (pagamentos), razões de segurança, ligadas à protecção dos contraentes, que se sobrepõem à liberdade de forma prevista para as declarações negociais que consta do artigo 219º, do Código Civil.

No entanto, não se deixará de notar que não resulta do nº 3 a exigência de forma escrita para a celebração de qualquer contrato de fornecimento ou qualquer outro que se encontre sujeito a este regime das práticas restritivas do comércio (salvo, claro está, quando a natureza formal desses contratos esteja prevista em qualquer outro normativo jurídico, como sucede no sector do leite, por exemplo). Na verdade, o artigo 4º, nº 3, do Decreto-Lei nº 166/2013 apenas estabelece a exigência de que as "disposições [quaisquer que elas sejam] sobre as condições em que uma empresa obtenha uma **remuneração financeira** ou de outra natureza", remuneração essa que se constitua como uma contrapartida da "**prestação de serviços específicos**", devem ser reduzidas a escrito. Sem prejuízo de também não resultar com clarividência o que se entende por "prestação de serviços específicos", sempre se dirá que o que está aqui em causa são as disposições que regulam as condições de remuneração – e apenas estas –, disposições que devem constar de contratos de prestação de serviços – e não de compra e venda, ou fornecimento, ou outros –, e que estejam obrigatoriamente definidos de forma prévia, i.e. em que a obrigação de prestação de serviços seja assumida relativamente a determinados serviços concretos e específicos. E tudo isto, apenas no que diga respeitos aos contratos que estejam "sujeitos à lei portuguesa".

5. Sublinhe-se: relativamente aos contratos de prestação de serviços que se encontrem "sujeitos à lei portuguesa", apenas as disposições que digam respeito às condições de remuneração (financeiras ou de outra natureza) devem estar reduzidas a escrito, pelo que, no limite, todas as restantes condições (quais sejam, as que versem sobre direitos de resolução das partes, condições de transporte, etc.) podem ser acordadas de forma oral, de acordo com a natureza consensual do contrato, nos termos gerais do artigo 219º do Código Civil, em particular com a excepção que se encontra aí prevista – "salvo quando a lei a exigir".

6. E quando é que os contratos estão "sujeitos à lei portuguesa"? Como é evidente, parece-nos que, apesar do princípio geral da livre designação da lei aplicável («livre escolha da lei»), como emanação do princípio da autonomia privada (consagrado no artigo 41º do Código Civil ou no artigo 3º do Regulamento (CE) nº 593/2008[199]), a escolha de uma lei diferente da lei portuguesa só pode ocorrer se existir «um interesse sério dos declarantes ou esteja em conexão com algum dos elementos do negócio jurídico atendíveis no domínio do direito internacional privado». Com efeito, o bom funcionamento do mercado exige, para favorecer a previsibilidade do resultado dos litígios, a certeza quanto à lei aplicável e, bem assim, que as normas de conflitos de leis em vigor nos Estado membros da UE designem a mesma lei nacional, independentemente do país em que se situe o tribunal no qual é proposta a acção. Só assim se evita a existência de problemas de fraude à lei, designamente impedindo que as partes num contrato de fornecimento acordem a sujeição do mesmo a uma lei que não a portuguesa com o único propósito de afastar a aplicação do regime previsto para as práticas restritivas do comércio no Decreto-Lei nº 166/2013. Por outro lado, a sujeição à lei portuguesa pode também resultar da lei e não do contrato. Será o caso de, não havendo determinação da lei aplicável no contrato (envolvendo elementos plurilocalizados) esta será determinada consoante a classificação do contrato num dos tipos especificados no Regulamento (CE) nº 593/2008. Ora, estando aqui em causa, sobretudo, relações comerciais geralmente consubstanciadas em contratos de compra e venda de bens e de prestações de serviços, a lei aplicável a esses contratos é a lei do país em que o vendedor ou o prestador de serviços tem a sua residência habitual (artigo 4º, do Regulamento (CE) nº 593/2008). Exepcionalmente prevê-se a hipótese de resultar do conjunto das circunstâncias de um determinado caso que o contrato apresente uma conexão manifestamente mais estreita com um

[199] Regulamento (CE) nº 593/2008 do Parlamento Europeu e do Conselho, de 17.6.2008, sobre a lei aplicável às obrigações contratuais (Roma I) (JO, L 177, de 4.7.2008, pp. 6-16, rectificado em 24.11.2009, JO L 309, pág. 87). O considerando 11 do preâmbulo refere que "[a] liberdade das partes de escolherem o direito aplicável deverá constituir uma das pedras angulares do sistema de normas de conflitos de leis em matéria de obrigações contratuais".

país diferente daquele em que o vendedor ou o prestador de serviços tem a sua residência habitual: nessa situação, é aplicável a lei desse outro país. Para determinar qual é esse país, deverá ter-se em conta, nomeadamente, se o contrato em questão está estreitamente ligado a outro contrato ou a uma série de contratos.

Artigo 5º – Venda com prejuízo

1 – É proibido oferecer para venda ou vender um bem a uma empresa ou a um consumidor por um preço inferior ao seu preço de compra efectivo, acrescido dos impostos aplicáveis a essa venda e, se for caso disso, dos encargos relacionados com o transporte.

2 – Entende-se por preço de compra efectivo o preço unitário constante da factura de compra, líquido dos pagamentos ou descontos que se relacionem direta e exclusivamente com a transação dos produtos em causa, e que se encontrem identificados na própria factura ou, por remissão desta, em contratos de fornecimento ou tabelas de preço que estejam em vigor no momento da transação e que sejam determináveis no momento da respetiva emissão.

3 – Para efeitos do disposto no número anterior, entende-se por descontos relacionados direta e exclusivamente com a transação em causa os descontos de quantidade, os descontos financeiros e os descontos promocionais desde que identificáveis quanto ao produto, respetiva quantidade e período por que vão vigorar.

4 – Os descontos que forem concedidos num determinado produto são considerados na determinação do respetivo preço de venda.

5 – Para efeitos de aplicação do número anterior, os descontos que consistirem na atribuição de um direito de compensação em aquisição posterior de bens equivalentes ou de outra natureza, concedidos em cada produto, são imputados à quantidade vendida do mesmo produto e do mesmo fornecedor nos últimos 30 dias.

6 – Para os efeitos do presente decreto-lei, as facturas de compra consideram-se aceites em todos os seus termos e reconhecidas pelos seus destinatários, quando não tenham sido objecto de reclamação no prazo de 25 dias seguintes à respetiva receção.

7 – Em caso de desconformidade da factura, a sanação do vício e a emissão de uma factura retificada deve ocorrer no prazo de 20 dias após a reclamação prevista no número anterior.

8 – Para os efeitos do disposto no presente artigo, não são consideradas as alterações contidas em facturas retificadas, emitidas em data posterior aos prazos indicados.

9 – A alegação de existência de erro material afeta apenas a parcela em que se verifica, considerando-se cumprido o dever de interpelação para pagamento dos restantes bens e serviços constantes da factura.

10 – O disposto no nº 1 não é aplicável a:

a) **Bens perecíveis, a partir do momento em que se encontrem ameaçados de deterioração rápida;**

b) **Bens cujo valor comercial esteja afetado, quer por ter decorrido a situação que determinou a sua necessidade, quer por redução das suas possibilidades de utilização, quer por superveniência de importante inovação técnica;**

c) **Bens cujo reaprovisionamento com outros bens, de características equivalentes, se efetue a preço inferior, sendo então o preço efectivo de compra substituído pelo preço resultante da nova factura de compra;**

d) **Bens vendidos em saldo ou liquidação.**

11 – A prova documental do preço de compra efectivo, do preço de venda para efeitos do disposto nos nºs 4 e 5, bem como das justificações previstas no número anterior cabe ao vendedor, sem prejuízo de a entidade fiscalizadora poder solicitar as informações que julgar convenientes aos fornecedores ou a quaisquer outras entidades.

A. Referências

Correspondência na lei anterior: artigo 3º do Decreto-Lei nº 370/93 (na redacção resultante do Decreto-Lei nº 140/98).

Venda com prejuízo

1 – É proibido oferecer para venda ou vender um bem a um agente económico ou a um consumidor por um preço inferior ao seu preço de compra efectivo, acrescido dos impostos aplicáveis a essa venda e, se for caso disso, dos encargos relacionados com o transporte.

2 – Entende-se por preço de compra efectivo o preço constante da factura de compra, após a dedução dos descontos directamente relacionados com a transacção em causa que se encontrem identificados na própria factura ou, por remissão desta, em contratos de fornecimento ou tabelas de preços e que sejam determináveis no momento da respectiva emissão.

3 – Entende-se por descontos directamente relacionados com a transacção em causa os descontos de quantidade, os descontos financeiros e os descontos promocionais desde que identificáveis quanto ao produto, respectiva quantidade e período por que vão vigorar.

4 – O disposto no nº 1 não é aplicável a:

a) Bens perecíveis, a partir do momento em que se encontrem ameaçados de deterioração rápida;

b) Bens cujo valor comercial esteja afectado, quer por ter decorrido a situação que determinou a sua necessidade, quer por redução das suas possibilidades de utilização, quer por superveniência de importante inovação técnica;

c) Bens cujo reaprovisionamento se efectue a preço inferior, sendo então o preço efectivo de compra substituído pelo preço resultante da nova factura de compra;

d) Bens cujo preço se encontre alinhado pelo preço praticado para os mesmos bens por um outro agente económico do mesmo ramo de actividade que se encontre temporal e espacialmente em situação de concorrência efectiva com o autor do alinhamento;

e) Bens vendidos em saldo ou liquidação.

5 – Incumbe ao vendedor a prova documental do preço de compra efectivo, bem como das justificações previstas no número anterior.

Artigos relacionados: artigos 8º, 9º, nº 1, alínea *a)*, 10º, nº 1, e 11º, todos do Decreto-Lei nº 166/2013.

B. Anotação

Nº 1

1. À semelhança do que acontecia já no âmbito da PPL 126/XII – que, por sua vez, tinha seguido, neste aspecto, o regime que vinha do Decreto-Lei nº 370/93 –, também o novo Decreto-Lei nº 166/2013 prevê o instituto da venda com prejuízo. Com efeito, o novo artigo 5º, nº 1, vem esclarecer que "[é] proibido oferecer para venda ou vender um bem a uma empresa ou a um consumidor por um preço inferior ao seu preço de compra efectivo, acrescido dos impostos aplicáveis a essa venda e, se for caso disso, dos encargos relacionados com o transporte."

2. O tipo legal prevê pelo menos duas operações: (i) uma compra (para revenda) a um determinado preço de compra efectivo; e (ii) uma venda ou oferta de venda (a uma outra empresa revendedora ou a um consumidor final) a um preço abaixo do preço de compra efectivo. No cerne do instituto está, por isso, não a simples venda com prejuízo, mas a intenção de vender uma coisa que se comprou. Na base está, sempre, uma "compra e (posterior) venda" realizada por entidade que o diploma não determina nem identifica (nem como empresa nem como agente económico nem sequer como pessoa) e uma oferta de venda ou venda abaixo do preço a que essa entidade comprou. No entanto, o tipo legal concretiza-se ainda e apenas perante a "venda" ou "oferta de venda", seja numa relação *B2B*, seja a um consumidor.

3. Importa também ter presente que não é necessária uma venda efectiva, dado que a previsão desta norma está preenchida com uma mera oferta para venda, tal como um anúncio num catálogo promocional. Por outro lado, em documento recentemente publicado na sua página electrónica, a ASAE confirma que "é proibido oferecer para venda ou vender um bem, por um preço inferior ao seu preço de compra efectivo, quer a uma empresa quer a um consumidor final", e ademais que "[a] prática restritiva do comércio que se traduza numa venda com prejuízo (...) aplica-se apenas à venda de bens e não a prestações de serviços, ao contrário de outras práticas restritivas previstas no Decreto-Lei nº 166/2013." Estão evidentemente aqui em causa, nomeadamente as práticas negociais abusivas, previstas no artigo 7º deste diploma.

4. Outro elemento essencial para a compreensão deste instituto é a ideia de que o mesmo não visa proibir realmente as "vendas com prejuízos", de um ponto de vista económico e objectivo nem a protecção dos consumidores ou da concorrência. Como se viu acima, nas considerações introdutórias à presente anotação, o STJ recentemente confirmou[200] – ao falar de modo explícito na "desadequação do regime da venda com prejuízo à defesa dos interesses a que normalmente anda associado" – e a prof. Carolina Cunha[201] tinha ensinado, nenhum dos três fundamentos

[200] Acórdão do Pleno das Secções Criminais do Supremo Tribunal de Justiça, recurso de uniformização de jurisprudência nº 86/12.5YQSTR.E1-A.S1, de 14.5.2014, subscrito por unanimidade e relatado pela Conselheira Isabel Pais Martins.

[201] Carolina Cunha, *Estudo sobre o regime jurídico da venda com prejuízo – análise do artigo 3º do Decreto-Lei nº 370/93, de 29 de Outubro, avaliação crítica da sua aplicação concreta e proposta de*

geralmente avançados para explicar a proibição da venda com prejuízo procede (a saber, *(i)* a protecção dos concorrentes, especialmente dos pequenos retalhistas em face da concorrência movida pelas empresas de maior dimensão, particularmente dos grandes distribuidores, destinada a forçar os seus competidores de menor dimensão a abandonar o mercado em razão de se mostrarem incapazes de acompanhar a descida; *(ii)* a protecção dos consumidores, em especial contra técnicas de venda que comportam riscos acrescidos; *(iii)* e a protecção dos fornecedores, nomeadamente daqueles que comercializam artigos de marca cuja reputação poderia ser diminuída).

5. O diploma proíbe as vendas abaixo do preço de compra efectivo tal como calculado de acordo com os parâmetros definidos nessa norma. Ora, esse "preço de compra" legalmente ficcionado não corresponde efectivamente ou raramente corresponderá, na realidade do mercado e mesmo tendo presentes os dados resultantes da ciência económica, ao custo do produto para o vendedor, resultando a proibição duma margem de preço em que o negócio ainda é rentável para o vendedor, mas é proibido. Ou seja, "neste contexto, venda com prejuízo não significa que exista um verdadeiro e real prejuízo para o agente económico que a pratica"[202].

Como o Tribunal da Relação de Évora já tinha recordado em 2013, o sistema, tal como antes interpretado, não visava em si proteger o consumidor nem obter para ele os preços mais baixos. Pois, como aí se reconhecia, «se de outros descontos beneficiou a empresa, sairá ela sempre favorecida, pois obterá a um ganho decorrente do aumento do seu lucro. O que não pode é fazê-los repercutir no preço dos produtos, para os efeitos previstos no artigo 3º do Decreto-Lei nº 370/93" pois "a norma prevê um catálogo fechado de descontos elegíveis, com virtualidade de repercussão no preço de compra efectivo dos produtos transacionáveis, pois a preocupação é a de confinar o desconto lícito, no sentido de "elegível",

reformulação da norma, cit., pp. 12-18.

[202] Deolinda Sousa, "O alinhamento de preços nas vendas com prejuízo", *cit.*, pág. 208. No mesmo sentido, Adalberto Costa refere que "[a]o falar-se da venda com prejuízo, tal não significa que exista um verdadeiro e real prejuízo para o agente económico que a pratica" (*Práticas individuais restritivas do comércio*, cit., pág. 46).

separando-o do "não atendível" para os efeitos de determinação do preço de custo efectivo»[203]. É esta a perversa consequência de um instituto que não parte de um preço real mas de um preço de compra ficcionado. E que os Tribunais têm reafirmado, de forma sucessiva. Atente-se na afirmação, feita pelo Tribunal da Relação de Coimbra, de que "[f]ace aos acordos comerciais celebrados entre as grandes superfícies e os respectivos fornecedores, raramente o custo jurídico ou legal, aquele que a lei designa por custo efectivo, e o preço pelo qual essas empresas podem vender sem terem prejuízo, ou ainda, com lucro, (...) são coincidentes, sendo que a lei ... apenas tem em conta aquele primeiro preço"[204]. E, por seu turno, o Tribunal do Comércio de Lisboa afirmou que "[f]ace à definição do preço de compra efectivo hoje em vigor, e atendendo às considerações constantes do preâmbulo do Decreto-Lei nº 140/98 (...), somos levados a concluir que a noção de venda com prejuízo para efeitos de preenchimento do tipo difere, hoje, da noção de prejuízo em termos económicos. Enquanto para apurar o prejuízo em termos económicos há que considerar todos os descontos/bónus que o fornecedor aplica efectivamente, ou seja, todos os descontos/bónus acordados entre fornecedor/cliente, incidam ou não sobre a concreta transação, para apurar se se está perante uma venda com prejuízo nos termos do Decreto-Lei nº 370/93 há que atender apenas aos descontos incondicionais, de natureza meramente económica que se repercutem diretamente no preço da factura"[205].

6. O Decreto-Lei nº 166/2013 vem, com a determinação do que se entende, para este efeito, por "preço de compra efectivo" e "preço de venda", precisar conceitos. É inequívoco que o Decreto-Lei nº 166/2013 recupera significativamente a redacção resultante do tipo legal de proi-

[203] Acórdão do Tribunal da Relação de Évora, de 7.5.2013, proc. 86/12.5YQSTR.E1, subscrito por unanimidade e relatado pela Desembargadora Ana Barata Brito.

[204] Acórdão do Tribunal de Relação de Coimbra, de 29.9.2004, proc. 1823/2004. Com efeito, o Tribunal da Relação de Lisboa também afirmou que o artigo 3º do Decreto-Lei nº 370/93 não permite que se tenham em conta "todos os descontos de qualquer natureza concedidos pelo fornecedor" – acórdão do Tribunal da Relação de Lisboa, de 3.11.2011, proc. 1185/10.3TYLSB.L1-9; e acórdão do Tribunal da Relação de Lisboa de 16.6.2010, proc. 1511/10.5TYLSB.L1-9.

[205] Sentença do Tribunal do Comércio de Lisboa, de 24.3.2004. Ideia reafirmada nas sentenças do mesmo Tribunal do Comércio de Lisboa, de 1.6.2004, de 29.6.2004 e de 12.7.2004.

bição de revenda com prejuízo, constante do Decreto-Lei nº 370/93, na sua redacção final. Contudo, mantêm-se algumas novidades que haviam sido prenunciadas pelo projecto anexo à PPL 126/XII, designadamente quanto aos seguintes pontos:

a) O preço de compra efectivo passa a ser um preço *"unitário"*;

b) O preço de compra efectivo passa a ser calculado deduzindo-se, não apenas descontos, mas também os *"pagamentos"*;

c) Os descontos que podem ser deduzidos ao preço de compra são apenas os que se encontrem "directa e *exclusivamente*" relacionados com a transacção, ou seja, os descontos praticados ao abrigo e no estrito quadro da relação de fornecimento estável entre as partes (v.g. artigo 17º).

Nº 2

7. Vimos que o artigo 5º, nº 1, do Decreto-Lei nº 166/2013 proíbe que se ofereça para venda ou se venda, seja a uma empresa ou a um consumidor, um bem a um preço inferior ao preço de compra efectivo (acrescido de encargos com transportes e impostos aplicáveis). Mas o que se deve entender, neste âmbito, por "preço de compra efectivo"? Vejamos o que refere o nº 2 do mesmo artigo 5º.

8. O preço de compra efectivo começa por ser o preço unitário constante da factura de compra, i.e. o preço de cada unidade adquirida para revenda. Assim, parece que a intenção do legislador será a de que, caso haja unidades a que se aplique um preço "0" (zero) na factura, as mesmas contem para efeitos da fixação do preço unitário. Na nossa opinião, neste caso não estaremos perante um desconto mas perante uma forma de calcular o preço unitário de compra do produto. Este parece dever ser o sentido prevalecente até porque, "desde que o preço unitário seja identificável a partir dos elementos constantes da factura da compra (ainda que não expressamente identificado), é possível contrapô-lo eficazmente ao preço de venda unitário". E apesar das modificações introduzidas pelo Governo entre a PPL 126/XII e o Decreto-Lei nº 166/2013, aliás no sentido de recuperação parcial do regime constante do Decreto-Lei nº 370/93, continua a ser nosso entendimento que o que o legislador pretende é que se encontre o preço unitário a partir dos dados constantes da factura. Ora, se a factura também contém a identificação do produto e as quantidades de produto transaccionadas, estes dados, em conjunto com o preço total, bastam para que da factura "resulte" o preço unitário, bastando dividir o preço total pelas quantidades identificadas. Mas o que acontece se essas unidades forem de um produto que não conste daquela factura ou a factura incluir também outros produtos diferentes?

9. Suscitam-se diversas questões pela afirmação expressa, na lei, da licitude de "**pagamentos**", para efeitos do cálculo do preço de compra efectivo. Quanto a estes, dir-se-á o seguinte.

O "preço de compra efectivo" passa a ser calculado deduzindo-se não apenas os "descontos" (como antes – artigo 3º, nº 2, do Decreto-Lei nº 370/93), mas também os "pagamentos" (artigo 5º, nº 2, do Decreto-Lei nº 166/2013). Lamenta-se que o legislador não tenha definido o que entende por "pagamentos". Em todo o caso, a ASAE já referiu no documento publicado na sua página electrónica que "[p]or pagamentos entendem-se os benefícios concedidos ao distribuidor em troca de uma qualquer outra prestação por ele realizada, ou contrapartidas por prestações de serviços efectuadas pelo distribuidor ao fornecedor. Assim, todos os serviços prestados pelo distribuidor ao fornecedor que estejam relacionados com a transacção dos produtos adquiridos deverão ser tidos em conta na determinação do preço líquido de venda dos bens", tais como (*i*) logística integrada (nomeadamente o transporte); (*ii*) animação promocional; (*iii*) desenvolvimento de *marketing*; (*iv*) bónus; (*v*) taxa de distribuição; (*vi*) incentivo ao aumento de vendas ou (*vii*) carga completa.

Parece, pois, tratar-se de uma alteração que pretende adaptar a lei à realidade do mercado, no qual, ocasionalmente, os fornecedores acordam com os revendedores um pagamento a ser feito pelo fornecedor ao revendedor, no momento da transacção ou subsequentemente. Economicamente, um pagamento com esta natureza tem o mesmo efeito e valor que um desconto, no sentido clássico e é, por isso, natural que também ele releve para efeitos da determinação do preço de compra efectivo. É que, como nos recorda Carolina Cunha, existem um conjunto de *bónus* que são "*contrapartidas de certas utilidades proporcionadas pelo revendedor ao fornecedor*"[206], sem "ligação estrutural ao volume de mercadoria adquirida"[207].

10. Uma outra dúvida ressalta da lei. Será necessário que os pagamentos se relacionem "direta e exclusivamente com a transacção dos produtos em causa" ou isso aplica-se apenas aos descontos? E, em segundo lugar, há alguma tipologia de pagamentos permitidos ou não permitidos.?

Na verdade, o legislador, no artigo 5º, nº 2, diz que o preço de compra efectivo é o preço unitário deduzido dos "pagamentos ou descontos que se relacionem direta e exclusivamente com a transacção dos produtos em causa". O enunciado literal da norma permite ambas as leituras. Tanto pode querer dizer "dos pagamentos (...) que se relacionem ..." como "dos pagamentos" ou [dos]"descontos que se relacionem...". Contudo, uma leitura e interpretação sistemática da norma no quadro do instituto da venda com prejuízo mostra que só ao falar dos descontos é que o legislador se concentra na referida relação directa e exclusiva. Assim, no nº 3 do artigo 5º, o legislador diz que "para efeitos do disposto no número anterior, entende-se por descontos relacionados direta e exclusivamente os descontos...". Na verdade, dir-se-ia que a repetição da referência à relação directa e exclusiva dos descontos com a transacção seria desnecessária, dada a remissão inicial que se faz para o "número anterior", mas ao ser feita reforça o sentido autónomo do *distinguo* entre pagamentos e descontos. Se compararmos a redacção desta norma no Decreto-Lei nº 370/93 e no Decreto-Lei nº 166/2013, tal é ainda tornado mais visível. No primeiro, com efeito e por um lado, não só não se falava em "pagamentos" como, por outro lado, não havia a remissão para o número anterior (v. artigo 3º, nº 3, do Decreto-Lei nº 370/93).

Uma primeira leitura do documento publicado pela ASAE na sua página electrónica também indica que esta autoridade terá entendido que apenas os descontos, e já não os pagamentos, tenham obrigatoriamente de se relacionar "directa e exclusivamente" com a transacção em causa. Com efeito, a ASAE, depois de identificar, a título exemplificativo, os

[206] Itálicos da autora – «O Contrato de Fornecimento no sector da grande distribuição e retalho...», cit., pp. 625-629. Todos estes montantes, descontos e pagamentos, consubstanciam-se "na *diminuição das quantias que deve ao fornecedor a título de pagamento do preço*", em forma de conta-corrente (art. 344º e segs. do Código Comercial).

[207] *Idem*, cit.

tipos de serviços que poderiam ser incluídos na noção de "pagamentos", vem expressamente referir, quanto a estes, que "só poderão ser considerados se forem identificados na fatura, ou se se encontrarem previstos em contratos ou tabelas de preços por remissão daquela, e se estiverem em vigor no momento da transação e forem determináveis no momento da respetiva emissão", não exigindo aí, pelo menos de forma expressa e que resulte de forma evidente, qualquer relação exclusiva com a transacção em causa ou, na linguagem utilizada no Decreto-Lei nº 166/2013, que estes tenham de se relacionar "direta e exclusivamente com a transação dos produtos em causa".

É que a exigência de que os pagamentos tivessem de se relacionar directa e exclusivamente com os produtos desconsideraria a natureza da relação comercial complexa entre as partes e das componentes comerciais inerentes à existência de pagamentos como contrapartida de prestação de determinados serviços, quando os mesmos estão "identificados na própria fatura ou, por remissão, em contratos de fornecimento ou tabelas de preços (...) e sejam determináveis". Mas ainda que se propugnasse o entendimento – em si mesmo altamente restritivo – de que os pagamentos se relacionassem directamente e exclusivamente com a transacção, o certo é que a lei não tipificou quaisquer categorias de pagamentos legítimos ou não legítimos, exigindo apenas, como a ASAE reconhece nas já referidas FAQ, que "no entanto, **que tal como sucede com os pagamentos**, os referidos descontos terão **necessariamente de se prender com a transação dos produtos em causa** e só poderão ser tidos em conta caso estejam devidamente identificados na factura (diretamente ou mediante remissão para contratos ou tabelas de preços ali devidamente identificados) e desde que sejam determináveis à data da respetiva emissão." (sublinhado nosso). É sintomática a ordem utilizada pela ASAE neste último excerto citado, acentuando o que há de comum entre pagamentos e descontos e o que os distingue: a circunstância de ambos estarem relacionados com a transacção mas de os descontos deverem ter uma conexão mais estreita, expressa na tal ligação directa e exclusiva.

Daí que, (*i*) da diversidade clara de regimes ao abrigo do artigo 5º do Decreto-Lei nº 166/2013, (*ii*) do elemento sistemático; (*iii*) da comparação do teor das normas face ao disposto no Decreto-Lei nº 370/93; e (*iv*) da interpretação da ASAE resulte a conclusão de que os pagamentos não têm de dizer directa e exclusivamente à transacção, embora, como é evidente, com a mesma tenham de estar relacionados. Finalmente, uma leitura diversa também afrontaria a razão de ser e objectivos do instituto. O objectivo do instituto da venda com prejuízo não é a igualação das relações entre fornecedor e comprador/revendedor mas que cada empresa, independentemente do peso negocial que disponha no mercado, relativo [à contraparte] ou absoluto [no mercado], não venda bens abaixo do preço a que os comprou, considcrando todos os elementos disponíveis e constantes da fórmula legal. E a leitura que propomos não é contraditória com esses propósitos, nem com a letra da lei nem com o objectivo primacial do instituto em causa e, pelo contrário, é a que estes mais se adequa.

É que será pouco comum, na prática, que se encontre um pagamento acordado, em vez de um desconto, entre um fornecedor e um revendedor que respeite a uma única compra. Tipicamente, aliás como os descontos, os "pagamentos" respeitarão a um conjunto de compras ou corresponderão à contrapartida de estipulações negociais relativas a serviços conexos mas também essenciais ao escoamento dos produtos dos fornecedores. Contudo, nada impede que no quadro da relação de fornecimento se fixe um pagamento, o qual deve preferencialmente estar previsto e identificado no contrato de fornecimento, para o qual a factura deverá remeter. Essencial é que seja determinável no momento da respectiva emissão. Em conclusão, desde que o modelo contratual geral preveja a possibilidade de pagamentos e que estes surjam no quadro da relação de fornecimento em vigor entre as partes, nada autoriza a excluí-los como elemento a deduzir no preço de compra efectivo e repercutível por isso no preço de venda praticado, sendo por isso lícitos.

11. Aspecto diverso é o de saber se a previsão contratual de pagamentos pode ser configurada pela lei e pelas autoridades que a aplicam como um elemento indiciador de uma prática negocial abusiva, prevista e proibida – e inconstitucionalmente punida com coima, como contra-ordenação – pelo artigo 7º do Decreto-Lei nº 166/2013. Repare-se que o artigo 7º proíbe, quanto a pagamentos, aqueles que sejam resultado de uma "imposição unilateral, direta ou indirecta" "enquanto contrapartida de uma promoção" (alínea *c) ii)* do nº 1 do artigo 7º) "em curso ou já ocorrida" (alínea *d)* do nº 1 do artigo 7º[208]) mas não proíbe, fora das condições

[208] No pressuposto de que a expressão "contrapartidas" utilizada nesta última norma inclua os "pagamentos", o que deverá ser averiguado em concreto.

subjectivas do nº 3 do artigo 7º, toda uma série de "pagamentos". Ora, seria contraditório que os pagamentos, mormente todos aqueles previstos nas diversas alíneas do artigo 7º, nº 3, que não sejam estabelecidos entre um comprador e um fornecedor que seja "uma micro ou pequena empresa, organização de produtores ou cooperativa", fossem lícitos face ao elenco das práticas negociais abusivas e irrelevantes para efeito da proibição de venda com prejuízo.

Já quanto aos pagamentos que caiam no âmbito da proibição da práticas negociais abusivas, na medida em que o legislador sanciona a violação da proibição com a nulidade da cláusula (artigo 7º, nº 4, do Decreto-Lei nº 166/2013), julgamos que a própria validade da relação de fornecimento pode ser posta em crise e ponderada ao abrigo do princípio geral da conservação dos negócios jurídicos, considerando que o preço de compra efectivo é o elemento essencial para a decisão de venda e para a decisão de compra, e que a vontade hipotética ou conjectural das partes poderia conduzir à conclusão de que nenhuma das partes, ou pelo menos uma delas, não teria concluído o contrato sem o pagamento.

Nº 3

12. No documento que publicou na sua página electrónica, em resposta à pergunta "[q]ual o critério de aceitação dos descontos para determinação do «preço de compra efectivo»", a ASAE vem sublinhar que "a principal preocupação do legislador é a de assegurar a transparência nas relações comerciais e o equilíbrio das posições negociais entre agentes económicos, de modo a assegurar a concretização de desígnios constitucionais, como os do direito fundamental à livre iniciativa económica e da garantia da equilibrada concorrência entre as empresas." Ora, partindo desse princípio, é entendimento da ASAE que "[s]erão contabilizados e admitidos como descontos, para determinação do «preço de compra efectivo», os **descontos habitualmente praticados no mercado, de acordo com as leais práticas do comércio**. Sublinhe-se, no entanto, que tal como sucede com os pagamentos, os referidos descontos terão necessariamente de se prender com a transação dos produtos em causa e só poderão ser tidos em conta caso estejam devidamente identificados na factura (diretamente ou mediante remissão para contratos ou tabelas de preços ali devidamente identificados) e desde que sejam determináveis à data da respetiva emissão" (sublinhado nosso).

13. Não há, pois, qualquer dúvida de que, para serem relevantes para a determinação do preço de compra efectivo, os descontos devem reunir um conjunto significativo de pressupostos. É importante recordar as regras que, relativamente aos descontos, constavam do anterior artigo 3º do Decreto-Lei nº 370/93: os descontos (*i*) deviam estar identificados na factura ou resultar de contratos de fornecimentos ou tabelas de preços para os quais a factura remetesse; (*ii*) teriam de ser "determináveis no momento da respectiva emissão"; (*iii*) tinham de estar **directamente relacionados com a transacção em causa**"; e (*iv*) no caso de descontos promocionais, serem "identificáveis quanto ao produto, respectiva quantidade e período por que vão vigorar".

A estes requisitos, o Decreto-Lei nº 166/2013 faz acrescer duas notas, que julgamos terem um peso desigual na avaliação do impacto do diploma, à primeira vista. Pela primeira, estabelece-se que os descontos devem dizer *directa* (artigo 3º, nº 2, do Decreto-Lei nº 370/93; 5º, nº 2, do Decreto-Lei nº 166/2013) e *exclusivamente* respeito à transacção em causa (artigo 5º, nº 2 do Decreto-Lei nº 166/2013). Pela segunda, declaram que os **contratos de fornecimento ou as tabelas de preços** para as quais a factura pode remeter devem "estar em vigor no momento da transacção". Esta remissão para os contratos de fornecimento é extremamente relevante.

14. Já a interpretação do termo "**exclusivamente**" suscitaria as maiores dificuldades, salvo se, como propugnamos, seja lida como sendo meramente clarificadora do sentido razoável que já deveria extrair-se da legislação anterior. Uma interpretação que implicasse que os descontos[209] teriam de ser identificados caso a caso, compra a compra, para relevarem para estes efeitos ou, mais precisamente, que teriam de ser identificáveis em termos que os individualizassem e os relacionassem directa e exclusivamente com uma concreta compra em causa, não só desconsideraria em absoluto a natureza contratual mista, complexa, duradoura e compósita que caracteriza a relação comercial entre fornecedores e distribuidores

[209] E, por maioria de razão, se se incluísse também os pagamentos.

como é hoje abertamente contrária à jurisprudência uniforme do Supremo Tribunal de Justiça, tal como expressa no acórdão de 14 de Maio de 2014. Além disso, seria excessivamente oneroso e irrazoável que se exigisse que dois agentes económicos (duas empresas) com uma relação comercial duradoura e constante renegociassem os descontos e os pagamentos a serem feitos como contrapartidas para cada negócio individual entre eles. O normal e economicamente racional é que acordem determinados descontos ou contrapartidas e realizem as suas aquisições ao abrigo dessas condições acordadas genericamente, sem prejuízo de renegociações periódicas ou ocasionais. A solução oposta não seria economicamente favorável, nem sequer para os mais pequenos dos fornecedores ou retalhistas.

Importa no entanto dar sentido útil a esta nova exigência e esta pode ser a de combate aos tradicionalmente chamados "descontos comerciais permanentes" estabelecidos nas relações contratuais entre os fornecedores e, *in casu*, a chamada grande distribuição. Mas não faz sentido e é mesmo absurdo que este tipo de descontos não possam ser relevantes para os efeitos de determinação do preço de compra efectivo. Isso teria como resultado, sob a capa de uma *igualação formal*, uma acentuação das desigualdades entre operadores económicos em favor daqueles que têm maior peso negocial e estão assim em condições de obter descontos que, sendo naturalmente muito mais significativos, não poderiam ser passados para os consumidores ou adquirentes. Ora, o efeito seria uma ainda maior desigualação de capacidade económica e financeira entre os comerciantes. A ilegitimidade de descontos comerciais permanentes, seja qual for a designação negocial que lhes seja dada, não os eliminará e só poderá contribuir para uma melhoria da situação dos utilizadores ou consumidores se puderem ser considerados legítimos ou ser incorporados no preço do produto a fornecer. E no caso em que os fornecedores/produtores não considerem poder proceder, por qualquer razão atendível, a uma incorporação do "desconto comercial permanente" no preço do produto a vender (o que se justificará apenas por razões estratégicas ou de política empresarial), então deverá pedir-se que definam uma tabela de preços baseada no tipo de relação com os compradores, designadamente uma tabela de preços aplicável a quem adquira mais de X quantidade de produto num dado período de referência ou tenha uma relação que não se esgote num mero fornecimento (ou mesmo uma tabela aplicável à relação com grandes clientes ou com a grande distribuição, ou com qualquer outro critério definido de forma objectiva).

Noutra interpretação que o enunciado da norma não exclui, ainda se iria mais longe: o desconto terá de ser configurado como uma particularidade daquela única transacção e não poderá ser transformado em regra ou elemento natural da relação comercial entre as partes. Para nós, esta leitura não faz sentido e, aliás, tornaria excessivamente exigente ou até virtualmente inviável a possibilidade de remissão para, v.g. contratos de fornecimento.

Qual é, então, a melhor solução? Como também o Supremo Tribunal de Justiça bem viu, no acórdão de uniformização de jurisprudência proferido a 14 de Maio de 2014, o ponto da lei não pode ser o de exigir uma negociação caso a caso dos descontos, mas sim a previsão da individualização dos descontos que estão directa e exclusivamente ligados a uma relação de fornecimento estabelecida, e que seja possível essa individualização no quadro da relação de fornecimento. Para o STJ[210], a possibilidade de dedução de descontos depende da verificação cumulativa de três requisitos, a saber: *(i)* requisito formal – "os descontos devem estar previstos na factura quer de forma imediata quer indirectamente, através de remissão para o contrato de fornecimento ou para as tabelas de preços"; *(ii)* requisito temporal – "é necessário que os descontos sejam susceptíveis de determinação no momento de emissão da factura"; *(iii)* requisito legal – "a norma limita os descontos passíveis de dedução aos directamente relacionados com a transacção" – a que se adiciona um *(iv)* requisito adicional, ie. que os descontos promocionais – e apenas estes – sejam "identificáveis quanto ao produto, respectiva quantidade e período pro que vão vigorar". Até aqui nada de novo, dir-se-á.

Assim, um desconto previsto num contrato de fornecimento como contrapartida de se alcançar, num determinado período, um certo nível de compras (*maxime*, um *rappel*), existe directa e "exclusivamente" no quadro contratual estabelecido e *a priori* determinável, ainda que só possa ser determinado com cada uma das vendas em causa ou ainda que tenha na sua base a ponderação de um aglomerado de compras, designadamente – mas não exclusivamente – se a relação comercial for desmate-

[210] Acórdão do Pleno das Secções Criminais do Supremo Tribunal de Justiça, recurso de uniformização de jurisprudência, cit..

rializada e se puder ser estabelecido um quadro geral de fornecimento em que o preço e descontos são expressamente previstos na letra do contrato como negociados caso a caso e em função das exigências específicas relação contratual em causa, qualificando-os sempre como descontos de um dos tipos previstos na lei.

15. Ao contrário do projecto anexado à PPL 126/XII, o legislador governamental, quanto ao enunciado dos descontos admissíveis (para efeitos de determinação do preço de compra efectivo e do preço de venda, ao abrigo do regime da proibição de venda com prejuízo), recuperou quase integralmente – salvo quanto à clarificação anunciada no preâmbulo, feita através da introdução da referência à relação "exclusiva" e o que se dirá ainda quanto ao "preço de venda" – o leque constante do artigo 3º, nºs 2 e 3, Decreto-Lei nº 370/93, nos termos do qual os descontos associados ao cálculo do "preço efectivo de compra" seriam admissíveis se, cumulativamente: *(i)* estivessem identificados na factura ou, resultando de condições gerais para os quais a factura remetesse, fossem "determináveis no momento da respectiva emissão" (vide a análise feita acima); *(ii)* fossem directamente relacionados com a transacção em causa"; *(iii)* no caso de descontos promocionais, que estes fossem "identificáveis quanto ao produto, respectiva quantidade e período por que vão vigorar"[211].

16. O requisito da ligação directa e exclusiva merece ser agora olhado à luz do recente acórdão do STJ de uniformização de jurisprudência[212].

[211] Era esta a interpretação sustentada, a nosso ver correctamente, em Carolina Cunha, "Vendas com prejuízo", *cit.*, pág. 222, nomeadamente com o argumento de que a aplicação daquele requisito aos descontos de quantidade e financeiros levaria a "resultados redundantes ou incompreensíveis". Neste sentido se expressou também o Tribunal da Relação de Lisboa: acórdão do Tribunal da Relação de Lisboa, de 3.11.2011, proc. 1185/10.3TYLSB.L1-9: "Na interpretação do nº 3 do artigo 3º do Decreto-Lei nº 370/93, de 29/10, consideramos que a ausência de uma vírgula a seguir a promocionais e a própria natureza de cada um dos tipos de descontos permitem concluir que o legislador pretendeu estabelecer a exigência de identificação de incidência quanto a produto, quantidade e tempo apenas para os chamados descontos promocionais". Ver também: acórdão do Tribunal da Relação de Lisboa, de 16.6.2010, proc. 1511/10.5TYLSB.L1-9; e sentença de 1ª instância citada no acórdão do Tribunal da Relação de Lisboa, de 8.11.2011, proc. 1513/10.1TYLSB.L1-5.

[212] Acórdão do Pleno das Secções Criminais do Supremo Tribunal de Justiça, recurso de uniformização de jurisprudência, cit..

Como bem aí se esclareceu, a «*distinção* entre descontos *directa e indirectamente* relacionados com uma concreta transacção é, para este efeito, *artificial*. **Desde que os descontos tenham por fonte o contrato de fornecimento celebrado entre as partes (que é afinal, a raiz de cada uma das transacções concretas que o executam) e que seja economicamente exequível a fórmula encontrada para os repercutir no preço do produto, nenhum obstáculo se vislumbra à sua dedução, pois correspondem, na realidade a economias conseguidas para o revendedor**» (sublinhado e ênfase nosso). Dada a artificialidade da distinção antes existente sobre a relação directa ou indirecta entre os descontos e a transacção, o legislador precisou que os descontos têm sempre de ter por fonte (exclusiva) "o contrato de fornecimento celebrado entre as partes". E só esta leitura é consonante com a afirmação e longa explanação do STJ segundo a qual «as relações comerciais entre fornecedor (produtor ou grossista ou importador) e revendedor não se esgotam – e nem sequer se caracterizam, hoje – por celebrações independentes e autónomas de negócios de compra e venda», antes têm por base «uma relação negocial tendencialmente duradoura», sob a forma de um contrato de fornecimento que «é estruturalmente um contrato-quadro cuja execução requer a celebração de múltiplos contratos (compra e vendas mercantis)», contrato de fornecimento esse que «deixou de se destinar a satisfazer apenas as necessidades de abastecimento do revendedor para passar a ser também utilizado pelo fornecedor para fomentar o escoamento dos seus produtos [o que] implica um conjunto de vínculos jurídicos, actualmente conhecidos por cooperação comercial». Ou seja, o que está aqui em causa é que todos os bónus ou descontos concedidos determinam em verdadeira conexão com o «mecanismo da conta-corrente, um abatimento no preço de compra dos produtos em causa, traduzindo-se, pois, em autênticas reduções ao preço de factura». Com efeito, estes bónus/descontos – e até os pagamentos – servem uma estratégia comercial do fornecedor (e não se apresentam apenas enquanto uma vantagem financeira para o revendedor). Há uma verdadeira compensação nos mesmos moldes associados à conta-corrente, verificando-se, nessa medida, uma diminuição das quantias devidas pelo revendedor ao fornecedor, o abatimento ao preço de compra do revendedor, e a consequente redução do preço da factura. Tudo isto faz parte da coerência inerente à cooperação comercial, numa relação em que, naturalmente, o revendedor está sempre em dívida para com o fornecedor, mas em que também este beneficia dessa relação comercial, consubstanciada no contrato de fornecimento. Não perceber isto é não perceber a lógica das relações comerciais e/ou de fornecimento. Em conclusão, considera o STJ que "justamente por as relações comerciais entre fornecedor e fornecido não se esgotarem na periódica celebração de negócios de compra e venda que, para cumprimento da exigência formal de os descontos estarem previstos na factura, a lei admite a possibilidade de os descontos estarem indirectamente identificados na factura através de remissão para o contrato de fornecimento [ou para as tabelas de preços que (...) contemplam as condições de venda]".

17. Dito isto, há que aplicar esta doutrina aos três tipos de descontos expressamente previstos e presumidos na lei como afastando o preenchimento do tipo legal proibido:

a) **Descontos de quantidade**;

b) **Descontos financeiros**;

c) **Descontos promocionais**, identificáveis quanto ao produto, respectiva quantidade e período por que vão vigorar.

Estes requisitos genéricos foram apresentados na nossa jurisprudência nos seguintes termos: "os descontos terão de pertencer a uma de três categorias: numa previsão mais restrita a partir da revisão de 1998, são agora susceptíveis de serem considerados apenas os descontos de quantidade, os descontos financeiros e os descontos promocionais desde que, quanto a estes últimos, seja possível a identificação do produto, respectiva quantidade e período de vigência (...)"[213] [214].

18. Mas o que significa isto, quanto ao leque de descontos não admitidos? A este respeito, justifica-se dar conta da abordagem restritiva (do

[213] De ora em diante, também "exclusiva".

[214] Acórdão do Tribunal da Relação de Lisboa, de 3.11.2011, proc. 1185/10.3TYLSB.L1-9. No mesmo sentido: acórdão do Tribunal da Relação de Lisboa, de 16.6.2010, proc. 1511/10.5TYLSB.L1-9; e sentença de 1ª instância citada no acórdão do Tribunal da Relação de Lisboa, de 8.11.2011, proc. 1513/10.1TYLSB.L1-5.

Decreto-Lei nº 370/93) – que veio a ser irremediavelmente condenada pelo Supremo Tribunal de Justiça no recente acórdão de uniformização de jurisprudência – antes predominante e que rejeitava a inclusão no cálculo do «preço efectivo» dos:

i) "Descontos de cooperação comercial, de prémio de crescimento e de investimento estratégico que não são diretamente relacionados com a concreta transação do produto, antes traduzem contrapartidas para o comprador estabelecidas em função do maior ou menor volume de transacções que venham a ser efectuadas em dado lapso de tempo, não sendo, por isso mesmo, também determináveis face à factura e no momento da sua emissão"[215];

ii) "*Rappel*, bónus por garantia de tronco comum nacional, bónus por organização comum de operações promocionais especiais, bónus por não devolução de produto e bónus *facing* mínimo linear, todos de acerto ou regularização mensal ou anual"[216];

iii) "Bónus, abatimento por não devolução, *rappel* incondicional e descontos de aniversário"[217]; e

iv) Descontos de quantidade concedidos na forma da oferta de unidades adicionais do produto em causa[218].

[215] Acórdão do Tribunal da Relação do Porto, de 25.9.2002, proc. 0210179.

[216] Acórdão do Tribunal da Relação do Porto, de 5.3.2003, proc. 0110148: "parece evidente que não podem ser diretamente relacionados com a concreta transacção a que a factura se reporta, mas sim com a globalidade das transacções firmadas entre as duas empresas, tratando-se de contrapartidas para o comprador estabelecidas em função do maior ou menor volume de transacções que tiver lugar em dado lapso de tempo. Porque assim, é bom de ver que, dependentes que estão os valores de tais descontos do volume de transacções de que a factura em causa é uma parcela apenas, não são tais descontos determináveis em face dessa factura e da quantidade da mercadoria nela referida, escapando, pois, também ao enquadramento definido nos nºs 2 e 3 do artigo 3º do Dec.-Lei nº 370/93".

[217] Acórdão do Tribunal da Relação de Coimbra, de 26.5.2004, proc. 366/2004, defende que a inclusão de tais descontos seria uma leitura "actualista" do Decreto-Lei nº 370/93. No mesmo sentido: acórdão do Tribunal da Relação de Coimbra de 29.9.2004.

[218] Cfr. sentença do 2º Juízo de Pequena Instância Criminal de Lisboa, de 13.7.2000, seguida do acórdão do Tribunal da Relação de Lisboa, de 21.2.2001, descritos e discutidos (em termos discordantes) em Carolina Cunha, "Vendas com prejuízo", cit., pp. 236-238. Como resume esta autora, o tribunal de 1ª instância desconsiderou este desconto por não estar *"identificado quanto à sua natureza, ou seja, classificado como desconto de quantidade, financeiro ou promocional"*. O Tribunal da Relação de Lisboa confirmou a sentença, considerando que este bónus não devia *"ser qualificado como desconto de quantidade, mas como «oferta de quantidade»"*.

Por outro lado, ainda ao abrigo da legislação anteriormente em vigor, a AdC[219] e a maioria da jurisprudência sempre recusaram admitir descontos indicados apenas em termos genéricos, percentual ou quantitativamente[220]. Neste contexto, a jurisprudência vinha também sublinhando o facto de caber ao adquirente verificar que os descontos são correcta e completamente identificados, não podendo essa responsabilidade ser transferida para o fornecedor[221].

219 "A AdC não aceitou o desconto contratual percentual de €215,78 com o fundamento de desconhecer a génese do desconto. Também não considerou o desconto de carácter promocional de € 586,50 porque não se verificam cumulativamente os três requisitos exigidos no nº 3 do artigo 3º citado, isto é, não é identificável quanto ao produto, respectiva quantidade e período por que vai vigorar" – cfr. sentença do 4º Juízo do Tribunal do Comércio de Lisboa, citada no acórdão do Tribunal da Relação de Lisboa de 21.4.2009, proc. 5354/2008-5.

220 Cfr., e.g.: acórdão do Tribunal da Relação do Porto, de 5.3.2003, proc. 0110148: "referido embora diretamente ao produto em causa e à quantidade referida na factura, [o desconto em causa] no entanto não vem caracterizado, minimamente que seja, por forma a que possa integrar alguma das categorias de descontos a que se alude no nº 3 do artigo 3º"; acórdão do Tribunal da Relação de Lisboa, de 3.11.2011, proc. 1185/10.3TYLSB.L1-9: "em causa descontos promocionais indicados percentualmente, sem identificação, e um «Desconto Operação Especial Eur./litro»"; o tribunal considerou-os manifestamente inatendíveis, afirmando que, "para serem atendíveis, no cálculo do preço de compra efectivo, [os descontos promocionais] devem ser identificáveis quanto ao produto, respectiva quantidade e período por que vão vigorar (nº 3 do artigo 3º, do Decreto-Lei nº 370/93, de 29/10). (...) Esta forma de estabelecer um desconto não é aceitável e impede que o mesmo seja considerado, dado que não há um mínimo de caracterização do desconto na factura como desconto promocional, de quantidade ou financeiro. (...) O mesmo se diga quanto ao (...) «Desc. Op. E/L P 1.045,80», cujas siglas não são, desde logo, percetíveis, não sendo, portanto, possível aferir se tal desconto é em função da quantidade, financeiro ou promocional. (...) A tese de que não há que averiguar da natureza do desconto por o preço relevante é o preço liquido constante da factura não colhe já que na prática o mesmo implicaria que se fizesse tábua rasa do diploma legal aplicável e que regulamenta os descontos atendíveis. Com efeito, a seguir a tal tese teríamos de concluir que todo e qualquer desconto que viesse refletido na factura seria sempre atendível, interpretação que não encontra no espírito do Dec.-Lei 370/93 qualquer correspondência". Ver ainda o acórdão do Tribunal da Relação de Lisboa de 16.6.2010, proc. 1511/10.5TYLSB.L1-9: "No caso em apreço aquele desconto não pode ser considerado uma vez que, como bem se refere na decisão recorrida, dos elementos do contrato não resulta que o mesmo seja aplicável a uma determinada quantidade em concreto, não especificando a mesma, sendo o desconto aplicável a qualquer quantidade de compras efectuada, não sendo assim o desconto identificável quanto à quantidade e sendo esse desconto aplicável a qualquer transacção".

221 Acórdão do Tribunal da Relação de Lisboa de 3.11.2011, proc. 1185/10.3TYLSB.L1-9: "se é certo que a elaboração da factura é incumbência do fornecedor, não é menos certo que à arguida cabia, ao receber as facturas, conferi-las".

19. Nesta matéria, julgamos que, pelas razões que vimos aduzindo, impõe-se hoje uma nova abordagem à luz do acórdão de uniformização de jurisprudência do STJ[222]. Com efeito, onde antes (Decreto-Lei nº 370/93, na redacção resultante do Decreto-Lei nº 140/98) se dispunha que "*por preço de compra efectivo* [se entende] *o preço constante da factura de compra, após a dedução dos descontos directamente relacionados com a transacção em causa* (...)", o nº 2 do presente artigo 5º, do Decreto-Lei nº 166/2013 vem agora prever ser "*preço de compra efectivo o preço unitário constante da factura de compra, líquido dos pagamentos ou descontos que se relacionem direta e exclusivamente com a transação dos produtos em causa* (...)"[223]. Toda a fundamentação do acórdão assenta inequivocamente em 3 pilares fundamentais para a compreensão do Decreto-Lei nº 370/93 – a saber: *(i)* função do contrato de fornecimento; *(ii)* conexão com o mecanismo da conta-corrente; *(iii)* compensações inerentes a uma relação de fornecimento – pilares esses que se mantém não só actuais como também absolutamente imprescindíveis para compreensão do Decreto-Lei nº 166/2013. Por fim, refira-se que foi o próprio legislador que pretendeu com o Decreto-Lei nº 166/2013, "Comparativamente ao regime que se revoga, (...) clarifica[r] a noção de venda com prejuízo, em particular do que se entende por preço de compra efectivo, no sentido de facilitar a sua interpretação e fiscalização" (cfr. preâmbulo do Decreto-Lei nº 166/2013). E o legislador

[222] A saber: o acórdão do Tribunal da Relação de Évora, de 7.5.2013, proc. 86/12.5YQSTR.E1, e o acórdão do mesmo Tribunal da Relação de Évora, de 16.4.2013, proc. 55/12.5YQSTR.E1. É de salientar aqui que o acórdão do STJ de 14.5.2014, além de ser de uniformização de jurisprudência, considerou (embora não o aplicasse aos factos, por razões ligadas às regras de aplicação de leis no tempo) o Decreto-Lei nº 166/2013 e foi aprovado pela unanimidade dos juízes conselheiros e sob proposta do Ministério Público. Para este último, «as alterações introduzidas pelo DL 166/2013, de 27.12, ao preceito relativo à venda com prejuízo (artigo 5º, nºs 1, 2 e 3), não prejudicam o entendimento atrás defendido já que, nesta matéria, o que se pretendeu foi tão só, e uma vez mais, clarificar "a noção de venda com prejuízo, em particular do que se entende por preço de compra efectivo, no sentido de facilitar a sua interpretação e fiscalização, tendo em consideração, entre outros, os descontos diferidos no tempo, quando estes sejam determináveis n momento da emissão da respetiva fatura".

[223] Importa, desde já, afastar qualquer relevância da introdução da expressão "com a transacção dos produtos em causa" até porque o nº 3 do mesmo artigo 5º vem referir *ipsis verbis* que "para efeitos do número anterior, entende-se por descontos relacionados direta e exclusivamente com a transação em causa (...)", não havendo qualquer referência à "*transação dos produtos em causa*".

foi ainda mais além, ao explicar que tal clarificação da noção de venda com prejuízo deve ter em consideração "os descontos diferidos no tempo, quando estes sejam determináveis no momento da emissão da respetiva fatura."[224]. Ora, os descontos eventuais são os descontos diferidos por excelência, pelo que não poderá haver conclusão diferente senão a de que o legislador considerou que os descontos que estão *directa* e *exclusivamente* associados a uma transacção são os que são praticados ao abrigo de uma relação de fornecimento ou de cooperação comercial.

20. De facto, é esta, substantivamente, a melhor solução, assim se contribuindo para o objectivo geral de redução da incerteza e insegurança jurídicas e de reforço da estabilidade contratual e económica e se indo ao encontro da necessidade, aliás sentida pela própria ASAE e expressa nas FAQ, de abrir o leque dos descontos que deverão ser contabilizados e admitidos para determinação do «preço de compra efectivo» àqueles "descontos habitualmente praticados no mercado, de acordo com as leais práticas do comércio". Com efeito, dado o brutal aumento da moldura contraordenacional (a coima máxima, sem considerar o cúmulo jurídico, pode ser fixada até 2,5 milhões de euros, representando um aumento de 16 666,66% face ao regime anterior), deixa de haver qualquer margem para que uma empresa possa correr o risco de lhe ser aplicada uma decisão desfavorável e só esta interpretação confere a segurança e estabilidade necessárias ao funcionamento normal do sistema económico.

21. Sem prejuízo, a verdade é que o citado acórdão do STJ de fixação de jurisprudência[225] veio considerar que, neste âmbito, os descontos ligam-se «em primeira linha, a uma utilidade ou serviço que o revendedor se obriga a prestar ao fornecedor» e que assim «tratando-se de bónus ou descontos que se apresentam como contrapartida de **certas utilidades proporcionadas pelo revendedor ao fornecedor** neles não existe

[224] Aliás, no acórdão, o STJ faz mesmo questão de, na enunciação dos seus fundamentos, fazer uma referência expressa ao novo regime constante do Decreto-Lei nº 166/2013, sublinhando o facto de se tratar aqui de uma «clarificação» por parte do legislador.

[225] Acórdão do Pleno das Secções Criminais do Supremo Tribunal de Justiça, recurso de uniformização de jurisprudência, cit..

uma ligação estrutural ao volume da mercadoria adquirida», dando como exemplo:

i) “”Bónus por garantia de tronco comum nacional”, descrito como um “desconto que surge com a contrapartida da obrigação de manter nas prateleiras de todos os pontos de venda pertencentes ao distribuidor os produtos constantes de uma lista base”;

ii) “Bónus *facting* mínimo linear”, apresentado como a “contrapartida de se assegurar ao fornecedor, dentro dos pontos de venda do distribuidor, uma determinada área de exploração para os seus produtos”;

iii) “Bónus de não devolução”, especificado enquanto “um abatimento que representa a contrapartida de o revendedor prescindir do direito de devolução de certos produtos (v.g. os deteriorados)”;

iv) “Bónus de organização de operações comuns especiais”, retratado como “um desconto relacionado com acções de promoção aos produtos do fornecedor levadas a acbo pelo distribuidor”.

Relativamente a todos estes descontos, o STJ foi peremptório a considerar que «servem uma estratégia comercial do fornecedor de criar incentivos ao escoamento dos seus produtos e, por aí, incrementar o seu volume de vendas», traduzindo simultaneamente «uma vantagem financeira para o revendedor consubstanciada na diminuição das quantias que deve ao fornecedor a título de pagamento do preço das mercadorias adquiridas». Em razão disso, entende o STJ «incompreensível» que não se possa considerar todos estes descontos como estando directamente relacionados com a transação e, como tal, deduzi-los ao preço de factura.

22. Os **descontos promocionais** a que se reporta o legislador, para efeitos do tipo legal da venda com prejuízo, devem cumprir os requisitos da lei, mas entre estes não se conta qualquer averiguação sobre se foram ou não repercutidos pelo grossista ou retalhista em relação ao consumidor. Mesmo que o não sejam, não perdem a sua natureza de desconto promocional. No entanto, não há qualquer limitação legal a que o beneficiário do desconto (o que compra para revenda) possa repercuti-lo junto dos seus clientes – utilizadores ou consumidores – a todo o tempo, desde logo porque “as promoções podem ocorrer em qualquer momento considerado oportuno pelo comerciante” (artigo 11º, nº 1, do Decreto-Lei nº 70/2007) ou podem realizar-se através de saldos (artigo 10º do mesmo Decreto-Lei nº 70/2007)[226].

O desconto promocional deve respeitar os requisitos específicos previstos na lei, neste ponto semelhantes aos que já resultavam do Decreto--Lei nº 370/93 e, de alguma forma, também parcialmente reflectidos no Decreto-Lei nº 70/2007. Também aqui a casuística dos nossos tribunais se revelou algumas vezes demasiado e incompreensivelmente restritiva. Assim, numa espécie foi desqualificado um desconto promocional por ser aplicável "a todos os fornecimentos", sem "ser identificável no que respeita a quantidades, tal como o preceito legal exige"[227], mas esta sentença foi anulada em recurso. O TRL afirmou em 2011 que, «[s]e é verdade que a mera remessa para a tipologia "dos acordos gerais" pode ser algo um pouco menos claro para a sua detalhada compreensão, já que não referem nestes quantidades específicas (mas já neles se alude a um período delimitado pela validade), ainda que se reconheça que eram relativos aos produtos especificados com preços limite e com referência às validades daqueles, também é certo que os preços estão referenciados aos produtos em causa e caracterizados nas próprias quantidades das facturas»[228].

[226] No quadro do processo legislativo que culminou com a publicação da Lei nº 29/2014, de 19 de Maio (PPL 213/XII), o Governo submeteu também à Assembleia da República, para informação desta, o projecto de decreto-lei autorizado que se propõe adoptar (e que estabelece o regime jurídico de acesso e exercício de actividades de comércio, serviços e restauração), no qual se altera a actual configuração temporal do regime de saldos, que se prevê passe a ser de livre determinação pelo comerciante, conquanto limitado a uma duração máxima de quatro meses por ano e submetido a um dever de comunicação prévia à ASAE, de cinco dias úteis, através do "Balcão do Empreendedor". Trata-se de uma solução talvez excessivamente formal, tendo no entanto como efeito positivo a clarificação junto da ASAE das datas em que o instituto não se aplica a determinado comerciante e produto. Ponto é que o sistema assegure a confidencialidade desta informação, que constitui em parte relevante segredo empresarial, de modo a que o mercado não fique antecipadamente informado das estratégias que os concorrentes pretendam implementar num determinado período temporal.

[227] Sentença de 1ª instância citada no acórdão do Tribunal da Relação de Lisboa, de 8.11.2011, proc. 1513/10.1TYLSB.L1-5, que acrescentou: "De referir que se exige e deverá exigir, clareza e correcção nos elementos constantes da documentação inerente às transacções efectuadas, evitando, desde logo, a menção a "lapsos" que só após as fiscalizações são detectados e a menções que permitem interpretações sem clareza e transparência".

[228] Cfr. acórdão do Tribunal da Relação de Lisboa, de 8.11.2011, proc. 1513/10.1TYLSB.L1-5. O Tribunal da Relação de Lisboa considerou que todos os descontos em causa estavam "mini-

Por seu turno, no pólo oposto, o Tribunal da Relação do Porto afirmou que os descontos não precisam de ser concretizados, "muito embora se não explicite a natureza desses descontos, o que nos parece irrelevante, já que o que importa, como atrás ficou sublinhado é que o preço de venda não seja inferior ao preço de compra efectivo constante da factura"[229]. Escusado será dizer que tal abordagem redunda em afirmar que as categorias de descontos constantes do antigo Decreto-Lei nº 370/ /93 – e que são as mesmas que constam do Decreto-Lei nº 166/2013 – se devem considerar meramente exemplificativas.

23. Já quanto ao *rappel* a situação é, cremos, hoje irremediavelmente diversa. É tradicionalmente considerado um "desconto de quantidade" e, enquanto tal, admissível, beneficiando da presunção a que se refere o nº 3 do artigo 5º. Em geral, no *rappel* o desconto depende da quantidade,

mamente identificados" no acordo geral de fornecimento, para o qual as facturas remetiam. "Tendo em conta que se trata de desconto de factura – referido no Acordo Geral – tal transforma-o num desconto de quantidade determinado quanto ao produto e quantidade facturados bem como ao período, ou seja, de imediato. As facturas contemplam produtos que se inserem nas gamas negociadas, pelo que nada impede a aceitação destes descontos para a formação do preço de compra efectivo. Não há, efectivamente, necessidade de escalonamento para que os descontos possam ser considerados promocionais nas quantidades contratadas e que os acordos gerais de fornecimento devam ser necessariamente repetidos (e com facilidade o poderiam para se tornear a questão) caso a caso e não possam revestir uma abrangência dilatada no tempo ainda que com um limite difuso ou não concretizado, mas com referência a preços limite e a limites de validade dos próprios produtos, como acordos gerais que são. Importante é que não sejam simulados, sejam tradutíveis em facturação concreta e real, com referência a vendas de quantidades e se não prove que, em comparação com outros produtos de idêntica marca ou natureza também no mercado, não sejam vendidos a preços inferiores ao dito preço de aquisição (com prejuízo), haja ou não descontos válidos. (...) Deste modo, os descontos facturados foram legalmente admissíveis e deveriam ter sido considerados pela instância recorrida no cálculo do preço efectivo". A Recorrente foi absolvida da prática das contra-ordenações.

[229] Acórdão do Tribunal da Relação do Porto, de 11.1.2006, proc. 0316859. Neste caso, os produtos em causa tinham beneficiado de vários descontos percentuais com base no acordo geral de fornecimento, mas (*i*) sem que se tenha feito qualquer referência a eles na factura; ou (*ii*) constando da factura apenas uma mera indicação de percentagem de desconto ("10%+11%+1,5%"), sem caraterização nem remissão para o acordo geral. Quanto ao primeiro produto, o tribunal confirmou a contra-ordenação, mas quanto ao segundo deu razão à Recorrente.

volume e valor de produto adquirido durante um determinado período de referência (mensal, trimestral, semestral, anual, etc.). Pode-se apresentar o *rappel* enquanto um prémio para o revendor, concedido em forma de escalões, e que é constituído pela devolução de dinheiro ou pela existência de um crédito futuro sobre o fornecedor, que nasce no momento em que esse revendedor atinge determinados objectivos ou condições pré-definidas, de forma a estimular maiores volumes de vendas (do revendor para o consumidor final) a que estão associadas maiores volumes de encomendas (do revendedor para o fornecedor). Mas o facto de ser um desconto de quantidade não exclui que possa ser posta em causa a sua legitimidade (inequívoca), pois a presunção legal aí prevista é ilidível.

Julgamos que o Decreto-Lei nº 166/2013 mantém integralmente a validade do *rappel* enquanto forma típica de desconto de quantidade. Subjacente ao *rappel* está uma prática comercial normal e moderna, através da qual o fornecedor concede descontos durante o período de referência e no quadro de uma relação contratual duradoura e estável, descontos pela sua própria natureza (poderia quase dizer-se) superiores àqueles que seriam concedidos tendo em conta apenas o nível de uma encomenda concreta, em si mesma. Deste modo, e uma vez que a lei impõe que para efeitos do cálculo do preço de compra efectivo os descontos deverão, além de outros requisitos, ser determináveis no momento da emissão da factura, então os descontos de quantidade a serem considerados para efeitos de dedução ao preço constante da factura (porque a ela directa e exclusivamente relacionados) deverão ser unicamente os descontos determináveis no quadro exclusivo das regras definidas na relação contratual de fornecimento, e isto independentemente do seu impacto numa encomenda concreta. A este respeito, i.e., no caso dos descontos serem referidos a um "conjunto de bens ou em função do valor adquirido", julgamos que o entendimento da ASAE, expresso nas FAQ publicadas na sua página electrónica, deve considerar-se superado. Esta autoridade dizia que "[s]empre que os descontos incidam sobre um conjunto de bens (e não individualmente sobre o valor dos produtos em causa), o valor do desconto em cada produto adquirido será o que consta no respetivo documento de caixa. Ou seja, o valor a considerar será o que resulte da operação matemática da imputação da percentagem de desconto oferecido a cada uma das unidades de produtos integrantes do conjunto". Mas impõe-se constatar o que muda: o conjunto aqui em causa não pode ser composto pelos bens objectos de uma guia de remessa ou de uma nota de encomenda concreta mas, como bem esclareceu o Supremo Tribunal de Justiça, aqueles resultantes da execução do contrato-quadro de fornecimento.

Assim, os descontos de quantidade na forma de *rappel* devem ser sempre considerados admissíveis, por se tratarem de descontos de quantidade. É o caso de um retalhista que, em função de um volume de compras anual, tiver já atingido ou prevê atingir um determinado escalão de bónus, beneficie automaticamente daquele nível de desconto em todas as encomendas que efectue de um determinado produto do mesmo fornecedor, desde o início do ano (***rappel* condicional**). São, nesse sentido, descontos atribuídos com base no desempenho de um agente económico, num determinado período, no qual são alcançados determinados objectivos que o fornecedor «premeia» no contrato. Este entendimento tem, de resto, vindo a ser confirmado pelos Tribunais[230]. Já relativamente ao *rappel* incondicional, se o entendimento dominante na jurisprudência era outro[231], o recente acórdão do Supremo Tribunal de Justiça de 14 de Maio de 2014 veio esclarecer que "o *rappel*, seja ou não fixo, porque depende sempre da aquisição de um certo volume de produtos que poderá ou não ocorrer consoante convenha ou não ao distribuidor (os fornecimentos fazem-se à exacta medida das necessidades do distribuidor) é, nessa perspectiva, um desconto eventual", sendo "sempre, em qualquer das duas modalidades (condicional ou incondicional) um desconto de

[230] Cfr., acórdão do Tribunal da Relação do Porto, de 25.9.2002, proc. 0210179, ou mais recentemente, acórdão do Tribunal da Relação de Lisboa, de 28.6.2012, proc. 1673/10.1TYLSB.L1, citado pela AdC; acórdão do Tribunal da Relação de Évora, de 7.5.2013, proc. 86/12.5YQS-TR.E1.

[231] A AdC considerava que descontos fixos, i.e. atribuídos independentemente da quantidade adstrita e apenas em função do peso negocial do retalhista (e dos fornecedores, acrescente-se), não eram admissíveis, pois nada teriam a ver com a *transacção* [actual] *dos produtos em causa* mas com um conjunto de transações efectuadas em momento anterior. Essa perspectiva míope fica definitivamente superada com o acórdão do STJ de 14 de Maio de 2014.

quantidade"[232]. Como tal legítimo para efeitos da sua dedução para cálculo do preço de compra efectivo[233].

24. No que concerne ao apoio que algumas empresas fornecedoras prestam aos seus distribuidores/retalhistas ao nível do que na prática comercial se designa por "*marketing* corporativo" (por exemplo, através de apoio financeiro concedido para o fabrico de folhetos informativos dos produtos em causa), a tese da sua irrelevância baseava-se na sua qualificação como "descontos" e, agora, impõe-se que se distinga consoante possam ser apresentados como "pagamentos" ou como "descontos". Não obstante o normal e economicamente mais racional ser que as empresas acordem determinados descontos ou contrapartidas e realizem as suas aquisições ao abrigo dessas condições acordadas genericamente, sem prejuízo de renegociações periódicas ou ocasionais, a verdade é que para efeitos do Decreto-Lei nº 166/2013, tanto os pagamentos como "os referidos descontos terão necessariamente de se prender com a transacção dos produtos em causa e só poderão ser tidos em conta caso estejam devidamente identificados na fatura (diretamente ou mediante remissão para contratos ou tabelas de preços ali devidamente identificados) e desde que sejam determináveis à data da respetiva emissão". Nesta medida, a

[232] Considera este Supremo Tribunal que «o desconto "*rappel*" é sempre, em qualquer das modalidades (condicional ou incondicional), um desconto de quantidade, normalmente previsto no acordo geral de fornecimento, com anterioridade a cada concreto acto de aquisição, podendo concretizar-se tanto no momento da emissão da factura, como posteriormente». Acresce «não há qualquer obstáculo a que o "*rappel*" fixo seja concretizado no momento da emissão da factura pois, nesse momento, pode apurar-se qual o abatimento concedido, determinando-se exactamente o que deve ser subtraído ao preço base». O mesmo se diga quando o desconto de *rappel* se inicie na unidade. Com efeito, resulta agora claro que «a circunstância de o primeiro escalão do desconto se iniciar na unidade não o descaracteriza como desconto de quantidade», e bem assim, que «a convenção de o limite mínimo do primeiro escalão se situar na unidade (em euros, quilos, litros, etc.) e o limite máximo do último escalão se situar em 99 999 999 999,00 dá expressão, até com forte carga "simbólica", a um desconto de quantidade construído no âmbito das relações negociais, tendencialmente duradouras, emergentes de um contrato-quadro, que hoje em dia se estabelecem entre fornecedor e revendedor».

[233] No pressuposto, adverte o STJ, também aqui seguindo Carolina Cunha, de que «caso o desconto seja de natureza eventual (...) só deve produzir-se após a determinação do desconto – i.e., só deve ser possível repercuti-lo no "preço de compra efectivo" após o momento em que se torna *suficientemente* certo».

questão de saber se os distribuidores/retalhistas de uma empresa fornecedora poderão ou não repercutir tais descontos a *stocks* anteriores a 30 dias perde o seu fundamento e a sua razão de ser: independentemente da contagem dos dias, tais descontos não poderão ser repercutidos, nos termos legais, para efeitos de cálculo do *preço de compra efectivo.*

Na verdade, parece claro, à luz da jurisprudência uniforme estabelecida pelo STJ, que o sistema da lei não exige uma negociação caso a caso dos pagamentos ou descontos (que se revelaria irrazoável, muito difícil em termos práticos e excessivamente oneroso), mas antes (e apenas, o que não é pouco) que se individualizem e identifiquem os descontos no quadro da relação contratual de fornecimento.

25. Os descontos *sell-out* ou, mais especificamente, os descontos efectuados pelo fornecedor a título de incentivo para o aumento dos níveis de desempenho (com base em vendas) de um determinado distribuidor//retalhista, eram descontos cuja inclusão para efeitos de cálculo do *preço de compra efectivo* era rejeitada pela jurisprudência, mas que o recente acórdão de fixação de jurisprudência do STJ obriga a reponderar. Na verdade, no modelo constante do Decreto-Lei nº 370/93, o legislador manifestava uma fundamental incompreensão acerca das realidades económicas em causa e das motivações e características das práticas proibidas. Ora como realça a doutrina e agora o STJ reconhece, os descontos de quantidade, independentemente da forma em que são atribuídos (e.g. "*rappel*", "desconto de investimento mínimo", "desconto relacionado com lançamento de novos produtos", etc.) são concedidos pelo fornecedor "porque é do seu interesse criar incentivos ao escoamento dos seus produtos", "estimular a sua aquisição pelos revendedores". Outros tipos de descontos ("bónus de garantia de tronco comum nacional", "bónus *facing* mínimo do linear", "bónus de não devolução", "bónus de organização de operações comuns especiais", etc.), são concedidos "como contrapartidas de certas utilidades proporcionadas pelo revendedor ao fornecedor", "para remunerar aquelas utilidades", sendo certo que o interesse do fornecedor na prestação destas utilidades é, novamente e dir-se-á quase sempre, "criar incentivos ao escoamento dos seus produtos e incrementar o seu volume de vendas". Ora, na medida em que os descontos *sell-out* tenham a sua fonte no contrato-quadro que enforma a política de cooperação comercial ou de investimento estratégico de um fornecedor, através da qual se atribui a um determinado distribuidor/retalhista um incentivo de crescimento que, regra geral, devem considerar-se como estando directamente e exclusivamente relacionados com a transacção em questão. Com efeito, tal incentivo traduz antes uma contrapartida para o comprador que é estabelecida em função do volume de transacções que venham a ser efectuadas durante um certo período de tempo. Tal contrapartida não é nem deve exigir-se que seja, por isso mesmo, "determinável face à factura e no momento da sua emissão"[234].

Mas também poderiam ser configurados como pagamentos, cumprindo os requisitos de transparência referidos no nº 2 do artigo 5º. Ou ser *encaixados* na categoria de desconto promocional (cfr. artigo 5º, nºs 2 e 3). Como se sabe, consideram-se «promocionais» aqueles descontos que sejam concedidos pelo fornecedor a título de promoção do seu produto com o objectivo de incentivar a sua venda. Esta definição deve, no entanto, para efeitos de dedução no preço de compra efectivo, ser entendida na sua acepção restrita a uma dada transacção. Efectivamente, nos termos da lei, também os chamados "descontos promocionais" só relevam para o cálculo do preço de compra efectivo desde que *(i)* sejam *exclusivamente* imputáveis ao produto objecto de transacção, *(ii)* tenham sido calculados em função da quantidade envolvida, e *(iii)* esteja identificado o período de tempo durante o qual vai vigorar essa promoção[235].

Nesta perspectiva, e conforme decorre da nova legislação, uma medida de incentivo a um retalhista com vista a remunerar o aumento dos níveis de venda, quando não directamente relacionado com uma dada e concreta transacção comercial, não será relevante para o cálculo do preço de compra efectivo do produto, enquanto desconto. Mas, se for configurada como *pagamento* e respeitar os princípios de transparência previstos

[234] Acórdão do Tribunal da Relação do Porto, de 25.9.2002, proc. 0210179.

[235] Neste sentido se expressou também o acórdão do Tribunal da Relação de Lisboa, de 3.11.2011, proc. 1185/10.3TYLSB.L1-9: "Na interpretação do nº 3 do artigo 3.º do Decreto-Lei nº 370/93, de 29/10, consideramos que a ausência de uma vírgula a seguir a promocionais e a própria natureza de cada um dos tipos de descontos permitem concluir que o legislador pretendeu estabelecer a exigência de identificação de incidência quanto a produto, quantidade e tempo apenas para os chamados descontos promocionais". Ver também: acórdão do Tribunal da Relação de Lisboa, de 16.6.2010, proc. 1511/10.5TYLSB.L1-9; e sentença de 1ª instância citada no acórdão do Tribunal da Relação de Lisboa, de 8.11.2011, proc. 1513/10.1TYLSB.L1-5. O grau de identificação do período em que vigoram pode não exigir uma determinação precisa e *a priori*, sob pena de esta frustar a natureza complexa e continuada da relação entre as partes.

na lei, parece ser legítima. O mesmo se diga, ainda, quando o hoje chamado "descontos *sell-out*" seja passível de **concretização quanto a um determinado produto, à sua quantidade, e à sua duração**. Na verdade, como os descontos se têm de relacionar "directa e exclusivamente com a transacção dos produtos em causa", e independentemente da fonte da informação (factura, contrato, condições gerais ou tabela), é necessário que sejam identificáveis os produtos, o período por que vão vigorar e as quantidades concretas às quais se aplica o desconto promocional, sob pena de ser impossível de demonstrar que ele se relaciona *directa e exclusivamente* com a transacção dos produtos em causa.

Nº 4

26. Este nº 4 vem esclarecer que, no caso de os descontos serem concedidos num determinado produto, estes devem ser considerados na determinação do respectivo preço de venda. Ao contrário do que se referiu relativamente ao "preço de compra efectivo, constante dos nºs 1, 2 e 3, do artigo 5º, o que está aqui em causa é o "preço de venda". Trata-se de uma inovação que, como outras, não tem na sua base qualquer fundamentação ou análise específica, quanto ao seu fundamento ou tratamento jurídico, no direito nacional ou no direito comparado. Ora, a este respeito cumpre sublinhar que o nº 4 suscita dificuldades adicionais, quer em si mesmo, quer face à redacção da sua norma "inspiradora", constante da proposta anexa pelo Governo aquando da submissão da PPL 126/XII. Recorde-se que o artigo 3º do Decreto-Lei nº 370/93 não continha qualquer precisão/orientação relativamente ao modo de cálculo do "preço de venda" (efectivo ou proposto).

O legislador esclarece que para o cálculo do preço de venda se conta com os descontos praticados pela empresa vendedora relativamente a um "**determinado produto**". Tradicionalmente, e na ausência de qualquer clarificação na letra da lei, considerava-se que o "preço de venda" seria, genericamente, o preço final que o consumidor ou agente económico pagava pelo produto, incluindo impostos. Mas esta abordagem suscitava várias dúvidas face a esquemas de descontos complexos que tornavam o preço de venda relativamente indeterminado. Estão nesta situação aqueles múltiplos esquemas promocionais que se baseiam, na lógica económica do vendedor (normalmente aliada a efeitos de estímulo ao acréscimo de vendas, fidelização, etc.), na repartição do decréscimo da margem de lucro por um conjunto de produtos, tornando difícil atribuir um desconto claramente quantificado a produtos determinados. Assim sucede, designadamente, no caso de: *(i)* concessão de um desconto num determinado produto com base na aquisição de outros produtos (adiante "promoções *bundle*")[236]; *(ii)* promoções em que se oferece 50% em cartão/talão pela aquisição do produto X a serem utilizados na aquisição posterior de outros bens, em que o desconto feito na primeira aquisição não é válido nessa aquisição e apenas pode ser usado a partir do dia seguinte, na aquisição de outros produtos, decorrendo assim sempre da aquisição (prévia) de outros produtos; ou *(iii)* concessão de um desconto (e.g. de 50%) sobre o valor total da factura, ou de parte da factura, se se preencherem determinadas condições[237].

Foi neste quadro que o Governo, ao iniciar o processo de revisão do Decreto-Lei nº 370/93, inovou, prevendo no nº 4 do artigo 4º do projecto de diploma enviado ao parlamento que "[o]s descontos que forem [1] concedidos a um determinado produto *ou* [2] associados à aquisição de outros produtos são considerados na determinação do preço de venda". No entanto, verifica-se que a redacção final do diploma do Governo, i.e. o Decreto-Lei nº 166/2013, não é idêntica à do projecto. O legislador limitou-se, aqui, a estabelecer que "os descontos que forem concedidos **num determinado produto** são considerados na determinação do preço de venda" e suprimiu a segunda parte da norma do artigo 4º, nº 4, do projecto, na parte em que se referia também aos "descontos associados à aquisição de outros produtos". O tipo legal proibitivo respeita por isso aos "descontos concedidos num determinado produto". Este é o tipo legal, sendo o nº 5, como se verá, uma explicitação interpretativa do sentido e alcance da referência feita no nº 4 aos "descontos concedidos num determinado produto", como ressalta da circunstância de o nº 5

[236] A lógica económica do vendedor é a da repartição do decréscimo da margem de lucro pela venda do conjunto de produtos adquiridos, e não apenas naquele em que formalmente se concedeu o desconto.

[237] Aqui, a lógica económica do vendedor é a de repartição do decréscimo da margem de lucro pelo conjunto total dos produtos adquiridos, sendo certo que a margem maior de alguns compensará a margem menor de outros, não tendo intenção nem oferecendo, de facto, um desconto de 50% para cada produto individualmente considerado.

começar por dizer que o seu âmbito se circunscreve à "aplicação do número anterior".

27. A nosso ver, a atribuição de descontos **imediatos** não ligados à aquisição de "determinado produto" não afecta o preço de venda, para efeitos do preenchimento do tipo legal de proibição de revenda com prejuízo. A presente redacção, ao suprimir a referência aos "descontos associados à aquisição de outros produtos", visa justamente clarificar uma dúvida que hoje está a ser dirimida nos tribunais: a de saber se todos os sistemas de descontos imediatos, como sucede com descontos em que se concede, por exemplo, 50% de desconto no valor de todas as compras, são relevantes para efeito do cálculo do **preço de venda** ou se só os são os que digam respeito a "determinado produto".

Na previsão legal estão, ainda assim e para efeitos do cálculo do preço de venda, dois tipos de descontos ligados à venda de "**determinado produto**": (*i*) os que dão um desconto **imediato** pela sua aquisição (v.g. 50% de desconto no preço do produto X) (*descontos imediatos*); e (*ii*) os que dão um desconto **mediato** pela sua aquisição (v.g. 50% em cartão/talão pela aquisição do produto X, a serem utilizados na aquisição posterior de outros bens) (*descontos diferidos*), este último determinável nos termos previstos no complexo nº 5, que se analisará *infra*.

Subsistem ainda assim dúvidas quanto ao grau de determinação do produto visado na lei, porquanto poderá haver quem entenda que a letra da lei se aplica mesmo aos casos em que os descontos não visam um único e "determinado" produto mas uma gama ou mesmo todo o sortido de produtos vendidos pela empresa. Parece ser este o entendimento preliminar da ASAE, ainda que a ser testado nos tribunais. Para a ASAE, o tipo legal cobre tanto o "desconto" num único produto como numa "gama" ou sortido de produtos, pois que, no momento da atribuição do desconto (o momento em que o consumidor paga o produto), considera esta autoridade que o produto é "determinado". Com efeito, no documento publicado na sua página electrónica, a ASAE clarifica que "[s]empre que os descontos incidam sobre um conjunto de bens (e não individualmente sobre o valor dos produtos em causa), o valor do desconto em cada produto adquirido será o que consta no respetivo documento de caixa. Ou seja, o valor a considerar será o que resulte da operação matemática da imputação da percentagem de desconto oferecido a cada uma das unidades de produtos integrantes do conjunto". De resto, refere ainda a ASAE que "[a] oferta de um produto na compra de outro não está excluída do conceito de venda com prejuízo [pelo que] em cada aquisição deste tipo, o preço unitário de venda final corresponde ao montante que resultará da imputação do valor total da operação de desconto a cada unidade efectiva e concretamente adquirida Isto é: Preço total pago / nº de unidades adquiridas = preço unitário de venda". Esta posição, ainda que se nos afigure inapropriada, era também a que a AdC tinha, face ao Decreto-Lei nº 370/93. Para a AdC, quando o valor do desconto (por exemplo, no caso de desconto directo em gamas de produtos) seja apurado em função do valor dos bens adquiridos e o desconto seja aplicado linearmente sobre os produtos adquiridos, o preço de venda ao público (e, necessariamente, o preço pelo qual os consumidores compraram os produtos) resulta da aplicação do desconto concedido (10%, 20% ou 50%, por exemplo) sobre o valor indicado para cada produto no correspondente talão de venda[238].

Justifica-se aqui, seguramente, um inflexão jurisprudencial. Com efeito, quando o desconto não recair sobre um produto determinado – o que poderá suceder se o desconto recair exclusivamente, por exemplo, sobre um determinado valor mínimo de compras, ainda que só em produtos de um determinado fornecedor –, então o preço de venda não deverá incorporar o desconto e, por isso, será menos fácil o preenchimento do tipo legal de proibição de revenda com prejuízo[239]. Na verdade, um desconto concedido em função de um valor de compras e não de produtos determinados dificilmente se pode dizer que preenche o tipo legal, não podendo negar-se o artificialismo da construção administrativa em sentido contrário. Dado o princípio da legalidade e da tipicidade que devem aqui ser interpretados de forma estrita, impõe-se concluir que a lei não foi redigida de modo a lidar com esquemas promocionais complexos baseados na repartição do decréscimo da margem de lucro por um conjunto indeterminado de produtos e a consequente dificuldade em atribuir um desconto claramente quantificado a produtos determinados.

[238] Nestes casos, a AdC tem vindo ainda a apresentar o argumento de o âmago de algumas promoções deste género se traduzir numa lógica de "compre o que quiser, pague só metade do preço".

[239] Refira-se, a título meramente exemplificativo, as "promoções *bundle*", em que o desconto num determinado produto é feito com base na aquisição de uma gama alargada de produtos.

Nº 5

28. Diferente é a situação quando se trate de um desconto concedido em determinado produto através de "direito de compensação na aquisição posterior de bens". Esta hipótese, constante do nº 5 do presente artigo, diz-nos que, "[p]ara efeitos de aplicação do número anterior, os descontos que consistirem na atribuição de um direito de compensação em aquisição posterior de bens equivalentes ou de outra natureza, concedidos em cada produto, são imputados à quantidade vendida do mesmo produto e do mesmo fornecedor nos últimos 30 dias". Há, pois, aqui uma especial consideração dos denominados "descontos diferidos no tempo, quando estes sejam determináveis no momento da emissão da respectiva factura"[240].

29. O nº 5 deste artigo 5º introduz uma norma sobre cálculo de preço de venda no que respeita a descontos diferidos, de forma totalmente inovatória. Não existe por isso qualquer prática jurisprudencial nesta matéria que possa guiar o intérprete na procura do sentido razoável da legislação, à luz da unidade do sistema jurídico. Para o nº 4 do artigo 5º do Decreto-Lei nº 166/2013, como deixámos atrás assinalado, os *descontos imediatos* concedidos a "determinado produto" contribuem para o cálculo do preço de venda. Até à entrada em vigor do novo diploma, a prática dos nossos tribunais considerava que o "preço de venda" seria, genericamente, o preço final que o consumidor final ou agente económico pagava pelo produto, incluindo impostos. Agora, no nº 5, o legislador esclarece a situação dos *descontos diferidos* no tempo, para os efeitos de cálculo do preço de venda a que se refere o nº 4, estabelecendo, desde logo, um limite temporal de 30 dias antes do qual este tipo de descontos diferidos no tempo serão imputados ao cálculo que é feito para aquele exacto produto. Mas vamos por partes.

Repetimos: o que está aqui em causa é também um desconto que é concedido num produto específico mas cujo exercício desse desconto é diferido no tempo. Ou seja, o benefício extraído pela empresa ou pelo consumidor com o desconto que obteve da parte do vendedor relativamente a um específico produto não se verificará naquele preciso

[240] Cfr. preâmbulo do Decreto-Lei nº 166/2013.

momento da compra mas só num momento posterior. O consumidor só poderá *descontar* (i.e., o valor do desconto só será aplicado) em momento posterior, numa outra compra.

Para se proceder ao cálculo do preço de venda, o Decreto-Lei nº 166/ /2013 exige que seja possível individualizar todos aqueles descontos que sejam diferidos no tempo, devendo estes estar associados a uma venda concreta – i.e., que seja possível essa individualização do desconto relativamente a cada produto, por exemplo uma televisão da marca X, de um modelo com a referência Y.

30. Acresce que o desconto concedido pelo vendedor irá beneficiar o consumidor em compras de "*bens equivalentes ou de outra natureza*". O conceito aqui introduzido é propositadamente lato, de forma a permitir que caibam aqui todas e quaisquer compras futuras de produtos.

E se em muitas situações tal exigência poderá revelar-se profundamente contraditória com a natureza contratual mista, complexa, duradoura e compósita que caracteriza a relação comercial entre fornecedores e distribuidores, é de acreditar, à luz das posições que a AdC tinha, que a ASAE vá também considerar relevante o desconto diferido qualquer que seja a composição do "cabaz" que lhe deu origem (embora não seja possível ter certezas, também quanto à atitude dos tribunais). Por outro lado, é de salientar também que o legislador não considerou relevante saber se o *desconto diferido* (i.e., o direito de compensação dele derivado) foi ou não exercido pelo consumidor. No nosso entendimento, mesmo que não tenha sido, o desconto diferido é relevante para a determinação do preço de venda. O que é relevante é o momento e o montante do direito de compensação atribuído e é isso que tem de ser quantificado.

Especificamente no que concerne a estas questões, a ASAE, no citado documento FAQ publicado na sua página electrónica, depois de clarificar que "[n]a determinação do preço de venda tem-se em conta os descontos dados em cartão, mesmo que sejam descontados ou efectivados à *posteriori* na compra de outros bens [descontos estes que a ASAE explica que «consistem na atribuição de um crédito (do valor mencionado na promoção) em cartão, talão ou outra via, que permita a sua utilização posterior pelo consumidor, **independentemente da sua efectiva utilização**»]", vem também referir que, especificamente nos casos de desconto diferido, "para apurar o preço efectivo de venda daqueles bens, será necessário proceder a uma **média ponderada** das quantidades vendidas naquele período e dos preços a que os bens foram vendidos, considerando-se para o seu cálculo efectivo os créditos que foram efectivamente atribuídos aos portadores, por exemplo, de cartões ou talões de desconto.".

Exemplo: um distribuidor X dá um desconto diferido de 20% pela aquisição de televisões da marca Y. O consumidor adquire aí uma televisão dessa marca, do modelo "*Led HD Clever TV*". De acordo com a letra da lei, o desconto de 20% será imputado pela ASAE, aquando da realização do acto inspectivo, a todas as vendas que o distribuidor X tenha feito nos últimos 30 dias [nos 30 dias anteriores] de televisões deste modelo e que tenham sido adquiridas pelo distribuidor X ao mesmo fornecedor. Assim, se o distribuidor X tiver vendido 100 televisões deste modelo nos últimos 30 dias, 10 nos primeiros 15 dias (sem o desconto diferido), 90 nos segundos quinze dias (com o desconto diferido), a ASAE irá averiguar, partindo de uma aquisição concreta num dia concreto, se a soma das vendas nos últimos trinta dias e a repartição do desconto diferido de 20% pelos últimos 30 dias conduz ou não, por comparação com o preço de compra efectivo, a uma venda com prejuízo. O resultado prático poderá ser o de que não existiu venda com prejuízo, indo aqui a lei num sentido que, materialmente, se aproxima do da lei alemã, para quem uma prática ocasional não preenche o tipo legal de venda com prejuízo proibida.

31. Uma última nota apenas para sublinhar dois aspectos fundamentais neste âmbito. Pelo primeiro, refira-se que o legislador estabeleceu um limite temporal de 30 dias para determinar o exacto preço de venda do produto (no dia "0"), i.e., a imputação da quantidade vendida tem de ser feita "nos últimos 30 dias". A este respeito, colocava-se aqui a questão sobre se "por últimos" se entendem os subsequentes à atribuição do desconto diferido ou os anteriores à compra concreta ou os referentes ao período de 30 dias em que o desconto diferido foi "atribuído"? No referido documento FAQ publicado na sua página electrónica, a ASAE veio já esclarecer que "[n]o âmbito do desconto diferido previsto no artigo 5º, nº 5 do Decreto-Lei nº 166/2013, o 30º dia conta-se, por ordem decrescente, a partir do momento que a ASAE fiscaliza a alegada prática de venda com prejuízo", ou seja "[o]s 30 dias contam-se a partir da **data do ato inspetivo**". E se o processo não nascer de um acto inspectivo mas de uma denúncia? Ou a denúncia for seguida de um acto inspectivo?

Pelo segundo, importa ter em conta que esses descontos serão "imputados à quantidade vendida do *mesmo produto* e do *mesmo fornecedor*". Neste sentido, os descontos (diferidos, recorde-se) que são concedidos na aquisição de um bem/produto específico ("concedidos em cada produto", diz o Decreto-Lei nº 166/2013) – e não obstante serem utilizados pelos consumidores na aquisição de produtos *equivalentes ou de outra natureza* – deverão, para efeitos de cálculo e determinação do preço de venda, ser repercutidos na **quantidade vendida em produtos absolutamente semelhantes** nos trinta dias anteriores, provindos do mesmo fornecedor. Neste caso, o desconto diferido concedido será repercutido no preço a que a empresa (aquela que é objecto de um processo por venda com prejuízo) vendeu o mesmo produto X que tenha provindo do mesmo fornecedor.

32. A questão da identidade do fornecedor levanta muitas dificuldades práticas, na sua aplicação pela ASAE e na percepção automática sobre a existência ou não de uma infracção à lei, mas cremos que a ideia do legislador poderá ter sido de estimular alguma concorrência entre fornecedores do mesmo produto. Assim, não bastará demonstrar que o produto ""*Led HD Clever TV*" foi vendido a um preço inferior (à média do/ao) preço de compra efectivo nos últimos 30 dias. É preciso também demonstrar que o produto foi adquirido ao *mesmo fornecedor*. Caso contrário, terá de refazer-se o caminho se estiver em causa (também) outro fornecedor para saber se, também em relação ao produto a ele adquirido, se vendeu a um preço inferior ao preço de compra efectivo. Só assim se determinará o preço de venda que será relevante para aferir se houve ou não uma venda com prejuízo, i.e. só assim se determinará se o desconto feito resultará ou não numa venda "por um preço inferior ao seu preço de compra efectivo" para efeitos do Decreto-Lei nº 166/2013.

Se este critério poderá reduzir o risco de infracção, é também notório que o nível de incerteza jurídica aumentará substancialmente. Por um lado, tanto a ASAE como as empresas terão alguma dificuldade em reconhecer à partida a existência de uma venda com prejuízo dado que há um conjunto de variáveis que só a partir de uma aquisição concreta serão determináveis. Por outro lado, entendemos que a probabilidade de campanhas de curta duração que atribuem *descontos diferidos* escaparem à proibição legal é mais elevada do que sucedia ao abrigo da lei anterior. Considere-se o seguinte exemplo:

Numa promoção do género "50% em cartão/talão pela aquisição do produto X", o desconto feito na primeira aquisição de um determinado produto "X" não é válido nessa aquisição[241] e apenas pode ser usado posteriormente (na compra seguinte, no dia seguinte, "Z" dias depois) na aquisição de outros produtos "Y", equivalentes ou de outra natureza, decorrendo assim sempre da aquisição (prévia) do referido produto "X". Neste caso, o desconto feito na aquisição do referido produto "X", ainda que seja utilizado na aquisição de um produto "Y", deverá ser repercutido (ou, na letra da Lei, "imputado") na quantidade vendida daquele produto "X" nos últimos 30 dias, contados retrospectivamente da data do acto inspectivo da ASAE, pelo seu fornecedor. Só assim se determinará o preço de venda que será relevante para aferir se houve ou não uma venda com prejuízo. Isto é, só assim se determinará se o desconto feito resultará ou não numa venda "por um preço inferior ao seu preço de compra efectivo" para efeitos do Decreto-Lei nº 166/2013. Ora, caso vingue a posição expressa pela ASAE nas FAQ (que a auto-vincula), o nível de incerteza introduzido no sistema é intolerável, visto que se a inspecção decorrer após o termo da prática da venda com prejuízo (v.g. depois de cessar a campanha ou promoção) pode suceder que as aquisições desse produto àquele fornecedor (nos 30 dias imediatamente anteriores à data do acto inspectivo) não tenham sido feitas em violação da lei e, mesmo assim, se venha a concluir pela infracção ao diploma. Podendo também suceder que, no período da alegada campanha ou promoção, os produtos também tenham sido adquiridos a um preço líquido inferior e, igualmente, sem qualquer infracção à lei. De onde resulta – e mais hipóteses poderíamos conceber – um nível insuportável de incerteza e insegurança jurídicas. E mal se coaduna com o regime e prazo de prescrição aplicáveis resultantes do artigo 27º do RGCO (aplicável *ex vi* do artigo 12º do Decreto-Lei nº 166/2013).

[241] Já no caso de descontos que são concedidos por algumas empresas de distribuição que, não obstante serem feitos em cartão, estão associados a um determinado produto e são imediatos, não restam dúvidas que estes descontos caiem directamente na previsão do nº 4 do artigo 5º, sendo relevantes para a determinação do preço de venda.

33. Questões outras são as de saber como se determina este valor? De que quantidade estamos a falar? E em que âmbito? Será a quantidade vendida na mesma empresa, em sentido estrito ou em sentido amplo? Serão as quantidades vendidas na loja concreta onde o consumidor adquiriu o direito à compensação? E se houver mais do que um fornecedor do mesmo produto, no período em referência, e tiverem vendido a preços diferentes? Diz o legislador que serão relevantes apenas as vendas daquele mesmo produto e do mesmo fornecedor nos últimos 30 dias. Mas as vendas para aquela loja ou para toda a pessoa jurídica ou para toda a "Empresa", seja o que for que se entenda por esta? E daquela quantidade de produto. O que se entende por produto? Naturalmente, apenas aquele que foi vendido com desconto ou relativamente ao qual o vendedor atribuiu o direito de compensação. E outras referências do mesmo produto vendidas pelo mesmo fornecedor serão também tidas em conta para determinar a existência de uma venda com prejuízo? E se, como vimos acima, não for possível identificar um único fornecedor para o referido produto, durante aquele período? E se o "direito à compensação" só puder ser exercido a partir do 31º dia, *quid iuris*?

Estas são apenas algumas das muitas dúvidas que a norma do artigo 5º, nº 5, do Decreto-Lei nº 166/2013 coloca, e que mostra que será extremamente complexo monitorizar o respeito pelo disposto neste nº 5. Com efeito, é nosso entendimento que continuará a ser extremamente difícil a atribuição de um desconto claramente quantificado a produtos determinados quando estejam em causa certo tipo de acções promocionais. Por exemplo, as denominadas "promoções *bundle*", em que o desconto num determinado produto é feito com base na aquisição de uma gama alargada de produtos, ou mesmo as promoções do tipo "Desconto de 50% sobre o valor das compras efectuadas no dia X", em que a concessão de um desconto (e.g. de 50%) sobre o valor total da factura, ou de parte da factura, dependem sempre do preenchimento de determinadas condições, pelo que será extremamente difícil conseguir isolar o desconto relativamente a um determinado produto. E se no passado as autoridades têm tentado superar esta dificuldade, ela será mais dificilmente ultrapassável a partir do momento em que a lei dá relevo ao produto concreto, ou melhor, "determinado" (nº 4 do artigo 5º) ou "em cada produto" (nº 5 do artigo 5º) e em que se estabelece como critério uma análise a 30 dias das compras dos mesmos produtos provindos dos mesmos fornecedores.

Não deixaremos, no entanto, de sublinhar que esta nossa interpretação não é mais do que um exercício prospectivo sobre como esta norma pode ser interpretada, que só a prática da Administração e dos tribunais virá a esclarecer em definitivo. E, apesar das breves explicações da ASAE, que se saúdam, mantêm-se ainda muitas dúvidas, designadamente quanto (*i*) à definição de produto; (*ii*) à definição de empresa (serão as vendas do distribuidor, em todas as suas lojas, ou só naquela; e as vendas noutras pessoas colectivas também ligadas ou associadas ao mesmo distribuidor X?); (*iii*) à definição de fornecedor (abrange outras empresas a si ligadas).

Nºs 6 a 9

34. Os nºs 6 a 9 do presente artigo devem ser lidos em conjunto uma vez que, através destes, o legislador vem consagrar um regime próprio sobre a aceitação, reclamação e rectificação de facturas, com o objectivo de evitar que, no decurso de um processo de fiscalização por parte da ASAE, seja possível uma rectificação das facturas por parte das empresas[242].

Pelo nº 6 esclarece-se que "[p]ara os efeitos do presente decreto-lei, as facturas de compra consideram-se aceites em todos os seus termos e reconhecidas pelos seus destinatários, quando não tenham sido objecto de reclamação no prazo de 25 dias seguintes à respetiva receção". Ou seja, estipula-se aqui um prazo máximo de 25 dias, contados ininterruptamente desde a data de recepção das facturas de compra, para eventuais reclamações relativamente aos preços e demais condições da transacção que possam, no entendimento do comprador, não estar em conformidade com o que ficou acordado pelas partes ou se se verificar, em alguma dessas condições contratuais, a existência de alguma contrariedade ao regime das práticas restritivas do comércio. Após o decurso desse período temporal, as facturas de compra têm-se por "aceites em todos os seus termos e reconhecidas pelos seus destinatários".

35. Pelo nº 7 do presente artigo, o legislador vem esclarecer que "[e]m caso de desconformidade da factura, a sanação do vício e a emissão de

[242] V. Miguel Sousa Ferro, cit., pág. 53.

uma factura retificada deve ocorrer no prazo de 20 dias após a reclamação prevista no número anterior.".

No seguimento do que ficou estabelecido relativamente à aceitação facturas de compra, clarifica-se assim que em caso de desconformidade das mesmas – desconformidade cujo ónus de alegação cabe, precisamente, ao destinatário da factura – a sanação do vício – sanação essa que o próprio nº 7 do artigo 5º esclarece dever ser feita através de "emissão de uma factura rectificada" – deve ocorrer num prazo máximo de 20 dias contados ininterruptamente desde a data do recebimento da reclamação, por parte do emitente da factura (neste caso, do vendedor).

Pelo nº 8 do presente artigo, o legislador vem esclarecer que "[p]ara os efeitos do disposto no presente artigo, não são consideradas as alterações contidas em facturas retificadas, emitidas em data posterior aos prazos indicados.".

A operacionalidade destas normas suscita diversas dificuldades. Como se viu, para efeitos do cálculo do "preço de compra efectivo", o preço unitário de um determinado produto deve constar da factura de compra e deve ser "líquido dos pagamentos ou descontos que se relacionem direta e exclusivamente com a transação dos produtos em causa, **e que se encontrem identificados na própria factura, ou por remissão desta**, em contratos de fornecimento ou tabelas de preço (...)". Ora, no nº 6 estipula-se um prazo máximo de 25 dias para eventuais reclamações relativamente aos preços e demais condições da transacção que constem das referidas facturas, designadamente se os mesmos não estiverem em harmonia com o que ficou acordado pelas partes ou se se verificar a existência de alguma desconformidade com o regime das práticas restritivas do comércio. Se o destinatário dessa factura entender que a mesma é desconforme, por algum motivo, com a transacção efectuada, e consequentemente, apresentar reclamação, o vício só será sanado após a emissão de uma nova factura que deverá ocorrer até a um prazo máximo de 20 dias (nº 7).

36. O nº 8 surge então como uma verdadeira penalidade para o não cumprimento do que ficou estabelecido no nº 7. No caso de uma rectificação da factura que ocorra após o prazo máximo fixado de 20 dias para a emissão de uma nova factura – por exemplo, no 21º dia após a apresentação da reclamação por parte do destinatário da factura – as alterações constantes dessa factura, ainda que agora já se apresentem em conformidade com o preço e/ou condições de venda acordadas, **deixarão de poder ser consideradas** para efeitos do artigo 5º do presente diploma, desde logo, para efeitos do cálculo do "preço de compra efectivo". Nestes termos, verifica-se a existência de um ónus para a destinatário da factura de, dentro de um prazo limite de 25 dias (prazo máximo para o destinatário da factura reclamar) + 20 dias (prazo máximo para o vendedor rectificar a factura desconforme), estar na posse de uma factura que esteja em total conformidade com a transacção acordada. Mas cuja emissão lhe não compete. Só as facturas que sejam apresentadas depois de ultrapassados esses períodos de reclamação e de rectificação é que não serão tidas em consideração pela ASAE. Levanta-se a questão da (in)constitucionalidade destas normas por estas estarem a impor um "fardo manifestamente excessivo (...) sobre as empresas que têm o dever de apresentar a respetiva prova documental"[243]. Dito de outro modo, o que se questiona aqui é a eventualidade de um revendedor poder incorrer em contraordenação se, por exemplo, apresentar uma reclamação da factura de compra dentro do prazo de 25 dias previsto no nº 6, o fornecedor não cumprir o prazo de 20 dias que tem para sanação do vício através da emissão de uma nova factura e, consequentemente, nos termos do nº 8, a factura rectificada não puder ser considerada pela ASAE para efeitos de determinação do preço de compra efectivo. Nestes casos, e sem prejuízo de as autoridades e os tribunais poderem lidar com estas normas de outro modo, entendemos que o revendedor não poderá sair prejudicado pelo facto de o fornecedor – esse sim – ter desrespeitado, por culpa sua, o prazo para sanação do vício previsto no nº 7. Com efeito, nestas situações, por um lado, não só o revendedor terá toda a legitimidade para apresentar posteriormente a factura rectificada, mesmo após o prazo previsto no nº 9, de forma a provar documentalmente a licitude do seu comportamento (i.e. que não incorreu numa prática de venda com prejuízo), sob a condição de demonstrar que as facturas em causa foram objecto de reclamação dentro dos 25 dias previstos no nº 6, como, por outro lado, qualquer coima em resultado de contraordenação por violação (com dolo ou mesmo a título de mera negligência) do disposto no

[243] V. Miguel Sousa Ferro, cit., pág. 54.

nº 7 do artigo 5º, a existir, terá necessariamente de ser imputada ao fornecedor (e não, naturalmente, ao revendedor).

37. O conceito de "erro material" é tratado de forma ampla pela doutrina e jurisprudência, em particular no que concerne à dicotomia erro material vs. erro de julgamento, quer no âmbito do processo civil, quer no âmbito do direito fiscal. A respeito do primeiro, entendia o prof. Prof. Alberto dos Reis – entendimento que é, aliás, amplamente citado na jurisprudência dos tribunais nacionais – que "[h]á que distinguir, cuidadosamente, o erro material do erro de julgamento. O primeiro verifica-se quando o juiz escreveu coisa diversa do que queria escrever, quando o teor da decisão não coincide com o que o juiz tinha em mente exarar, quando, em suma, a vontade declarada diverge da vontade real."[244]. A título meramente exemplificativo, faz-se referência aqui para o Tribunal da Relação de Coimbra que, por Acórdão de 1.2.2005, clarificou que "no erro material, (...) a avaliação foi bem feita mas traída no acto material da escrita. Sendo um lapso material de escrita, ele pode (e deve) ser corrigido a todo o tempo (...). Porque isso corresponde ao sentido de *procedere*, sem vícios, sem enganos, *caminhando-se* o mais correctamente possível (...). Não permitir corrigir um lapso manifesto é servir um formalismo e não servir-se deste para satisfazer os interesses dos homens."[245]. Esta posição encontra também eco no Supremo Tribunal de Justiça nos seguintes termos: "Os normativos dos arts. 666º e 667º do Código de Processo Civil, conjugados com o art. 249º do Código Civil, não excluem que um ostensivo erro material (...) possa ser rectificado a todo o tempo"[246].

38. Também no direito fiscal, o Código do Imposto sobre o Valor Acrescentado[247] ("CIVA") prevê no artigo 78º (cuja epígrafe é "regulari-

[244] Alberto dos Reis, *Código de Processo Civil Anotado*, Coimbra Editora, 1981, vol. V, pág. 130, em anotação ao artigo 667º.

[245] Acórdão do Tribunal da Relação de Coimbra, de 1.2.2005, proc. 3259/04, disponível em: http://www.dgsi.pt.

[246] Acórdão do STJ, de 23.11.2011, proc. 4014/07.1TVLSB.L1.S1, disponível em: http://www.dgsi.pt.

[247] Na redacção que lhe foi atribuída, por último, pela Lei nº 83-C/2013, de 31 de Dezembro, disponível em: http://info.portaldasfinancas.gov.pt/NR/rdonlyres/16D874FC-9374-4DA3-86CA-311A6E4CC142/0/IVA_01_2014.pdf.

zações") a hipótese de as facturas que já tenham sido emitidas e registadas serem "inexactas" ou conterem "erros materiais ou de cálculo" e de terem de ser, consequentemente, corrigidas. No caso de "facturas inexactas que já tenham dado lugar ao registo (...) a rectificação é obrigatória quando houver imposto liquidado a menos, podendo ser efectuada sem qualquer penalidade até ao final do período seguinte àquele a que respeita a factura a rectificar, e é facultativa, quando houver imposto liquidado a mais, mas apenas pode ser efectuada no prazo de dois anos". Já no caso da existência de "erros materiais ou de cálculo" nas facturas, a correcção é "facultativa quando resultar imposto a favor do sujeito passivo, mas só pode ser efectuada no prazo de dois anos, que, no caso do exercício do direito à dedução, é contado a partir do nascimento do respectivo direito (...), sendo obrigatória quando resulte imposto a favor do Estado"[248]. Salvaguarda-se, pois, sempre um período relativamente extenso para que as facturas que contenham erros materiais ou mesmo as que sejam inexactas possam ser rectificadas, de forma a reflectirem sempre correctamente os dados do negócio, para efeitos de tributação fiscal. Esta posição vai, aliás, de encontro à prática comercial comum (são inúmeros os casos em que situações como estas ocorrem), sendo o regime estabelecido no CIVA o resultado dessa mesma prática.

39. A analogia aqui utilizada é útil para compreender o alcance e limitações do novo regime das práticas restritivas do comércio, nesta matéria. Mais se vê a excepcionalidade e severidade do regime constante do presente diploma. Assim, existindo um manifesto erro material (ou de cálculo) – por, por exemplo, a soma das parcelas em que se decompõe um conjunto de produtos a serem adquiridos ao abrigo de um contrato de fornecimento não ser a que é indicada na factura – e sendo de afirmar o primado da verdade material sobre a verdade formal, é de admitir que a parcela em que se verifica a existência desse erro seja rectificada e que, por conseguinte, da factura apenas conste o valor efectivamente devido, expurgado do erro. Ao limitar isto em homenagem a pretensos interesses

[248] Nota para o facto de, quando não esteja previsto qualquer prazo para a regularização das facturas, designadamente o prazo de 2 anos para as rectificações facultativas, a regularização pode ocorrer até ao prazo de 4 anos (prazo geral de caducidade), contado a partir do nascimento do respectivo direito, nos termos do artigo 45º da Lei Geral Tributária e do artigo 98º do CIVA.

da segurança e estabilidade do comércio, a lei visa atingir um objectivo legítimo mas, na medida em que possa fazer incorrer uma parte cumpridora em responsabilidade contra-ordenacional, impõe uma sanção excessiva e desproporcionada.

40. Finalmente, a lei também rege quanto ao momento em que se deve considerar o devedor interpelado para proceder ao pagamento, esclarecendo no nº 9 que "[a] alegação de existência de erro material afeta apenas a parcela em que se verifica, considerando-se cumprido o dever de interpelação para pagamento dos restantes bens e serviços constantes da factura". O cumprimento tempestivo do dever de interpelação deve constituir causa de exclusão da ilicitude do comportamento, à luz do regime contra-ordenacional aplicável.

Nº 10

41. Pelo nº 10, o legislador vem excluir da aplicação do nº 1 do presente artigo um conjunto significativo de situações em que, apesar de haver uma oferta para venda ou revenda com prejuízo, a proibição não é aplicável. Deve começar por realçar-se aqui uma diferença substancial face ao Decreto-Lei nº 370/93, o qual previa, no seu artigo 3º, nº 4, alínea *d)*, que não se aplicava a proibição quando o revendedor, ao praticar um preço abaixo do preço de compra efectivo, estava a responder a uma prática de um seu concorrente (independentemente de saber se o concorrente estava ou não a infringir a mesma proibição). Como aí se lia, «a proibição não é aplicável a bens cujo preço se encontre alinhado pelo preço praticado para os mesmo bens por um outro agente económico do mesmo ramo de actividade que se encontre temporal e espacialmente em situação de concorrência efectiva com o autor do alinhamento». Esta causa permitia a chamada defesa do *meeting competition* (ou *excepção de alinhamento de preços*), assegurando mesmo a quem adquire (para revenda) produtos a um preço de compra efectivo mais elevado a possibilidade de responder a uma oferta mais agressiva de um concorrente na mesma zona geográfica de influência e no mesmo ou em período próximo do ponto de vista concorrencial, sem que pudesse ser sancionado com a aplicação de uma coima[249]. E decorrendo daqui um claro benefício para o consumidor.

42. No nº 10 do artigo são apenas mantidas as restantes situações – já descritas no Decreto-Lei nº 370/93 –, estabelecendo-se que não há proibição de oferecer para venda ou vender a uma empresa ou a um consumidor por um preço inferior ao seu preço de compra efectivo se estiverem em causa: (*i*) bens perecíveis, a partir do momento em que se encontrem ameaçados de deterioração rápida; (*ii*) bens cujo valor comercial esteja afetado, quer por ter decorrido a situação que determinou a sua necessidade, quer por redução das suas possibilidades de utilização, quer por superveniência de importante inovação técnica; (*iii*) bens cujo reaprovisionamento com outros bens, de características equivalentes, se efetue a preço inferior, sendo então o preço efectivo de compra substituído pelo preço resultante da nova factura de compra; e (*iv*) bens vendidos em saldo ou liquidação.

43. Começando por esta última categoria – "bens vendidos em saldo ou liquidação" –, é de constatar que o regime de venda destes bens consta do Decreto-Lei nº 70/2007, de 26 de Março (que vem regular "as práticas comerciais com redução de preço nas vendas a retalho praticadas em estabelecimentos comerciais, com vista ao escoamento das existências, ao aumento do volume de vendas ou a promover o lançamento de um produto não comercializado anteriormente pelo agente económico"), conquanto este também se aplique a serviços, o que está excluído do tipo legal do artigo 5º do Decreto-Lei nº 166/2013. Ora, a presente excepção está em consonância com o Decreto-Lei nº 70/2007, o qual também prevê que, embora as vendas com reduções de preços estejam sujeitas ao regime da revenda com prejuízo, tal não se aplica às vendas em saldos e liquidações (nº 4 do artigo 5º, nº 4, do Decreto-Lei nº 70/2007, de 26 de Março). Na verdade, se o novo regime anunciado pelo Governo em

[249] Os tribunais portugueses vinham impondo, nestes casos, e com particular exigência, a necessidade de se fazer a prova da coincidência espacial entre os concorrentes, e bem assim, dos estabelecimentos concretos dos concorrentes que, em função do preço oferecido, poderiam fazer desviar potenciais compradores dos estabelecimentos de quem invocasse esta excepção.

anexo à proposta de lei 213/XII (PPL 213/XII)[250] vier a ser confirmado nos termos pré-anunciados, o Governo abre as portas a uma aplicação deste instituto em apenas oito dos doze meses do ano, abrindo períodos em que o comércio poderá concorrer de forma agressiva pelo preço[251]. Também aqui, enfim, o resultado útil será o de permitir uma redução da conflitualidade relativa a este instituto.

44. Na alínea *a)* do nº 10 prevê-se que seja possível a fixação de um preço de venda inferior ao preço de compra efectivo quando estejam em causa «bens perecíveis, a partir do momento em que se encontrem ameaçados de deterioração rápida (...)». Relevam para este efeito todos os produtos susceptíveis de se tornarem inaptos para a sua função e/ou destino económico pelo mero decurso do tempo, por exemplo, aqueles que estejam sujeitos a prazo de validade, tais como os produtos hortícolas e frutícolas ou os produtos de géneros alimentícios congelados para consumo humano. Estes produtos perecíveis só estarão, no entanto, salvaguardados da proibição de serem vendidos (ou de serem objecto de uma oferta de venda) a um preço inferior ao seu preço de compra efectivo, "a partir do momento em que se encontrem ameaçados de deterioração rápida". Há, nesta medida, uma certa margem de discricionariedade na análise do momento a partir do qual se considera lícita a venda com prejuízo, o que naturalmente convoca o conhecimento da experiência comum: só a partir do momento em que estes produtos se encontrarem seriamente ameaçados, i.e. quando o seu perecimento pelo decurso do tempo e por decurso do seu prazo de validade for iminente, é que o vendedor não ficará obrigado a respeitar a norma prevista no nº 1 do presente artigo. Deve acrescentar-se que a lei não exige, como elemento justificante, que a perecibilidade seja aferida tendo presente outros indícios, tais como o nível de vendas anterior do comerciante.

[250] Disponível em http://app.parlamento.pt/webutils/docs/doc.pdf?path=6148523063446f764c3246795a5868774d546f334e7a67774c336470626d6c7561574e7059585270646d467a-4c31684a535339305a58683062334d76634842734d6a457a4c56684a5353356b62324d3-d&fich=ppl213-XII.doc&Inline=true.

[251] Outro aspecto relevante é a proposta revogação do nº 3 do artigo 10º do Decreto-Lei nº 70/2007, que impedia a venda em saldos de produtos que, no mês anterior, tivessem sido objecto de venda com redução de preço.

45. Também é possível a venda com prejuízo de bens cujo valor comercial esteja afectado, quer por "ter decorrido a situação que determinou a sua necessidade, quer por redução das suas possibilidades de utilização, quer por superveniência de importante inovação técnica" (alínea *b)* do nº 10). São previstas, aqui, três hipóteses distintas (que, diga-se em abono da verdade, à semelhança do que acontece na alínea *a)* do mesmo nº 10, apresentam uma ampla margem de discricionariedade) que podem também justificar a inaplicação da proibição contida no nº 1 do presente artigo, designadamente quando estejamos perante situações em que o valor comercial de um bem fique definitiva ou parcialmente afectado, i.e. quando haja uma perda definitiva ou parcial das qualidades intrínsecas e mesmo do valor intrínseco de um determinado produto. Pense-se, por exemplo, numa situação em que há um conjunto determinado de produtos que têm, inerente a si (no sentido de fazer parte das suas características/qualidades), um facto temporalmente delimitado, por exemplo, cachecóis alusivos a um determinado evento como um Mundial de futebol ou uns Jogos Olímpicos – após o fim desse evento, o valor comercial desses produtos diminui em resultado de "ter decorrido a situação que determinou a sua necessidade". Também numa situação em que os produtos disponíveis para venda, designadamente se não forem perecíveis, ficaram, por exemplo, sujeitos a condições meteorológicas desfavoráveis (vg. humidades e condensações), impossibilitando que os mesmos preservassem todas as suas qualidades – há, neste caso, uma clara afectação do valor comercial destes produtos "por redução das suas possibilidades de utilização". Ou, por fim, os casos em que determinados produtos vêem o seu valor comercial afectado em razão do aparecimento de outros que são introduzidos num momento posterior no mercado e que se apresentam como um claro aperfeiçoamento/melhoria desses mesmos produtos (a lei fala aqui em "superveniência de importante inovação técnica"). Pensamos no caso dos antigos *walkman* (leitores de cassetes) que foram (quase) integralmente substituídos por novos leitores de música (*ipods*, leitores de *mp3*, etc.) ou até dos antigos telemóveis que, com o aparecimento dos chamados *smartphones*, viram o seu valor (e mesmo a sua utilidade) seriamente ameaçado. Também parece evidente que existe uma importante inovação técnica se, como sucede nos produtos electrónicos de ponta, os fabricantes repentinamente anunciam o lançamento de uma nova plataforma, processador ou aparelho.

Na verdade, a interpretação mais lógica e razoável é a da possibilidade de o vendedor, confrontado com situações que reduzem de uma forma inequívoca o valor comercial ou as qualidades dos bens, poder ter a possibilidade de vender ou oferecer para venda os produtos a um "preço inferior ao seu preço de compra efetivo", de forma a minorar as perdas resultantes da inevitável redução da procura que resulta de qualquer das situações acima descritas. Tal interpretação nem sequer é ousada, arriscada, ilógica – e, assim, inadmissível – resultando, antes pelo contrário, das regras da experiência e da normalidade das coisas.

46. Uma última categoria de situações diz respeito aos "bens cujo reaprovisionamento com outros bens, de características equivalentes, se efetue a preço inferior, sendo então o preço efetivo de compra substituído pelo preço resultante da nova fatura de compra" (alínea *c)* do nº 10). Com efeito, está aqui em causa uma situação em que a reposição de determinados produtos é feita com outros produtos a um preço inferior. Nessa situação, vale sempre o preço mais baixo para efeitos de cálculo do preço de compra efectivo, ainda que este tenha sido, na realidade, superior. Há, pois, como que uma "substituição" (aliás, é precisamente esta a expressão utilizada na letra da lei) do preço de compra efectivo (mais alto) do primeiro pelo segundo preço de compra efectivo (este inferior) quanto aos novos produtos que vieram repôr os primeiros. A articulação desta norma com o nº 5 pode vir a levantar dificuldades, designadamente para efeitos da determinação do preço de venda em caso de descontos diferidos e quando não se trate apenas de bens com características equivalentes mas do mesmo produto. O preenchimento desta hipótese exclui a existência de uma venda com prejuízo punível com coima ou, em todo o caso, a sua punibilidade.

Nº 11

47. No nº 11 do presente artigo o legislador vem estabelecer a quem cabe o ónus de prova para efeitos de determinação do preço de venda, e bem assim, das quatro causas justificativas do facto, nos termos do nº 10. Assim, "[a] prova documental do preço de compra efectivo, do preço de venda para efeitos do disposto nos nºs 4 e 5, bem como das justificações previstas no número anterior **cabe ao vendedor**, sem prejuízo de a entidade fiscalizadora poder solicitar as informações que julgar convenientes aos fornecedores ou a quaisquer outras entidades.".

Verifica-se pois, aqui, uma inversão do ónus de prova, ainda que seja salvaguardada a possibilidade de a própria entidade fiscalizadora – leia-se, a ASAE – poder *ajudar* o vendedor a fazer tal prova, através do pedido de todo o tipo de informações que julgar convenientes num determinado caso a quaisquer fornecedores ou entidades. Esta solução suscita as maiores dúvidas quanto à sua constitucionalidade.

Artigo 6º – Recusa de venda de bens ou de prestação de serviços

1 – Sem prejuízo dos usos normais da respetiva atividade ou de disposições legais ou regulamentares aplicáveis, é proibido a uma empresa recusar a venda de bens ou a prestação de serviços a outra empresa, ainda que se trate de bens ou de serviços não essenciais e que da recusa não resulte prejuízo para o regular abastecimento do mercado, exceto quando se verifique causa justificativa de recusa.

2 – É equiparada à recusa de venda a subordinação da venda de um bem ou da prestação de um serviço à aquisição de outro bem ou serviço.

3 – Para efeitos do disposto no nº 1 do presente artigo, e sem prejuízo dos nºs 1 e 2 do artigo 19º do Decreto-Lei nº 92/2010, de 26 de julho, são consideradas causas justificativas de recusa:

a) **A satisfação das exigências normais da exploração industrial ou comercial do vendedor, designadamente a manutenção dos seus stocks de segurança ou das necessidades de consumo próprio;**

b) **A satisfação de compromissos anteriormente assumidos pelo vendedor;**

c) **A desproporção manifesta da encomenda face às quantidades normais de consumo do adquirente ou aos volumes habituais das entregas do vendedor;**

d) **A falta de capacidade do adquirente para, face às características do bem ou serviço, assegurar a sua revenda em condições técnicas satisfatórias ou manter um adequado serviço de pós-venda;**

_e)_ A fundada falta de confiança do vendedor quanto à pontualidade do pagamento pelo adquirente, tratando-se de vendas a crédito;

_f)_ A existência de débitos vencidos e não liquidados referentes a fornecimentos anteriores;

_g)_ A existência de acordos de distribuição exclusiva para determinado território, conformes ao Direito da Concorrência;

_h)_ A proteção da propriedade intelectual;

_i)_ As restrições vigentes no Direito da União Europeia e no Direito Internacional, nomeadamente para a repressão e combate da criminalidade e terrorismo;

_j)_ A dificuldade anormal de venda ou a prestação por motivos de força maior, nomeadamente em consequência de guerra, greve, lock-out, tumultos, comoções civis, assaltos, sequestros, sabotagem, terrorismo, atos de vandalismo, insurreições civis ou militares, assaltos ou fenómenos naturais de natureza catastrófica e imprevisível;

_k)_ A ocorrência de qualquer outra circunstância inerente às condições concretas da transação que, segundo os usos normais da respetiva atividade, tornaria a venda do bem ou a prestação do serviço anormalmente prejudicial para o vendedor ou para o comprador.

4 – Incumbe ao vendedor a prova das causas justificativas a que se refere o número anterior.

A. Referências

Correspondência na lei anterior: artigo 4º do Decreto-Lei nº 370/93 (na redacção resultante do Decreto-Lei nº 140/98).

Recusa de venda de bens ou de prestação de serviços

1 – É proibido a um agente económico recusar a venda de bens ou a prestação de serviços a outro agente económico, segundo os usos normais da respectiva actividade ou de acordo com as disposições legais ou regulamentares aplicáveis, ainda que se trate de bens ou de serviços não essenciais e que da recusa não resulte prejuízo para o regular abastecimento do mercado.

2 – É equiparada à recusa de venda a subordinação da venda de um bem ou da prestação de um serviço à aquisição de outro bem ou serviço.

3 – São consideradas causas justificativas de recusa:

a) A satisfação das exigências normais da exploração industrial ou comercial do vendedor, designadamente a manutenção dos seus stocks de segurança ou das necessidades de consumo próprio;

b) A satisfação de compromissos anteriormente assumidos pelo vendedor;

c) A desproporção manifesta da encomenda face às quantidades normais de consumo do adquirente ou aos volumes habituais das entregas do vendedor;

d) A falta de capacidade do adquirente para, face às características do bem ou serviço, assegurar a sua revenda em condições técnicas satisfatórias ou manter um adequado serviço de pós-venda;

e) A fundada falta de confiança do vendedor quanto à pontualidade do pagamento pelo adquirente, tratando-se de vendas a crédito;

f) A existência de débitos vencidos e não liquidados referentes a fornecimentos anteriores;

g) A ocorrência de qualquer outra circunstância inerente às condições concretas da transacção que, segundo os usos normais da respectiva actividade, tornaria a venda do bem ou a prestação do serviço anormalmente prejudicial para o vendedor.

5 – Incumbe ao vendedor a prova das causas justificativas a que se refere o número anterior.

Artigos relacionados: artigos 8º, 9º, nº 1, alínea *b)*, 10º, nº 2, e 11º, todos do Decreto-Lei nº 166/2013; artigos 19º nºs 1 e 2 do Decreto-Lei nº 92/2010, de 26 de Julho; artigos 11º e 12º, do Regime Jurídico da Concorrência.

B. Anotação

Nº 1

1. O presente artigo prevê e proíbe a chamada recusa de venda (ou de prestação de serviços) entre duas empresas. Trata-se de um instituto que já constava do Decreto-Lei nº 370/93 e, tal como aí, também aqui a proibição existe "ainda que se trate de bens ou de serviços não essenciais e que da recusa não resulte prejuízo para o regular abastecimento do mercado". Ao invés, a construção dos limites externos da proibição é apresentada numa perspectiva algo diversa. Assim, o legislador começa por estabelecer a licitude da recusa (e não mera causa justificativa do facto) quando a recusa resulte (*i*) dos "usos normais da respetiva atividade"; (*ii*) de "disposições legais"; (*iii*) de "disposições regulamentares" (nº 1). E, claro, embora seja qualificável como recusa, a mesma também pode beneficiar de uma (*iv*) "causa justificativa de recusa" (nº 3).

2. Um primeiro aspecto que importa, desde já, clarificar é o facto de a recusa de venda poder também configurar uma infracção anti-concorrencial e os termos da relação, alternativa ou cumulativa, entre ambos os institutos. Com efeito, a chamada "recusa de fornecimento" (em inglês, *refusal to supply*) por uma ou mais empresas em posição dominante pode constituir uma prática abusiva punida pelo direito da concorrência[252].

3. O princípio, no entanto, tem de ser compreendido a partir de uma ideia não punitiva. Como sucede mesmo no âmbito do direito da concorrência, a verdade é que, inscrito no código genético da economia de mercado (mesmo que economia social de mercado) está a ideia de que "cada empresa, dominante ou não, deve ter o direito

[252] Sobre a noção de posição dominante, enquanto instituto central no direito da concorrência, v. artigo 102º do TFUE e a *Comunicação da Comissão sobre as prioridades da Comissão na aplicação do artigo 82º* [actual 102º] *do Tratado CE* [actual TFUE] *a comportamentos de exclusão abusiva por parte de empresas em posição dominante*, JO C nº 45, de 24.2.2009 e, mais especificamente, no que concerne à recusa de fornecimento, §§ 75 e segs.. V. também, Gonçalo Anastácio, «Artigo 11º», in *Lei da Concorrência – Comentário Conimbricense* (M. Gorjão-Henriques, Dir.; Manuel Lopes Porto/J.L. da Cruz Vilaça/Carolina Cunha/Miguel Gorjão-Henriques et. al., Coords.), Almedina, Coimbra, 2013, pp. 123-163.

a escolher os seus parceiros comerciais e dispor livremente dos seus bens"[253], pelo que a recusa de venda, em particular quando não é determinada por uma empresa em posição dominante, será em princípio lícita. Tal poderá acontecer, nomeadamente, em casos em que a recusa de venda seja indispensável para obter um retorno adequado do investimento que é essencial para desenvolver a actividade de fornecimento dos meios de produção ou simplesmente porque o comprador não cumpre pontualmente as suas obrigações de pagamento, não assegura a mantenção adequada dos seus *stocks* ou simplesmente porque se encontra numa situação já muito precária de pré-insolvência. No quadro do tratamento jusconcorrencial (e diga-se, também aqui), a recusa de venda é dificilmente sindicável (para não dizer mais) quando não esteja o "recusante" em posição de dominância ou quando concorre com o comprador num mercado «a jusante» (i.e., o mercado no qual o componente cuja venda que *é recusada* for essencial para a produção de um produto ou para o fornecimento de um serviço) e lhe recusa a vender os seus bens (o que acontecerá quando a empresa dominante decidir, com este comportamento, punir os clientes por se terem dirigido a concorrentes ou recusar o aprovisionamento de clientes que não aceitam vendas subordinadas, *tying & bundling*). Há, pois, como que uma falta de alternativa (actual ou potencial) face à empresa dominante no mercado em que o comprador actua, o que lhe deixa sem qualquer hipótese de subsistir a longo prazo se a referida empresa dominante decidir adoptar, perante ele, uma posição de recusa de venda ou de fornecimento. O comprador ficará, por conseguinte, impossibilitado de prosseguir a sua actividade o que, no limite, o levará à própria exclusão do mercado. A recusa de fornecimento pode ainda assumir outras configurações, como sucede, por exemplo, no caso em que a empresa dominante subordina o fornecimento ao comprador à aceitação, por parte deste, de certos limites ao seu próprio comportamento.

4. A figura da "recusa de fornecimento" de que trata este artigo não se afasta muito das considerações precendentes, quanto ao seu tratamento jurídico. Assim, à semelhança do que acima referimos na anotação referente ao artigo 3º, e trazendo de novo à colação a posição da ASAE

[253] *Comunicação da Comissão sobre as prioridades da Comissão na aplicação do artigo 82º*, cit., § 75.

expressa nas FAQ publicadas na sua página electrónica, deve existir uma adequada articulação entre a AdC e a ASAE na apreciação de eventuais práticas de recusa de venda de bens ou de prestação de serviços, previstas neste artigo 6º, designadamente quando a recusa se demonstrar conforme com o direito da concorrência, nos termos consagrados na Lei nº 19/2012, de 8 de Maio. Dada a construção do tipo feita neste artigo 6º, parece que não haverá recusa ilícita, à luz do Decreto-Lei nº 166/2013.

5. É que o nº 1 introduz como regra residual a proibição de tal recusa. Não há recusa de venda (ou de prestação de um determinado serviço) se tal recusa resultar dos "usos normais da respetiva atividade", de "disposições legais" ou de "disposições regulamentares" nem, naturalmente, se a mesma beneficiar de uma "causa justificativa de recusa".

6. Quanto aos "usos", e na ausência de referência expressa aos mesmos como fonte de integração das relações comerciais (artigo 3º do Código Comercial), sabemos que estes têm valor legal quando a lei o reconhece, nos termos previstos do Código Civil (cfr., artigo 3º). Ora, é isso que sucede no presente caso. Tal como acontece no artigo 3º, nº 4 do presente Decreto-Lei (quanto aos "objetos desprovidos de valor comercial"), o nº 1 do artigo 6º vem fazer referência expressa aos "**usos normais da respetiva atividade**" para justificar o afastamento da proibição prevista neste normativo (que, como referido, funcionam aqui como causa de exclusão da ilicitude). Embora possa ser qualificado como um aperfeiçoamento da norma relativamente à que constava do anterior regime, o que é facto é que o artigo 4º, nº 1, do Decreto-Lei nº 370/93 considerava lícita a recusa conforme aos usos, enquanto o artigo 6º da presente lei vê os usos como fundamento derrogatório da proibição de recusa de venda. Do mesmo modo, do ponto de vista do rigor jurídico, parece que a legitimidade de inaplicação do presente instituto por força da sua contradição com disposições regulamentares suscita as maiores dificuldades, não podendo porventura subsistir, excepto na medida em que a deslegalização seja considerada lícita.

Nº 2

7. O legislador equipara à recusa de venda a "subordinação da venda de um bem ou da prestação de um serviço à aquisição de outro bem ou serviço". Ou seja, valem aqui, com o mesmo sentido e com as mesmas consequências, todas as considerações feitas a propósito da proibição de uma empresa recusar a venda dc bens ou a prestação de serviços a outra empresa quando essa empresa, em vez de recusar, subordina tal venda ou prestação de serviço à "aquisição de outro bem ou serviço" (vendas subordinadas ou *tying* e *bundling*).

8. A proibição resulta independentemente da qualidade ou quantidade do bem subordinado ou de quando, onde, como ou por quem se realizará a prestação de serviço subordinada. Tal subordinação será sempre proibida, salvo se for conforme aos "usos normais da respetiva atividade" ou, com as limitações acima indicadas, a "disposições legais ou regulamentares aplicáveis" ou se estiver preenchida alguma das causas justificativas previstas no nº 3 do presente artigo.

Nº 3

9. À semelhança do que acontecia já no anterior regime (ainda que com menor extensão) o legislador vem enunciar uma extensa lista de situações que são configuradas como "causas justificativas de recusa", a saber:

i. A "satisfação das exigências normais da exploração industrial ou comercial do vendedor, designadamente a manutenção dos seus *stocks* de segurança ou das necessidades de consumo próprio;

ii. A satisfação de compromissos anteriormente assumidos pelo vendedor;

iii. A desproporção manifesta da encomenda face às quantidades normais de consumo do adquirente ou aos volumes habituais das entregas do vendedor;

iv. A falta de capacidade do adquirente para, face às características do bem ou serviço, assegurar a sua revenda em condições técnicas satisfatórias ou manter um adequado serviço de pós-venda;

v. A fundada falta de confiança do vendedor quanto à pontualidade do pagamento pelo adquirente, tratando-se de vendas a crédito;
vi. A existência de débitos vencidos e não liquidados referentes a fornecimentos anteriores;
vii. A existência de acordos de distribuição exclusiva para determinado território, conformes ao Direito da Concorrência;
viii. A protecção da propriedade intelectual;
ix. As restrições vigentes no Direito da União Europeia e no Direito Internacional, nomeadamente para a repressão e combate da criminalidade e terrorismo;
x. A dificuldade anormal de venda ou a prestação por motivos de força maior, nomeadamente em consequência de guerra, greve, *lock-out*, tumultos, comoções civis, assaltos, sequestros, sabotagem, terrorismo, atos de vandalismo, insurreições civis ou militares, assaltos ou fenómenos naturais de natureza catastrófica e imprevisível; e, finalmente,
xi. A ocorrência de qualquer outra circunstância inerente às condições concretas da transação que, segundo os usos normais da respetiva atividade, tornaria a venda do bem ou a prestação do serviço anormalmente prejudicial para o vendedor ou para o comprador."

10. O novo regime continua sem esclarecer se a lista de causas justificativas de recusa é exaustiva ou exemplificativa. Apesar da deficiente técnica legislativa (aliás, herdada já do regime anterior), consideramos que o elenco é exemplificativo, em especial tendo em conta a abertura dada pela exclusão da ilicitude (nº 1, *ab initio*) e pela última causa justificativa (alínea *k)* do nº 3): "a ocorrência de qualquer outra circunstância inerente às condições concretas da transação que, segundo os usos normais da respetiva atividade, tornaria a venda do bem ou a prestação do serviço anormalmente prejudicial para o vendedor ou para o comprador" (sublinhado nosso). Com efeito, esta última causa legitima uma qualquer recusa que não tenha sido prevista expressamente pelo legislador, embora implique uma análise casuística dos elementos de facto e de direito, uma vez que só é causa justificativa de recusa de venda ou prestação de serviços uma circunstância que seja "inerente às condições concretas da transação" e que tornaria a venda do bem ou a prestação do serviço "anormalmente prejudicial para o vendedor ou comprador".

11. Uma vez mais, à semelhança do nº 1 do artigo 6º, remete-se aqui expressamente para os "usos normais da respetiva atividade" como medida para aferir o que é, em cada caso, uma situação "anormalmente prejudicial", de forma a poder justificar o afastamento da proibição prevista neste normativo. Referência, ainda, para o facto de a alínea *k)* do nº 3 ter sido ligeiramente alterada face à redacção anterior[254]. Com efeito, se antes constituía causa justificativa de recusa a "*ocorrência de qualquer outra circunstância inerente às condições concretas da transacção que, segundo os usos normais da respectiva actividade, tornaria a venda do bem ou a prestação do serviço anormalmente prejudicial para o vendedor* [correspondente à alínea *g)* do antigo diploma], prevê-se agora, que a venda do bem ou a prestação do serviço seja, em razão dessa circunstância não prevista nas restantes alíneas, anormalmente prejudicial não só para o vendedor mas também **para o comprador**" (sublinhado nosso). Trata-se de uma alteração substancial, na medida em que o Decreto-Lei nº 166/2013 vem acrescentar à protecção conferida ao vendedor também a protecção do comprador como causa justificativa para a recusa da venda de um bem ou de prestação de um serviço. É evidente que a aplicação desta alínea importa um juízo por parte do vendedor que tem de ser feito com todo o cuidado, de forma a evitar eventuais abusos. Isto porque, numa situação destas, sempre se dirá que à primeira vista se afigura no mínimo estranho que um vendedor possa legitimamente recusar a venda de um bem ou a prestação de um serviço por uma circustância que tornaria a venda "anormalmente prejudicial" ao seu próprio comprador.

12. A "satisfação das exigências normais da exploração industrial ou comercial do vendedor, designadamente a manutenção dos seus *stocks* de segurança ou das necessidades de consumo próprio" (alínea *a)* do nº 3) e a "satisfação de compromissos anteriormente assumidos pelo vendedor" (alínea *b)* do nº 3) constituem as duas primeiras situações em que a recusa de venda de bens ou de prestação de serviços se pode considerar justificada. Na verdade, no pressuposto de que não há uma posição dominante por parte da empresa que detém o produto ou serviço e que, por isso, a recusa não pode configurar uma potencial prática abusiva (acór-

[254] Mesmo face à PPL 126/XII.

dão *Bayer*, do Tribunal de Justiça[255]), o legislador considera, e bem, que a manutenção da actividade "normal" do vendedor e dos compromissos que já antes assumiu perante os seus clientes são circunstâncias legítimas e atendíveis que justificam o facto de, na ponderação de interesses e valores em causa, ser dada prevalência ao interesse da continuidade e confiabilidade da actividade do vendedor (acórdão *Commercial Solvents c. Comissão*, do Tribunal de Justiça[256]). Com efeito, é a prática comercial corrente que assim o exige.

13. As duas situações seguintes têm a ver com o adquirente, ou dito de outro modo, com razões legítimas ligadas à organização da produção e distribuição (ao longo de toda a cadeia) do vendedor. Na verdade, na economia industrial ou pós-industrial, tanto mais significativa quanto a capacidade de produção seja limitada, torna-se fundamental e legítimo que os vendedores se preocupem não só em manter todos os canais e

[255] Acórdão do Tribunal de Justiça de 6.1.2004, *Comissão c. Bayer AG*, procs. apensos C-2/01 e C-3/01, Colect., p. 23, nos termos do qual "a proposta que tem por objecto utilizar o artigo 85º, nº 1, do Tratado para penalizar uma empresa que não tem posição dominante, que decide recusar os seus fornecimentos aos grossistas, para os impedir de efectuarem exportações paralelas, viola, manifestamente, as condições de aplicação necessárias do referido artigo 85º [actual 101º] e o espírito do Tratado. É verdade que, por força deste último, as medidas – adoptadas por um Estado membro – que impedem as exportações paralelas são proibidas pelo artigo 30º do Tratado, mas as medidas unilaterais tomadas por empresas privadas só estão sujeitas a restrições, por força dos princípios do referido Tratado, quando se trata de uma empresa que ocupa uma posição dominante no mercado, na acepção do artigo 86º [actual 102º] do mesmo Tratado, o que não é a situação do caso vertente".

[256] Acórdão do Tribunal de Justiça de 6.3.1974, *Commercial Solvents c. Comissão*, procs. apensos C-6/73 e C-7/73, Colect., p. 223, nos termos do qual "o detentor de uma posição dominante no mercado das matérias-primas que, com o fim de as reservar para a sua própria produção de derivados, recusa o seu fornecimento a um cliente que também é produtor desses derivados, com o risco de eliminar qualquer concorrência da parte desse cliente, explora a sua posição dominante de forma abusiva". A *Comunicação da Comissão sobre as prioridades da Comissão na aplicação do artigo 82º*, cit., § 84 vem também referir que "o facto de ser posto termo a um acordo de fornecimento existente será considerado, na maioria dos casos, mais abusivo do que uma recusa de fornecimento de novo. Assim, se, por exemplo, a empresa dominante tiver fornecido anteriormente a empresa requerente e esta tiver realizado investimentos específicos destinados a essa relação comercial, por forma a poder utilizar posteriormente o meio de produção cujo fornecimento veio a ser posteriormente recusado, é mais provável que a Comissão considere o produto em questão como indispensável".

clientes permanentemente satisfeitos mas também com outras dimensões empresariais que, relacionadas com o adquirente, possam afectar a credibilidade, o *goodwill* empresarial e o abastecimento regular (em quantidade e qualidade) do mercado. Daí que também o legislador tenha mantido, como fundamento justificativo de uma recusa, "a desproporção manifesta da encomenda face às quantidades normais de consumo do adquirente ou aos volumes habituais das entregas do vendedor" (alínea *c)* do nº 3) ou um juízo de experiência sobre "a falta de capacidade do adquirente para, face às características do bem ou serviço, assegurar a sua revenda em condições técnicas satisfatórias ou manter um adequado serviço de pós-venda" (alínea *d)* do nº 3). Uma nota ainda para chamar a atenção para a circunstância de, existindo posição dominante, o disposto na alínea *c)* do nº 3 poder vir a suscitar eventuais problemas em sede de direito da concorrência. Com efeito, a jurisprudência do Tribunal de Justiça demonstra a enorme dificuldade que uma empresa em posição dominante tem em provar que a denominada "recusa de fornecimento" é objectivamente justificada[257]. Porém, no caso *BP c. Comissão*[258], tal sucedeu. Em plena crise de abastecimento de produtos petrolíferos, ocorrida em Novembro de 1973, a Comissão acusou a *BP* de ter explorado abusivamente a posição dominante que detinha no mercado neerlandês de abastecimento de produtos petrolíferos, ao reduzir as suas entregas à *ABG* de forma substancial e numa proporção claramente mais marcada do que a aplicada às entregas a todos os seus outros clientes, sem para tal poder recorrer a justificações objectivas. Em razão da "crise generalizada de abastecimento", a Comissão veio a considerar que "todas as sociedades independentes estão obrigadas a recorrer em primeiro lugar aos seus fornecedores habituais" mas que, em período de escassez, "uma empresa em posição dominante deve repartir «equitativamente» as quantidades disponíveis por todos os seus compradores", pelo que se impunha à BP que "as reduções no abastecimento dos compradores deveriam ser feitas com base num período de referência fixado no ano anterior à crise". No entanto, o Tribunal de Justiça veio anular a decisão da Comissão, considerando que, a partir de Novembro de 1972, a *ABG* já não era, quanto

[257] V., por exemplo, acórdão do Tribunal de Justiça de 3.10.1985, *SA Centre belge d'études de marché – télémarketing (CBEM)* c. *SA Compagnie luxembourgeoise de télédiffusion (CLT) e SA Information publicité Benelux (IPB)*, proc. 311/84, Colect., p. 3261.

[258] Acórdão do Tribunal de Justiça de 29.6.1978, *BP c. Comissão)*, proc. 77/77, Colect., p. 1513.

ao abastecimento de gasolina, um cliente contratual, mas um cliente ocasional, concluindo, desse modo, que "o princípio defendido pela decisão impugnada, segundo o qual as reduções de abastecimento deveriam ser realizadas com base num período de referência fixado no ano anterior à crise, pode ser explicado nos casos em que se tenham mantido, ao longo daquele período, relações contínuas de abastecimento entre vendedor e comprador, já se não deverá aplicar quando o fornecedor tenha deixado de manter, no decurso do mesmo período, tal tipo de relações com o seu comprador, tendo em conta, nomeadamente, que os planos das empresas se baseiam normalmente em previsões razoáveis." A articulação entre este regime e o direito da concorrência pode colocar especiais problemas[259].

14. Já nas alíneas *e)* e *f)* do nº 3 estão em causa circunstâncias objectivas ligadas ao adquirente e que justificam que o vendedor não ponha em causa a sua solvabilidade económica e financeira. Com efeito, bem se compreende que, se o adquirente não satisfez pontualmente as suas obrigações – e, aditamos, se interpelado, se constituiu em mora – então é natural que o vendedor, perante uma ameaça objectivamente real de insolvabilidade do adquirente, possa recusar a venda (alínea *f)* do nº 3). Já na alínea *e)* o tipo legal não exige um efectivo incumprimento prévio mas, apenas, um dano na confiança do vendedor (ainda que, sublinhe-se, quando estejam única e exclusivamente em causa "vendas a crédito"). Pode ser que existam elementos objectivos que demonstrem que, em relação a outros fornecedores, o adquirente se encontra em situação de incumprimento ou que dados conhecidos mostrem que a saúde económico-financeira do comprador não é compatível com as obrigações emergentes da venda do bem ou prestação do serviço em causa e que, por essa razão, será expectável que se venha a verificar nova situação de incumprimento, desta feita em relação ao ora vendedor.

15. Situada na confluência do direito das práticas restritivas com o direito da concorrência, a recusa de venda pode também justificar-se, se-

[259] Cfr., acórdão do Tribunal de Justiça (Grande Secção), de 16.9.2008, *Sot. Lélos kai Sia EE e outros contra GlaxoSmithKline AEVE Farmakeftikon Proïonton, anteriormente Glaxowellcome AEVE*, procs. C-468/06 a C-478/06.

gundo a alínea *g)* do nº 3, com "[a] existência de acordos de distribuição exclusiva para determinado território, conformes ao Direito da Concorrência". Na verdade, parece-nos que a razão de ser desta causa justificativa de recusa bem pode também estender-se a outros sistemas de distribuição, como a franquia, acordos de compra exclusiva ou a distribuição selectiva, em que os vendedores estabelecem ou utilizam determinados canais de distribuição para os seus produtos ou serviços e em que é legítimo que a venda de bens ou a prestação de serviços sejam limitadas àqueles que reúnem as condições para integrar a rede ou o sistema de distribuição. Entendemos por isso, desde logo ao abrigo do argumento *a maiori ad minus,* ou da absoluta conveniência de uma extensão teleológica, que a presente causa justificativa também abrange outros sistemas de distribuição em que se justifique a selecção ou limitação dos adquirentes dos produtos ou serviços.

Com efeito, estamos aqui perante uma situação em que um acordo tendencialmente restritivo da concorrência (a nível vertical) pode, no entanto, em certos casos, proporcionar uma margem significativa para ganhos de eficiência, sendo nessa medida "conforme com o Direito da Concorrência". O artigo 101º do TFUE proporciona um quadro jurídico apropriado para a apreciação das restrições verticais, que toma em consideração a distinção entre efeitos anti e pró-concorrenciais.

Especificamente, no que concerne aos acordos de distribuição exclusiva, o fornecedor concorda em vender os seus produtos apenas a um único distribuidor para revenda num determinado território, estando normalmente, e em consequência disso, sujeito a limitações a nível das suas vendas activas (i.e., a abordagem activa de clientes individuais) noutros territórios (que, recorde-se, serão atribuídos em exclusividade). Os eventuais riscos em termos de concorrência são significativos, podendo resultar numa redução da concorrência intramarcas (concorrência entre distribuidores a nível da marca ou produto do mesmo fornecedor, ie. dentro da rede) e em partilha do mercado, o que pode facilitar a discriminação através dos preços, a colusão *upstream* e *downstream* e, em alguns casos, o afastamento de outros distribuidores do mercado. É sabido que, normativamente, o direito nacional (mesmo o das práticas restritivas do comércio) não pode proibir comportamentos contratuais que sejam expressamente autorizados pelo direito da União Europeia. É esse o caso, independentemente da própria letra desta norma do

Decreto-Lei nº 166/2013, dos acordos de distribuição exclusiva (e de outros) que beneficiam da isenção por categoria aplicável às restrições verticais sempre que as quotas de mercado do fornecedor e do comprador não ultrapassam, cada uma delas, 30%[260]. Na nossa opinião, portanto, também esta norma está subordinada ao respeito pelo direito da concorrência, ie também as práticas de recusa de venda conformes ao direito da concorrência estão justificadas à luz do Decreto-Lei nº 166/2013, mesmo que não se traduzam ou se insiram num acordo de distribuição exclusiva e desde que estejam conformes, designadamente, com o Regulamento (UE) nº 330/2010[261].

Deve por isso esta causa justificativa de recusa prevista para os "acordos de distribuição exclusiva conformes com o direito da concorrência" estender-se a outros tipos de acordos de distribuição permitidos pelo direito da concorrência, desde logo aos acordos de distribuição selectiva. A diferença em relação à distribuição exclusiva reside no facto de a restrição do número de distribuidores não depender do número de territórios mas dos critérios de selecção especificados, como aqueles associados à natureza do produto. Para além disso, as restrições ao nível da revenda não se verificam em relação às vendas activas num território, como nos casos de acordos de distribuição exclusiva, mas sim restrições em relação a quaisquer vendas activas a distribuidores não autorizados, deixando apenas como eventuais compradores os representantes designados e os clientes finais. À semelhança dos acordos de distribuição exclusiva, a distribuição selectiva é isenta pelo Regulamento (UE) nº 330/2010, independentemente da natureza do produto em causa e da natureza dos critérios de selecção, desde que as quotas de mercado do fornecedor e do comprador não ultrapassem, cada uma delas, 30% e desde que as vendas activas por parte de distribuidores autorizados, entre si e a utilizadores finais, não seja restringida.

16. O legislador também considera como causa justificativa a protecção da propriedade intelectual (alínea *h)* do nº 3). Na verdade, não parece haver razão para distinguir aqui entre protecção da propriedade

[260] Sem prejuízo para outras especificidades que excedem o âmbito da presente anotação.

[261] Regulamento (CE) nº 330/2010, de 20.4. 2010, relativo à aplicação do artigo 101º, nº 3, do TFUE a determinadas categorias de acordos verticais e práticas concertadas (JO, L 102, de 23.4.2010, pp. 1).

intelectual e protecção da propriedade industrial (marcas, patentes, etc). Também parece indiscutível que a recusa de venda pode justificar-se se estiver em causa a protecção de *know-how*. Assim, a própria legitimidade de recusas de venda em redes de distribuição assentes em concessões ou, mais ainda, em franquias, fica também salvaguardada pelo disposto na presente alínea *h)*. Pense-se no que seria punir a recusa de uma grande empresa de *fast food* de venda de hambúrgueres, em regime de exploração directa ou de franquia, a um comerciante que, ao lado, tinha um estabelecimento de restauração concorrente.

17. Na linha *i)* do nº 3 o legislador ressalva ainda a possibilidade de recusa de venda quando em causa estiverem restrições resultantes de normas de direito da União Europeia ou de direito internacional, nomeadamente "para a repressão e combate da criminalidade e terrorismo" (alínea *i)* do nº 3). Não vemos, à partida, qual o alcance autónomo desta cláusula. Por um lado, porque o direito internacional, em geral, é reconhecido como tendo entre nós uma força supra-legal pela nossa Constituição, marcada pelo monismo com supremacia do direito internacional (artigo 8º da Constituição), pelo que, por força do princípio da hierarquia constitucional das normas, as normas do direito internacional, mormente constantes de tratados ou convenções internacionais em vigor na ordem jurídica internacional e portuguesa, sobrepõem-se às normas do presente diploma. Ao mesmo tempo, o legislador reconhece também a autonomia do direito da UE face ao direito internacional e, quanto a este, é também evidente que, neste instituto como noutros, o direito nacional não se pode opor às normas emanadas de órgãos da UE, quer por força do efeito directo quer por força da prevalência na aplicação (primado) do direito da União Europeia sobre o direito nacional, aliás com respaldo constitucional no artigo 8º, nº 4, da nossa Constituição.

18. Na alínea *j)*, o legislador também ressalva a recusa de venda baseada em "motivos de força maior", na qual se incluem, entenda-se, também aqueles casos em que da obrigação de venda resulte uma violação da ordem pública, seja nacional seja internacional.

19. Para além das causas justificativas enunciadas, o legislador também faz menção aos nºs 1 e 2 do artigo 19º do Decreto-Lei nº 92/2010, de 26 de Julho. Este diploma veio transpor para a ordem jurídica interna a Directiva nº 2006/123/CE relativa aos serviços no mercado interno (comummente designada por "Directiva Serviços"), tendo por objecto estabelecer os "princípios e as regras para simplificar o livre acesso e exercício das actividades de serviços realizadas em território nacional". Trata-se, na realidade, da forma encontrada pelo legislador de garantir o respeito pelas obrigações de não discriminação que decorrem de várias normas do direito da UE. Com efeito, o artigo 19º do Decreto-Lei nº 92/2010, sob a epígrafe "não discriminação dos destinatários", prevê que (nº 1) "[o]s destinatários dos serviços não podem ser discriminados em virtude da sua nacionalidade, do seu local de residência ou da sua sede" e que (nº 2) "[a]s condições gerais de prestação do serviço definidas pelo prestador de serviços não podem ser discriminatórias em função da nacionalidade ou do local de residência ou da sede do destinatário dos serviços, excepto se a diferenciação for directamente justificada por critérios objectivos." Por conseguinte, para além de todas as causas justificativas de recusa previstas nas várias alíneas deste nº 3, uma empresa não poderá recusar a venda de bens, a prestação de serviços, ou ainda a subordinação da venda ou da prestação de um serviço à aquisição de outro bem ou serviço, por motivos relacionados com a nacionalidade, local de residência ou da sede de outra empresa.

Nº 4

20. No nº 4 o legislador impõe ao "vendedor a prova das causas justificativas a que se refere o número anterior." Mais uma vez, tal como já havia feito relativamente à exigência de prova documental para efeitos do cálculo do preço de compra efectivo (artigo 5º, nº 11), verifica-se aqui uma inversão do ónus de prova da existência de uma causa justificativa, e qual seja ela, para excluir a aplicação da proibição de recusar a venda de bens ou a prestação de serviços, prevista no nº 1. Esta cabe sempre ao vendedor, salvo naqueles casos em que a mesma resulte de norma de direito internacional, de direito da União Europeia ou mesmo de direito especial – para este efeito – como será o direito da propriedade intelectual, incluindo o direito de propriedade industrial, ou o direito da concorrência.

É de notar que este nº 4 faz expressamente referência às "causas justificativas a que se refere o número anterior". Como é evidente, tendo em conta a supletividade introduzida com a causa justificativa da "ocorrência de **qualquer outra circunstância** inerente às condições concretas da transação", o ónus de prova continua sempre a caber ao vendedor, mesmo numa situação que não esteja expressamente prevista nas restantes hipóteses previstas na lista do nº 3 [em letras *a)* a *j)*]. A possibilidade de se poder aceitar neste âmbito alguma causa justificativa de recusa não prevista nas várias hipóteses aí avançadas é dada expressamente pelo próprio nº 3, letra *k)*[262].

Artigo 7º – Práticas negociais abusivas

1 – São proibidas as práticas negociais entre empresas que se traduzam:

- ***a)* Na imposição da impossibilidade de venda a qualquer outra empresa a um preço mais baixo;**
- ***b)* Na obtenção de preços, condições de pagamento, modalidades de venda ou condições de cooperação comercial exorbitantes relativamente às suas condições gerais de venda;**
- ***c)* Na imposição unilateral, direta ou indireta;**
  - ***i.* de realização de uma promoção de um determinado produto;**
  - ***ii.* de quaisquer pagamentos enquanto contrapartida de uma promoção;**
- ***d)* Na obtenção de contrapartidas por promoções em curso ou já ocorridas, incluindo os descontos que consistirem na atribuição de um direito de compensação em aquisição posterior de bens equivalentes ou de outra natureza;**
- ***e)* Na alteração retroativa de um contrato de fornecimento;**

2 – Para efeitos do número anterior, consideram-se como «exorbitantes relativamente às condições gerais de venda» os preços, condições de pagamento, modalidades de venda ou condições de cooperação comercial que se traduzam na concessão de um benefício ao comprador, ou ao vendedor, não proporcional ao volume de compras ou vendas ou, se for caso disso, ao valor dos serviços prestados.

[262] Neste sentido, não percebemos a necessidade de fazer uma interpretação correctiva desta norma, tal como é defendido por MIGUEL SOUSA FERRO, cit., pág. 56.

3 – São, ainda, proibidas, no setor agroalimentar, as práticas negociais do comprador quando o fornecedor seja uma micro ou pequena empresa, organização de produtores ou cooperativa, e que se traduzam em:

a) **Rejeitar ou devolver os produtos entregues, com fundamento na menor qualidade de parte ou da totalidade da encomenda ou no atraso da entrega, sem que seja demonstrada, pelo comprador, a responsabilidade do fornecedor por esse facto;**

b) **Impor um pagamento, diretamente ou sob a forma de desconto:**

- ***i)*** **Pela não concretização das expectativas do comprador quanto ao volume ou valor das vendas;**
- ***ii)*** **Para introdução ou reintrodução de produtos;**
- ***iii)*** **Como compensação por custos decorrentes de uma queixa do consumidor, exceto quando o comprador demonstre que essa queixa se deve a negligência, falha ou incumprimento contratual do fornecedor;**
- ***iv)*** **Para cobrir qualquer desperdício dos produtos do fornecedor, exceto quando o comprador demonstre que tal se deve a negligência, falha ou incumprimento contratual do fornecedor;**
- ***v)*** **Por custos relativos a transporte e armazenamento posteriores à entrega do produto;**
- ***vi)*** **Como contribuição para abertura de novos estabelecimentos ou remodelação dos existentes;**
- ***vii)*** **Como condição para iniciar uma relação comercial com um fornecedor.**

4 – Nos contratos sujeitos à lei portuguesa, qualquer cláusula contratual que viole o disposto no presente artigo é nula e tem-se por não escrita.

5 – As práticas negociais não proibidas pelo presente artigo, nomeadamente em virtude da dimensão ou do setor de atividade dos intervenientes, devem ser objecto de autorregulação nos instrumentos a que se refere o artigo 16º.

A. Referências

Correspondência na lei anterior: artigo 4º-A do Decreto-Lei nº 370/ /93 aditado pelo Decreto-Lei nº 140/98.

Práticas negociais abusivas

1 – É proibido obter de um fornecedor preços, condições de pagamento, modalidades de venda ou condições de cooperação comercial exorbitantes relativamente às suas condições gerais de venda.

2 – Para efeitos do número anterior, consideram-se como exorbitantes relativamente às condições gerais de venda do fornecedor os preços, condições de pagamento, modalidades de venda ou condições de cooperação comercial que se traduzam na concessão de um benefício ao comprador não proporcional ao seu volume de compras ou, se for caso disso, ao valor dos serviços por ele prestados a pedido do fornecedor.

Artigos relacionados: artigos 8º, 9º, nº 1, alínea *a)*, 10º, nº 1, e 11º, todos do Decreto-Lei nº 166/2013.

B. Anotação

Nº 1

1. No domínio das práticas negociais abusivas, o Decreto-Lei nº 166/ /2013 é quase totalmente inovador. Aliás, pode até dizer-se que, do tipo legal introduzido no Decreto-Lei nº 370/93 pelo Decreto-Lei nº 140/98 (que passou a constituir o artigo 4º-A do já revogado Decreto-Lei nº 370/93) só subsiste actualmente o disposto na alínea *a)* do nº 1 deste artigo 7º e mesmo aí com o seu âmbito subjectivo alterado. Com efeito, deixou de ser proibido obter (apenas) de "um fornecedor" para passarem a ser proibidas "práticas negociais entre empresas que se traduzam", entre outras, em preços, condições de pagamento, modalidades de venda ou condições de cooperação comercial exorbitantes relativamente às suas condições gerais de venda.

2. A adopção de práticas negociais abusivas constitui em si mesma uma violação de normas imperativas da lei, tendo como consequência, designadamente, a nulidade civil, com o correspondente regime, como foi já declarado pelo Tribunal da Relação de Lisboa[263].

3. Recorde-se a este respeito que a matéria das práticas comerciais desleais é hoje objecto de duas Directivas, a título principal, a saber, a Directiva 2006/114/CE e a Directiva 2005/29/CE. Enquanto esta última visa, em primeira linha, a **protecção dos consumidores** contra práticas comerciais desleais, a Directiva 2006/114/CE proíbe a publicidade enganosa mas dirige-se, em primeira mão, à **protecção dos concorrentes**, e não dos consumidores. Há, pois, todo um enquadramento jurídico europeu referente às "práticas negociais abusivas" assente numa *harmonização completa* patente na Directiva 2005/29/CE e numa harmonização muito limitada no domínio das normas destinadas à "protecção dos concorrentes". Ora, de acordo com a jurisprudência assente do Tribunal de Justiça da UE[264], «embora seja verdade que o artigo 36º do Tratado [o TFUE] permite aos Estados membros manter restrições à livre circulação de mercadorias, é um facto que a aplicação desta disposição deve ser excluída quando as directivas comunitárias prevejam a harmonização das medidas necessárias à realização do objectivo específico prosseguido pelo recurso ao referido artigo 36º».

Ou seja, se os Estados membros já não podem legislar sobre práticas comerciais desleais na perspectiva da protecção dos consumidores – por se ter tornado competência exclusiva da UE, à luz do jurisprudência constante do Tribunal de Justiça ou do princípio da preempção ou preclusão consagrado para as áreas de competência partilhada (onde se insere o mercado interno) pelo artigo 2º, nº 2, do TFUE – podem ainda legislar sobre práticas comerciais desleais na relação *business to business*

[263] Embora em termos muitos atabalhoados, para dizer o menos, pois o Tribunal referiu-se ao tipo legal do artigo 4º-A do Decreto-Lei nº 370/93 e declarou a nulidade ao abrigo do artigo 2º, nº 2, do Decreto-Lei nº 371/93 (a então lei da concorrência) e, cumulativamente, do artigo 280º do Código Civil, ainda que não se podendo discernir a fundamentação, a este respeito – acórdão do Tribunal da Relação de Lisboa, de 24.11.2005, proc. 6882/2005, disponível em: www.dgsi.pt.

[264] Desde pelo menos o acórdão de 5.10.1977, *Carlo Tedeschi contra Denkavit Commerciale srl* (*Tedeschi*), proc. 5/77, Colect., 1977, p. 1555 (EE Portuguesa, pág. 555), nºs 34-35 – K.J. M. Mortelmans, «The Functioning of the Internal Market: The Freedoms», in Kapteyn & Ver-Loren van Themaat, *The Law of the European Union and the European Communities*, 4.th revised edition, Wolters Kluwer, 2008, pág. 646.

(B2B), enquanto a União não legislar, por se tratar, até esse momento, de uma competência partilhada (artigo 4º do TFUE). Contudo, se o fizerem, a legitimidade da sua legislação é directamente aferida à luz da sua compatibilidade com os Tratados, mormente as normas relativas à livre circulação de mercadorias.

4. Não importa aqui retomar as considerações feitas no comentário ao artigo 1º relativamente ao tema das relações deste diploma com o direito da União Europeia. Como aí se referiu, as questões fundamentais que a norma suscita, neste momento, são as da constitucionalidade da sua previsão como contra-ordenação, por um lado, e das consequências jurídico-civis que o legislador extrai de uma eventual desconformidade, por outro. Ambas as matérias são objecto de tratamento autónomo no contexto da presente anotação.

Ainda que muito ligeira, verifica-se uma certa evolução no Decreto-Lei nº 166/2013 face à PPL nº 126/XII, ainda que continue a revelar-se demasiado proteccionista relativamente a quem o legislador português acredita ser "o elo mais fraco" numa relação comercial fornecedor-retalhista. Desapareceu a previsão constante da PPL nº 126/XII de que "[o] disposto no presente artigo não pode ser afastado por acordo prévio escrito das partes quando estejam em causa relações em que uma das partes seja micro ou pequena empresa, organização de produtores ou cooperativa, caso em que qualquer cláusula com esse conteúdo é nula e tem-se por não escrita". A razão de tal exclusão poderá ter sido o facto de, numa leitura *a contrario*, o intérprete poder concluir que sempre que a contraparte na relação não seja uma "micro ou pequena empresa, organização de produtores ou cooperativas" as práticas negociais abusivas que fossem objecto de "acordo prévio escrito" não seriam consideradas abusivas para efeitos deste regime, sendo a sua ilicitude afastada pelo acordo prévio das Partes.

5. A alínea *a)* do nº 1, numa redacção bizarra, proíbe a "imposição de uma impossibilidade", ou seja, vem proibir que, num contrato livremente celebrado entre as partes – distinguindo-se assim de uma imposição unilateral, prevista na alínea *c)* – seja prevista a obrigação de prática de um preço mínimo, desde logo pela proibição de práticas de venda abaixo desse preço contratual. A fixação de preços de revenda mínimos é uma prática cuja compatibilidade deve ser aferida essencialmente face ao direito da concorrência e, por isso, não pela ASAE mas pela AdC, salvo em circunstâncias em que a prática não tenha sequer dimensão para constituir uma afectação sensível da concorrência, o que parece delimitar o âmbito da aplicação da presente disposição. Com efeito, a imposição de preços de revenda, ou seja, acordos ou práticas concertadas que têm por objecto directo ou indirecto estabelecer um preço (ou um nível de preços) de revenda mínimo ou fixo que o comprador deve respeitar, é considerada uma restrição grave da concorrência pelo que, um acordo que inclua uma cláusula de imposição de preços de revenda, presume-se ser não só restritivo da concorrência (artigo 9º da Lei nº 19/2012; artigo 101º, nº 1 do TFUE), mas também que, provavelmente, não preenche as condições estabelecidas no artigo 10º da Lei nº 19/2012 ou no artigo 101º, nº 3 TFUE, não lhe sendo por conseguinte aplicável a isenção por categoria[265]. Na verdade, a imposição dos preços de revenda pode conduzir a ganhos de eficiência (que deverão ser apreciados nos termos das normas justificativas por último indicadas), especialmente em casos de introdução de um novo produto (incentiva os distribuidores a promover melhor um determinado produto do fornecedor), ou quando a imposição de preços de revenda máximos contribua para a organização de um sistema de distribuição uniforme de forma para desenvolver uma campanha coordenada de preços baixos a curto prazo. Nalguns casos, a imposição dos preços de revenda poderá permitir que os retalhistas forneçam serviços pré-venda adicionais. Estes são apenas alguns exemplos em que a imposição de preços de revenda, seja mínimos ou fixos, se poderá revelar globalmente benéfica para os consumidores.

6. Mas o legislador terá também tido em vista a proibição de contratualização inter-empresarial de cláusulas que, por analogia com o comércio internacional, são designadas de "cláusulas de nação mais favorecida" (*Most-Favoured-Nation clauses*, por vezes também por "cláusulas de cliente mais favorecido" ou, ainda, por "*across platforms parity agreements*"). Através de uma cláusula do tipo "nação mais favorável", uma empresa aceita, na sua relação comercial com um cliente específico (neste caso,

[265] Regulamento (CE) nº 330/2010, de 20.4. 2010, cit. e Comissão Europeia, *Orientações relativas às restrições verticais*, JO, C 130, de 19.5.2010, nº 258.

estamos a pensar na relação fornecedor-revendedor) praticar as mesmas condições comerciais, i.e. o mesmo modelo contratual económico, acordado com outro cliente que seja mais favorável. Quando as cláusulas de nação mais favorecida digam exclusivamente respeito aos preços praticados, uma empresa aceita perante uma outra praticar um preço, pelo fornecimento de um bem ou pela prestação de um determinado serviço, que em caso algum poderá ser superior ao preço que é praticado a outra empresa, concorrente da adquirente.

As cláusulas do tipo "nação mais favorável" têm vindo a ser analisadas à luz das regras do direito da concorrência, em especial como ponto de partida para uma discussão sobre a existência de uma posição dominante colectiva no mercado. Além de múltiplos casos fora da UE, a Comissão Europeia iniciou em 2004 um processo relativo a cláusulas semelhantes em contratos de distribuição de filmes *pay-TV* de estúdios de cinema de Hollywood que conduziu à eliminação destas cláusulas em 6 desses contratos[266]. Do mesmo modo, quer as *Orientações relativas às restrições verticais*[267] quer as *Orientações relativas aos acordos de transferência de tecnologia*[268] entre empresas não concorrentes consideram com alguma severidade cláusulas de cliente mais favorecido.

Entre os efeitos potenciais *anti-concorrenciais* desta cláusula são normalmente identificados: o aumento da rigidez a nível do preço, o aumento dos preços pagos *a final* pelos consumidores, a facilitação da colusão entre operadores concorrentes ou mesmo o encerramento do mercado a novos operadores, tudo isto em detrimento da concorrência.

Acresce que, tal como referido, os mercados onde contratos com este tipo de cláusulas são mais frequentes tendem a ser altamente concentrados e de contestabilidade limitada. Ainda assim, sempre se diga que a possibilidade de existência de efeitos pro-competitivos na relação comercial entre um fornecedor e um intermediário é real: por exemplo, redução de custos geralmente associados com a constante negociação e renegociação dos preços pagos por estes últimos pelo fornecimento dos produtos; protecção da marca comercial; diminuição dos preços pratica-

[266] V. *Press release* da Comissão Europeia, de 26.10.2004, IP/04/1314, disponível em: http://europa.eu/rapid/press-release_IP-04-1314_en.htm.

[267] *Orientações relativas às restrições verticais*, JO, C 130, de 19.5.2010, pp. 1-46.

[268] *Comunicação da Comissão – Orientações relativas à aplicação do artigo 81º do Tratado CE aos acordos de transferência de tecnologia*, JO C nº 101, de 27.4.2004.

dos pelos fornecedores (que permite o *passing on* para os consumidores, etc.) concorrência pelos serviços; etc.

Conforme facilmente se retira do agora exposto, os problemas que se levantam perante as cláusulas do tipo "nação mais favorável" têm vindo a ser analisados à luz do direito da concorrência. No entanto, não se pode excluir que duas empresas acordem em impossibilitar a venda de um determinado produto a um preço mais baixo sem que isso conduza inevitavelmente a um problema de natureza (anti)concorrencial (pensamos, por exemplo, em casos em que nenhuma das empresas tem poder de mercado acima de um determinado nível que se reconduza à noção de posição dominante, ou mesmo que a inclusão deste tipo de cláusulas numa determinada relação comercial conduza à existência de efeitos pro-competitivos). Só nestas situações é que o problema se coloca enquanto prática negocial abusiva proibida nos termos do Decreto-Lei nº 166/2013, passível de fiscalização pela ASAE e de ser considerada uma contraordenação punível com coima.

7. O Decreto-Lei nº 166/2013 apresenta, em relação à situação prevista no artigo 4º-A do Decreto-Lei nº 370/93, uma diferença fundamental: enquanto o artigo 4º-A considerava abusivas as práticas pelas quais um comprador obtinha de um fornecedor "condições exorbitantes" ("condições de pagamento, modalidades de venda ou condições de cooperação comercial exorbitantes" face às "condições gerais de venda"), o artigo 7º, nº 1, alínea *d)*, do Decreto-Lei nº 166/2013 bidirecciona o carácter abusivo da conduta, que passa a ser ilícita quer quando se trata (como na vigência do Decreto-Lei nº 370/93) de uma prática do comprador quer quando se trata de uma prática do fornecedor (agora também chamado "vendedor").

Por outro lado, relativamente às condições "exorbitantes relativamente às condições gerais de venda", o Decreto-Lei nº 166/2013 continua a utilizar um conceito indeterminado cuja configuração consta do nº 2, para o qual remetemos.

8. A disciplina proibitiva da «imposição unilateral, direta ou indireta, *(i)* de realização de uma promoção de um determinado produto, ou *(ii)* de quaisquer pagamentos enquanto contrapartida dessa promoção», prevista nos pontos *i)* e *ii)*, da alínea *c)* do nº 1 do artigo 7º é totalmente inovadora face ao decreto-Lei nº 370/93.

Sem prejuízo para o que acima se escreveu sobre a inclusão de referência a "pagamentos" a propósito do conceito de "preço de compra efectivo" relevante para determinação da existência de uma "venda com prejuízo" (artigo 5º, nº 2), impõe-se notar que o legislador introduz aqui um tipo legal que suscita diversas dificuldades e perplexidades, de enorme impacto na economia real (mesmo desconsiderando a circunstância de o preenchimento do tipo não originar responsabilidade contraordenacional) e, em concreto, nas relações comerciais na cadeia de distribuição.

9. Comece-se por se realçar que se trata aqui apenas de proibir a imposição (ou mesmo a tentativa de imposição, nos termos do artigo 9º, nº 2) a outrem da realização de uma promoção[269] ou de um pagamento enquanto contrapartida dessa promoção, ou seja, de proibir decisões promocionais que envolvem mais do que uma parte. Abrangem-se assim, nomeadamente, os seguintes casos:

i. Fornecedor impõe a retalhista a venda dum produto por si fornecido com uma dada promoção (i.e. imposição de promoção no mercado a jusante); e

ii. Retalhista decide vender um produto com uma promoção e impõe ao respectivo fornecedor um pagamento compensatório dessa promoção.

Em contrapartida, não estão abrangidas situações em que um fornecedor decide fazer uma promoção na venda do seu produto aos seus próprios clientes, ou em que um retalhista decide fazer uma promoção na venda de um produto aos seus clientes e nada exige em contrapartida ao respectivo fornecedor.

[269] Recorde-se que o conceito de promoção corresponde a uma das formas de venda com redução de preço que a lei portuguesa conhece e autoriza (artigo 3º, nº 2 do Decreto-Lei nº 70/2007, de 26 de Março). Como se estabelece na alínea *b)* do nº 1 do artigo 3º deste último diploma, constitui uma promoção "a venda promovida a um preço inferior ou com condições mais vantajosas que as habituais, com vista a potenciar a venda de determinados produtos ou o lançamento de um produto não comercializado anteriormente pelo agente económico, bem como o desenvolvimento da actividade comercial, não realizadas em simultâneo com um venda em saldos". Mais se estabelece que a realização de uma promoção pode "ocorrer em qualquer momento considerado oportuno pelo comerciante" (artigo 11º, nº 1, do Decreto-Lei nº 70/2007, de 26 de Março).

10. Ponto comum a várias das proibições incluídas neste regime é a referência a uma "**imposição unilateral**". Com efeito, as práticas previstas na alínea *c)* do nº 1 e no nº 3 do artigo 7º só são proibidas na medida em que se verifique uma "imposição unilateral" ou em que se trate de "práticas negociais unilaterais". A isto acresce que a alínea *e)* do nº 1 do mesmo artigo proíbe uma prática de alteração contratual retroactiva, o que redunda na ideia de imposição dessa alteração.

Ora, a exigência da demonstração de uma "imposição unilateral, directa ou indirecta" (cujo ónus da prova competirá à ASAE) suscitará amplas dificuldades na prática. Desde logo, estando aqui sob análise "práticas negociais" e, em concreto, contratuais, torna-se difícil de compreender o critério que deve ser utilizado para estabelecer quando se verifica uma "imposição unilateral". Tal determinação está dependente de dois passos lógicos: (i) demonstração da existência de um "poder de compra" ou de um "poder de venda" que permita a uma das partes "impor" à outra determinada prática ou condições contratuais; e (ii) demonstração da efectiva utilização desse poder no caso concreto (sob pena de se presumir, ilicitamente, que todo e qualquer negócio celebrado por uma empresa com semelhante poder, que se enquadre numa das normas deste artigo, é "imposto" por esta à sua contraparte).

11. Quanto ao primeiro passo, o novo regime nada esclarece sobre os parâmetros a serem usados para identificar a existência de um "poder de venda" ou de um "poder de compra". No âmbito do direito da concorrência, a identificação de tal poder decorreria da identificação de uma posição dominante. Será esse o critério a ser adoptado neste contexto? Como pode uma empresa sem significativo poder de mercado, que não se pode comportar de modo essencialmente independente dos restantes agentes económicos (ou seja, uma empresa sem posição dominante, um agente de mercado que é um *price taker*) impor condições comerciais a qualquer outro agente de mercado?

Quanto ao segundo passo, se este fosse dispensado redundar-se-ia em situações manifestamente iníquas e desajustadas da realidade económica. Assim, por exemplo, presumir-se-ia ser sempre apenas do interesse de uma das Partes (a que "impõe") a realização duma promoção – ponto *i)*, da alínea *c)* do nº 1 –, independentemente das características desta. Ora, a ciência económica e a própria realidade de facto mostra-nos que, muitas vezes, quando não na generalidade dos casos, é do interesse de ambas as partes a realização da promoção e o pagamento de um *fee* como contrapartida da realização de uma promoção. E isto ainda mais em situações de crise económica como a actual, em que o escoamento de produções se afigura como essencial para a sobrevivência das empresas, a realização de investimento e a manutenção dos empregos.

Posto isto, conclui-se que só há proibição absoluta da prática de promoções quando esta decorra de uma imposição unilateral, independentemente de quem as proponha.

12. É muito interessante verificar que o legislador não seguiu, neste âmbito, aquilo que tinha previsto na PPL 126/XII. Com efeito, esta última estabelecia uma presunção inilidível que eliminava, em absoluto, a necessidade desta discussão, conduzindo a resultados que seriam inconstitucionais, por violação do princípio da proporcionalidade, esclarecendo que, "para os efeitos do presente artigo, entendem-se por unilaterais as práticas adotadas por um agente económico que não resultem de prévio acordo escrito entre tal agente económico e a sua contraparte". Ora, na PPL 126/XII proibiam-se também os acordos prévios com uma "micro ou pequena empresa, organização de produtores ou cooperativas" que permitam as práticas proibidas nesta norma – proibição essa igualmente não seguida no Decreto-Lei nº 166/2013. A consequência de tudo isto é que, se o Decreto-Lei nº 166/2013 seguisse, neste âmbito, a PPL 126/XII, sempre que participasse na troca uma "micro ou pequena empresa, organização de produtores ou cooperativas", deixava de se poder discutir se a prática em causa foi imposta unilateralmente – ficciona-se sempre que sim!

13. As dificuldades colocadas pelo Decreto-Lei nº 166/2013 ao relacionamento comercial entre as empresas vão mais longe, quando se consideram unilaterais as formas "*indiretas*" de "imposição" da realização de uma promoção ou de obtenção de um pagamento como contrapartida da realização da promoção.

A verdade é que o grau de incerteza gerado na cadeia de distribuição por esta norma é dificilmente compatível com os princípios da certeza e segurança jurídicas. A introdução de conceitos indeterminados ("imposição", imposição "direta ou indireta") e de difícil dilucidação no contexto de relações comerciais, não apenas voláteis mas também muitas vezes (naturalmente) tensas, em que a pressão do funcionamento normal dos mercados pode levar à necessidade de responder às ofertas dos concorrentes, impor a mudança dos fornecedores ou dos canais de distribuição ou alterar os termos anteriormente negociados, e, longe de conduzir ao equilíbrio e transparência, vai ter certamente efeitos perniciosos sobre a existência de mercados concorrenciais, o bem-estar dos consumidores e o funcionamento normal da economia de mercado. Para além disso, é igualmente capaz de afectar, quiçá decisivamente, a própria sobrevivência das "micro ou pequenas empresas, organização de produtores ou cooperativa" que o Decreto-Lei nº 166/2013 visava proteger.

14. Para além do mais, diga-se que um tipo legal como este da alínea *c)* do nº 1 do artigo 7º terá ainda um efeito tremendo na capacidade de negociação das empresas. Não é preciso ser especialista em economia industrial ou em gestão de existências para perceber que esta previsão legal terá consequências catastróficas para os pequenos produtores e, portanto, para as exactas mesmas micro ou pequenas empresas, cooperativas e organizações de produtores que a norma tencionava proteger. Pois que, a não ser que o Estado pretenda impôr em toda a economia e em toda a cadeia de distribuição uma obrigação de contratar (acoplada a uma determinação unilateral das quantidades que serão vendidas), é de crer que, a nível da distribuição grossista e retalhista, a disponibilidade para a aquisição integral de produções de produtos agrícolas ou alimentares ou para a aquisição de quantidades maiores do que as que podem ser escoadas num curto período de tempo seja crescentemente menor. O efeito, a médio e longo prazo, sobre os produtores e as pequenas e médias empresas e, em geral, sobre a economia, será incerto e, porventura, incalculável e desastroso para a sustentabilidade do tecido produtivo ou comercial, obrigado a uma mudança de paradigma negocial tão extrema.

15. Através da alínea *d)* do nº 1 deste artigo 7º, o legislador clarifica que nenhuma empresa pode obter contrapartidas, quaisquer que elas sejam – inclusivamente "descontos que consistirem na atribuição de um direito de compensação em aquisição posterior de bens equivalentes ou de outra natureza"[270] – por promoções em curso ou já ocorridas, inde-

[270] Para mais desenvolvimentos relativamente a este aspecto, v. comentário ao nº 5 do artigo 5º.

pendentemente de qual a empresa (e qual o poder de mercado que esta detém) que tenha interesse em tais contrapartidas.

Não se deixe, contudo, de notar que não obstante a proibição resultante da lei ser clara e imperativa (no sentido de que não pode em caso algum ser afastada pelas partes), o seu âmbito de aplicação restringe-se apenas a "promoções em curso ou já ocorridas" (portanto, acções promocionais que estejam a decorrer no presente momento ou que já tenham tido o seu *terminus*), pelo que as empresas podem livremente negociar promoções futuras (e para o futuro), desde que não haja qualquer imposição na sua realização, uma vez que, em tal caso, a proibição está prevista nos pontos *i)* e *ii)* da alínea *c)*[271].

16. Outra inovação do Decreto-Lei nº 166/2013 é a inclusão, na alínea *e)*, da proibição de qualquer "alteração retroativa de um contrato de fornecimento". Este conceito vinha definido na PPL 126/XII como "a exigência do consentimento do vendedor ou do comprador para alterar retroativamente as condições de fornecimento acordado" mas, mais uma vez, à semelhança do que aconteceu relativamente à definição de "imposição unilateral", o legislador optou por não seguir a proposta e a solução vai mais além do que estava previsto na referida PPL 126/XII.

Com efeito, não basta já que a "alteração retroativa de um contrato de fornecimento" seja decorrente da exigência do consentimento do vendedor ou do comprador para ser proibida – isto é, que as alterações retroactivas dos contratos sejam impostas por uma parte à outra –, fazendo-se agora tábua rasa de toda e qualquer alteração ao contrato de fornecimento que tenha carácter retroactivo. Note-se que não se utilizam aqui os conceitos de "imposição" ou de "unilateralidade" a que se recorre noutras normas, não se podendo aplicar a esta proibição as conclusões que decorrem da análise da alínea *c)* do nº 1 deste artigo nem, como é evidente, do que estava previsto na PPL 126/XII.

17. Ainda assim, a norma não resolve alguns problemas práticos que se colocam, levando também, uma vez mais, a resultados que não terão sido pretendidos pelo legislador. Pensamos num caso em que um grande retalhista recusa uma alteração retroactiva do contrato de fornecimento

[271] V., neste sentido, Miguel Sousa Ferro, cit., pág. 59.

que um pequeno fornecedor diz ser necessária, para abranger transacções já em curso e evitar a sua falência. E se aceitar?

Dir-se-ia que não seria este o tipo de situações que o legislador pretendia evitar e, contudo, houve nitidamente uma pressão de uma parte junto de outra, sob pena, nomeadamente, de rompimento da relação contratual, que levou à aceitação da alteração contratual. No exemplo acima provavelmente não seria no interesse do grande retalhista a alteração retroactiva do contrato de fornecimento, que lhe reduziria a margem de lucro em favor da contraparte. Mas será que se exige aqui, no fundo, a presença de poder de mercado daquele que "exige"? Isso não decorre da letra da lei. Pode haver uma alteração retroactiva favorável à parte mais fraca da relação contratual – aquela que o legislador pretendeu proteger – e ainda assim entender-se que tal prática é proibida, daí decorrendo graves problemas? E pode haver uma alteração retroactiva favorável a ambas as partes – como seria possível no presente caso se, por hipótese, fosse imprescindível tal alteração retroactiva do contrato para evitar a falência do pequeno fornecedor e se a contraparte, ao aceitar tal alteração retroactiva do contrato de fornecimento evitasse incorrer em maiores custos, e.g., custo de transacção – e ainda assim proibir tal alteração? De acordo com a letra da lei, pensamos que sim.

Novamente, o legislador chega a um resultado que acaba por prejudicar os pequenos agentes económicos que, alegadamente, se pretenderia proteger. Com efeito, em consequência desta alínea, confrontado com um pedido de alteração retroactiva de um contrato de fornecimento submetido, por exemplo, por um pequeno agricultor, parece bastar que a alteração venha a ser consentida por um grande retalhista para que a mesma seja nula.

Nº 2

18. O nº 2 do artigo 7º vem definir o que se entende, para efeitos da proibição das práticas negociais entre empresas prevista no nº 1 – e, neste âmbito, em particular, a sua alínea *b)*, "obtenção de preços, condições de pagamento, modalidades de venda ou condições de cooperação comercial exorbitantes relativamente às suas condições gerais de venda" –, pelo conceito indeterminado utilizado: «exorbitantes relativamente às condições gerais de venda».

Na fórmula do Decreto-Lei nº 166/2013, é abusiva a obtenção de "condições exorbitantes" entre "empresas", qualquer que seja a posição que estas ocupem no processo económico. Sob a capa do equilíbrio e de uma quimérica igualdade entre agentes económicos, o Decreto-Lei nº 166/2013 interfere em todos os níveis das relações comerciais verticais, com profundo desprezo pelo princípio da economia de mercado aberto e concorrencial, pela liberdade contratual e pelos interesses dos consumidores. Não se vislumbra, aliás, na nova configuração do tipo, um qualquer intuito de reequilíbrio das forças, protegendo os pequenos comerciantes contra os grandes. O que o Decreto-Lei nº 166/2013 almeja assegurar é, sem qualquer ponderação ou análise, uma igualação formal entre agentes económicos que pune paternalisticamente a desproporcionalidade entre prestações, presumindo que não são do interesse da parte que contribui "desproporcionadamente". Ao fazer isto, o Decreto-Lei nº 166/2013 potencia de modo inequívoco a coordenação de comportamentos entre empresas não concorrentes ou, em todo o caso, entre empresas que operam em níveis diferentes do processo económico.

Em rigor, é a construção deste tipo legal que é susceptível de causar dano ao bem-estar social, pela amputação que faz da liberdade contratual, como dimensão indeclinável nos nossos ordenamentos jurídicos da livre iniciativa económica privada, ao intervir com fúria igualitária na negociação entre empresas privadas.

Nº 3

19. Enquanto a imposição "unilateral" de promoções pode, no espírito e letra do nº 1, ser realizada a partir de ambos os níveis da cadeia de distribuição, o legislador introduziu uma especificidade relativamente ao "setor agroalimentar", declarando abusivas "ainda" um conjunto significativo de "práticas negociais do comprador" desde que o "fornecedor seja uma micro ou pequena empresa, organização de produtores ou cooperativa". Dito de outro modo, o legislador proíbe e sanciona como nula a estipulação na relação complexa de fornecimento, entre fornecedor/ /vendedor e distribuidor/comprador, de um conjunto de práticas que, em alguns casos, são certamente do interesse do fornecedor.

Ao fazê-lo, a legislação é apta a produzir um efeito assaz perverso: reduzir a atractividade da contratualização com as empresas, associações e cooperativas que caiam no âmbito de aplicação da norma e que se encontrem estabelecidas em Portugal. Com efeito, tal como referido relativamente ao conceito de empresa (cfr. comentário ao artigo 2º), considerando a relação de distribuição, se a mesma for estabelecida com empresas não estabelecidas em Portugal, as cláusulas que venham, no interesse das Partes, a ser fixadas e que pudessem cair no âmbito material da proibição em causa, estão excluídas do âmbito subjectivo e territorial da sua aplicação.

Sublinha-se ainda a entorse aqui feita aos princípios gerais da teoria da relação jurídica, ao prescrever legislativamente o carácter unilateral de práticas que, ainda que submetidas a vício da vontade ou outro, têm indiscutível carácter bilateral e são, por isso, contratuais. O Decreto-Lei nº 166/2013 identifica um conjunto de práticas negociais "proibidas" que suscitarão, na sua aplicação prática, as mais sérias dificuldades jurídicas e cuja inclusão no tipo apenas se admite pela ficção legal de uma natureza individual ou unilateral que na realidade inexiste.

20. Nos termos da alínea *a)*, são proibidas as práticas negociais unilaterais do comprador que se traduzam em "rejeitar ou devolver os produtos entregues, com fundamento na menor qualidade de parte ou da totalidade da encomenda ou no atraso na entrega, sem que seja demonstrada, pelo comprador, a responsabilidade do fornecedor por esse facto".

Para a correcta interpretação do clausulado contratual aqui proibido, afigura-se fundamental perceber quais os interesses aqui em causa. Em primeiro lugar, trata-se de exigir que as partes contratualizem os termos exactos em que é admitida a rejeição ou devolução de produtos. Assim, o que resulta da proibição é a exigência de que, quando se quiser prever esta possibilidade de rejeição ou devolução de produtos, por vício da qualidade ou no prazo de entrega (sem a exigência de demonstração de responsabilidade do fornecedor), isso seja feito por acordo escrito prévio, não se podendo assim dizer que resulta de uma "prática negocial do comprador". Acresce sublinhar que tal proibição só ocorre no caso de o fornecedor ser uma "micro ou pequena empresa, organização de produtores ou cooperativa", aplicando-se as regras gerais em todas as restantes situações.

21. O Decreto-Lei nº 166/2013 não esclarece o que se deve entender por "entrega" nem justifica o afastamento das regras aplicáveis à compra e venda no Código Comercial português (artigo 463º e seguintes). É de admitir que os compradores poderão adoptar mecanismos mais formalizados de responsabilização do fornecedor, desde logo à chegada.

Também não se diz o que se deve entender por "responsabilidade". Sem entrar em desenvolvimentos que na prática forçosamente se colocarão, estaremos perante responsabilidade civil objectiva ou subjectiva? Mesmo que se presuma que se trata aqui de responsabilidade civil subjectiva, por resultar de uma relação contratual e, portanto, se pressupor imputação do comportamento ao fornecedor a título de dolo ou negligência, excluirá a redacção do Decreto-Lei nº 166/2013 a previsão da responsabilidade objectiva e a sua imputação ao fornecedor? Além disso, é aqui posta em causa a presunção de culpa do devedor prevista no artigo 798º do Código Civil. De acordo com esta norma, «incumbe ao devedor provar que a falta de cumprimento ou o cumprimento defeituoso da obrigação não procede de culpa sua». Tudo isto mostra, sem que seja necessário dizer mais, que o Decreto-Lei nº 166/2013 suscita as maiores dificuldades, quando seja lícito, como o terá de ser dada a natureza do comércio jurídico em causa, acordar nos critérios de rejeição ou devolução do produto.

22. Subsiste, por fim, a dúvida sobre o que seja "demonstrar" a responsabilidade do fornecedor. E justificar porque é que terá de ser o "comprador" a demonstrar essa menor qualidade ou a entrega fora de prazo e não um terceiro. E em que momento é que deve ser feita esta demonstração? Logo no momento da rejeição ou devolução ou apenas em caso de controlo pelas autoridades? Ou uma solução mista em que se permita uma demonstração mais completa naquele segundo momento já que, por via de regra, o fornecedor terá ele próprio diversa informação que uma autoridade não tem, e que pode ser necessária para a demonstração dum problema de qualidade ou de um atraso numa entrega?

23. Nos termos da alínea *b)* deste nº 3, são proibidas as práticas negociais unilaterais do comprador que se traduzam em "impor um pagamento, diretamente ou sob a forma de desconto":

i. Pela não concretização das expectativas do comprador quanto ao volume ou valor das vendas;

ii. Para introdução ou reintrodução de produtos;
iii. Como compensação por custos decorrentes de uma queixa do consumidor, excepto quando o comprador demonstre que essa queixa se deve a negligência, falha ou incumprimento contratual do fornecedor;
iv. Para cobrir qualquer desperdício dos produtos do fornecedor, excepto quando o comprador demonstre que tal se deve a negligência, falha ou incumprimento contratual do fornecedor;
v. Por custos relativos a transporte e armazenamento posteriores à entrega do produto;
vi. Como contribuição para abertura de novos estabelecimentos ou remodelação dos existentes;
vii. Como condição para iniciar uma relação comercial com um fornecedor.

Todas estas práticas têm em comum a verificação de uma contrapartida dada pelo fornecedor ao comprador, por um suposto ou real custo, sendo irrelevante a forma em que esta é conferida (e.g. pagamento ou desconto, monetário ou em espécie).

24. Quanto à primeira das práticas referidas, o Decreto-Lei nº 166/ /2013 parte do princípio de que recai exclusivamente sobre o comprador a obrigação de definir com rigor as expectativas quanto ao volume ou valor das vendas do produto. Com isso, subverte-se a natureza da relação comercial entre as partes, que tem a sua origem na «necessidade de escoamento»[272] dos produtos e é postergada toda a dinâmica da relação comercial, em que o fornecedor desenvolve a sua própria estratégia comercial e estabelece as suas próprias expectativas quanto ao volume e valor de vendas dos seus produtos, partindo dessas expectativas para as suas negociações com clientes revendedores.

25. Quanto às segunda (imposição de pagamentos para introdução ou reintrodução de produtos), sexta (imposição de pagamentos como

[272] Fernando Ferreira Pinto, *Contratos de Distribuição – Da Tutela do distribuidor integrado em face da cessação do vínculo*, Universidade Católica Editora, Lisboa, 2013, pág. 19; e acórdão do STJ de 14 de Maio de 2014.

contribuição para abertura de novos estabelecimentos ou remodelação dos existentes) e sétima (imposição de pagamentos como condição para iniciar uma relação comercial com um fornecedor) práticas, estão em causa condutas relativamente frequentes no mercado, verificando-se um novo atropelo e desconsideração pelo legislador da realidade económica subjacente às trocas.

Sendo certo que a introdução ou reintrodução de produtos, bem como o início de uma relação comercial com um fornecedor, implicam custos para os revendedores, estes terão que passar a repercutir estes custos nos preços e descontos negociados com os fornecedores, em vez de os poderem prever autonomamente, assim se reduzindo a transparência dos elementos constitutivos do preço.

26. Quanto às terceira (imposição de pagamentos como compensação por custos decorrentes de uma queixa do consumidor, excepto quando o comprador demonstre que essa queixa se deve a negligência, falha ou incumprimento contratual do fornecedor) e quarta (imposição de pagamentos para cobrir qualquer desperdício dos produtos do fornecedor, excepto quando o comprador demonstre que tal se deve a negligência, falha ou incumprimento contratual do fornecedor) práticas, repetem-se as dificuldades interpretativas já *supra* referidas a propósito da exigência de "demonstração" pelo comprador.

Desta feita, acrescem as dificuldades suscitadas pela imprecisão jurídica e incompreensibilidade dogmática do sentido das alternativas "negligência, falha ou incumprimento contratual do fornecedor". Se o último poderá ser relativamente claro, remetendo para o que tenha sido acordado entre as partes, nomeadamente, quanto a níveis de qualidade dos produtos e a prazos de validade ou de entrega, já mais difícil poderá ser compreender o que seja uma "negligência" relevante que não se reconduza a um incumprimento contratual pelo fornecedor. E isto para não falar no conceito de "falha", do qual desconhecemos o sentido dogmático-jurídico apropriado.

27. Por último, a quinta prática (imposição de pagamentos por custos relativos a transporte e armazenamento posteriores à entrega do produto) terá, forçosamente, que ser lida como proibindo apenas a imposição de uma contrapartida por custos relativos a transporte e armazenamento posteriores à entrega do produto, quando esta entrega foi realizada de modo correcto e completo. Assim, por exemplo, se um fornecedor incumpre os termos contratuais e entrega o produto num local diferente daquele onde o devia ter entregue, naturalmente que os custos associados à correcção desse erro lhe podem ser impostos.

Também suscita sérias dúvidas o que se deve entender por "entrega do produto". Imagine-se uma relação comercial duradoura na qual o fornecedor, em regra, entrega os seus produtos directamente nos ou em vários estabelecimentos do seu cliente revendedor. O que acontece se, numa ocasião, o fornecedor for incapaz de fazer essa entrega capilar e acorda com o retalhista entregar o produto num armazém central deste, procedendo este à distribuição pelos seus estabelecimentos? Significa esta norma que o fornecedor e o retalhista não podem acordar entre si uma compensação por este custo acrescido que vai ter de ser suportado pelo retalhista? Não se poderia simplesmente considerar que se trata de uma "entrega incompleta"? Ou seria o retalhista obrigado a renegociar, para aquele caso concreto, o preço do produto de modo a incluir o custo acrescido do transporte no preço em si, em vez de o indicar separadamente (a custo da transparência das componentes desse preço)?

Nº 4

28. A clarificação feita pelo nº 4, ao estabelecer expressamente que as cláusulas contratuais que violarem o disposto nas normas relativas à proibição das práticas negociais abusivas só são nulas e têm-se por não escritas "[n]os contratos sujeitos à lei portuguesa", vem dar ênfase ao carácter discriminatório do regime legal cuja conformidade com o direito da União Europeia é, assim, posta em causa. Por outro lado, abre claramente a *porta* para um exercício de escolha de lei aplicável, na medida do permitido pelo ordenamento jurídico, como forma de tornear ou determinar a lei aplicável à relação contratual. Sobre este artigo, não deixamos de remeter para a anotação ao artigo 4º, nº 3.

Com efeito, tal como se referiu *supra*, quer no comentário relativo ao nº 1 do presente artigo, quer quando nos pronunciámos sobre a restrição do presente regime às "empresas estabelecidas em território nacional" presente no artigo 2º deste diploma, o critério formalístico do Decreto-

-Lei nº 166/2013 coloca as empresas que optem por sujeitar os contratos à lei portuguesa numa posição de desvantagem comercial, uma vez que acarreta a aplicação das regras estabelecidas no regime das práticas restritivas do comércio a empresas mesmo que estas tenham relações comerciais exclusivamente com outros países do mundo, sejam ou não pertencentes à União Europeia ou ao Espaço Económico Europeu. Do mesmo modo que se disse que nessoutra situação estava criado um incentivo à deslocalização destas empresas para fora do território nacional, agora cria-se um incentivo à escolha de lei aplicável aos contratos, que não a lei portuguesa, como forma de evitar a aplicação deste regime.

Nº 5

29. Referência ainda para o facto de o Decreto-Lei nº 166/2013 prever, no que concerne a este instituto, que todas as práticas negociais que não sejam proibidas, designadamente em virtude da sua dimensão ou do sector de actividade dos seus intervenientes, "devem ser objeto de autorregulação". Aliás, o nº 5 deste artigo 7º remete expressamente para o artigo 16º, relativo à autorregulação.

A este respeito, cumpre apensas frisar a obrigatoriedade da existência desses instrumentos de autorregulação sempre que não haja uma proibição das práticas negociais em razão "nomeadamente (...) da dimensão ou do setor de atividade dos intervenientes", ainda que tais práticas negociais estejam previstas nas restantes alíneas deste artigo. Ora, se é certo que o carácter não taxativo da justificação pela qual tais práticas não são proibidas é-nos dado pela expressão "nomeadamente", pensamos no entanto que o legislador tinha claramente em mente as situações previstas (de forma taxativa, sublinhe-se) no nº 3 deste artigo, mas em que não esteja em causa o sector agroalimentar e o fornecedor não seja uma micro ou pequena empresa, "organização de produtores ou cooperativa". Ora, se nestes casos a obrigatoriedade da existência desses instrumentos de autorregulação é clara ("[a]s práticas negociais não proibidas pelo presente artigo (...) <u>devem</u> ser objeto de autorregulação"), tal já não se verifica no artigo 16º (artigo para o qual aliás remete este artigo 7º, nº 5) – "as estruturas representativas de todos ou de alguns dos setores de atividade económica <u>podem</u> adotar instrumentos de autorregulação tendentes a regular as respetivas transações comerciais". O que quer isto dizer? Que se forem criados instrumentos de auto-regulação, devem abordar estas práticas. Mas qual a consequência, se o não fizerem?

Artigo 8º – Medidas cautelares

1 – A entidade fiscalizadora pode determinar, com caráter de urgência e sem dependência de audiência de interessados, a suspensão da execução de uma prática restritiva do comércio suscetível de provocar prejuízo grave, de difícil ou impossível reparação, a outras empresas, sempre que constate que existem indícios fortes da sua verificação, ainda que na forma tentada.

2 – Após a aplicação de medida cautelar provisória nos termos do número anterior, a entidade fiscalizadora promove a audição do interessado no prazo máximo de cinco dias e decide sobre a conversão da medida cautelar provisória em definitiva no prazo máximo de 10 dias após a realização da audição.

3 – Na ausência de promoção de audição ou de decisão nos prazos referidos no número anterior, a medida cautelar provisória e a sanção pecuniária compulsória a que se refere o artigo 11º, caducam automaticamente.

4 – A medida cautelar definitiva, e a sanção pecuniária compulsória a que se refere o artigo 11º, caducam automaticamente caso o despacho de acusação em processo contraordenacional não seja notificado ao arguido, no prazo de 30 dias após aquela aplicação.

5 – A medida cautelar e a sanção pecuniária compulsória referidas no número anterior vigoram até a decisão em processo contraordenacional se tornar definitiva, transitar em julgado ou caducar por condenação em processo criminal pelo mesmo facto, sem prejuízo da alteração, substituição ou revogação da medida cautelar nos termos gerais ou por aplicação de medida de coação de efeito equivalente.

A. Referências

Correspondência na lei anterior: Não existia qualquer norma correspondente a esta disposição na legislação anterior.

Artigos relacionados: artigos 9º, nº 1, alínea *d)*, 10º, nº 1, e 11º, todos do Decreto-Lei nº 166/2013; artigo 34º do Regime Jurídico da Concorrência.

No espírito como na letra, a solução denota a sua origem no Regime Jurídico da Concorrência (artigos 34º, 59º e 72º) e, através dele, na antiga LdC (artigos 27º e 46º). É, aliás, essa origem que explica o estranho plural da epígrafe, o qual se deve a falta de atenção, na medida em que nesses antecedentes legislativos, as medidas cautelares abrangem não apenas a suspensão preventiva, mas ainda outras. Estamos perante uma solução que já se alargou a outros domínios, como o regime da utilização dos recursos hídricos (Decreto-Lei nº 226-A/2007, de 31 de Maio, artigo 85º). Trata-se, por certo, de uma solução entre várias possíveis, em alguns casos ainda mais aflitivas. Assim, por exemplo, o Código dos Valores Mobiliários qualifica o não acatamento de medidas cautelares como crime de desobediência qualificada (cfr. artigos 412º e 381º).

B. Anotação

Nº 1

1. Verifica-se no Decreto-Lei nº 166/2013 um claro reforço das competências da autoridade encarregada da fiscalização, instrução e decisão de processos contraordenacionais abertos por infracções ao regime das práticas restritivas do comércio, por comparação às dificuldades e limitações identificadas no decurso da aplicação do Decreto-Lei nº 370/93. A possibilidade de a ASAE adoptar medidas cautelares sempre que esteja em causa "uma prática restritiva do comércio suscetível de provocar prejuízo grave, de difícil ou impossível reparação, a outras empresas" (juntamente, com a hipótese de aplicação de sanções pecuniárias compulsórias, como desenvolveremos no nosso comentário a propósito do artigo 11º) é um bom exemplo disso. A verdade é que a adopção da medida cautelar só pode visar dar uma regulação provisória aos interesses envolvidos, a fim de que uma decisão final, neste caso, por parte da administração, não se torne uma mera decisão platónica, mas que assegure uma utilidade (efeito útil da decisão), *in casu*, a inexistência de um "prejuízo grave, de difícil ou impossível reparação, a outras empresas".

2. O presente diploma não clarifica que situações é que podem ser consideradas como "suscetíve[is] de provocar prejuízo grave, de difícil ou impossível reparação, a outras empresas", o que levanta dificuldades adicionais na aplicação destas medidas. Desde logo, até porque se deve ter em conta que é o legislador a admitir, no próprio preâmbulo do Decreto-Lei nº 166/2013, que este regime só tem efectividade "sempre que não esteja em causa uma afetação sensível da concorrência".

Relativamente à noção de prejuízo irreparável, J. L. Cruz Vilaça entende, a propósito das medidas cautelares decretadas pela AdC quando estejam em causa práticas restritivas da concorrência, que "como resulta do despacho *Camera Care* (despacho do Tribunal de Justiça de 17.1.1980, *Camera Cae/Comissão*, 792/79 R), a noção de prejuízo irreparável há-de ser delimitada por referência aos danos que a decisão final a tomar pela autoridade competente não poderá sanar e não (como alegava a Comissão no processo *La Cinq* – acórdão do TPI de 24.1.1992, *La Cinq*, proc. T-44/90, Colect. II-1) aos «danos que não possam ser sanados por nenhuma decisão posterior». Em contrapartida, a jurisprudência [dos tribunais da UE] é clara no sentido de que um prejuízo de natureza hipotética e baseado na probabilidade aleatória de acontecimentos futuros e incertos não preenche os requisitos de urgência que justifiquem a outorga de medidas provisórias."[273]

No caso das práticas restritivas do comércio estarão normalmente em causa interesses patrimoniais, pelo que os prejuízos que neste âmbito cautelar se podem considerar como irreparáveis serão apenas aqueles que não sejam susceptíveis de quantificação pecuniária minimamente precisa. Deste modo, é nosso entendimento que serão de considerar factos geradores de prejuízos grave, de difícil ou impossível reparação, por

[273] J. L. Cruz Vilaça, «Artigo 34º», in *Lei da Concorrência – Comentário Conimbricense*, cit., pp. 371-380.

exemplo, a paralisação da actividade comercial de uma empresa, o dispêndio de quantias cujo pagamento seja susceptível de afectar significativamente a estrutura económico-financeira de uma empresa fazendo perigar a sua subsistência enquanto ente empresarial, os prejuízos sofridos por empresas que não têm outros meios de assegurar a sua solvência resultantes de uma prática restritiva do comércio e os que provoquem uma diminuição apreciável do nível qualitativo dos produtos comercializados por uma determinada empresa ou a satisfação das suas necessidades primárias (por exemplo, de fornecimento)[274].

3. Uma coisa é certa: os prejuízos dessa prática restritiva do comércio têm de se verificar – ou têm de ser susceptíveis de se verificar – na esfera jurídica de "outras empresas". Deste modo, a ASAE tem poderes para adoptar medidas cautelares com o objectivo de proteger quer o interesse público das relações comerciais (que possa resultar num prejuízo para as empresas), quer o interesse privado de uma qualquer empresa que seja parte interessada. E não há qualquer restrição relativamente ao momento em que a ASAE poderá fazê-lo. Na verdade, o carácter de urgência, aliado à teórica possibilidade de o decretamento da medida cautelar não estar dependente de audiência de interessados (o que só se justificará nos estritos limites impostos pelo princípio da necessidade), é suficiente para fundamentar a ausência de qualquer restrição a nível do momento em que tal medida poderá vir a ser decretada, nem tão-pouco que esta esteja condicionada à existência de um processo de fiscalização aberto anteriormente. Dito de outro modo, uma simples acção de fiscalização por parte da ASAE poderá ser suficiente para que esta autoridade, em resultado dessa mesma acção, e ainda que em fase preliminar, considere que o decretamento de uma medida cautelar cumpre todos os requisitos previstos neste nº 1 do artigo 8º.

[274] Estes factos geradores de prejuízos irreparáveis, ou de difícil reparação, são os que são normalmente apontados pela doutrina e tribunais a propósito do decretamento de providências cautelares no âmbito do direito tributário em que estão também em causa, normalmente, meros interesses patrimoniais. V., a este respeito, acórdãos do Tribunal Central Administrativo do Sul, de 11.1.2011, proc. 4401/10, de 15.1.2013, proc. 5941/12, de 7.5.2013, proc. 6511/13, de 4.6.2013, proc. 6676/13, e Jorge Lopes de Sousa, *Código de Procedimento e de Processo Tributário anotado e comentado*, 6ª. Edição, II Volume, Áreas Editora, 2011, pp. 592 e segs.

4. O regime de competências da ASAE em matéria de tutela cautelar é desenhado de forma a corresponder ao que está previsto para a AdC sempre que estejam em causa "práticas [que estejam] na iminência de provocar prejuízo, grave e irreparável ou de difícil reparação para a concorrência", ao abrigo do artigo 34º da Lei da Concorrência[275]. No Decreto-Lei nº 166/2013, o decretamento da medida cautelar impõe à ASAE a verificação da existência de "indícios fortes (...) ainda que na forma tentada" de prejuízos graves ou de difícil/impossível reparação a outras empresas. Tal como referiu J. L. Cruz Vilaça a propósito das medidas cautelares decretadas pela AdC, "[e]stas referências são consistentes com a necessária verificação de um dos requisitos para a adopção de medidas cautelares, em particular o que está relacionado com o elemento de urgência que justifica a medida" [*periculum in mora*], inclusivamente a verificação do requisito de *fumus boni iuris* (isto é, da probabilidade elevada da existência de uma infracção ou pelo menos de "indícios fortes" que tal infracção ocorrerá), algo que não resulta explícito no artigo 34º da Lei da Concorrência[276]. E nem poderia ser de outra maneira: a lógica de uma medida cautelar está, precisamente, não só na urgência com que deve ser decretada, mas também na necessidade de se evitar que se tenha consumado uma situação de facto incompatível com os objectivos de transparência das relações económicas e de protecção dos interesses e do valor na cadeia de comércio, previstos no Decreto-Lei nº 166/2013, por entretanto se terem produzido prejuízos de difícil reparação para as empresas.

5. Os termos em que esta medida cautelar é admitida revelam-se necessariamente exíguos, pois abrangem apenas os casos em que se esteja perante situação de fundado receio de uma lesão irreparável para a "outra empresa" que a ASAE ou qualquer interessado, através de requerimento, têm o ónus de invocar e provar tal condição, sendo que nos parece que no caso da medida cautelar ter sido adoptada a requerimento de qualquer empresa interessada, o prejuízo irreparável se deve reportar à própria empresa requerente. Deve assim a empresa requerente indicar os fundamentos que se revelem adequados ao decretamento da medida cautelar

[275] Sobre este apecto, *vide* J. L. Cruz Vilaça, «Artigo 34º», in *Lei da Concorrência – Comentário Conimbricense*, cit..
[276] *Idem.*

(designadamente através do preenchimento de todas as condições previstas no nº 1 do presente artigo), sem que com isso a ASAE fique dispensada de investigar, em nome do interesse público, tais fundamentos e/ou sempre que constate por qualquer outro meio a existência de indícios fortes de uma prática restritiva do comércio susceptível de provocar prejuízo grave, de difícil ou impossível reparação.

6. Relativamente à possibilidade de a ASAE poder prescindir da realização de audiência de interessados para decretar cautelarmente a suspensão da execução de uma prática restritiva do comércio, remetemos para a análise feita *infra* relativa aos restantes números do presente artigo.

7. Aspecto também primordial no âmbito das medidas cautelares é a aplicação do princípio da proporcionalidade, reconhecido nos artigos 18º, nº 2, *in fine*, e 266º, nº 2 da Constituição. A análise deste princípio e o modo concreto em que o mesmo deve ser aplicado será detalhadamente explicado *infra*, a propósito do artigo 10º e da importância que este princípio tem no Direito penal e, em geral, no direito sancionatório. Para já, limitamo-nos a sublinhar a necessidade de a ASAE ter de garantir que a atribuição da providência não cause danos desproporcionados, vector através do qual se dá expressão ao princípio da proporcionalidade em sentido estrito ou da proibição do excesso e que se encontra consagrado no nº 2, do artigo 120º do Código do Processo nos Tribunais Administrativos ("CPTA"), a exemplo do que se passa no domínio da atribuição de providências no processo civil resultante do artigo 362º do novo Código do Processo Civil[277].

8. A este propósito a jurisprudência tem sido clara ao prever que "a concessão da providência fica dependente do juízo de probabilidade do tribunal quanto a saber se, ponderados os interesses susceptíveis de serem lesados, os prejuízos que resultariam da adopção da providência são superiores aos prejuízos que podem resultar da sua não adopção [pelo que] exige-se ao julgador cautelar que balize a situação pela ponderação dos interesses (sejam públicos ou privados) susceptíveis de serem lesados: quando os danos provavelmente resultantes da concessão da

[277] Recentemente aprovado pela Lei nº 41/2013, de 26 de Junho, com Retificação nº 36/2013, de 12 de Agosto.

providência sejam inferiores aos que poderão resultar da sua recusa, a providência será deferida; quando tais prejuízos sejam maiores, a providência cautelar deverá ser indeferida; quando esta superioridade de prejuízos puder ser evitada ou atenuada mediante a adopção de outras providências, a pretensão cautelar deverá ser concedida, mas acompanhada dessa ou dessas outras medidas com finalidade lenitiva"[278].

Nº 2

9. O nº 2 do presente artigo prevê expressamente uma excepção ao princípio constitucional que garante os direitos de audiência e de defesa dos visados em processos contraordenacionais, princípios estes que estão previstos no nº 10 do artigo 32º da Constituição e no próprio artigo 50º do RGCO, aplicável subsidariamente nos termos do artigo 12º do presente diploma, que refere que "[n]ão é permitida a aplicação de uma coima ou de uma sanção acessória sem antes se ter assegurado ao arguido a possibilidade de, num prazo razoável, se pronunciar sobre a contra-ordenação que lhe é imputada e sobre a sanção ou sanções em que incorre". A dispensa de audiência das empresas visadas por uma medida cautelar decretada pela ASAE ao abrigo desta norma está directamente associada à urgência de se suspender uma prática restritiva do comércio que tenha uma forte probabilidade de "provocar prejuízo grave, de difícil ou impossível reparação, a outras empresas".

Em todo o caso, a audiência de interessados não é nunca dispensada, devendo a mesma ocorrer "no prazo máximo de cinco dias" após a aplicação de medida cautelar provisória. A legalidade do processo está naturalmente sujeita a controlo jurisdicional por parte dos tribunais, nos termos gerais do RGCO.

10. Referência ainda para o facto de a ASAE ter de tomar uma decisão definitiva sobre a conversão da medida cautelar provisória em definitiva no prazo máximo de 10 dias após a realização da audição de interessados.

[278] Acórdão do Tribunal Central Administrativo do Norte, de 11.12.2008, proc. 1038/98.5 BEBRG, citado pelo acórdão do mesmo tribunal, de 29.4.2010, proc. 2484/09.2BEPRT. V. também Mário Aroso de Almeida e Carlos Alberto Fernandes Cadilha, *Comentário ao C.P.T.A.*, Almedina, 3ª ed., 2010, pp. 492 e segs.

Nº 3

11. O nº 3 vem prever a consequência para o facto de a ASAE não promover a audiência dos interessados no prazo máximo de cinco dias após a aplicação de medida cautelar provisória, ou de não decidir converter tal medida cautelar em definitivo no prazo máximo de 10 dias após a realização da audição de interessados. Nesse caso, "a medida cautelar provisória e a sanção pecuniária compulsória a que se refere o artigo 11º, caducam automaticamente". Refira-se, a este respeito, que o RGCO não prevê qualquer prazo para que uma entidade administrativa, em processo contraordenacional, emita um despacho de acusação ou de arquivamento.

Nº 4

12. O nº 4 do presente artigo vem acrescentar mais um limite temporal para manutenção da medida cautelar aos que se encontram previstos nos nºs 2 e 3 deste normativo. Neste caso, uma vez decidida a conversão da medida cautelar provisória em definitiva (que, recorde-se, nos termos do nº 2 deste artigo deve ocorrer no prazo máximo de 10 dias contados após a realização da audiência de interessados), esta e a sanção pecuniária compulsória caducarão "automaticamente caso o despacho de acusação em processo contraordenacional não seja notificado ao arguido, no prazo de 30 dias após aquela aplicação".

Está, desta forma, criado um incentivo a que a ASAE acelere os *timings* do processo contra-ordenacional, pelo menos na fase de instrução do processo. Assim, nos casos em que seja decretada uma medida cautelar (ou a sanção pecuniária compulsória), a notificação à empresa arguida do despacho de acusação deverá ocorrer no prazo máximo de 30 dias, sob pena de tais medidas cautelares caducarem automaticamente.

Nº 5

13. Como medida provisória que é, desenhada para assegurar a preservação do efeito útil de uma decisão final que venha a ser adoptada posteriormente pela ASAE, a medida cautelar prevista no artigo 8º não vigora por tempo ilimitado. No entanto, sempre se dirá que o presente diploma se revela menos restritivo quanto à duração de uma medida cautelar do que o Regime Jurídico da Concorrência. Com efeito, no presente caso, o nº 5 vem simplesmente prever que "[a] medida cautelar (...) vigoram até a decisão em processo contraordenacional se tornar definitiva, transitar em julgado ou caducar por condenação em processo criminal pelo mesmo facto", enquanto que o artigo 34º, nº 2 da Lei da Concorrência vem limitar a sua duração a um prazo máximo "não superior a 90 dias", ainda que abrindo a porta a que este prazo seja prorrogado desde que essa prorrogação seja "devidamente fundamentada" e "devendo a decisão do inquérito ser proferida no prazo máximo de 180 dias".

14. Por outro lado, salvaguarda-se a possibilidade de "alteração, substituição ou revogação da medida cautelar nos termos gerais ou por aplicação de medida de coação de efeito equivalente". Nesse caso, a medida cautelar concreta, decretada *prima facie* pela ASAE, naturalmente que caducaria, seja porque teria sido alterada, substituída por uma outra ou até revogada.

15. A decisão definitiva de aplicação de medida cautelar é impugnável judicialmente, nos termos do artigo 55º do RGCO, devendo essa impugnação subir imediatamente, embora sem efeito suspensivo. O facto de não estar prevista no RGCO a aplicação de meios de coacção, seja de natureza cautelar – como o previsto na disposição em comentário –, seja de natureza probatória (cfr. artigo 42º do RGCO) faz surgir uma ampla lacuna nas leis especiais que se afastam dessa orientação, abrindo-se à aplicação subsidiária da lei processual penal, nos termos do artigo 41º do RGCO.

Artigo 9º – Contraordenações

1 – Constitui contraordenação punível com coima:

a) **A violação do disposto no nº 1 do artigo 3º, no nº 3 do artigo 4º, no nº 1 do artigo 5º e nos nºs 1 e 3 do artigo 7º;**

b) **A violação do disposto no nº 1 do artigo 4º e dos nºs 1 e 2 do artigo 6º;**

c) **A não prestação ou a prestação de informações falsas, inexatas ou incompletas, em resposta a pedido da entidade fiscalizadora;**

d) **A violação das medidas cautelares impostas pela entidade competente.**

2 – A negligência e a tentativa são puníveis, nos termos gerais.

A. Referências

Correspondência na lei anterior: artigo 5º do Decreto-Lei nº 370/93 (na redacção resultante do Decreto-Lei nº 140/98 e do Decreto-Lei nº 10/2003):

Infracções

1 – Constituem contra-ordenações, quando cometidas por pessoa singular:

a) As infracções ao disposto no nº 1 do artigo 1º, no nº 1 do artigo 3º, nos nºs 1 e 2 do artigo 4º e no nº 1 do artigo 4º-A, puníveis com coima de 150.000$00 a 750.000$00;

b) A infracção ao disposto nos nºs 1 e 3 do artigo 2º, punível com coima de 50.000$00 a 250.000$00.

2 – Constituem contra-ordenações, quando cometidas por pessoa colectiva:

a) As infracções ao disposto no nº 1 do artigo 1º, no nº 1 do artigo 3º, nos nºs 1 e 2 do artigo 4º e no nº 1 do artigo 4º-A, puníveis com coima de 500.000$00 a 3.000.000$00;

b) A infracção ao disposto nos nºs 1 e 3 do artigo 2º, punível com coima de 100.000$00 a 500.000$00

3 – (Revogado pelo Decreto-Lei nº 10/2003, de 18 de Janeiro).

4 – A negligência é punível.

Artigos relacionados: artigos 8º, 10º, 11º, e 13º, todos do Decreto-Lei nº 166/2013.

B. Anotação

1. Um tema que merece a melhor atenção no Decreto-Lei nº 166/2013 são as suas normas sancionatórias. Como muitas vezes sucede no domínio das contra-ordenações, a técnica legislativa utilizada no Decreto-Lei nº 166/2013 passa por uma cisão entre preceito primário (que estabelece a proibição ou a prescrição cuja violação é contra-ordenação) e preceito secundário (que estabelece a sanção). Esta técnica tem consequências em matéria de identificação das normas. É verdade que, nestes casos, a ou as disposições legais das quais resultam os limites mínimo e máximo das coimas (os nºs 1 e 2 do artigo 10º) são comuns a todas as hipóteses. No entanto, não é menos certo que tais coimas correspondem a "tipificações – ou, se se preferir, regras de conduta – das mais diversificadas, que nem por isso devem deixar de se considerar, atentas a generalidade e a abstracção que lhes estão subjacentes, como outras tantas normas, para efeitos de fiscalização de constitucionalidade"[279].

Por essa razão, em rigor, a análise da questão da compatibilidade com o princípio constitucional da legalidade, por um lado, e da proporcionalidade e igualdade, por outro, terá de ser feita em relação à pluralidade das normas sancionatórias previstas no artigo 9º (e cujas coimas estão definidas no artigo 10º). No entanto, por razões de simplificação de redacção, é essa pluralidade de normas sancionatórias que teremos em mente sempre que nos referirmos – o que faremos de seguida – ao 10º.

2. O artigo 29º da Constituição apenas se refere, directa e expressamente, à aplicação da "lei criminal". E forçoso é admitir, à partida, que não é constitucionalmente imposta ao legislador uma rigorosa equiparação entre Direito Penal e Direito das contra-ordenações, designadamente no plano garantístico[280]. Mas, como o Tribunal Constitucional tem sublinhado, isso é "conciliável com a «necessidade de serem observados determinados princípios comuns que o legislador contra-ordenacional será chamado a concretizar»"[281]. Na realidade, e como é, afinal, natural, neste como em todos os outros domínios semelhantes, aquilo que comanda a solução é a analogia, uma analogia que começa por ser princípio constitutivo imanente à própria realidade jurídica e constitui depois, e por isso mesmo, a espinha dorsal do discorrer jurídico de que falou Baptista Machado[282].

[279] Acórdão do TC nº 45/02, nº 4.

[280] Acórdão do TC nº 86/08, nº 2.1.2., com mais indicações.

[281] *Ibidem*. O Tribunal Constitucional acrescenta que o legislador contra-ordenacional é chamado a concretizar esses princípios dentro de um poder de conformação mais aberto do que aquele que lhe caberá em matéria de processo penal, mas a esse assunto nos referiremos *infra*.

[282] Baptista Machado, *Introdução ao Direito e ao Discurso Legitimador*, Coimbra, Almedina, 1999, pág. 326.

Neste contexto, não pode espantar que se tenha "consolidado no pensamento constitucional que o direito sancionatório público, enquanto restrição relevante de direitos fundamentais, participa do essencial das garantias consagradas explicitamente para o direito penal, isto é, do núcleo de garantias relativas à segurança, certeza, confiança e previsibilidade dos cidadãos"[283]. Como espantar não pode que, pelo menos consideradas as coisas em geral, a garantia constitucional da legalidade expressamente estabelecida para o Direito penal, numa "lógica de tutela do arguido"[284], se estenda a "reacções que exprimam uma censura por parte da autoridade (*mißilligende hoheitliche Reaktionen*) na forma de uma inflicção de um mal por causa de um comportamento ilícito e, com isso, também às contra-ordenações"[285]. Pode assim dizer-se que a disposição do artigo 2º do RGCO encontra o seu fundamento no artigo 29º da Constituição[286].

3. Isto vale, naturalmente, também quanto à exigência da determinação da lei (*lex certa*), relativamente às sanções[287], como o Tribunal Constitucional tem reconhecido (muito embora, como se verá, hesitando quanto ao rigor a atribuir-lhe)[288]. O que, uma vez mais, se compreende. Por um lado, o afastamento do princípio da determinação quanto à fixação legal das sanções correspondentes à infracção, acabaria, bem vistas as coisas, por frustrar o princípio da legalidade: uma verdadeira e completa indeterminação relativamente à sanção aplicável, quer no que toca à sua

[283] Acórdão nº 41/04, de 86/08, nº 2.1.2; 369/2009, nº 10.2.

[284] Cfr., por ex., Acs. TC nºs 160/2004, nº 5, 588/05, nº 2, 129/2009, nº 3.

[285] Rogall, *Karlsruher Kommentar. Ordnungswidrigkeitengesetz,* 3ª ed., München, C. H. Beck, 2006, anotando que se trata de jurisprudência e doutrina sempre afirmadas. *Vd.* ainda, no mesmo sentido, Schmidt-Aβmann, *in* Maunz/Dürig, *Grundgesetz Kommentar,* VI, München, C. H. Beck, *Stand:* 2007, artigo 103, nº 195. Já não sucede o mesmo com as sanções disciplinares.

[286] Cfr., relativamente a disposições em tudo paralelas do Direito alemão, Rogall, KK-OWiG, § 3, n.º 2, pág. 66. No mesmo sentido entre nós, Jorge de Figueiredo Dias, «O movimento da descriminalização e o ilícito de mera ordenação social», *in* AA. VV., *Direito Penal Económico e Europeu*, I, pág. 28, afirmando existir um transporte dos princípios constitucionais da legalidade e da aplicabilidade da lei mais favorável.

[287] Cfr., com mais indicações, Rogall, KK-OWiG, §3, nºs 36-37, pág. 86; Rebmann/Roth/ /Herrmann, *Gesetz über Ordnungswidrigkeiten Kommentar,* 3ª ed., *Stand*: 2003, § 3, nºs 3, 5; König, *in* Göhler, *Ordnungswidrigkeitengesetz,* 14ª ed., München, C. H. Beck, 2006, § 3, nº 4, pág. 44 (cfr., todavia, ainda § 3, nº 10, pág. 48, e § 17, n.º 48c, pág. 168).

[288] Acórdãos do TC nºs 574/95, 5.2., 547/01, n.os 7 segs., 41/04, n.º 6, 86/2008, nº 2.1.3.

espécie ou natureza (coima ou sanção acessória), quer no que respeita à sua gravidade (quando ela é, por natureza, variável), seria uma mera declaração de punibilidade que, para além de dificilmente concebível, nunca permitiria verdadeiramente dizer que a sanção é estabelecida em lei. Por outro lado, olhando para a teleologia do princípio da determinação da sanção, é fácil ver que, para usar da expressão do Código Civil, procedem no caso, "as razões justificativas da regulamentação do caso omisso" (artigo 10º, nº 2).

Na verdade, na base do princípio da determinação está, antes de mais, a exigência de garantia das pessoas contra o exercício arbitrário do poder sancionatório, exigência que apresenta uma tripla dimensão: por um lado, o balizamento desse poder punitivo dentro de parâmetros minimamente definidos; por outro lado, a não transferência para o órgão decisor do poder de definir abstractamente a sanção (a qual, na maioria esmagadora dos casos – e assim sucede no caso do Decreto-Lei nº 166/ /2013 – co-envolve uma transferência indevida para a Administração (aqui, a ASAE) de domínio reservado à função legislativa); e, finalmente, a exigência de efectiva controlabilidade da definição da sanção (*maxime*, assegurando de forma minimamente eficaz que ela obedece a critérios materialmente fundados).

4. Ao lado desta exigência directamente derivada da função de garantia da lei, é também apontada, embora com os olhos mais postos na vertente da tipicidade da infracção, a exigência de previsibilidade da sanção por parte do agente, que possa confluir para a orientação do seu comportamento – a "certeza orientadora (*Orientierungsgewißheit*) para o cidadão" de que se fala na Alemanha[289].

Crê-se que basta a enunciação destas finalidades para se compreender que se trata de preocupações que, se foram primeiro experimentadas no domínio do Direito penal, encontram também uma inegável justificação no domínio do Direito das contra-ordenações. E isto – note-se bem – seja qual for o critério que se adopte para diferenciar os dois domínios. É que, apesar de estar em jogo uma garantia relativa à aplicação da lei substantiva, há que reconhecer que, em face, justamente, da teleologia que a anima,

[289] Vd. Rogall, KK-OWiG, § 3, 28 e segs. Sobre a questão em geral, v., entre nós, acórdãos do TC nºs 574/95, 547/01 e 41/04.

não podem deixar de se mostrar relevantes aspectos que se podem dizer processuais, a saber, as garantias oferecidas pelo órgão competente e pelo procedimento estabelecido na lei para correcto conhecimento da infracção.

E assim – resida a distinção entre crimes e contra-ordenações na relevância ética da infracção ou do comportamento, numa mera diferença de grau, no facto de as contra-ordenações corresponderem a infracções de perigo abstracto do domínio de actividades reservadas – sempre se manterá verdadeiro que o perigo de exercício arbitrário do poder sancionatório, em qualquer das vertentes atrás apontadas, não desaparece misteriosamente quando a decidir aparece, não um tribunal (num processo penal), mas a administração pública (num procedimento híbrido, por certo mas muito simplificado relativamente ao processo penal). Por outro lado, também a preocupação com a previsibilidade da sanção por parte do agente, na medida em que se considere relevante como fundamento da exigência de determinação da sanção, se mantém inteiramente válida.

5. O ponto – e ponto verdadeiramente árduo – não será tanto o de saber se, neste primeiro e amplo sentido, o princípio da determinação se aplica também às sanções das contra-ordenações, mas antes o de apurar em que medida o é ou, melhor até, quais são exactamente e até onde chegam as suas exigências.

Um primeiro passo parece inequívoco. Tal como no Direito penal e pelas mesmíssimas razões, é impossível o entendimento maximalista que a compreenda como exigência de penas ou sanções fixas, em sistema que a legislação revolucionária francesa chegou a pretender adoptar, mas que não vingou[290]. Sejam quais forem os seus motivos, um tal entendimento obnubila o verdadeiro significado da abstracção (suprimindo violentamente na fixidez da sanção o co-naturalmente indeterminado do tipo de infracção) e, por essa razão, vem a revelar-se injusto, pois conduz a tratar como *absolutamente idêntico* aquilo que apenas é essencial ou tipicamente idêntico, mas *não totalmente idêntico*. Isto torna-se especialmente aparente quanto à culpa do agente a qual, ressalvada qualquer ficção, será sempre e necessariamente culpa por um facto concreto, na sua singularidade, e

[290] V. sobre o problema, entre nós, Cavaleiro de Ferreira, *Direito Penal Português*, I, pág. 314, e, por último, *Lições*, I, 1992, pp. 378 segs.

culpa do irrepetível agente. Pelo que o Tribunal Constitucional, exactamente no domínio das contra-ordenações, tem reiterado que "uma certa extensão da moldura sancionatória é de algum modo – pode mesmo dizer-se – o tributo que o princípio da legalidade das sanções tem de pagar ao princípio da culpa"[291].

6. A necessária variabilidade das sanções é apenas, para usar da expressiva imagem do Tribunal Constitucional, um tributo pago ao princípio da culpa e, através dele, à realidade do caso concreto pelo princípio da legalidade. Já não significa que "o princípio da legalidade seja inteiramente sacrificado"[292].

No âmbito do Direito penal, este facto tem aflorado sob dois aspectos. Um primeiro, mais notado, é o de que a sanção, embora variável para responder ao carácter concreto e real do facto tem, pelo menos dentro de certos parâmetros, de se manter determinada. Daqui resulta a solução natural da determinação relativa da sanção aplicável, mediante a definição dos seus limites mínimo e máximo, que não podem ser tão afastados entre si que façam perder a determinação. Como o Tribunal Constitucional Federal alemão justamente assinalou, numa decisão marcante, isso comportaria o perigo de deixar na incerteza a relação entre ilícito e culpa, por um lado, e sanção, por outro, e tornar a determinação judicial da pena concreta um acto imprevisível de decisão judicial[293].

Um segundo, talvez menos reconhecido, mas não menos real e importante, é que, mesmo relativamente ao espaço de variação assim reconhecido, há que reconhecer que "um Estado de Direito, sensível à exigência de assegurar ao indivíduo as necessárias garantias de protecção através de uma definição tão precisa quanto possível dos pressupostos da punibilidade, não pode bastar-se com uma disciplina da determinação da pena que negue ao agente, uma vez reconhecido culpado, a manutenção

[291] V. acórdãos do TC nºs 574/95 e 547/01. Assim se superou a primitiva orientação do Tribunal Constitucional (acórdãos. TC nºs 83/91 e 441/93), relativamente às quais este Tribunal havia demonstrado já distanciamento (cfr. acórdão do TC nº 157/97).

[292] Voto de vencido do Cons. Luís Nunes de Almeida ao acórdão nº 574/95; acórdão nº 547/01.

[293] *BVerfG*, 2 BvR 794/95 vom 20.3.2002, Absatz-Nr. (1 – 145), disponível em http://www.bverfg.de/entscheidungen/rs20020320_2bvr079495.html, nº 72.

de semelhantes preocupações garantísticas"[294]. Precisamente por isso se teria de dizer incompatível com o princípio da legalidade uma regulamentação que fosse integralmente omissa no que toca à determinação concreta da pena e, nessa medida, que a abandonasse inteiramente à discricionariedade, ou melhor, ao arbítrio judicial.

Por isso, e já independentemente do relevo que, na matéria, mantém o tipo essencial ou nuclear[295], a regulamentação legal da determinação da medida da pena cumpre, ela própria, e tanto na determinação dos seus critérios, como na enumeração, ainda que exemplificativa, das circunstâncias relevantes[296], uma função de garantia[297]. Função, aliás, tanto mais relevante e necessária, quanto mais grave for a sanção aplicável[298].

7. Em que medida é que estas considerações valem para o Direito das contra-ordenações? Será que, quanto a este aspecto, este domínio apresenta verdadeira analogia relativamente ao Direito penal? Não há como não ver que a resposta a dar a estas questões é afirmativa: no essencial, tais exigências valem para o Direito das contra-ordenações. E isto, – ainda que, como corresponde a ideia muito difundida[299], as exigências de determinação não se fazem sentir no âmbito do Direito das contra-

[294] Anabela Rodrigues, *A determinação da medida da pena privativa da liberdade*, Coimbra, Coimbra Edit., 1995, pág. 50; *vd.* também Ingeborg Puppe, *Idealkonkurrenz und Einzelverbrechen*, Berlin, Duncker & Humblot, 1979, pp. 59 e segs.

[295] Ingeborg Puppe, *Idealkonkurrenz*, pp. 59 e segs.

[296] Sobre o problema, amplamente, Anabela Rodrigues, *A determinação*, pp. 59 segs., acentuando, porém, o primeiro aspecto (*vide*, no entanto, conclusivamente, pág. 96). Acentuando neste contexto a relevância da indicação das circunstâncias, *vd.* Cavaleiro de Ferreira, *Lições*, I (1992), pp. 63 segs.; II (1989), pp. 47 e 117 e segs.

[297] V. José Lobo Moutinho, *Da unidade à pluralidade dos crimes em Direito Penal Português*, Lisboa, UCE, 2004, pág. 224. No sentido de que o princípio constitucional da determinação exige também ao legislador a fixação dos critérios de determinação da medida concreta da pena, *vd.*, Schmidt-Abmann, *in* Maunz/Dürig, *Grundgesetz Kommentar*, artigo 103, nº 197; BVerfG, 2 BvR 794/95 vom 20.3.2002, Absatz-Nr. (1 – 145), disponível em: http://www.bverfg.de/entscheidungen/rs20020320_2bvr079495.html, nºs 70, 73.

[298] Tribunal Constitucional Federal alemão, *BVerfG*, 2 BvR 794/95 vom 20.3.2002, Absatz-Nr. (1 – 145), disponível em: http://www.bverfg.de/entscheidungen/rs20020320_2bvr079495.html, nº 71.

[299] E desenvolvida por Fernanda Palma/Paulo Otero, «Revisão do regime legal do ilícito de mera ordenação social (Parecer e proposta de alteração legislativa)», in *RFDUL*, 1996, pp. 563-564.

-ordenações na mesma medida ou com o mesmo grau de rigor do que em Direito penal.

Temos uma tal assunção como pelo menos questionável, tanto em si mesma, como nos argumentos de que se nutre. Não é claro, por um lado, que a distinção entre os dois domínios sancionatórios e a diferença de gravidade entre as sanções sejam suficientes para compensar as menores garantias oferecidas pela administração (e seu procedimento), relativamente aos tribunais (e ao processo penal) em termos de protecção contra o arbítrio – *ratio* última do princípio da determinação. E, por outro lado, a relatividade e abertura com que, nos dias de hoje, é assumida, pela própria Constituição, a exigência de determinação no Direito penal abre pouco espaço para uma ulterior flexibilização que, insensivelmente, não caia na indeterminação.

Não é seguramente por acaso que, procurando exprimir o conteúdo do princípio da legalidade, o RGCO não tenha encontrado outras fórmulas senão as do próprio Código Penal ou que o relatório do Decreto-Lei nº 232/79, de 24 de Julho, pelo punho de Eduardo Correia, então Ministro da Justiça, tenha apontado, como primeira salvaguarda "para obviar a quaisquer perigos e abusos", a submissão da "aplicação da coima a um estrito princípio da legalidade" (nº 4)[300].

8. Não é, no entanto, necessário discutir a questão nesta sede pois, mesmo que assim se entenda, de qualquer forma, parece evidente que as sanções das contra-ordenações, a começar pela coima, não podem ser indefinidas, devendo a margem de variação que apresentam em homenagem à ineliminável concretitude da infracção (nela incluindo a da culpa do agente) ser claramente balizada.

[300] Também não se pode de maneira alguma acompanhar, como resulta do que se deixa dito atrás, que não vigore a proibição da analogia (assim, todavia, Fernanda Palma/Paulo Otero, cit., pp. 532-533) – o que, aliás, deitaria completamente por terra senão todo o princípio da legalidade, pelo menos totalmente o princípio da tipicidade e da determinação das sanções. De *lege lata*, a proibição da analogia marca a sua presença na definição da contra-ordenação como facto que preenche um "tipo legal, no qual se comine uma coima" e no princípio da legalidade, pois, como escreve Figueiredo Dias, *Direito Penal*, I, 2ª ed., Coimbra, Coimbra Editora, 2007, pág. 187, mesmo no Direito Penal, a proibição da analogia "já resultaria evidente do texto do artigo 29º-1 da CRP (e também do artigo 1º-1 do CP), porque nestas hipóteses se não pode afirmar que a lei *declara* punível o acto ou omissão". E o mesmo se pode dizer relativamente à sanção.

Dentro da técnica corrente (pela qual optou o RGCO, na sequência do Código Penal), deve-o ser por um limite máximo e um limite mínimo (cfr. artigo 17º). E é igualmente evidente que, ainda que se aceite que a exigência de relativização da determinação, tais limites, para se não limitarem a um hipócrita farisaísmo, têm de poder desempenhar a sua função de garantia, não podendo portanto divergir tanto entre si que, na realidade, mantenham intactos os perigos de exercício abusivo do poder sancionatório. Daqui advém a geral exigência de que, entre o limite mínimo e o máximo, não haja uma divergência excessiva.

Por outro lado, e além disso, uma eventual maior flexibilidade da Constituição relativamente à determinação da medida das sanções no domínio do Direito das contra-ordenações não diminui, mas antes justamente acresce a exigência de que a margem de variação não represente um espaço de arbítrio. Precisamente pelo facto de poder ser acrescida a variação entre o mínimo e o máximo da coima torna paralelamente mais importante que a operação de determinação concreta da sanção esteja sujeita a critérios materialmente fundados que sejam suficientemente precisos e seguros para poderem constituir para quem sanciona dentro desse amplo espaço, uma orientação, e, para quem é sancionado, um meio de controlo do fundamento material da decisão.

9. Estranheza causa também a redacção do nº 2, nos termos do qual "a tentativa e a negligência são puníveis, nos termos gerais". É que, nos termos gerais do RGCO, a negligência só é punível "nos casos especialmente previstos na lei" (artigo 8º, nº 1) e "a tentativa só pode ser punida quando a lei expressamente o determinar" (artigo 13º, nº 1). Se nenhum outro dado normativo estivesse disponível, a fidelidade às exigências do princípio da legalidade suscitaria a dúvida sobre se, no final de contas, a negligência e a tentativa seriam ou não puníveis no presente domínio. No entanto, no artigo 8º, nº 1, a lei deixa ver que considera punível a "forma tentada", aclarando que o sentido da disposição em comentário é o de estabelecer a punibilidade dessa forma da infracção. E naturalmente será paralelo o significado da mesma disposição quanto à negligência. Assim sendo, o inciso final tem o sentido de uma mera (e inútil) reafirmação do regime geral da negligência e da tentativa, designadamente quanto à respectiva definição ou delimitação.

Artigo 10º – Coimas

1 – As contraordenações referidas nas alíneas *a)* e *d)* do nº 1 do artigo anterior são puníveis com as seguintes coimas:

a) Se praticadas por pessoa singular, coima mínima de 750 EUR e máxima de 20 000 EUR;

b) Se praticadas por microempresa, coima mínima de 2 500 EUR e máxima de 50 000 EUR;

c) Se praticadas por pequena empresa, coima mínima de 3 000 EUR e máxima de 150 000 EUR;

d) Se praticadas por média empresa, coima mínima de 4 000 EUR e máxima de 450 000 EUR;

e) Se praticadas por grande empresa, coima mínima de 5 000 EUR e máxima de 2 500 000 EUR.

2 – As contraordenações referidas nas alíneas *b)* e *c)* do nº 1 do artigo anterior são puníveis com as seguintes coimas:

a) Se praticadas por pessoa singular, coima mínima de 250 EUR e máxima de 7500 EUR;

b) Se praticadas por microempresa, coima mínima de 500 EUR e máxima de 10 000 EUR;

c) Se praticadas por pequena empresa, coima mínima de 750 EUR e máxima de 25 000 EUR;

d) Se praticadas por média empresa, coima mínima de 1 000 EUR e máxima de 100 000 EUR;

e) Se praticadas por grande empresa, coima mínima de 2 500 EUR e máxima de 500 000 EUR.

3 – Para efeitos da classificação da empresa como microempresa, pequena empresa, média empresa ou grande empresa, são utilizados os critérios definidos na Recomendação nº 2003/361/CE, da Comissão Europeia, de 6 de maio de 2003.

A. Referências

Correspondência na lei anterior: artigo 5º do Decreto-Lei nº 370/93 (na redacção resultante do Decreto-Lei nº 140/98 e do Decreto-Lei nº 10/2003).

Infracções

1 – Constituem contra-ordenações, quando cometidas por pessoa singular:

a) As infracções ao disposto no nº 1 do artigo 1º, no nº 1 do artigo 3º, nos nºs 1 e 2 do artigo 4º e no nº 1 do artigo 4º-A, puníveis com coima de 150.000$00 a 750.000$00;

b) A infracção ao disposto nos nºs 1 e 3 do artigo 2º, punível com coima de 50.000$00 a 250.000$00.

2 – Constituem contra-ordenações, quando cometidas por pessoa colectiva:

a) As infracções ao disposto no nº 1 do artigo 1º, no nº 1 do artigo 3º, nos nºs 1 e 2 do artigo 4º e no nº 1 do artigo 4º-A, puníveis com coima de 500.000$00 a 3.000.000$00;

b) A infracção ao disposto nos nºs 1 e 3 do artigo 2º, punível com coima de 100.000$00 a 500.000$00

3 – (Revogado pelo Decreto-Lei nº 10/2003, de 18 de Janeiro).

4 – A negligência é punível.

Artigos relacionados: artigos 8º, 9º, 11º, e 12º, todos do Decreto-Lei nº 166/2013.

B. Anotação

Nº 1 e 2

1. O presente artigo determina os limiares mínimos e máximos das coimas a aplicar pela prática das contra-ordenações previstas e punidas no presente diploma. Claramente, o legislador distingue consoante a gravidade global das práticas, pois os limiares são muito mais elevados e exigentes nos casos previstos no nº 1 do que no nº 2.

2. Nos casos previstos nas diversas alíneas do nº 1 (alíneas *a)* a *d)* do artigo anterior), o limiar mínimo das coimas começa em 750 euros e pode subir até 2,5 milhões de euros. E isto sem que se considere a aplicação, "nos termos gerais", do disposto no RGCO, que pode conduzir, teoricamente, a soluções ainda mais gravosas.

3. A amplitude e severidade das coimas previstas neste artigo implicam que se considere se as mesmas respeitam os princípios constitucionais aplicáveis e, em particular, o princípio da legalidade. Trata-se aqui de um questão fundamental tratada na nossa jurisprudência constitucional (e, também, noutras matérias e no domínio do direito da União Europeia) e europeia e é particularmente relevante no que ao Decreto-Lei nº 166/2013 respeita.

4. Quanto ao Tribunal Constitucional, em particular entre os acórdãos 574/95 e 547/01, a questão fundamental era a de avaliar a conformidade do parâmetro utilizado para a aferir o proporcionado ou excessivo da diferença entre o máximo e o mínimo estabelecidos na lei: se a proporção aritmética entre ambos, se a desproporção em termos absolutos entre eles. Contudo, a partir do acórdão nº 41/2004, talvez para procurar superar esta hesitação, o Tribunal Constitucional considerou que, numa coima de 200.000$ a 200.000.000$ havia "indiscutivelmente uma variação elevadíssima entre o mínimo e o máximo da coima que, em abstracto, traduziriam o efeito de transferência para o aplicador do Direito o poder prático de criar a sanção". "No entanto" – acrescentou –, "se este argumento poderá ser em geral relevante para um juízo de inconstitucionalidade por violação do princípio da legalidade, sobretudo quando estejam em causa penas, há razões específicas relacionadas com este tipo de ilícitos [contra-ordenações bancárias] explicativos desta variação de limites que têm de ser consideradas". Por um lado, "várias e importantes razões justificam limites bastante elevados para as coimas": uma primeira de carácter verdadeiramente geral, a saber, a necessidade de ter em conta o benefício económico retirado da infracção; e outras duas relativas ao sector de actividade em causa no acórdão (o sector bancário). Por outro lado, a "natureza «técnica» das condutas infractoras" pode levar a subsumir na previsão legal destas normas condutas com "elevada atenuação da culpa" o que implicaria limites mínimos adequados. Perante este juízo, coloca-se e colocar-se-á a questão de saber se estas razões legitimam a divergência entre o mínimo e o máximo da coima no Decreto-Lei nº 166/2013?

5. Quanto à ponderação do benefício económico retirado pelo agente da prática da infracção, ele constitui um dos elementos (além da «gravidade da contra-ordenação, da culpa, da situação económica do agente» que o RGCO manda ter em conta na determinação da medida da coima (artigo 18º, nº 1), permitindo até o agravamento da moldura contraordenacional caso o benefício económico for superior (artigo 18º, nº 2), solução que, contudo, e independentemente de outras considerações, não é possível ao abrigo do presente diploma). Ora, esta simples circunstância não se pode dizer que legitima a variação da medida legal da coima correspondente a cada tipo de contra-ordenação.

Em relação ao limite mínimo, isso é evidente, e logo por razões de ordem prática, pois a lei tem sempre inevitavelmente de contar com a possibilidade de o agente não ter (ou não ser demonstrável ou calculável) qualquer benefício económico. No entanto, é muito importante assinalar que a consideração do eventual benefício económico retirado da infracção tão-pouco justifica a elevação do limite máximo da coima correspondente a cada tipo de contra-ordenação. Assim sucede claramente quando a lei estabelece, como faz o § 17, nº 4, da *OWiG* alemã e como foi entre nós proposto, no seio dos trabalhos preparatórios da revisão de 1995 por Fernanda Palma e Paulo Otero[301], que a coima deve ultrapassar a vantagem económica que o autor retirou da contra-ordenação e, não bastando para tanto o limite máximo estabelecido na lei, poderá ele ser ultrapassado na medida em que for necessário. Na verdade, perante uma tal regulamentação, como a jurisprudência e doutrina alemã reconhecem, torna-se necessário que o agente, para além do esgotamento dos ganhos com a infracção, sofra ainda uma perda – o que faz considerar o benefício, em regra, como um limite mínimo para a coima[302].

Por outro lado, o máximo absoluto da coima aplicável nesse sistema "corresponderá, no caso de o agente ter retirado benefício económico da infracção, à soma do montante desse benefício com o montante máximo legal"[303]. Isto pressupõe, naturalmente, que o montante máximo legal seja estabelecido independentemente do benefício económico.

[301] Muito embora tendo no horizonte limitado aos "sectores em que as vantagens económicas proporcionadas aos agentes são elevadíssimas".

[302] Rebmann/Roth/Herrmann, *OWiG*, § 17, n.46; Steindorf, *KK-OWiG*, § 17, nº 141, pág. 295. Cfr. também, entre nós, Fernanda Palma/Paulo Otero, cit., pág. 565.

[303] Usa-se da fórmula proposta para novo nº 4 do artigo 17º do RGCO por Fernanda Palma/ /Paulo Otero, cit., pág. 566. Vd. Göhler, *OWiG*, § 17, nº 50, pág. 169; Steindorf, *KK-OWiG*, § 17, nº 141, pág. 295; Rebmann/Roth/Herrmann, *OWiG*, § 17, nº 56.

É por isso que se nega a existência de uma verdadeira modificação da medida da sanção propriamente dita: a já referida disposição da *OWiG* – escreve Achenbach – "deixa intacta a fronteira superior do tipo de contra-ordenação que esteja em questão e permite apenas ao aplicador de Direito ultrapassar esta fronteira tanto quanto for necessário para fixar a soma da coima (enquanto sanção adequada à culpa) e do montante do benefício económico retirado do facto. Trata-se, portanto, apenas, de um "afrouxamento da tampa da coima" (*Lockerung des Gelbußdeckels*) e não de uma modificação da medida da coima com efeitos sobre o ponto de partida (*Einstiegsstelle*) para a medida concreta da coima"[304].

Esta autonomização dos dois problemas assenta num fundamento substancial: é que o esgotamento do benefício económico "não respeita à coima como punição justa e adequada à culpa, mas antes a uma tarefa que, no Direito penal, é desempenhada pela [perda de vantagens]; nessa medida, a coima, como o BFH [*Bundesfinanzhof*] correctamente formulou, «só segundo a forma é uma sanção»"[305]; materialmente, é análoga à perda de vantagens do Direito penal[306]. Mais rigorosamente: "da circunstância de que a coima «representa» a [perda de vantagens], resulta simultaneamente o seu *duplo carácter*: a parte da coima de esgotamento das vantagens mantém-se separável ao lado da parte punitiva. Tal como na perda de vantagens, o legislador prossegue através dela o fim de afastar para o futuro um estado ilícito causado pela contra-ordenação [...]. O esgotamento dos ganhos tem, por isso, apesar da investidura formal na sanção coima, carácter, não penal, mas antes preventivo-ordenador com efeito análogo ao enriquecimento sem causa (*Kondiktionsänlicher Wirkung*) e é, portanto, *enquanto tal* independente da censurabilidade do comportamento"[307-308].

[304] *«Verfassungswidrigkeit variabler Obergrenzen der Geldbußzumessung bei Kartellrechtsverstößen?», in WuW – Wirtschaft und Wettbewerb – Zeitschrift für deutsches und europäisches Wettbewerbsrecht*, 12/2002, pág. 1161.

[305] Achenbach, *Verfassungswidrigkeit*, pág. 1161.

[306] Achenbach, *WpÜG*, § 60, n.º 114.

[307] Göhler, *OWiG*, § 17, nº 50, pág. 169.

[308] No mesmo sentido global, Fernanda Palma/Paulo Otero, cit., que assim explicam a diferença entre a coima globalmente considerada neste duplo aspecto e a pena, o que tornaria admissível.

Assim sendo, é evidente a conclusão segundo a qual, num tal sistema, o benefício retirado da infracção não é ponderado no estabelecimento da medida legal da coima e, portanto, não é ele que pode explicar ou legitimar o âmbito da diferença entre mínimo e máximo da coima. O sistema vigente entre nós não é totalmente idêntico. A revisão do RGCO introduzida em 1995 atendeu parcialmente à proposta formulada por Fernanda Palma e Paulo Otero, inserindo no artigo 18º da redacção original do RGCO um novo número 2. No entanto, estabeleceu um limite fixo para a ultrapassagem do limite máximo da coima tendo em atenção o benefício económico: "Se o agente retirou da infracção um benefício económico calculável superior ao limite máximo da coima, e não existirem outros meios de o eliminar, pode este elevar-se até ao montante do benefício, não devendo todavia a elevação exceder um terço do limite máximo legalmente estabelecido". Será que essa posição diferente e mais moderada quanto ao esgotamento do benefício altera substancialmente os dados da questão?

6. Parece ter sido esse o entendimento do já referido acórdão nº 41/ /2004, que atribuiu relevância decisiva ao esgotamento do benefício no sentido de tornar admissível o estabelecimento de coimas "cujos valores são de uma ordem de grandeza profundamente diferente": «O facto de o legislador ter fixado no Regime Geral do Ilícito de Mera Ordenação Social (artigo 18º) critérios específicos de determinação da medida da coima, como o do impedimento de que a sanção seja compensada economicamente com os benefícios retirados da infracção bem como a dificuldade de determinar esse benefício, revelam que o problema da amplitude só é solucionável neste domínio de infracções pela elevação dos limites máximos. É exactamente essa a perspectiva que leva o legislador alemão a admitir que a medida da coima possa ser elevada até ao necessário para compensar o benefício económico resultante da infracção[309], caminho pelo qual não enveredou, totalmente, o legislador português, que previu um critério geral de determinação da medida da coima mais moderado, fixando-se um limite para a ultrapassagem do limite máximo da coima

[309] Fernanda Palma e Paulo Otero, «Revisão do Regime Legal do Ilícito de Mera Ordenação Social», *in Revista da Faculdade de Direito da Universidade de Lisboa*, vol. XXXVII, 1996, p. 557 e segs.).

(artigo 18º, nº 2, do RGCO). Mas uma tal moderação não pode significar uma renúncia a impedir qualquer compensação económica com a prática da infracção (artigo 19º, nº 2, do RGCO)» (nº 6).

Tem de se admitir que, no domínio específico sobre o qual se debruçou o referido acórdão, a análise parece ter pleno cabimento, uma vez que o artigo 206º, nº 6, do Regime Geral das Instituições de Crédito e Sociedades Financeiras estabelece que "a coima deve, sempre que possível, exceder o benefício económico que o arguido ou pessoa que fosse seu propósito beneficiar tenham retirado da prática da infracção" sem admitir, diferentemente do que estabelece o RGCO, que, para esse efeito, se ultrapasse o máximo da coima. O máximo legal da coima é, pois, aí estabelecido tendo em vista a ablação do benefício patrimonial, o que explica a sua elevação.

No entanto, já no que respeita à situação perante RGCO, justamente a referência ao exemplo alemão é ilustrativa. Esse exemplo mostra, como se viu, que a medida da coima, considerada globalmente (ou seja, na sua dupla vertente de sanção e de esgotamento de benefício), pode realmente elevar-se até ao necessário para compensar o benefício económico. Mas mostra igualmente, como também se viu, que isso não impede – e, até pelo contrário, pressupõe – que a lei proceda à determinação do máximo legal da coima correspondente a cada tipo de contra-ordenação independentemente do referido benefício económico.

A questão está em saber se esta última exigência desaparece pelo simples facto de o nosso legislador ter limitado a uma fronteira fixa (o limite máximo da sanção legalmente estabelecida elevado em um terço) a ponderação do benefício patrimonial. A resposta é negativa. Por um lado, a lei prevê que, a fim de se excluir o benefício, se supere o limite máximo da coima. Ora, se este limite máximo já fosse calculado tendo em conta a necessidade de esgotamento do benefício económico obtido com a infracção, aquela previsão não seria necessária. E uma ponderação do benefício económico como que *a meia haste*, isto é, tentando abranger logo no máximo da coima uma parte – mas apenas uma parte! – do benefício económico e deixando o restante para a elevação do mesmo em um terço seria inverosímil e, em última análise, totalmente arbitrária: onde traçar a fronteira entre benefício a ponderar na medida legal da coima e o benefício a deixar para a agravação?

7. Pode, por isso, dizer-se que, perante a limitação introduzida na ponderação do benefício económico na determinação da coima pelo RGCO, não há menos, mas mais razões para que **a definição do máximo da coima correspondente a cada infracção se faça independentemente do benefício económico que o agente tenha retirado da infracção**. A tanto conduzem os princípios da igualdade e da culpa.

Finalmente, contra uma tal ponderação depõe também o facto de o benefício económico ser uma grandeza não tanto ou não só imprevisível à partida, como ainda que não guarda relação directa nem com a gravidade da infracção (infracções leves podem ter benefícios económicos apreciáveis e infracções muito graves podem ter benefícios económicos reduzidos), nem, sobretudo, com o seu carácter doloso ou negligente. Assim, a ponderação do benefício económico na determinação do máximo da coima, levaria a esbater as diferenças entre os limites máximos das coimas correspondentes a contra-ordenações de diferente gravidade e dolosas ou negligentes. No entanto, um tal esbatimento nem se verifica em geral (cfr., por exemplo, o artigo 17º do RGCO), nem pode mesmo ser admitido porque contrariaria as traves mestras do sistema sancionatório.

8. Tudo isto é assim, no fundo, porque, pelo menos nos termos gerais do RGCO, se mantém válido no Direito português o duplo carácter e a dupla finalidade que a ponderação do benefício económico empresta à coima[310]. A única diferença é que o nosso legislador mostrou preocupações de moderação (como salienta o próprio acórdão nº 41/2004), impondo um limite quantitativo determinado (embora variável em função do máximo da sanção) ao poder de ordenar a perda de vantagens por parte da administração pública o qual só pode elevar-se até ao limite máximo da coima agravado em um terço. Com isso, simultaneamente, evitou quaisquer problemas com o princípio da determinação da sanção nascidos do estabelecimento de um limite máximo mutável ou "móvel"

[310] Assinale-se que, embora perante a redacção original do RGCO que limitava a ponderação do prejuízo ao máximo da coima estabelecido, o acórdão do TC nº 547/95, asseverava expressamente que "*o benefício económico não é mais um critério* para aplicação concreta da coima; é, antes, *um limite mínimo* do montante da coima a aplicar (no caso, claro é, de ter sido possível apurar esse benefício). Assim sendo [...], o ser ou não possível apurar o benefício económico auferido pelo agente é, de todo, irrelevante para a questão de saber se a coima cominada na norma *sub iudicio* é ou não uma *coima certa e determinada*".

da sanção (isto é, fixado em função de valores que só são apuráveis – e não sem dificuldades – em cada caso concreto), que o Tribunal Constitucional alemão apontou no âmbito do Direito penal[311]. A necessidade de determinar o máximo da coima independentemente do benefício económica da infracção permanece, pois, intacta.

Conclui-se, portanto, que a ponderação do benefício económico não legitima a elevação das medidas legais das coimas estabelecidas para cada tipo de contra-ordenação e, com ela, a admissibilidade de diferenças extraordinárias entre os mínimos e os máximos estabelecidos na lei.

9. À ponderação do benefício económico junta o Tribunal Constitucional outras duas razões que o levaram a diferenciar a solução relativamente ao Direito penal e que advêm da especificidade do sector a que se referia a contra-ordenação. Trata-se-ia de "ilícitos especialmente graves relacionados com a actividade de instituições de crédito e actividade financeira em que apenas pode estar em causa o perigo para os bens jurídicos ou já danos especialmente graves para a actividade financeira e para pessoas singulares"; e, além disso, "a elevação dos limites máximos das coimas é, nestes domínios de actividade económica, uma alternativa à legislação de sanções penais, justificada pelo princípio da necessidade da pena". Mas, por outro lado, e simultaneamente, não se pode prescindir de mínimos baixos: "uma certa natureza «técnica» das condutas infractoras pode levar a subsumir na previsão legal destas normas condutas cuja gravidade de culpa é bastante baixa": "uma afirmação formal da legalidade sem atribuição de qualquer relevância às especificidades da política legislativa neste sector de actividade, acabaria por impedir, em última análise, uma qualquer ideia de elevada atenuação da culpa em função de alguma dificuldade de certos agentes disporem de todo o conhecimento adequado para evitar estas infracções que não pressupõem intuições éticas imediatas, mas um certo saber técnico e uma lógica de competência e de responsabilidade profissional".

[311] Cfr. *BVerfG*, 2 BvR 794/95, de 20.3.2002, disponível em http://www.bverfg.de/entscheidungen/rs20020320_2bvr079495.html.
E sobre ele, tendo especificamente em vista o Direito das contra-ordenações, Achenbach, *Verfassungswidrigkeit, passim.*

Ora, é bom de ver que estas razões, no caso do Decreto-Lei nº 166/2013, não logram justificar a amplitude da coima estabelecida.

É absolutamente claro, antes de mais, que não estamos perante o sector bancário (ou, em geral, financeiro) nem de sector que, para o efeito, se lhe possa equiparar no que respeita à necessidade de elevar os máximos das coimas.

E não é menos claro que não se pode dizer que as infracções apresentam a gravidade objectiva que o Tribunal Constitucional assinala às infracções bancárias e que também não podemos pressupor um tecido empresarial com a mesma dimensão, capacidade económica e (relativa) homogeneidade.

10. Assim sendo, importará perguntar: não estando presentes as especificidades próprias de sectores económicos como o bancário ou financeiro, como apurar se as coimas previstas no artigo 10º do Decreto-Lei nº 166/2013 se mostram suficientemente determinadas para cumprir as exigências do princípio da legalidade? Uma questão como esta topa, à partida, com dificuldades que não podem ser minimizadas. Por uma dupla razão. Por um lado, porque ao fixar os limites das coimas, ao legislador incumbe, por razões de segurança, uma tarefa de conversão da qualidade em quantidade (concretizando num ponto fixo algo de qualitativo: a coima proporcional à gravidade da infracção), tarefa essa que não tem um resultado totalmente preciso e unívoco. Será sempre irrespondível a questão de saber porque é que o limite da coima é aquele e não um euro acima ou abaixo. O legislador cumpre, aí, uma função de determinação absolutamente inescapável e essencial à segurança jurídica.

Por outro lado, o mesmo sucede com o parâmetro da legalidade: a determinação exigida é apenas relativa, sem que haja parâmetros quantitativos pré-estabelecidos para essa variação. Trata-se de determinar quando são estabelecidos limites tão distantes ou afastados entre si que signifiquem que o legislador transferiu para o aplicador do Direito a fixação da sanção que, em rigor, lhe caberia a ele, tornando do mesmo passo, incontrolável tal operação e imprevisível a sanção.

11. Em parte, isso explica as dificuldades de que a nossa jurisprudência constitucional dá conta: o acórdão nº 574/95 não considerou inadmissível uma coima de 500.000$ [€ 2.493,99] a 300.000.000$

[€ 1.496.390,00]; o acórdão nº 547/01 decidiu ao contrário relativamente à diferença de 149.500.000$ [€ 745.703,00][312], e admitindo-se, no entanto, embora com ressalva expressa de juízo ulterior, que uma diferença entre € 25.500 e € 2.500.000 atenuava a distância substancial entre as coimas. Finalmente, o acórdão nº 41/2004, admitiu expressamente que uma coima de200.000$ [€ 997,60] a 200.000.000$ [€ 997.596,00] apresentava "valores de uma ordem de grandeza profundamente diferente, correspondendo o limite máximo a uma multiplicação por mil do limite mínimo" e que havia, por isso, "uma variação elevadíssima entre o mínimo e o máximo da coima que, em abstracto, traduziriam o efeito de transferência para o aplicador do Direito o poder prático de criar a sanção" – não fossem, como o Tribunal Constitucional aí salientou, as razões específicas a que já nos referimos.

Por detrás destas divergências está uma hesitação quanto ao parâmetro utilizado para a aferir o proporcionado ou excessivo da diferença entre o máximo e o mínimo estabelecidos na lei: enquanto o acórdão nº 574/95 atendeu apenas ou fundamentalmente à proporção aritmética entre ambos, o acórdão nº 547/01 entendeu que havia que ter na devida conta a desproporção em termos absolutos entre eles. Como superar esta hesitação? Em vão se procurarão critérios aritméticos.

12. A via tem de ser escolhida *normativa* ou, *hoc sensu*, *teleologicamente*, isto é, em função do problema que está em jogo e da finalidade que se busca. Se aquilo que está em jogo é a necessidade de limitação e sujeição a critérios da margem de decisão atribuída ao órgão com competência sancionatória, o que é em primeira linha verdadeiramente relevante é a amplitude da margem de decisão que cada coima envolve – a qual se mede, inevitavelmente, *pelo número de decisões possíveis que cada medida legal da coima efectivamente comporta*.

Isto conduz directamente à conclusão pelo acerto do critério da desproporção absoluta, primeiramente formulado pelo Conselheiro Nunes de Almeida, no seu voto de vencido no acórdão nº 574/95 e depois fundamentalmente adoptado pelo acórdão nº 547/01. "E não se contradiga

[312] Cfr. acórdão cit., nº 9. Na verdade, o que estava em causa, apesar do lapso em que no processo se incorreu quanto à indicação da disposição legal, era a imputação de uma infracção negligente (cfr. *ibidem*, nº 2).

– como aí se pode ler –, apresentando outros casos onde essa desproporção seria idêntica ou, até, superior (em que o máximo seria 600, 1.200 ou 2.500 vezes superior ao mínimo). É que, independentemente da valia intrínseca desses outros casos, verdade é que os montantes, nessas outras hipóteses, são muito inferiores, sendo que a desproporção, em valores absolutos, entre um mínimo de 500 contos e um máximo de 300.000 contos é incomparavelmente superior à desproporção entre 500 escudos e 3.000 contos". Assim, é a mesma a proporção relativa que se verifica entre uma coima de € 5 a € 2.500 e a coima de € 5.000 a € 2.500.000: em ambos os casos, o máximo corresponde a quinhentas vezes o mínimo. E, no entanto, admitindo que a decisão condenatória pode ser no sentido de aplicação de qualquer coima em números inteiros de euros, enquanto a primeira obriga o órgão decisor a uma opção entre um leque de 2.495 decisões possíveis, a segunda força-o a escolher uma coima concreta entre 2.495.000 de possibilidades. Se o que está em jogo é a amplitude da margem de decisão, pensamos não ser discutível que esta última possibilidade apresenta um problema que a primeira não suscita.

13. O que ficou dito ainda não é tudo. Como ficou atrás esclarecido, a exigência da determinação de limites – e limites não muito distantes – para as coimas é apenas a primeira das exigências do princípio da determinação da coima num sistema (como é o geralmente seguido) de coimas variáveis entre um limite máximo e um limite mínimo. Uma segunda é a do estabelecimento dos critérios que hão-de presidir à determinação da medida concreta da coima entre o máximo e o mínimo que, dando uma orientação efectiva a quem decide e fornecendo um meio de controlo da decisão, evitem efectivamente o arbítrio.

Parece claro que as duas questões estão relacionadas pois, sendo certo que será sempre necessário cumprir as exigências do princípio da determinação relativamente a ambas, a verdade é que a segunda questão assumirá tanto maior acuidade quanto mais distantes estiverem os limites das sanções aplicáveis. No limite, a resposta dada à segunda questão pode mesmo tornar-se decisiva, na medida em que pode tornar aceitável uma diferença entre os limites máximo e mínimo que, considerados em absoluto e em abstracto, se mostram claramente excessivos. Assim, por exemplo, é inegável a imensa variação que o sistema de multa por dias seguido no nosso Código Penal permite, no seu conjunto, nos concretos valores das multas penais. Mas independentemente da questão de saber se, na sua actual configuração, as penas de multa cumprem os requisitos de determinação, seguramente que não será de dar a mesma resposta, ponderando que a lei diferencia entre a determinação dos dias de multa e a fixação da taxa diária, oferecendo quanto a cada uma delas critérios diferenciados de determinação concreta.

14. Concretizando, não é seguramente o mesmo dizer que a pena de uma determinada infracção é de € 500 a € 180.000 a determinar de acordo com o artigo 71º do Código Penal e tendo ainda em conta situação económica e financeira do condenado e dos seus encargos ou dizer que a multa tem um mínimo de 10 dias e um máximo de 360 (a determinar nos termos do artigo 71º do Código Penal), sendo que "cada dia de multa corresponde a uma quantia entre € 5 e € 500, que o tribunal fixa em função da situação económica e financeira do condenado e dos seus encargos pessoais" (artigo 47º, nº 2, do Código Penal). A margem de variação é exactamente a mesma nos dois casos. E, no entanto, a orientação efectiva dada no segundo para a determinação da coima concreta é incomparável e, portanto, de maneira nenhuma se pode fazer o mesmo juízo de inadmissibilidade perante o princípio da legalidade que se poderia fazer ao primeiro.

Exemplo semelhante oferece o Código do Trabalho. Apesar de, em termos de resultados absolutos, os valores serem os mesmos, não é seguramente o mesmo, em termos de determinação estabelecer que a coima das infracções muito graves dolosas vai de € 4.590 a € 61.200 e estabelecer, como faz o artigo 554º, nº 4, que os limites das coimas correspondentes às infracções muito graves têm os seguintes valores:

«*a)* Se praticada por empresa com volume de negócios inferior a (euro) 500.000, de 20 UC a 40 UC em caso de negligência e de 45 UC a 95 UC em caso de dolo;

b) Se praticada por empresa com volume de negócios igual ou superior a (euro) 500.000 e inferior a (euro) 2 500 000, de 32 UC a 80 UC em caso de negligência e de 85 UC a 190 UC em caso de dolo;

c) Se praticada por empresa com volume de negócios igual ou superior a (euro) 2.500.000 e inferior a (euro) 5.000.000, de 42 UC a 120 UC em caso de negligência e de 120 UC a 280 UC em caso de dolo;

d) Se praticada por empresa com volume de negócios igual ou superior a (euro) 5.000.000 e inferior a (euro) 10.000.000, de 55 UC a 140 UC em caso de negligência e de 145 UC a 400 UC em caso de dolo;

e) Se praticada por empresa com volume de negócios igual ou superior a (euro) 10.000.000, de 90 UC a 300 UC em caso de negligência e de 300 UC a 600 UC em caso de dolo.

15. Embora o mesmo não suceda com as restantes, as normas sancionatórias que incluem as coimas previstas nas alíneas *c)* a *e)* do nº 1, e *d)* e *e)* do nº 2, do artigo 10º do Decreto-Lei nº 166/2013 mostram-se, em abstracto, constitucionalmente problemáticas perante o princípio da legalidade, em especial aquelas para que se aponta nas alíneas *d)* e *e)* do nº 1 e *e)* do nº 2 e, de forma especialmente sensível, a prevista na alínea *e)* do nº 1.

Pela excessiva diferença entre os máximos e os mínimos, oferecem um leque de inumeráveis possibilidades alternativas de decisão à autoridade administrativa, com as inerentes consequências para a garantia dos cidadãos e a previsibilidade das decisões.

16. Será que a questão muda de figura ponderados os termos em que estão regulados a fixação e modo de funcionamento dos critérios que devem presidir à determinação concreta da coima?

Na verdade, é fácil concluir pelo *deficit* de determinação desses critérios, pelo menos, relativamente às coimas que atrás ficaram referidas. É verdade que, aparentemente ou, *rectius*, em parte, o Decreto-Lei nº 166/2013 se mostra sensível à problemática da determinação e, um pouco à semelhança do Código do Trabalho, que demos como exemplo, pretende diferenciar as coimas aplicáveis a pessoas singulares e empresas e, dentro destas, entre micro, pequenas, médias e grandes empresas[313]. É claro que, ponderado globalmente, esse procedimento permitiu, mesmo de acordo com as opções de base do Decreto-Lei nº 166/2013 em

[313] Deve anotar-se que os termos da lei, como contrapõem pessoas singulares aos diversos tipos de empresa, levam a concluir que para a lei, as pessoas singulares serão sempre puníveis da mesma maneira, independentemente da dimensão da empresa de que sejam titulares, assim como que as empresas serão sempre e necessariamente da titularidade de pessoas colectivas. Por outro lado, em ponto algum se diz o que se deve entender por pequena ou média empresa, por exemplo.

termos sancionatórios, reduzir significativamente a amplitude geral das coimas aplicáveis. É fácil ver que, sem as diferenciações entre os diversos tipos de empresas, na base daquelas opções, as coimas aplicáveis às pessoas colectivas iriam de € 2.500 a € 2.500.000, nos casos previstos no artigo 10º, nº 1, do Decreto-Lei nº 166/2013, e de € 500 a € 500.000, nos casos previstos no artigo 10º, nº 2, do Decreto-Lei nº 166/2013.

No entanto, se assim é inquestionavelmente, não há como não ver que isso não resolve o problema todo, porque não assegura automaticamente a suficiente determinação de cada uma das medidas das coimas. Até pelo contrário: se não se assegurar que as medidas das coimas aplicáveis a cada categoria de empresas se mantêm dentro de limites de suficiente determinação, a diferenciação de partida entre as empresas apenas piora a situação, uma vez que deixa de fora (ou, pelo menos, reduz drasticamente) aquele que seria, à partida, um relevante factor de determinação da medida concreta da coima. Consequentemente, a estruturação da medida sanção com base na diferenciação entre pessoas singulares e colectivas e, dentro destas, entre micro, pequenas, médias e grandes empresas não é apta a resolver totalmente o problema da amplitude excessiva das coimas atrás referidas.

17. O Decreto-Lei nº 166/2013 não inclui – ao contrário do que fazem muitos diplomas relativos a outros sectores, que, dessa forma, compensam a latitude da medida legal das coimas que prevêem, e também ao contrário do que fazia a PPL 126/XII (em estranha prioridade sistemática relativamente à determinação da medida legal da coima) – regras sobre a determinação concreta da coima, pelo que caímos no critério geralmente estabelecido no artigo 18º, nº 1, do RGCO.

Ora, o RGCO não está gizado para coimas previstas para as infracções do Decreto-Lei nº 166/2013, como se pode ver pelo artigo 17º daquele diploma que, embora não tenha por função essencial «fixar uma "*moldura sancionatória*" para as contra-ordenações em geral, mas antes a de estabelecer um enquadramento genérico, no interior do qual vale a liberdade de conformação legislativa do Governo na tipificação de contra-ordenações e na fixação dos correspondentes limites das coimas, sem necessidade de autorização da Assembleia da República»[314], mostra bem que o tipo

[314] Acórdão do TC nº 547/01.

de variações entre o ponderadas pelo RGCO e para os quais o critério geral de determinação de medida da coima foi considerado suficiente. E isto é como que uma confissão legal de insuficiência desse critério para uma determinação da medida concreta da coima que seja minimamente objectivável e controlável.

18. A mesma conclusão se alcança, aliás, pela análise do próprio Decreto-Lei nº 166/2013 e, mais exactamente, das coimas nela previstas: será, na verdade, defensável que os mesmos exactos critérios de determinação são adequados e suficientes tanto para coimas com amplitudes entre os € 250 e os € 7.500, como para uma coima com uma amplitude de € 2.495.000?

Assim, e em conclusão, ainda que não se considere a divergência entre o máximo e o mínimo da coima estabelecida suficiente para considerar que ela viola o princípio da legalidade na vertente da determinação da medida da coima, seguramente que essa conclusão se impõe pelo facto de, simultaneamente, o procedimento de determinação concreta da coima não estar regulado em termos que, dando uma orientação efectiva a quem decide e fornecendo um meio de controlo da decisão, evitem efectivamente o arbítrio.

A norma que a estabelece será, assim, constitucionalmente deficitária.

19. Uma vez que as sanções (ainda que estritamente pecuniárias, como as coimas) constituem inequivocamente restrições a direitos fundamentais, é fora de dúvida que se sujeitam às exigências gerais do princípio da proporcionalidade (artigo 18º, nº 2, *in fine*, da Constituição), pelo que importará apurar até que ponto isso sucede com as sanções previstas no Decreto-Lei nº 166/2013.

É impossível sobrestimar a importância que o princípio da proporcionalidade em sentido amplo tem no Direito penal e, em geral, no direito sancionatório. Na verdade, em certo sentido, pode dizer-se que ela constitui uma fatia muito importante do inteiro problema penal ou até mesmo que o resume, naquilo que está para além da questão da existência ou inexistência da infracção. É que pode dizer-se que "a justiça de uma pena é cabalmente [...] a qualidade de ser proporcionada, e não outra coisa: proporcionada em geral e abstractamente (*v.g.*, determinada espécie e *quantum* de pena para determinado grupo de delitos, de delinquentes, etc.), ou proporcionada em concreto, para algum caso especificamente determinado. Buscar a pena proporcionada é, portanto, buscar a pena justa, e pôr o problema da proporção penal é pôr o problema da justiça das penas, ou, o que é o mesmo, o problema fundamental, pois nele se fundam e a ele se reduzem no fim de contas todos os outros"[315]. E o mesmo se dirá relativamente à punição contra-ordenacional.

20. Limitando a análise ao momento legislativo, importa analisar até que ponto as normas sancionatórias do Decreto-Lei nº 166/2013 passam o *teste* da proporcionalidade.

Pouca será a operatividade, sob esse aspecto, da primeira dimensão ou vertente, comummente assinalada a tal princípio, ou seja, a da *adequação*, entendida como uma exigência de *"eficácia"*, no sentido de exigência de que a medida legislativa se mostre *"apta a alcançar o objectivo almejado"*[316]. E porquê? Quando, na famosa obra de Camilo, perguntaram ao morgado de Agra de Freimas como redigiria ele a lei que pretendia no sentido de acabar com o luxo, respondeu de imediato: "*Como redigirei? Facilmente. Como D. João II legislou a respeito das mulas dos frades. Ora aconteceu que os frades teimaram em cavalgar mulas. Que fez então o estomagado rei? Deu sentença de morte aos ferradores, que ferrassem as mulas dos frades. E o caso foi que os desmontou*"[317]. É que, de uma forma geral, o carácter aflitivo das sanções punitivas tende a assegurar naturalmente a adequação. E até – de forma algo perversa em termos de proporcionalidade global – tanto mais garantidamente quanto mais graves forem as sanções.

Os problemas que poderão surgir serão sobretudo relativos à dignidade do objectivo a atingir e relevarão, portanto, sobretudo de outras vertentes do princípio. O panorama não muda, naturalmente, tratando-se de coimas – com a comodidade suplementar de serem sancionadas administrativamente.

[315] Dorado Montero, «Sobre la proporción penal», in *RGLJ*, 1916, pág. 5, *apud* Teresa Aguado Correa, *El principio de proporcionalidade en derecho penal*, Madrid, Edersa, 1999, pág. 282.

[316] Por todos, Jorge Miranda/Jorge Pereira da Silva, comentário ao artigo 28º, in Jorge Miranda/ /Rui Medeiros, *CRP*, cit., pág. 373.

[317] Camilo Castelo Branco, *A queda de um Anjo,* Civilização Editora, edição em português, publicada em Novembro de 2012.

21. Numa segunda vertente – a da *necessidade* ou *indispensabilidade* –, o princípio da proporcionalidade pergunta já não tanto pela eficácia do meio eleito pelo legislador, mas pela sua "*eficiência comparada* com outros meios, com outras soluções legais, com outras vias de abordar o problema"[318]. E apresenta uma particular saliência no Direito penal, visto que outra não é a ideia rectora da *subsidiariedade* unanimemente assinalada ao Direito penal, ou seja, à ideia de que "o recurso ao direito penal é injustificado ou supérfluo quando a tutela do bem jurídico for eficaz através de sanções de natureza não penal"[319].

Ora, por força do princípio constitucional da proporcionalidade, as próprias contra-ordenações não podem deixar de estar sujeitas ao mesmo princípio de subsidiariedade[320] – muito embora a regulamentação legal o olvide completamente, como sucede uma e outra vez, e declare puníveis todas as infracções às normas vigentes, mesmo as mais ínfimas, sem sequer se dispensar de usar, aqui e ali, de normas indeterminadas, a descair para a cláusula geral de punição. Assim se chega à "desilusão" de que falou Hirsch, em 1980, e a que, entre nós, o Parecer da Comissão Constitucional nº 4/81 deu eco, derivada, justamente, da "circunstância de que a retirada formal do direito penal abriu aqui ao legislador a possibilidade de intensificar uma penalização inflaccionária, liberto de escrúpulos de política penal. Acresce que se vem cada vez mais verificando que as autoridades administrativas frequentemente baseiam as suas decisões sancionatórias em averiguações totalmente insuficientes e com isso colocam o cidadão atingido em pior situação, em termos de processo, do que sucederia em processo judicial sumário"[321].

22. Finalmente, a terceira vertente do princípio da proporcionalidade – a da *proporcionalidade* em sentido estrito – "implica o recurso a uma metodologia de *ponderação de bens*: de um lado, o bem jusfundamental que é objecto de restrição legal; do outro lado, o bem constitucional que dir-se-ia justificar essa mesma intervenção restritiva"[322]. Ela traduz

[318] Jorge Miranda/Jorge Pereira da Silva, cit., pág. 375. Itálicos nossos.

[319] Germano Marques da Silva, *Direito Penal Português*, I, 3ª ed., Lisboa, Verbo, 2011, pág. 103.

[320] Como defende, por exemplo, Mitsch, *Recht der Ordnungswidrigkeiten*, 2ª ed., Berlin/Heidelberg/New York, Springer, 2005, pp. 20 segs., com mais indicações.

[321] Cfr. *Pareceres da Comissão Constitucional*, 14º, Lisboa, INCM, 1983, pág. 247.

[322] Jorge Miranda/Jorge Pereira da Silva, cit., pp. 376-377.

uma exigência de *justa medida, adequação material, razoabilidade, racionalidade*[323], "racionalidade que convoca ostensivamente referências axiológicas materiais, presentes no sistema de direitos fundamentais e, em última análise, ligadas à própria ideia de justiça"[324].

Apesar de ser de reconhecer a natural necessidade de evitar o decisionismo e o subjectivismo – favorecendo uma indevida intromissão da jurisdição na margem de decisão aberta à legislação –, a operatividade do princípio será mais desenvolta nos casos em que se possa estabelecer de qualquer forma uma hierarquização – ou, *rectius*, razões de preeminência – adentro da ordem de valores constitucionais – e, bem assim, nas situações de diferenciação do nível de restrição introduzido nos bens jurídicos em questão, sabido como é que "de acordo com a chamada *lei da ponderação*, quanto maior for a intensidade da intervenção restritiva dum direito fundamental, tanto maior terá de ser a intensidade e a premência do direito ou bem constitucional que justifica essa intervenção – e vice-versa"[325].

23. Cremos que o que vai dito é suficiente para fundamentar um juízo sobre a proporcionalidade em sentido amplo das coimas previstas nas alíneas *a)* a *e)* do nº 1 do artigo 10º do Decreto-Lei nº 166/2013. Antes de mais, se colocarmos o confronto a fazer na perspectiva da dinâmica legislativa – e portanto, confrontando como medidas legislativas diversas as coimas actualmente estabelecidas e aquelas que o Decreto-Lei nº 166/2013 prevê –, pode dizer-se que não está demonstrada a adequação da medida legislativa. Quer dizer: **não está demonstrada nem julgamos ser identificável qualquer necessidade ou indispensabilidade do significativo acréscimo das sanções cominadas para que o Decreto-Lei nº 166/2013 aponta.**

De um lado, cumpre recordar o ensinamento, sempre repetido e sempre esquecido, de que a efectividade de um direito sancionatório depende mais do efectivo processamento e, se for o caso, do efectivo sancionamento do que de uma simples agravação das sanções na lei (que é cómoda, barata, mas que, na realidade, se reduz a um mero epitáfio de uma boa

[323] Cfr. Jorge Miranda/Jorge Pereira da Silva, cit., pp. 376-377; Reis Novais, *Os princípios constitucionais estruturantes da República Portuguesa*, Coimbra, Coimbra Editora, 2004, pp. 178-179.
[324] Cfr. Jorge Miranda/Jorge Pereira da Silva, cit., pág. 377; Reis Novais, cit., pág. 179.
[325] Cfr. Jorge Miranda/Jorge Pereira da Silva, cit., pág. 378.

intenção). Ora, olhando para aquilo que tem sido a prática jurídica, não se pode dizer demonstrado que o regime das práticas individuais tenha tido falta de aplicação e muito menos – e isso é que seria o mais relevante – que as sanções efectivamente aplicadas se tenham demonstrado ineficazes de modo a fazer perguntar se haveria um *déficit* na sensibilidade dos responsáveis às coimas que lhes tivessem sido aplicadas. Nada disto está demonstrado. Pelo contrário, a proibição de venda com prejuízo tem sido correntemente aplicada nos últimos anos e as empresas estão sensibilizadas para a necessidade de respeitar esta legislação[326]. E é bom não esquecer que, para não constituir uma palavra sonante, mas vazia,

[326] Antes da instalação da AdC, a Direção-Geral do Comércio e da Concorrência (DGCC) adoptara decisões relativas a 614 infracções ao artigo 3.º do Decreto-Lei n.º 370/93 (contra 11 alegadas infracções relativas a práticas de preços ou de aplicação de condições discriminatórias, 14 de ausência de tabela de preços ou condições de venda, 20 de recusa de venda e 1 de práticas negociais abusivas) (Dados citados em Carolina Cunha, "Vendas com prejuízo", cit., pág. 236). Já a AdC, que iniciou a sua actividade em 2003 (herdando cerca de 350 processos pendentes ao abrigo do Decreto-Lei n.º 370/93), sofreu, no espaço de 6 meses, a entrada de 120 novos casos, sendo adoptadas 25 decisões (AdC, *Plano de Actividades para 2004*, 20.9.2003, pág. 12). Em 2004, a AdC decidiu 34 casos ao abrigo do Decreto-Lei n.º 370/93, todos relativos a vendas com prejuízo, levando a coimas no total de 500.000 euros (18 destas decisões foram objecto de recurso judicial; ver: AdC, *Relatório de Actividades e Contas 2004*, pp. 45, 47 e Anexo IV). Em 2005, a AdC decidiu 4 casos ao abrigo do Decreto-Lei n.º 370/93, todos relativos a vendas com prejuízo, levando a coimas no total de 14.968,27 euros (um total de 6 decisões foram objecto de recurso, todas elas relativas a vendas com prejuízo – AdC, *Relatório de Actividades e Contas 2005*, pp. 45-46 e 53 e Anexo IV). Em 2006, a AdC arquivou a esmagadora maioria dos processos pendentes, fechando um total de 397 processos. Só 15 casos foram efectivamente decididos, "na maioria relativos a venda com prejuízo", levando a coimas no total de 67.000 euros (2 destas decisões foram recorridas - AdC, *Relatório de Actividades e Contas 2006*, pp. 38-39 e Anexo IV). Em 2007, foram concluídos 12 casos, "sendo que um elevado número destes processos foi objecto de impugnação pelas entidades arguidas", e ficaram pendentes 157 processos (AdC, *Relatório de Actividades e Contas 2007*, pp. 86-87). Em 2008, a AdC decidiu 9 casos, levando a coimas no total de 109.169 euros, e o Departamento de Contencioso da AdC deu por "definitivamente resolvidos" 34 casos (AdC, *Relatório de Actividades e Contas 2007*, pp. 86-87). Em 2009, a AdC decidiu 40 processos, aplicando coimas em 32 casos, no total de 400.822,18 euros (quase todas foram objecto de recurso judicial - AdC, *Relatório de Actividades e Contas 2009*, pp. 33-35). Em 2011, ter-se-ão iniciado 51 processos, enquanto que, em 2012, até ao início de Maio de 2012, já haviam dado entrada na AdC 58 novos casos (cfr.: "Processos por venda com prejuízo disparam este ano", notícia do jornal *Público*, de 5.5.2012, disponível em: http://economia.publico.pt/Noticia/ate-abril-ja-houve-mais-casos-de-venda-com-prejuizo--do-que-no-ano-de-2011-1544824).

a subsidiariedade das sanções força a uma indispensabilidade efectiva que tem de ser demonstrada.

É, porém, no que respeita à proporcionalidade em sentido estrito que mais claramente as referidas normas se mostram constitucionalmente claudicantes. Para isso conflui, antes de mais, uma exacta identificação dos bens constitucionais que estão em causa e, por isso, a cuja ponderação importa proceder. **As coimas são evidentemente restritivas de direitos fundamentais da categoria dos direitos, liberdades e garantias** – pois, para além de, enquanto justamente sanções, restringirem ou condicionarem a liberdade, a autonomia e a livre iniciativa privadas, são sanções patrimoniais, ou seja, constituem directamente e por natureza, restrições ao património dos imputados, o qual é objecto do direito de propriedade privada e serve também de esteio à livre iniciativa económica (futura).

Os bens jurídicos que o Decreto-Lei nº 166/2013 pretende proteger – de acordo com o relatório do anteprojecto, "a transparência nas relações comerciais e o equilíbrio das posições negociais entre agentes económicos" – estão muito longe da dignidade constitucional que têm os bens que fere. Só uma esfumada, e muito discutível e ambivalente relação com a liberdade negocial e a sã concorrência lhe asseguram uma relação – na melhor das hipóteses, *indirecta* – com bens constitucionais. Isto por um lado. Mas por outro lado, é necessário ter bem presente a gravidade que assumem os máximos das sanções previstas nas alíneas *c)* a *e)* do nº 2, e *d)* e *e)* do nº 3, do referido artigo 9º, em especial aquelas para que se aponta nas alíneas *d)* e *e)* do nº 2 e *e)* do nº 3 e, de forma especialmente chocante, a prevista na alínea *e)* do nº 2.

24.[327] Nos termos que ficaram explicados, de acordo com a referida lei da ponderação, sanções que podem atingir uma tal gravidade pressupõem uma extraordinária intensidade e premência do direito ou bem constitucional a proteger que (até justamente pelo carácter indirecto da protecção) não existem no Decreto-Lei nº 166/2013. E isto é tanto mais evidente quanto se considere, exemplificativamente, o tratamento sancionatório que é dado nos outros Estados membros da UE que têm proibições semelhantes.

[327] Os parágrafos 26 a 35 e 41 a 43 tiveram a colaboração de Miguel Gorjão-Henriques.

Assim, em França, que conhece desde pelo menos 1963 (embora releve aqui a redacção dada pela Lei nº 86-1243[328] e, mais recentemente, pela Lei 2008-3) uma proibição de venda de produtos abaixo do preço de compra efectivo, é o próprio instituto que é configurado em termos muito mais razoáveis – que aqui não cabe analisar – e mesmo para a sua infracção o legislador estabelece uma coima máxima de € 7 5000 que, aliás, pode também corresponder a "metade das despesas de publicidade no caso de se tratar de um anúncio publicitário" (artigo L 442-2 do *Code de Commerce*). É de salientar que a referência à França não é casual. Não só por ser um dos poucos Estados membros onde esta matéria é assim regulada como, sobretudo, por o legislador português se dizer inspirado neste regime francês.

Mas também o regime alemão é relevante. Aqui, pode dizer-se que a venda com prejuízo, em si e por si mesma, não é punível, só sendo relevante se e na medida em que constitua um abuso de poder de mercado de grandes empresas sobre pequenas e médias empresas que envolva um tratamento injusto destas últimas – o que acarreta, desde logo, que, para ser relevante, a venda não poderá ser meramente ocasional. E pode, além disso, ser justificada objectivamente (§ 20 da GWB). Mas, mesmo assim, mesmo perante este completo *tournant* de sentido e alcance e da severa limitação de âmbito de aplicação da sanção a casos de uma gravidade que nada tem que ver com aquela que ultrapassa os limiares da tipicidade nos termos da Proposta, mesmo assim, a sanção prevista fica significativamente mais abaixo do que a que se pretende. A sanção não pode exceder os € 100.000 (§ 20, nº 4, e § 81 GWB), de acordo com a legislação resultante da 7ª alteração à GWB.

De acordo com a interpretação do próprio *Bunderkartellamt,* a proibição da lei alemã implica o preenchimento de quatro requisitos cumulativos, cuja verificação tem de ser feita no processo e que o mero enunciado elucida sobre a profunda diferença de perspectivas entre o legislador alemão e o Decreto-Lei nº 166/2013:

i. A existência de um poder de mercado superior, normalmente medido pela força financeira, o leque de produtos e o acesso aos mercados de compra; em todo o caso, o carácter "superior" implica a existência de dominação sobre o mercado;

[328] Já acima referida.

ii. A irrelevância de práticas de preços abaixo do custo com carácter ocasional: a lei não proíbe nem pune "actuações individuais de curto-prazo" nem "promoções" ou actividade de "*loss leader*". Só não será ocasional a promoção que durar, pelo menos, três semanas, subsistindo a dúvida sobre se se exige que incida então sobre os mesmos produtos;

iii. Uma maior aproximação à realidade, quanto à forma de cálculo do preço de compra efectivo: considera muitas outras práticas e descontos que a lei portuguesa não quer considerar;

iv. Só é proibida a prática de venda com prejuízo quando não existir uma justificação objectiva: as empresas visadas podem demonstrar que a prática se justificava por determinada razão, ponderado o equilíbrio entre os interesses em causa, a motivação da prática e os seus efeitos, tendo esta cláusula vindo a viabilizar a prática de determinados descontos de incentivo que seria, de outro modo, proibidos pela regra geral.

Finalmente, ainda que se trouxesse aqui o regime jurídico italiano, que enquadra a venda com prejuízo como forma de prática comercial desleal e punida nos quadros da legislação de implementação da Directiva 2005/29/CE e de protecção do consumidor, chegaríamos também, além da conclusão sobre a sua desconformidade potencial com o Direito da UE (já acima salientada), ao reconhecimento de que, por força do artigo 27º, § 9, do *Codice del Consumo*, a coima abstractamente aplicável não poderia exceder, em qualquer caso, € 500.000.

E isto falando nós de economias e de sectores de distribuição com uma dimensão incomparavelmente superior à portuguesa. A conclusão, por isso, impõe-se como clarividente: as normas sancionatórias que incluem as coimas previstas nas alíneas *c)* a *e)* do nº 1, e *d)* e *e)* do nº 2, do referido artigo 10º, em especial aquelas para que se aponta nas alíneas *d)* e *e)* do nº 1 e *e)* do nº 2 e, de forma especialmente grave, a prevista na alínea *e)* do nº 1, violam o princípio constitucional da proporcionalidade (artigo 18º, nº 2, da Constituição).

25. Como o Tribunal Constitucional já asseverou, justamente em relação ao afastamento do RGCO em áreas especiais:

"«[A]o legislador não está vedado criar regimes especiais», desde que para tanto existam motivos constitucionalmente atendíveis e não se caia em soluções arbitrárias. [...]

> [O] princípio constitucional da igualdade, entendido como limite objectivo da discricionariedade legislativa, não veda à lei a realização de distinções. Proíbe-lhe, antes, a adopção de medidas que estabeleçam distinções discriminatórias – desde logo, diferenciações de tratamento fundadas em categorias meramente subjectivas, como são as indicadas, exemplificativamente, no nº 2 do artigo 13º da Lei Fundamental (diferenciações baseadas na ascendência, sexo, raça, língua, território de origem, religião, convicções políticas ou ideológicas, instrução, situação económica ou condição social) –, ou seja, desigualdades de tratamento materialmente infundadas, sem qualquer fundamento razoável (*vernünftiger Grund*) ou sem qualquer justificação objectiva e racional. Numa expressão sintética, o princípio da igualdade, enquanto princípio vinculativo da lei, traduz-se na ideia geral de proibição do arbítrio (*Willkürverbot*)".

Nos termos que ficaram explicados, de acordo com a referida lei da ponderação, sanções que podem atingir uma tal gravidade pressupõem uma extraordinária intensidade e premência do direito ou bem constitucional a proteger que (até justamente pelo carácter indirecto da protecção) não existem no Decreto-Lei nº 166/2013. E isto é tanto mais evidente quanto se considere, exemplificativamente, o tratamento sancionatório que é dado nos outros Estados membros da UE que têm proibições semelhantes.

26. A análise a empreender sob este aspecto desdobra-se em dois passos sucessivos. Em primeiro lugar, importará determinar os regimes punitivos das contra-ordenações que se possam dizer materialmente mais próximos das previstas no Decreto-Lei nº 166/2013. Em seguida, e no caso de haver divergência entre elas, saber se se vislumbra qualquer factor de especialidade relevante apto a dar justificação material à singularidade das opções do Decreto-Lei nº 166/2013. Caso contrário, também sob este aspecto, as normas sancionatórias em questão se mostram inconstitucionais, por violarem o princípio da igualdade (artigo 13º da Constituição).

27. Um primeiro confronto a estabelecer é com o Decreto-Lei nº 28/84, de 20 de Janeiro, confronto esse que se justifica por duas razões fundamentais. Por um lado, porque esse diploma representou no tempo em que surgiu, e continua a representar hoje, um repositório daquilo que se pode designar como o travejamento geral do Direito penal económico e, também, do Direito das contra-ordenações económicas. Não é seguramente por acaso que a sua preparação deu justamente azo a desenvolvidos estudos justamente sobre o Direito penal económico.

Em matéria de contra-ordenações, esse facto reflecte-se na multiplicação de normas sancionatórias em branco e muito especialmente no estabelecimento de um conjunto delas, de carácter geral, a pretender cobrir a generalidade das infracções a regras económicas e de preservação da saúde pública constantes de outros diplomas. É o que sucede, claramente, com as seguintes disposições:

i. Artigo 66º – Actividades sujeitas a inscrição, registo, autorização ou verificação de requisitos;
ii. Artigo 67º – Falta de satisfação de requisitos ou características legais);
iii. Artigo 68º – Violação de regras para o exercício de actividades económicas;
iv. Artigo 69º – Violação de preceitos reguladores da organização de mercados.

Além disso, é preciso não esquecer a ligação genética do regime das práticas individuais restritivas do comércio ao Decreto-Lei nº 28/84. Sob esse aspecto, para além do que acaba de se dizer e da relação material de afinidade as preocupações desse diploma e daqueles que sucessivamente previram as práticas individuais, é especialmente significativo o facto de o Decreto-Lei nº 370/93, no seu artigo 5º, estabelecer o regime sancionatório da seguinte forma, limitando-se a prescrever: "as infracções ao disposto nos artigos 1º, 2º, 3º e 4º constituem contra-ordenação punível nos termos do artigo 68º do Decreto-Lei nº 28/84, de 20 de Janeiro" (nº 1). "A aplicação das respectivas coimas compete à Comissão a que se refere o nº 2 do artigo 52º do Decreto-Lei nº 28/84".

Ora o Decreto-Lei nº 28/84 prevê a aplicação de coima até 500.000$00 [€ 2.493,99]. Para além disso, importa ter presente que, nos termos do artigo 54º, o mínimo era de 5.000$00 [€ 24,93] e por outro lado, "as coimas aplicáveis às pessoas colectivas e equiparadas, [...], podem elevar-se até ao triplo do máximo previsto para a respectiva contra-ordenação, em caso de dolo, e até ao dobro, em caso de negligência. Assim, as coimas aplicáveis às pessoas colectivas são as seguintes: mínimo de 5.000$00 [€ 24,93], máximo de 1.500.000$00 [€ 7.481,97] em caso de dolo, e de 1.000.000$00 [€ 4.987,98] em caso de negligência. Facilmente se alcança a tremenda divergência das coimas previstas no Decreto-Lei nº 166/2013.

28. É preciso notar que não se pode explicar essa diferença com a distância que nos separa de Janeiro de 1984 por três razões distintas. Em primeiro lugar, porque o Decreto-lei nº 28/84 tem vindo a ser alterado ao longo dos tempos, mais exactamente pelos seguintes diplomas: Decreto-Lei nº 347/89, de 12/10; Decreto-Lei nº 6/95, de 17/01; Decreto-Lei nº 20/99, de 28/01; Decreto-Lei nº 162/99, de 13/05; Decreto-Lei nº 143/2001, de 26/04; Lei nº 13/2001, de 04/06; Lei nº 108/2001, de 28/11; Decreto-Lei nº 70/2007, de 21/04; Lei nº 20/2008, de 21/04. Em segundo lugar porque, como se viu, mesmo no momento da sua autonomização – e apesar de tudo já se estava em 1993 – a punição das práticas restritivas continuou a fazer-se nos termos do Decreto-Lei nº 28/84 (mais exactamente nos do seu artigo 62º), o que demonstra de forma clara que a especialidade da matéria não tinha aqui implicações significativas. Além disso, é preciso notar que se esse quadro sancionatório foi alterado pelo Decreto-Lei nº 140/98, a verdade é que este não abandonou a "ordem de grandezas" de tais coimas (para usar a expressão do Tribunal Constitucional).

29. Um segundo nível do confronto é constituído pelos diplomas que regulam temas que, de uma forma ou de outra, estão materialmente próximos das práticas proibidas. Assim sucede, designadamente, com o Decreto-lei nº 70/2007, sobre práticas comerciais com redução de preço, com o Decreto-lei nº 57/2008, sobre práticas comerciais desleais, e, finalmente, com o Decreto-Lei nº 2/2013, de 9 de Janeiro, sobre prazos de vencimento de preços em bens alimentares.

O Decreto-Lei nº 70/2007, sobre práticas comerciais com redução de preço, prevê coimas de € 250 a € 3.700, no caso de pessoas singulares, e de € 2.500 a € 30.000 no caso de infracções cometidas por pessoas colectivas (cfr. artigo 16º). E o Decreto-Lei nº 57/2008, sobre práticas comerciais desleais, previa coimas de € 250 a € 3.740,98, no caso de pessoas singulares, e de € 3.000 a € 44.891,81, no caso de pessoas colectivas (cfr. artigo 21º).

30. Particularmente significativo no que respeita à perspectivação do Decreto-Lei nº 166/2013 à luz da igualdade se mostra o Decreto-Lei nº 2/2013, sobre prazos de vencimento de preços em bens alimentares. E por três razões: porque exprime um juízo absolutamente actual por parte do legislador; porque visa, em suma, o mesmo objectivo que o Decreto-Lei nº 166/2013 pretende assegurar, que o seu relatório não hesita em qualificar como "fomento da equidade e equilíbrio na cadeia alimentar" ou, mais sinteticamente, "maior equilíbrio negocial"; porque estabelece coimas relativamente a um aspecto – os prazos de pagamento – cuja revisão se assinala como tendo sido apontada como "uma das medidas de maior importância".

E, todavia, esse diploma deixou intocada a sanção estabelecida no Decreto-Lei nº 118/2010, de 25 de Outubro – também ele materialmente próximo e também ele recente –, a saber: "coima cujo montante mínimo é de € 150 e máximo de € 3.740,98 ou mínimo de € 500 e máximo de € 44 891,81 consoante o agente seja pessoa singular ou coletiva" (cfr. artigo 6º).

31. A conclusão, por isso, impõe-se: as normas sancionatórias que incluem as coimas previstas nas alíneas *c)* a *e)* do nº 1, e *d)* e *e)* do nº 2, do referido artigo 10º, em especial aquelas para que se aponta nas alíneas *d)* e *e)* do nº 1 e *e)* do nº 2 e, de forma especialmente grave, a prevista na alínea *e)* do nº 1 violam o princípio constitucional da igualdade (artigo 13º da Constituição).

32. No que respeita ao quadro punitivo, a lei opta pela diferenciação entre duas grandes categorias de infracções em termos de gravidade: por um lado, as mais graves, que respeitam à aplicação de preços ou condições de venda discriminatórios, à não redução a escrito de cláusulas que disponham sobre remunerações, financeiras ou de outra natureza, concedidas pelos fornecedores aos seus distribuidores/retalhistas como contrapartida da prestação de serviços, à venda com prejuízo, às práticas negociais abusivas e, por fim, à violação da medida cautelar, impostas pela ASAE; por outro lado, as menos graves, referentes à não disponibilização ou inexistência das tabelas de preços com as correspondentes condições de venda, à recusa de venda de bens/prestação de serviços e à subordinação da venda de um bem/prestação de serviços à aquisição de outro bem/serviço. Salvo quanto à recusa de venda, que notoriamente passou a ser considerada como uma contra-ordenação menos grave (apesar de o montante máximo de coima aplicável aumentar de 14963,93 € para 500.000€, i.e. 3341,36%). A diferenciação vem na sequência da lei anterior e justifica-se com o facto de o legislador não querer dar a mesma importância a práticas que não acarretam semelhante grau de prejudicialidade para "os objetivos de equilíbrio nas relações comerciais e da sã concorrência".

Particulares dificuldades suscita a alínea *c)*, sem paralelo na legislação anterior. Em causa está, antes de mais, a equiparação da violação do dever de informação à autoridade administrativa a infracções materiais que, se pode justificar-se em certos sectores, aliás de acesso reservado e sujeitas a supervisão (como o bancário ou financeiro), não pode generalizar-se. Por outro lado, embora não se faça corresponder a tal violação a coima mais severa, não pode deixar de se assinalar que a alínea *c)*, redigida como está, de forma a abranger literalmente qualquer desvio "em resposta a pedido da entidade fiscalizadora", se presta a uma aplicação rebelde ao princípio da proporcionalidade. Finalmente, também pela forma ampla pela qual está redigida, a disposição suscita a *vexata quaestio* da sua coordenação com o princípio *nemo tenetur se ipsum accusare*[329].

33. Nos casos de negligência e de tentativa, a coima aplicável não é a estabelecida na disposição em comentário. Na verdade, de acordo com o RGCO, "se a lei, relativamente ao montante máximo, não distinguir o comportamento doloso do negligente, este só pode ser sancionado até metade daquele montante" (artigo 17º, nº 4). Por seu turno, "a tentativa é punível com a coima aplicável à contra-ordenação consumada, especialmente atenuada" (artigo 13º, nº 2), sendo, por isso, os limites máximo e mínimo da coima reduzidos para metade (artigo 18º, nº 3).

Nº 3

34. Como se teve ocasião de referir, o legislador parlamentar autorizou o Governo a estabelecer novos limites máximos, para além dos pre-

[329] Sobre o tema, com mais indicações, cfr. José Lobo Moutinho/Henrique Salinas, «Artigo 31º», in *Lei da Concorrência – Comentário Conimbricense*, cit., pp. 329-356.

vistos no artigo 17º do RGCO, para as coimas aplicáveis às infracções puníveis a título de contra-ordenação no artigo 10º do Decreto-Lei nº 166/ /2013. Ora, na densificação da extensão dessa autorização, o legislador, no artigo 2º, nº 2, da Lei nº 31/2013, elencou cinco molduras sancionatórias, por ordem crescente de gravidade, cujos montantes mínimo e máximo fez depender da dimensão da empresa responsável pela prática da infracção. Para a determinação da dimensão de cada empresa e subsequente enquadramento em cada uma das diversas molduras sancionatórias, o legislador parlamentar estabeleceu, sem qualquer concretização material, as seguintes categorias de empresa: pessoa singular, microempresa, pequena empresa, média empresa e grande empresa.

35. No uso da autorização parlamentar concedida, o Governo veio adoptar as categorias de empresa previstas na lei de autorização, tendo, quanto à sua densificação, previsto, o seguinte: «[p]ara efeitos da classificação da empresa como microempresa, pequena empresa, média empresa ou grande empresa, são utilizados os critérios definidos na Recomendação nº 2003/361/CE, da Comissão Europeia, de 6 de Maio de 2003».

A escolha feita pelo legislador no sentido de remeter a densificação dos referidos conceitos para a Recomendação nº 2003/361/CE da Comissão Europeia, de 6 de Maio de 2003, e respectivo Anexo (doravante referida apenas como a Recomendação) é questionável no plano jus-constitucional e, ainda, seriamente censurável no plano da técnica legislativa. Desde logo porque suscita, desnecessariamente, a questão da admissibilidade da remissão para um instrumento não normativo adoptado por uma instituição da União Europeia, para mais não dotada de poder legislativo, com vista à delimitação do âmbito de aplicação subjectiva de cada um dos escalões sancionatórios previstos no Decreto-Lei nº 166/2013. Dizemos que este problema foi criado desnecessariamente porque o legislador facilmente poderia tê-lo evitado se tivesse remetido a sua densificação para o Decreto-Lei nº 372/2007, de 6 de Novembro, alterado pelo Decreto-Lei nº 143/2009, de 6 de Junho, em cujo artigo 2º consta que «a definição de PME, bem como os conceitos e critérios a utilizar para aferir o respectivo estatuto, constam do seu anexo, que dele faz parte integrante, e correspondem aos previstos na Recomendação nº 2003/361/CE, da Comissão Europeia, de 6 de Maio».

36. Contudo, não obstante o legislador português ter já consagrado, no anexo do Decreto-Lei nº 372/2007, os conceitos de micro, pequena e média empresas (doravante PME), nos exactos termos em que os mesmos constam no Título I da Recomendação, entendeu o Governo remeter a densificação daqueles conceitos – e ainda do de grande empresa –, em matéria contra-ordenacional, directamente para a Recomendação. Ao fazê-lo, o legislador adicionou aos incontestáveis problemas substantivos das definições em causa, um novo problema de que caberá igualmente apreciar.

Com efeito, a importação, por remissão para o texto da Recomendação, dos critérios determinantes para a aferição da moldura sancionatória aplicável às empresas responsáveis pela prática das contra-ordenações previstas no Decreto-Lei nº 166/2013 impõe uma análise em dois planos. Num plano abstracto, caberá aferir da conformidade constitucional da remissão da determinação do âmbito subjectivo de aplicação das várias molduras sancionatórias aplicáveis para um instrumento de carácter não normativo adoptado por uma instituição da União Europeia; por outro lado, num plano concreto, haverá que aferir da suficiência dos critérios da Recomendação para, com segurança e clareza, fundarem a aplicação de uma determinada moldura sancionatória a uma empresa.

37. A questão da remissão da concretização de elementos da norma sancionadora para outras fontes jurídicas tem sido abundantemente tratada pela doutrina a propósito das denominadas normas penais em branco (*Blankettstrafgesetzen*), i.e., em termos gerais, das normas penais nas quais a descrição dos pressupostos ou dos elementos constitutivos de uma infracção é completada ou integrada por remissão para outra fonte normativa. Em causa estão exigências de densificação técnica dos conceitos envolvidos que tornam necessário, ou, no mínimo, conveniente, ao legislador, proceder ao reenvio especificante dos elementos típicos para outra disposição normativa (em geral, hierarquicamente inferior), de modo a que a completude da norma possa ser apreendida por via da conjugação de todos os normativos aplicáveis em causa.

O problema que aqui se coloca, embora tenha subjacente a mesma questão de fundo – a saber: se será conforme às exigências de *lege certa* a remissão de elementos que integram a norma sancionatória para outros instrumentos – é certamente distinto daquele que se colocaria se estivéssemos perante uma verdadeira norma penal em branco, uma vez que não está em causa a remissão da descrição da conduta típica para uma Recomendação, mas sim a remissão para este acto dos critérios que permitem delimitar a moldura sancionatória aplicável ao agente da infracção.

38. Não se pode, porém, dizer um problema novo. Na Alemanha, uma revisão de 2007 introduziu na lei da concorrência alemã (*Gesetz gegen Wettbewerbsbeschränkungen* – GWB), em aproximação à regulamentação europeia, uma regra segundo a qual, no caso de estar em causa uma empresa, pode ser aplicada uma coima superior ao limite máximo estabelecido (€ 1 M), coima que, no entanto, não pode ultrapassar 10 % do volume global de negócios do ano de negócios anterior ao da decisão (§ 81, nº 4, II).

Grande parte da doutrina contestou a constitucionalidade da solução por falta de determinação da sanção. E fê-lo – isso é que é de notar – mesmo se, à semelhança do que se passa ao nível europeu, a mesma lei previu simultaneamente que a autoridade federal da concorrência (*Bundeskartellamt* – BKartA) pode definir princípios administrativos sobre o exercício do seu poder de apreciação (*Ermessen*) na determinação da medida da coima (§ 81, nº 7). O grande fundamento de uma posição é a dificuldade em aceitar a remissão que assim tinha lugar. König, por exemplo, num dos comentários de referência à lei alemã sobre contra-ordenações, qualificou como "abstrusa" a concepção, surgida durante os trabalhos preparatórios, segundo a qual "no quadro de uma «interpretação teleológica» (!) seria de recorrer às orientações da Comissão Europeia para o cálculo das coimas". E explica: "isto porque sobre o limite máximo potencial da colossal coima tem de decidir o legislador, e não orientações de um órgão supranacional nas quais ele não tem qualquer influência e relativamente às quais, por seu turno, foram suscitadas dúvidas sob o aspecto da determinação". E remata: "no essencial o mesmo vale relativamente à autorização aos órgãos competentes em matéria de concorrência para definir princípios administrativos sobre o exercício do seu poder de apreciação (*Ermessen*)".

Nessa perspectiva, as orientações aparecem como "uma concretização abstracta-geral", que, no entanto – e é justamente esse o ponto a salientar aqui –, "de acordo com o princípio *nulla poena sine lege certa*, não seria tarefa do *BKartA*, mas do próprio legislador".

Mesmo a decisão do Supremo Tribunal Federal que, mediante uma interpretação conforme à Constituição, considerou admissível aquele limite – lido como verdadeiro limite máximo da medida legal da coima e não como mero topo (*Kappungsgrenze*) –, asseverou que "tanto no Direito Penal como no Direito das contra-ordenações é reconhecido como princípio da medida da sanção e exigência essencial de Estado de Direito que o Juiz tome autonomamente a sua decisão de medida da coima no interior de uma moldura (*Rahmen*) previamente dada pela lei e segundo a medida dada pelos critérios de medida da sanção definidos pela própria lei". E, embora com os olhos postos numa possível interpretação segundo a qual o limite dos 10% não seria um verdadeiro limite máximo, não deixa de se afirmar explicitamente que "na falta de disposições legais sobre os critérios de uma medida da coima independente de uma moldura fixa e sobre a sua concreta valoração também faltaria qualquer critério legal (*gesetzliche Maßtab*) de acordo com o qual a determinação da coima se pudesse orientar no caso concreto. É, no entanto, tarefa do legislador decidir sobre os critérios gerais que guiam o acontecimento punitivo (*Ahndungsvorgang*) (BVerfGE 105, 135, 155). Um tal critério legal também não pode ser substituído por orientações do *Bundeskartellamt* ou da Comissão Europeia, cujas orientações o *Bundeskartellamt* seguiu".

39. Algo de totalmente análogo ocorre no caso em análise, em que também é remetida para fonte não normativa a determinação dos limites da sanção, designadamente quanto ao seu máximo. Uma remissão que o legislador entendeu ser insuficiente em matéria de certificação (facultativa) online de PME – motivo pelo qual, como se referiu acima, consagrou legalmente os seus requisitos e pressupostos no anexo do Decreto-Lei nº 372/2007, de 6 de Novembro – mas que, em sede sancionatória, no Decreto-Lei nº 166/2013, não hesitou em fazer. Logo isso mostra que a questão da admissibilidade constitucional de uma tal remissão merece uma resposta rotunda e inabalavelmente negativa.

Há que ter presente que a Recomendação, apesar de proveniente de uma instituição da UE, **não só não se reveste de natureza normativa, como nem mesmo se reveste de carácter vinculativo** (cfr. artigo 288º do TFUE). Como recomendação, o único efeito jurídico externo a que tende é à auto-vinculação da instituição que as emite, não vinculando o Tribunal de Justiça da UE quando exerce os seus poderes de plena jurisdição. Aliás, essa ausência de vinculatividade, bem como a sua insusceptibilidade de produzir efeitos jurídicos de relevo exclui igualmente as recomendações do âmbito de fiscalização de legalidade por parte do Tribunal de Justiça da UE (cfr. artigo 263º do TFUE). O seu efeito será somente o de levar a que «os juízes nacionais [tomem] em consideração as recomendações para resolver os litígios que lhes são submetidos, nomeadamente quando estas auxiliem a interpretação de disposições nacionais adoptadas com a finalidade de assegurar a respectiva execução, ou ainda quando se destin[e]m a completar disposições comunitárias com carácter vinculativo».

40. A Recomendação desempenha assim, essencialmente, um efeito meramente coadjuvante da actividade interpretativa do julgador quanto a normas legais nacionais, mas nunca poderá receber força de acto legislativo interno ainda que se pretenda fazer passar a sua inclusão por uma mera abreviatura técnico-legislativa, i.e., por uma ficção de unidade de vinculatividade da Lei e da Recomendação, decorrente da expressão da vontade do legislador em integrar as normas no corpo do diploma. Desde logo, por força da proibição de deslegalização, estabelecida no artigo 112º, nº 5, da Constituição, pois, ao remeter a definição dos elementos essenciais para a aplicação de uma determinada moldura sancionatória para uma Recomendação, o Governo procurou conferir a um instrumento emanado de uma instituição da UE não dotada de poderes legislativos o poder de, com eficácia externa, integrar os seus preceitos, assim o elevando a função e força de lei.

41. Ora, três óbices surgem, de imediato, quanto a esta degradação da matéria de lei.

Em primeiro lugar, mesmo que aqui fosse admissível a deslegalização, sempre o teria de ser – como a doutrina alemã acima citada certeiramente assinala – para actos nacionais sobre os quais o Estado mantivesse o domínio ou controlo, em termos de conteúdo ou sentido da regulamentação. Caso contrário, o Estado estaria a alienar a sua função de estabelecer, ele próprio, as sanções para infracções totalmente da ordem interna – o que é um patente absurdo. O que é tudo menos uma questão teórica, na medida em que a falta de vinculatividade dota, naturalmente, uma recomendação de uma alterabilidade incomportável para um instrumento que consubstancia um elemento determinante para a determinação de uma sanção, sujeitando-a a uma revogação, expressa ou tácita, ou a uma alteração desprovida de adequadas exigências formais e, sobretudo, na disponibilidade de uma instituição administrativa da UE, em órgãos constitucionalmente incompetentes para legiferar sobre qualquer elemento constitutivo de uma norma de cariz sancionatório interno.

Pense-se, por hipótese, que, tal como a Comissão substituiu a Recomendação 96/280/CE pela Recomendação 2003/361/CE, decidia a mesma Comissão agora revogar esta Recomendação e substituí-la por uma outra. Ficaria a norma do artigo 10º do Decreto-Lei nº 166/2013 vinculada a uma Recomendação revogada ou dever-se-ia entender que a remissão em causa se presumiria feita para a nova Recomendação? Nenhuma das hipóteses se afigura, evidentemente, aceitável.

42. O segundo óbice que obsta à remissão é o de que ela apenas poderia ocorrer para actos dotados de carácter normativo, uma vez que somente estes revestem a força e até a dignidade jurídica necessária para fundar a imposição de obrigações ou, *in casu*, a aplicação de sanções. Caso contrário, o resultado seria que os limites das sanções (mormente, máximos) seriam apenas recomendados e não impostos ao aplicador do Direito – contra o primeiro mandato do princípio da legalidade em matéria de sanções.

43. Em terceiro lugar, a deslegalização encontra-se proscrita em matéria de competência reservada parlamentar, como é o caso, do regime geral do ilícito de mera ordenação social (artigo 165º, nº 1, alínea d), da Constituição). Na verdade, a remissão efectuada pelo artigo 10º, nº 3, do Decreto-Lei nº 166/2013, mais não é do que a delegação, num instrumento não normativo da União, de um elemento fulcral para a aplicação dos novos limites sancionatórios estabelecidos pela Assembleia da República e, nessa medida, trata-se de uma matéria sobre a qual apenas esta, no exercício da sua competência originária, ou o Governo, no exercício de competência delegada (e nos limites previstos na delegação), podem legislar.

Admitir-se que apenas a Assembleia da República (ou o Governo, no uso de autorização) possui competência para definir os limites máximos das coimas abstractamente aplicáveis quando os mesmos excedam os previstos no RGCO, e, simultaneamente, que a definição do âmbito subjectivo desses limites pode ser livremente delegada em instrumentos não normativos emanados da Comissão Europeia subverte toda a lógica da concessão de uma competência legislativa reservada à Assembleia da República e inutiliza a sua consagração constitucional. Com efeito, de nada serve a delimitação parlamentar, por escalões, de limites máximos das coimas abstractamente aplicáveis se, para a definição desses escalões, o Governo pode delegar a competência que recebeu da Assembleia da República numa fonte externa, repita-se, criada por uma instância sem poder legislativo e, para mais, em si mesma, desprovida de normatividade. Entendimento diverso implicaria o reconhecimento a uma alienação intolerável da competência legislativa constitucionalmente reservada à Assembleia da República e subtrairia ao seu monopólio e controlo um segmento de uma norma contra-ordenacional decisivo para a aplicação de coimas.

44. Outras razões militam no sentido da inadmissibilidade da remissão em causa. Por um lado, cabe recordar que as Recomendações não estão, nos termos do disposto no artigo 297º do TFUE, sujeitas a publicação no Jornal Oficial da União Europeia. Assim, uma eventual conclusão pela admissibilidade da remissão, por via legislativa, sem mais, para uma Recomendação, poderia, por absurdo, por um lado, permitir a aplicação remissiva de uma norma não publicada, logo não conhecida de todo pelos seus destinatários, e, por outro lado, ainda que somente em teoria, poderia resultar na revogação de uma Recomendação publicada por outra meramente notificada aos Estados membros.

45. Acresce que não se poderá importar para esta sede o argumento aduzido para a legitimação das normas penais em branco no sentido de que «as remissões para outros instrumentos jurídicos não penais [...] tornam os regimes vigentes mais acessíveis aos destinatários das normas, pois os instrumentos em causa são, pela sua proximidade empírica em relação aos sujeitos a quem dizem respeito, mais facilmente conhecidos por estes do que as próprias normas incriminadoras». Em primeiro lugar porque, quando muito, as normas encontrar-se-ão mais distantes do seu destinatário e, consequentemente, menos enraizadas nas suas consciências. Em segundo lugar porque, mesmo que tal entendimento fosse válido, o mesmo apenas poderia valer para aquelas que são potencialmente abrangidas pelo objecto da Recomendação, i.e., as micro, pequenas e médias empresas, e não para as empresas cuja dimensão nunca suscitaria sequer essa questão.

46. Assim, entendemos que a remissão, em abstracto, para uma Recomendação emanada da Comissão Europeia, de elementos essenciais para a determinação do limite máximo de uma coima abstractamente aplicável, em especial quando a definição desse limite recaia na competência legislativa reservada da Assembleia da República, é inconstitucional, por violação da proibição de deslegalização (artigo 112º, nº 5, da Constituição), da reserva relativa de competência da Assembleia da República (artigo 165º, nº 1, alínea d), da Constituição) e do princípio da legalidade da sanção (artigo 29º, nº 3, da Constituição).

47. E naturalmente que viola o princípio da legalidade, na vertente da determinação da sanção (artigo 29º, nº 3, da Constituição: *nulla poena sine lege certa*), a diferenciação de sanções com diferentes medidas legais tendo em atenção categorias de responsáveis, sem a concomitante determinação dessas mesmas categorias de responsáveis. É que, nesse caso, ficará na mão do aplicador escolher, sem critério legalmente estabelecido, a categoria em que o responsável se inclui e, consequentemente, os limites – então só aparentemente "legais" – da sanção que lhe é aplicável. Assim sendo, só admitindo que se está perante uma mera inconstitucionalidade parcial, mantendo-se, por isso, válida a qualificação das práticas individuais restritivas como contra-ordenações ao abrigo da competência própria do Governo, é que tais práticas serão puníveis apesar da inconstitucionalidade apontada. Mas apenas com as coimas estabelecidas no artigo 17º do RGCO.

48. Perguntar-se-á, porém: perante a eventual inconstitucionalidade da norma que remete a determinação dos montantes das coimas abstractamente aplicáveis para a Recomendação, será admissível ao intérprete preencher o vazio deixado por essa norma pela sua regulamentação homóloga no anexo do Decreto-Lei nº 372/2007, de 6 de Novembro?

A resposta não poderá deixar de ser negativa. Com efeito, se a questão se poderia colocar com algum fundamento na eventualidade de a transposição da Recomendação ter ocorrido após a entrada em vigor do Decreto-Lei nº 166/2013, o inverso não sucede. E não sucede porque o legislador, confrontado com a escolha entre remeter a definição das categorias de empresas de que depende a determinação do montante das coimas para a legislação nacional ou para a Recomendação europeia, escolheu a remissão para a Recomendação europeia. Neste sentido, não é lícito ao intérprete integrar no vazio deixado pela declaração de inconstitucionalidade um diploma rejeitado pelo legislador por ocasião da feitura da lei. Em todo o caso, e ainda que assim não fosse no plano mais abstracto, a verdade é que, em concreto, é evidente a insuficiência dos critérios da Recomendação e, consequentemente, do Decreto-Lei nº 372/2007, de 6 de Novembro para, com segurança, clareza e certeza, fundarem a aplicação de uma determinada moldura sancionatória.

49. Para uma correcta abordagem das várias vertentes desta insuficiência, haverá que procurar compreender, a título prévio, em que consistem os conceitos de micro, pequena e média empresa definidos pela Recomendação, bem como qual a finalidade com que tais conceitos foram criados. Com efeito, após consagrar, no seu artigo 1º, o conceito de empresa que já havia sido reconhecido na jurisprudência do Tribunal de Justiça, a Recomendação veio introduzir, no seu artigo 2º, três definições essenciais para a distinção entre os vários tipos de empresas: a categoria das micro, pequenas e médias empresas ou PME (nº 1), e, dentro dessa categoria, a pequena empresa (nº 2) e a microempresa (nº 3).

Para o enquadramento de uma empresa em cada uma das referidas definições, a Recomendação estabelece os seguintes critérios: por um lado, *(i)* o número de trabalhadores efectivos, calculado nos termos do artigo 5º (critério obrigatório), e, por outro, *(ii)* o volume de negócios anual ou *(iii)* o balanço total anual, ambos calculados nos termos do artigo 4º (critérios alternativos). Prevê, assim, o artigo 2º da Recomendação que «[a] categoria das micro, pequenas e médias empresas (PME) é constituída por empresas que empregam menos de 250 pessoas e cujo volume de negócios anual não excede 50 milhões de euros ou cujo balanço total anual não excede 43 milhões de euros» (nº 1), sendo que, dentro desta categoria, «uma pequena empresa é definida como uma empresa que emprega menos de 50 pessoas e cujo volume de negócios anual ou balanço total anual não excede 10 milhões de euros» (nº 2) enquanto «uma microempresa é definida como uma empresa que emprega menos de 10 pessoas e cujo volume de negócios anual ou balanço total anual não excede 2 milhões de euros» (nº 3).

Quanto à definição dos conceitos de média empresa e de grande empresa, o intérprete terá de os encontrar por exclusão de partes, ou seja, mediante contraposição aos limites fixados nas definições constantes do artigo 2º da Recomendação. Assim, média empresa será toda aquela que não couber na definição de microempresa e pequena empresa, desde que não ultrapasse os limites máximos estabelecidos para as PME, i.e. será aquela que empregue entre 51 e 250 pessoas e cujo volume de negócios seja superior a 10 milhões de euros e inferior a 50 milhões de euros ou cujo balanço total anual seja superior a 10 milhões de euros e inferior a 43 milhões de euros. Por seu turno, grande empresa será aquela que exceder os limites definidos para as PME, ou seja, aquela que empregue mais de 250 pessoas e cujo volume anual de negócios seja superior a 50 milhões de euros ou cujo balanço total anual seja superior a 43 milhões de euros.

50. Para calcular os dados relevantes para a qualificação de uma dada empresa nas referidas categorias, haverá ainda que verificar se a empresa visada é, para os efeitos do disposto no artigo 3º da Recomendação, uma empresa autónoma, caso em que apenas os seus dados serão tidos em consideração, ou se, pelo contrário, é uma empresa parceira ou uma empresa associada a outra(s) empresa(s), caso em que também os dados desta(s) serão tidos em consideração.

A distinção entre os conceitos de empresas parceiras e empresas associadas, em traços gerais, é a seguinte: enquanto para uma empresa ser considerada parceira de outra, é necessário que não caiba no conceito de empresa associada e que entre si e outra(s) empresa(s) existam relações que não permitam a uma empresa exercer controlo efectivo directo ou indirecto sobre a(s) outra(s), já nas empresas associadas estar-se-á perante uma situação de grupo, em sentido económico, em que existem relações de controlo directo ou indirecto, quer por via da titularidade da maioria dos direitos de voto de uma empresa sobre outra, quer por via da possibilidade de exercício de influência dominante por parte de uma empresa sobre outra.

O cálculo dos dados relevantes para a aferição da categoria em que recai uma determinada empresa varia consoante estejamos perante empresas parceiras ou associadas. Por um lado, nas empresas parceiras, haverá que adicionar uma proporção do número de trabalhadores efectivos, e dos dados financeiros relevantes da(s) outra(s) empresa(s) parceira(s), correspondente à percentagem de acções ou direitos de voto que a empresa visada detém nesta(s). Já nas empresas associadas, terão de ser adicionados aos dados relevantes da empresa visada, a totalidade dos dados relevantes das restantes empresas associadas. Estes conceitos podem entrecruzar-se de tal modo que, por exemplo, para o cálculo dos dados relevantes numa empresa parceira de outra(s) tenham de ser tidos em consideração a totalidade dos dados da(s) empresa(s) que com esta se encontre(m) numa relação de associação. O fundamento para a inclusão, no cálculo dos dados relevantes, de elementos de outras empresas que não a visada é o de obviar à concessão de benefícios reservados a PME, a quem deles não necessita.

51. Com efeito, a pretensão de uniformização, a nível europeu, dos conceitos de micro, pequena e média empresa, surge com o intuito de permitir o tratamento igualitário, nos diversos Estados membros, de empresas que não revistam uma grande dimensão, assim fomentando equitativamente o seu crescimento e desenvolvimento, designadamente facilitando o acesso a subvenções e outros apoios comunitários ou estatais, ao financiamento de capital e ao crédito (em particular, a linhas específicas de crédito cujo montante varia de acordo com a sua dimensão). A este respeito, acrescenta a Comunicação da Comissão 2003/C 118/03 que «uma definição mais precisa garantirá maior segurança no plano jurídico. Mais adaptada às diferentes categorias de PME e tendo em conta os diferentes tipos de relações entre as empresas, incentivará o investimento e a inovação nas PME e facilitará as parcerias de empresas».

O estatuto de PME assim criado traz consigo um conjunto de benefícios para as empresas por ele abrangidas, motivo pelo qual é genericamente exigido o comprovativo da verificação dos respectivos pressupostos através de certificação. Porém, a certificação de uma empresa como PME não passa do reconhecimento formal e não obrigatório de um estatuto de que as empresas efectivamente já dispõem. Daqui decorre que, no que respeita às PME, teremos, por um lado, aquelas que têm esse estatuto reconhecido por via de certificação e, por outro, aquelas que nunca solicitaram essa certificação mas que, ainda assim, preenchem os seus requisitos e, como tal, detêm esse estatuto informalmente.

52. Definidos e enquadrados brevemente os conceitos de micro, pequena e média empresa, e enunciada a finalidade com que os mesmos foram criados, constata-se com facilidade que são, apesar da sua aparente singeleza, insuperáveis os problemas suscitados pela sua utilização como fundamento para a aplicação de uma determinada moldura sancionatória.

O primeiro problema coloca-se logo na dificuldade de enquadramento de cada empresa na sua categoria. Isto porque os critérios do volume de negócios anual e do balanço anual, cujos limites não coincidem na definição geral de PME prevista no artigo 2º, nº 1, da Recomendação, são alternativos. Perguntar-se-á, poderá a ASAE, por ocasião da aplicação de uma coima, optar por aplicar o critério que coloca a empresa visada no âmbito de aplicação de uma moldura sancionatória mais elevada, quando, se fosse aplicado o outro critério essa empresa se enquadraria no escalão inferior? Mas e se a empresa visada se encontrar, por sua vontade, certificada como média empresa, apesar de, com base num dos critérios aplicáveis, poder igualmente caber no conceito de pequena empresa? Basta pensar-se numa empresa com 49 trabalhadores, cujo volume de negócios anual é de 10,5 milhões de euros e cujo balanço total anual é de 9 milhões de euros. Uma empresa nesta situação teria todo o interesse em requerer a sua certificação como média empresa por forma a aceder a linhas de crédito com um limite superior. Significaria isto que esta empresa deveria ser sancionada como média empresa e não como pequena empresa? E se, pergunta-se, existisse outra empresa exactamente nas mesmas circunstâncias que não tivesse requerido qualquer certificação ou que tivesse requerido a sua certificação como pequena empresa? Seria a solução diferente, apesar de, em concreto, ambas as empresas se encontrarem exactamente na mesma situação?

53. Problema semelhante se levanta quanto às pessoas singulares. Com efeito, enquanto a Recomendação define os conceitos de PME, pequena empresa e microempresa, o Decreto-Lei nº 166/2013 acrescenta-lhe três novas categorias de empresa: a de pessoa singular e as de média e grande empresa.

Se é verdade que estas últimas não levantam particulares problemas no que respeita à sua definição, o mesmo não sucede com a primeira. É que ao intérprete não é apreensível a distinção e/ou correlação entre o conceito de pessoa singular a que se referem o artigo 10º, nº 1, alínea *a)* e nº 2, alínea *a)*, do Decreto-Lei nº 166/2013 e uma microempresa, nos termos do artigo 2º, nº 3, da Recomendação. Será a pessoa singular obrigatoriamente um comerciante a título individual ou poderá enquadrar-se nesta definição uma sociedade unipessoal desprovida de trabalhadores ou na qual apenas laborem «aprendizes ou estudantes em formação profissional, titulares de um contrato de aprendizagem ou de formação profissional» (cfr. artigo 5º, último parágrafo, da Recomendação)? Novamente, se puder enquadrar-se nesta definição a sociedade unipessoal, então, pergunta-se, e se essa sociedade se encontrar certificada como microempresa?

54. Mais, dispõe o artigo 4º, nº 1, da Recomendação que «[o]s dados considerados para o cálculo dos efectivos e dos montantes financeiros são os do último exercício contabilístico encerrado». Por seu turno, prevê o nº 2 do mesmo artigo que «[s]e uma empresa verificar, na data de encerramento das contas, que superou ou ficou aquém, numa base anual, do limiar de efectivos ou dos limiares financeiros indicados no artigo 2º, esta circunstância não a faz adquirir ou perder a qualidade de média, pequena ou microempresa». O potencial discriminatório desta norma é evidente.

Imagine-se uma situação em que as empresas A e B são ambas qualificadas como pequenas empresas no ano de 2013. Em 2014, a empresa A excede o montante de trabalhadores efectivo previsto para as pequenas empresas e obtém resultados financeiros extraordinários que lhe permitiriam, em abstracto, adquirir o estatuto de grande empresa, enquanto a empresa B é forçada a despedir trabalhadores e reduz significativamente os seus resultados financeiros. Imagine-se que se passa um ano e que, em meados de 2015, ambas as empresas praticam uma infracção tipificada como contra-ordenação no Decreto-Lei nº 166/2013. O resultado, à luz das normas citadas, em ambos os casos, será idêntico, ou seja, a aplicação de uma coima com base na moldura abstractamente aplicável às pequenas empresas, apesar de uma empresa se encontrar numa situação financeira muito mais confortável do que a outra. Uma solução desta natureza feriria, novamente, o princípio da igualdade, desta feita na sua vertente negativa, por se tratarem como iguais situações substancialmente desiguais.

55. Mas, e no caso de estarmos perante uma empresa constituída recentemente, em relação à qual não existem dados financeiros sobre o último exercício contabilístico encerrado? Aqui, dispõe o nº 3 do artigo 4º da Recomendação que «os dados a considerar serão objecto de uma estimativa de boa-fé no decorrer do exercício». Novamente, a Recomendação não define quem deverá efectuar esta estimativa: se a empresa visada, se a autoridade administrativa sancionadora.

56. Todas estas incertezas redundam numa manifesta indefinição, obscuridade e insegurança, intoleráveis em sede sancionatória, pelo que, também aqui, se impõe concluir pela inconstitucionalidade da remissão para a Recomendação por violação do princípio da legalidade na sua vertente *nulla poena sine lege certa* (artigo 29º, nº 3, da Constituição), corolário do princípio do Estado de direito. Em todos os aspectos que ficaram referidos se descobre uma incerteza (e, portanto uma remissão, no fundo, para a decisão do aplicar do Direito) sobre a categoria em que o responsável se inclui e, consequentemente, os limites – então só aparentemente "legais" – da sanção que lhe é aplicável.

Neste sentido, e à semelhança da solução dada na primeira das análises efectuadas no presente capítulo, admitindo que se está perante uma mera inconstitucionalidade parcial incidente sobre a norma de sanção, a consequência será a da aplicação das coimas cujos limites máximos se encontram estabelecidos no artigo 17º do RGCO à violação das normas de conduta previstas no Decreto-Lei nº 166/2013, cuja vigência assim se manteria, embora desprovida das sanções expressamente previstas neste diploma.

Artigo 11º – Sanções pecuniárias compulsórias

1 – A entidade competente pode aplicar uma sanção pecuniária compulsória no caso de o agente não cumprir a decisão que impõe a adoção de medidas cautelares ou a decisão a que se refere o nº 1 do artigo 8º.

2 – A sanção pecuniária compulsória referida no número anterior consiste no pagamento de uma quantia pecuniária por cada dia de incumprimento que se verifique para além do prazo fixado para o cumprimento da obrigação.

3 – A sanção pecuniária compulsória é fixada segundo critérios de razoabilidade e proporcionalidade, atendendo ao volume de negócios do infrator realizado no ano civil anterior e ao impacto negativo causado no mercado e nos utilizadores pelo incumprimento, podendo o seu montante diário oscilar entre 2 000 EUR e 50 000 EUR.

4 – Os montantes fixados podem ser variáveis para cada dia de incumprimento no sentido crescente, não podendo ultrapassar, cumulativamente:

a) **Um período máximo de 30 dias;**

b) **O montante máximo acumulado de 1 500 000 EUR.**

A. Referências

Correspondência na lei anterior: Não existia qualquer norma correspondente a esta disposição na legislação anterior.

B. Anotação

Nº 1

1. Mais uma vez, tal como ficou referido a propósito da possibilidade de aplicação de medidas cautelares por parte da ASAE, ao abrigo do artigo 8º do presente diploma, o legislador vem prever a hipótese de aplicação de uma sanção pecuniária compulsória, que parece inspirada na hipótese paralela prevista no artigo 72º da Lei nº 19/2012.

Assim, também a ASAE, no regime das práticas restritivas do comércio, "pode aplicar uma sanção pecuniária compulsória no caso de o agente não cumprir a decisão que impõe a adoção de medidas cautelares ou a decisão a que se refere o nº 1 do artigo 8º".

2. De acordo com Jorge de Figueiredo Dias e Flávia Loureiro, em anotação ao artigo 72º da Lei da Concorrência, "[a] sanção pecuniária compulsória (...) é um mecanismo usualmente utilizado em direito civil, de modo a compelir o devedor inadimplente a dar mais celeremente cumprimento ao seu dever de pagamento. (...) A aplicação de uma sanção pecuniária por dia de atraso permite, desse modo, constranger o devedor ao cumprimento, assegurando simultaneamente o direito do credor e o acatamento das decisões dos tribunais."[330]. A sanção pecuniária compulsória tem assim o efeito de *obrigar* – ou, pelo menos, "ajudar" a convencer – a empresa infractora a cumprir a decisão da ASAE que impõe ou a adopção de medidas cautelares (a suspensão da prática restritiva do comércio) que, segundo a ASAE, se verifica susceptível de provocar prejuízo grave, de difícil ou impossível reparação, a outras empresas.

Há, portanto, uma decisão prévia da ASAE que, face à mora da empresa no seu cumprimento, leva aquela autoridade a impor-lhe esta sanção. Citemos, de novo, Jorge de Figueiredo Dias e Flávia Loureiro: "[a] efectivação da sanção pecuniária compulsória fica como que condicionada ao acatamento ou não pela arguida das sanções e medidas que lhe forem impostas.".

Nº 2

3. O nº 2 do presente artigo vem apenas clarificar que "[a] sanção pecuniária compulsória referida no número anterior consiste no pagamento de uma quantia pecuniária por cada dia de incumprimento que se verifique para além do prazo fixado para o cumprimento da obrigação", no seguimento, aliás, do que já resulta do artigo 829º-A do Código Civil, que se refere ao "pagamento de uma quantia pecuniária por cada dia de atraso no cumprimento".

Nº 3

4. O artigo 11º do Decreto-Lei nº 166/2013 não fornece critérios suficientes para uma correcta (em termos de ser "fixada segundo critérios de razoabilidade e proporcionalidade", tal como é exigido) determinação do montante da sanção em causa, pelo que será extraordinariamente difícil

[330] Jorge de Figueiredo Dias e Flávia Loureiro, «Artigo 72º», in *Lei da Concorrência – Comentário Conimbricense*, cit., pp. 716-722.

determinar o *quantum* – pelo menos justo – de tal sanção num caso específico dado que os limites estabelecidos (que podem oscilar entre 2 000 EUR e 50 000 EUR diários) são tão distantes ou afastados entre si que tornam incontrolável tal operação e imprevisível a sanção[331]. Com efeito, os critérios que a ASAE deve ponderar – atender "ao volume de negócios do infrator realizado no ano civil anterior e ao impacto negativo causado no mercado e nos utilizadores pelo incumprimento" – são tão evasivos que se torna muito difícil determinar o montante correcto da sanção a aplicar.

De todo o modo, há que ter em consideração o facto de a empresa arguida ter já começado ou não a cumprir a decisão que lhe foi imposta, se praticou alguns mas não todos os actos que lhe eram devidos ao abrigo dessa decisão, se vem alegar uma causa justificativa para não o ter ainda ou para o não poder fazer de todo.

Nº 4

5. Pelo nº 4 do presente artigo, através de uma redacção que se diria, no mínimo, ser infeliz, o legislador vem prever que montantes que são "fixados" podem ser "variáveis", variação essa que será feita não só em função de "cada dia de incumprimento" como terá também de ser "no sentido crescente". Pensamos que o legislador terá aqui querido colocar perante a ASAE a possibilidade de esta autoridade aplicar uma sanção pecuniária compulsória com um montante progressivamente crescente, à medida que decorram dias sem que a empresa não cumpra a decisão que lhe foi imposta.

6. Mais importante do que isso é a definição de um montante global que pode ser aplicado a uma determinada empresa, a título de sanção pecuniária compulsória: tal montante não pode ultrapassar, cumulativamente – sublinhe-se – nem um período máximo de 30 dias, nem um acumulado de 1 500 000 EUR. O legislador não clarifica se estes limites abrangem toda e qualquer sanção pecuniária compulsória que seja aplicada a uma empresa infractora ou se tais limites apenas dizem respeito a sanções pecuniárias compulsórias que sejam calculadas nos termos do

[331] A este respeito, v. supra comentário ao artigo 10.º.

presente nº 4, i.e. quando estas variem no sentido crescente, em função de cada dia de incumprimento. Propendemos, no entanto, para a primeira hipótese, por se verificar aqui uma necessidade de se traçar um limite global máximo para uma sanção que é aplicada por uma autoridade administrativa (e, portanto, ainda sem controlo jurisdicional prévio), para além do mais, a título ainda provisório ou cautelar.

7. A decisão definitiva de aplicação de sanção pecuniária compulsória é impugnável judicialmente, nos termos do artigo 55º do RGCO (para mais desenvolvimentos sobre a impugnação judicial das decisões da ASAE, ver *infra* anotação ao nº 2, do artigo 13º do presente diploma).

Artigo 12º – Legislação subsidiária

Às contraordenações previstas no presente decreto-lei aplica-se o regime geral do ilícito de mera ordenação social, constante do Decreto-Lei nº 433/82, de 27 de outubro, alterado pelos Decretos-Leis nºs 356/89, de 17 de outubro, 244/95, de 14 de setembro, e 323/2001, de 17 de dezembro, e pela Lei nº 109/2001, de 24 de dezembro.

A. Referências

Correspondência na lei anterior: Não existia qualquer norma correspondente a esta disposição na legislação anterior.

Artigos relacionados: artigos 8º, 9º, 10º e 11º, todos do Decreto-Lei nº 166/2013; artigo 13º, do Regime Jurídico da Concorrência.

B. Anotação

1. O artigo 12º do Decreto-Lei nº 166/2013 manda aplicar "[à]s contraordenações previstas no presente decreto-lei" o RGCO. É interessante sublinhar o facto de, por um lado, o artigo 32º do RGCO, referente à fixação do regime substantivo das contra-ordenações, dispor que "[e]m tudo o que não for contrário à presente lei aplicar-se-ão subsidiariamente (...) as normas do Codigo Penal". Por outro lado, o artigo 41º do RGCO, ao estabelecer o regime processual, vem definir expressamente o direito processual penal como direito subsidiário, nos seguintes termos:

> "1 – Sempre que o contrário não resulte deste diploma, são aplicáveis, devidamente adaptados, os preceitos reguladores do processo criminal.
>
> 2 – No processo de aplicação da coima e das sanções acessórias, as autoridades administrativas gozam dos mesmos direitos e estão submetidas aos mesmos deveres das entidades competentes para o processo criminal, sempre que o contrário não resulte do presente diploma."

2. O artigo 12º representa, assim, uma inovação face ao que (não) constava do anterior regime do Decreto-Lei nº 370/93, ainda que, na prática, já nos processos contraordenacionais instaurados ao abrigo do anterior regime fosse sendo aplicado o RGCO. A este propósito sempre se dirá que, precisamente por ser um regime geral, a sua aplicação não necessitaria de qualquer remissão expressa.

3. Já é de salientar que, dada a variedade de situações abrangidas pelo presente diploma, e a gravidade e dimensão das sanções aplicáveis, a aplicação *in totum* do RGCO pode originar diversas dificuldades mas, também, terá diversas consequências. Entre umas e outras contam-se as regras sobre determinação da medida legal das coimas (v.g. a redução a metade da coima por comportamento negligente ou por tentativa), da medida concreta da coima, da prescrição (cfr., por analogia com o artigo 82º do RGCO) ou de concurso de infracções.

Artigo 13º – Fiscalização, instrução e decisão dos processos

1 – Compete à Autoridade de Segurança Alimentar e Económica (ASAE) a fiscalização do cumprimento do disposto no presente decreto-lei e a instrução dos processos de contraordenação.

2 – A decisão de aplicação das coimas compete ao inspetor-geral da ASAE.

A. Referências

Correspondência na lei anterior: artigo 6º do Decreto-Lei nº 370/93 (na redacção resultante do Decreto-Lei nº 140/98 e do Decreto-Lei nº 10/2003). A redacção deste artigo resultava, precisamente, do facto ter sido revogado pelo Decreto-Lei nº 10/2003, de 18 de Janeiro [artigo 11º, alínea *b)*], na parte respeitante à competência para instrução de processos.

Fiscalização e instrução dos processos

A fiscalização do cumprimento do disposto no presente diploma compete à Inspecção-Geral das Actividades Económicas.

Artigos relacionados: artigos 8º, 9º, 10º e 11º, todos do Decreto-Lei nº 166/2013; artigos 17º, 18º, 24º, 25º e 29º, do Regime Jurídico da Concorrência.

B. Anotação

Nº 1

1. A ASAE é um serviço central da administração directa do Estado dotado de autonomia administrativa (artigo 1º do Decreto-Lei nº 194/2012, de 23 de Agosto) que integra a orgânica do Ministério da Economia (artigo 13º do Decreto-Lei nº 11/2014, de 22 de Janeiro, que aprova a Lei Orgânica do Ministério da Economia) e a quem o Decreto-Lei nº 166/2013 concede todas as atribuições em matéria de fiscalização e aplicação do diploma.

2. Caberá, desta forma, a esta autoridade todas as competências de fiscalização, instrução e, por intermédio do seu inspector-geral, a decisão dos processos de contraordenação. A centralização na ASAE das atribuições para assegurar o *enforcement* do regime das práticas restritivas do comércio é justificada pelo legislador, no preâmbulo do Decreto-Lei nº 166/2013, com o facto de este regime pretender "proteger diretamente os agentes económicos e garantir a transparência nas relações comerciais, sempre que não esteja em causa uma afetação sensível da concorrência" (sublinhado nosso), o que poderá levar a mais eficiências na aplicação prática deste regime. Na intenção do legislador e nas palavras do então Secretário de Estado Adjunto da Economia e Desenvolvimento Regional, Dr. Almeida Henriques, no debate na generalidade da PPL 126/XII, referindo-se especificamente à centralização de competência na ASAE, considera "novidade de grande relevância [...] a transferência das competências de fiscalização para a ASAE (Autoridade de Segurança Alimentar e Económica). Para além de uma resposta à extinção da comissão de coimas em matéria económica, esta transferência dá maior operacionalidade e eficácia à máquina de vigilância e contraordenação, integrando e concentrando na ASAE as funções de fiscalização económica"[332].

3. O artigo 13º é, juntamente com a modernização do sistema contraordenacional (em particular, com o aumento e o escalonamento dos valores das coimas), um dos principais sinais de mudança de paradigma no regime das práticas restritivas do comércio. Conforme amplamente referido na análise que fizemos do novo regime no comentário ao artigo 1º, a atribuição das competências à ASAE (e a remoção formal e definitiva da AdC) vem confirmar também institucionalmente que este regime não visa atingir os objectivos nem tem por objecto a defesa da concorrência ou qualquer dos valores que as leis da concorrência perseguem.

4. Não podemos deixar, contudo, de referir que a centralização destas competências na ASAE não poderá ter como consequência uma intervenção da ASAE em matéria reservada à AdC pela Lei da Concorrência e pelos Estatutos da AdC. O risco existe, designadamente, no que ao artigo 3º do Decreto-Lei nº 166/2013 diz respeito, no que se refere à aplicação de preços ou condições de venda discriminatórios, na medida em que a ASAE possa pretender fazer uma análise da (não) conformidade ao direito da concorrência. Ora, a competência para decidir sobre o que é conforme com o direito da concorrência é uma competência que cabe

[332] V. Diário da Assembleia da República, I Série, nº 68/XII/2, de 21.3.2013, cujo conteúdo está integralmente reproduzido em http://app.parlamento.pt/DARPages/DAR_FS.aspx?Tipo=DAR+I+s%c3%a9rie&tp=D&Numero=68&Legislatura=XII&SessaoLegislativa=2&Data=2013-03-21&Paginas=34-39&PagIni=0&PagFim=0&Observacoes=&Suplemento=.&PagActual=0&PagGrupoActual=0&TipoLink=0&pagFinalDiarioSupl=&idpag=625689&idint=&iddeb=&idact.

exclusivamente apenas a três entidades: da AdC, tribunais e Comissão Europeia. Esta repartição clara de tarefas foi já, aliás, reconhecida pela ASAE que, nas suas FAQ divulgadas em Março de 2014 veio esclarecer que "[n]os termos do artigo 5º da Lei nº 19/2012, de 8 de maio, o respeito pelas regras de promoção e defesa da concorrência é assegurado pela Autoridade da Concorrência». Contudo, continua, «a apreciação de eventuais práticas discriminatórias previstas no nº 1 do artigo 3º será objecto de devida articulação entre esta autoridade e a ASAE, no âmbito da permanente e estreita colaboração estabelecida entre ambas as entidades".

5. Por outro lado, verificar-se-á decerto um acréscimo significativo das exigências que serão colocadas à ASAE. No referido debate na generalidade da PPL 126/XII, a oposição levantou expressamente este problema. Assim, por exemplo, o deputado do PS, Fernando Serrasqueiro veio concluir que "se o Governo não o alterar [o diploma em anexo à PPL 126/XII], vai dificultar a realização de contratos em vez de regular os abusos que existem e que se justificaria que fossem tratados de outra forma, mas vai, sobretudo, também, se não forem dados novos meios à ASAE, criar novas dificuldades, porque a redução de meios com acréscimo de competências vai dificultar a sua ação". Também o deputado do PCP, Bruno Dias veio sublinhar que "o problema do reforço de competências da ASAE tem de ser acompanhado do reforço de meios para a ASAE. É que agora as novas competências previstas na iniciativa já lá não vão com soluções tipo rusga. Isto implica uma análise económica, implica capacidade de estudo e investigação do ponto de vista económico, que vai exigir, inclusivamente do ponto de vista técnico e da capacidade dos seus recursos humanos, e não só, uma nova realidade que tem de ser garantida, não apenas no papel e nas competências, mas também nos meios de ação para que isto não fique apenas pelas intenções, pois é necessário tomar medidas concretas para garantir que o mercado funcione não apenas nas palavras, mas nos atos que os senhores [leia-se, o Governo] agora vêm anunciar." É, pois, também nosso entendimento que a aplicação deste regime pela ASAE poderá colocar especiais dificuldades, porventura intransponíveis.

A estas dificuldades acresce a dificuldade que poderá existir para a AdC em declarar uma prática conforme com o direito da concorrência, mormente dada a repartição de competências no quadro da rede europeia de concorrência, tal como resultante da jurisprudência do Tribunal de Justiça da UE.

Nº 2

6. Salienta-se o facto de o diploma clarificar que cabem à ASAE todas as competências de fiscalização deste regime e de instrução dos processos de contraordenação mas a "a decisão de aplicação das coimas compete ao inspetor-geral da ASAE". Não há qualquer novidade relativamente a este aspecto, que segue solução similar àquela em geral resultante da lei orgânica da ASAE (artigo 4º, nº 1, alínea *d)*, do Decreto-Lei nº 194/2012).

7. Uma última referência apenas para a questão dos recursos das decisões da ASAE. Ora, ao abrigo do anterior regime, das decisões finais ou interlocutórias proferidas pela AdC cabia recurso para um tribunal de competência especializada[333]: o Tribunal da Concorrência, Regulação e Supervisão, criado pela Lei nº 46/2011, de 24 de Junho, e instituído pelo Decreto-Lei nº 67/2012, de 20 de Março. Ao abrigo do novo diploma, e uma vez que as decisões de aplicação de coimas passam a ser tomadas pela ASAE e, em particular, pelo seu inspector-geral, destas já não cabe recurso para o Tribunal da Concorrência, Regulação e Supervisão (para onde se recorre das decisões da AdC ou de outras autoridades reguladoras).[334] O tribunal competente para conhecer do recurso das decisões de condenação da ASAE é o tribunal em cuja área territorial se tiver consumado a infracção (ou, nos casos de tentativa, uma vez que nesses casos a infracção não chegou a consumar-se, é competente o tribunal em cuja área se tiver praticado o último acto de execução ou o áltimo acto de preparação), nos termos do artigo 61º do RGCO. O recorrente deverá apresentar o recurso, por escrito (fazendo constar alegações e conclusões) e junto da ASAE (que posteriormente, o remeterá para o tribunal

[333] Pelo menos desde a sua instalação na cidade de Santarém, a 30 de Março de 2012, nos termos da Portaria nº 84/2012, de 29 de Março de 2012.

[334] Lei nº 52/2008, de 28 de Agosto, na redacção dada, por último, pela Lei nº 46/2011, de 24 de Junho.

competente), dispondo de um prazo de 20 dias úteis para o fazer (artigo 59º, nº 3, em conjugação com o artigo 60º, nº 1, ambos do RGCO). Nota ainda para o facto de que, apresentado o recurso, a ASAE poderá revogar a decisão de aplicação da coima (v., artigo 62º, nº 2, do RGCO). Da decisão do tribunal judicial de 1ª instância caberá recurso para a Relação (a ser interposto no prazo de 10 dias contados a partir da sentença ou do despacho, ou da sua notificação ao arguido, caso a decisão tenha sido proferida sem a presença deste – cfr. artigo 74º do RGCO), apenas nos casos expressamente admitidos pelo artigo 73º do RGCO:

a) For aplicada ao arguido uma coima superior a € 249,40;
b) A condenacão do arguido abranger sanções acessorias;
c) O arguido for absolvido ou o processo for arquivado em casos em que a ASAE tenha aplicado uma coima superior a € 249,40 ou em que tal coima tenha sido reclamada pelo Ministério Público;
d) A impugnação judicial for rejeitada;
e) O tribunal decidir atraves de despacho nao obstante o recorrente se ter oposto a tal.

Fora destes casos, apenas se admite recurso da sentença para o tribunal da Relação, quando tal se afigure manifestamente necessário a uma melhoria da aplicação do direito ou a promoção da uniformidade da jurisprudência. Nota ainda para o facto de, nos termos do nº 3 do artigo 74º do RGCO, se a sentença (ou despacho) recorrida é relativa a várias infraccções ou a vários arguidos e se apenas quanto a alguma das infracções ou a algum dos arguidos se verificam os pressupostos necessários, o recurso subirá com esses limites.

8. Da perda de especialização judiciária nesta matéria decorre necessariamente a perda de uniformização da jurisprudência o que, aliada a um quase certo aumento da morosidade das decisões judiciais, não traz qualquer benefício neste âmbito. Para além do mais, como é evidente, havendo uma total dispersão dos tribunais que irão decidir dos recursos interpostos contra as decisões do inspector-geral da ASAE, haverá também uma dispersão dos tribunais que conhecerão os recursos em 2ª instância (i.e., os Tribunais da Relação) pelo que não valem no âmbito jurisdicional as vantagens que apontamos à centralização de competências, numa primeira fase, na ASAE.

Artigo 14º – Destino do montante das coimas

1 – O produto das coimas e sanções pecuniárias compulsórias cobradas por infração ao disposto no presente decreto-lei reverte:

a) **Em 60% para os cofres do Estado;**

b) **Em 20 % para a ASAE;**

c) **Em 10% para a Direção-Geral das Atividades Económicas (DGAE);**

d) **Em 10% para o financiamento do mecanismo previsto no artigo 16º, caso exista.**

2 – Caso não seja aplicável a alínea d) do número anterior, o produto do montante das coimas reverte para a ASAE.

A. Referências

Correspondência na lei anterior: artigo 7º do Decreto-Lei nº 370/93 (na redacção resultante do Decreto-Lei nº 140/98). A redacção deste artigo foi posteriormente revogada pelo Decreto-Lei nº 10/2003, de 18 de Janeiro.

B. Anotação

Nº 1

1. O artigo 14º, nº 1 vem repartir o produto das coimas entre o Estado e as diversas entidades competentes para a aplicação e acompanhamento da aplicação do diploma. Esta opção, muito tradicional na legislação nacional, é crescentemente criticada pela doutrina por, ao considerar que a entidade administrativa com competência contra-ordenacional beneficia com o produto das coimas, se pôr em causa a independência na aplicação do diploma. Com efeito, como não deixam de notar José Luís da Cruz Vilaça/Miguel Marques de Carvalho, a percepção de receitas provenientes da aplicação de coimas pela própria entidade aplicadora das coimas pode "ser interpretada, ainda que abusivamente, como um incentivo ilegítimo à sua actividade sancionatória"[335].

[335] «Artigo 5º», in *Lei da Concorrência anotada – Comentário Conimbricense*, (M. Gorjão-Henriques, Dir.; Manuel Lopes Porto/J.L. da Cruz Vilaça/Carolina Cunha/Miguel Gorjão-Henriques et. al., Coords.), Almedina, Coimbra, 2013, pág. 55.

2. É ainda de salientar aqui que o legislador prevê que, caso seja criado o "mecanismo de acompanhamento da autorregulação", nos termos do nº 3 do artigo 16º, este, apesar de ser financiado "exclusivamente pelas entidades que dele beneficiem", nos termos do nº 4 do artigo 16º, beneficiará também de 10% do montante das coimas cobradas por infracção ao disposto no Decreto-Lei nº 166/2013.

Nº 2

3. O nº 2 salvaguarda a hipótese de não vir a ser criado o "mecanismo de acompanhamento da autorregulação" previsto no nº 3 do artigo 16º. Neste caso, a ASAE retém 30% do montante das coimas cobradas por infracção ao disposto no Decreto-Lei nº 166/2013.

Artigo 15º – Relatório de execução

A ASAE elabora, com uma periodicidade bienal, relatórios com indicação de todos os elementos estatísticos relevantes, relativos à aplicação do presente decreto-lei.

A. Referências

Correspondência na lei anterior: Não existia qualquer norma correspondente a esta disposição na legislação anterior.

B. Anotação

1. O presente artigo estabelece um mecanismo de verdadeiro controlo do desempenho da ASAE, relativamente à aplicação dos seus novos poderes e competências ao abrigo do Decreto-Lei nº 166/2013. Recorde-se aqui o facto de uma das principais novidades deste novo diploma foi, precisamente, a de ter procedido à transferência das competências de fiscalização da AdC para a ASAE. Deve-se notar que estes relatórios são verdadeiros relatórios de actividade, que devem ser elaborados a cada 2 anos, e que deverão conter uma análise do modo com a ASAE exerceu os seus poderes de fiscalização e sancionatório, i.e. sobre a forma como a ASASE exerceu o *enforcement* do regime das práticas restritivas do comércio. O legislador não definiu quais os critérios que devem ser seguidos na elaboração desses relatórios – ou qual o seu conteúdo –, apenas estabelecendo que nestes devem estar obrigatoriamente incluídos "todos os elementos estatísticos relevantes". Refira-se, por último, que em prejuízo da transparência e da visibilidade da actividade da ASAE, não há qualquer previsão relativamente à publicação de tais relatórios, ao contrário do que acontece quer com os relatórios sobre a execução do presente diploma elaborados pela Direção-Geral das Atividades Económicas (DGAE) (artigo 18º). Isso não deve, no entanto, impedir que, em aplicação do princípio da transparência, seja dada a máxima divulgação ao relatório, desde logo ao abrigo do princípio da admnistração aberta.

2. A articulação entre a ASAE e a DGAE tem aqui um papel crucial. Com efeito, os "relatórios de execução" (v., epígrafe do presente artigo) elaborados pela ASAE devem ser remetidos à DGAE, a quem verdadeira e formalmente compete, nos termos do artigo 18º do presente diploma, "[o] acompanhamento da aplicação do presente decreto-lei", que se consubstancia na elaboração de um relatório "com base em dados fornecidos pela ASAE". A este respeito, o preâmbulo do Decreto-Lei nº 166/2013 postula que a aplicação deste diploma deve ser acompanhada pela DGAE que, "em articulação com a ASAE", deverá "elabora[r] um relatório no final do segundo ano a contar da data da respectiva entrada em vigor" (sublinhado nosso). Sobre as competências atribuídas à DGAE, e à articulação que deve ser feita com a ASAE, remetemos para a análise feita *infra* relativamente ao artigo 18º.

Artigo 16º – Autorregulação

1 – Sem prejuízo do disposto no presente decreto-lei, as estruturas representativas de todos ou de alguns dos setores de atividade económica podem adotar instrumentos de autorregulação tendentes a regular as respetivas transações comerciais.

2 – Os instrumentos de autorregulação adotados nos termos do número anterior estão sujeitos a homologação pelos membros do

Governo responsáveis pela área da economia e pelos setores de atividade representados nos referidos instrumentos.

3 – Os membros do Governo responsáveis pelas áreas da economia e da agricultura podem criar um mecanismo de acompanhamento da autorregulação, por portaria, que também define as competências e o modo de funcionamento do mesmo.

4 – O financiamento do mecanismo de acompanhamento da autorregulação é assegurado exclusivamente pelas entidades que dele beneficiem, sem prejuízo do disposto na alínea *d)* do nº 1 do artigo 14º

A. Referências

Correspondência na lei anterior: Não existia qualquer norma correspondente a esta disposição na legislação anterior.

B. Anotação

Nº 1

1. A existência de um mecanismo de auto-regulação foi apresentada pelo Governo como uma das bandeiras da reforma deste regime das práticas restritivas do comércio, referindo-se a esta como uma verdadeira "marca desta alteração [a que se deve dar] cada vez maior relevância", como afirmou o Sr. Secretário de Estado Adjunto da Economia e Desenvolvimento Regional, Dr. Almeida Henriques, para quem isso será conseguido "através de um código de boas práticas, ou seja, no fundo, dar cobertura legislativa à autorregulação entre parceiros é, de facto, do nosso ponto de vista, um avanço e um estímulo para uma cooperação mais responsável e solidária do mercado" [336]. Prevê-se – e deseja-se, enquanto opção legislativa – a articulação entre a ASAE e as "estruturas representativas de todos ou de alguns dos setores de atividade económica", procurando, desta forma, responder às particularidades de cada sector económico.

[336] V. V. Diário da Assembleia da República, I Série, n.º 68/XII/2, de 21.3.2013, cit.

2. A apesar de sobre estas recair grandes esperanças e expectativas, a verdade é que os poderes que tais estruturas representativas têm são altamente limitativos de uma verdadeira auto-regulação. Com efeito, verifica-se que à ASAE compete – e continuará a competir – o cerne das competências de fiscalização e sancionatórias deste regime. Neste sentido, as primeiras palavras do artigo 16º, nº 1, "[s]em prejuízo do disposto no presente decreto-lei", e o nº 5 do artigo 7º – que prevê que apenas "as práticas negociais não proibidas pelo presente artigo, nomeadamente em virtude da dimensão ou do setor de actividade dos intervenientes, devem ser objecto de autorregulação nos instrumentos a que se refere o artigo 16º" – são bem demonstrativos da limitada margem de manobra que as estruturas representativas têm para a auto-regulação neste âmbito. Aliás, o próprio nº 1 do presente artigo diz-nos que a sua existência nem se revela obrigatória: "as estruturas representativas de todos ou de alguns dos setores de atividade económica <u>podem adotar</u> instrumentos de autorregulação tendentes a regular as respetivas transações comerciais" (sublinhado nosso).

Nº 2

3. A margem de liberdade das denominadas "estruturas representativas de determinados sectores de actividade" para proceder a uma efectiva auto-regulação encontra-se ainda mais restringida no nº 2. Ora, prevê-se aqui que todos os instrumentos de auto-regulação que sejam adoptados por tais estruturas estejam sujeitos a controlo governamental, através da obrigatoriedade de "homologação pelos membros do Governo responsáveis pela área da economia e pelos setores de atividade representados nos referidos instrumentos".

Deste modo, muito dificilmente se conseguirá atingir um verdadeiro estádio de autorregulação uma vez que tudo o que possivelmente venha a ser decidido pelas estruturas representativas no âmbito de um determinado sector de actividade económica, estará sempre dependente da aceitação final por parte do Governo.

Nº 3

4. Ao que ficou dito acerca do nº 2 relativamente à margem de liberdade (ou falta dela) das denominadas "estruturas representativas de determinados sectores de actividade" para proceder a uma efectiva auto-regulação, acresce ainda referir que o nº 3 prevê a hipótese de criação de um "mecanismo de acompanhamento da auto-regulação". Surpreendentemente ou não, tal mecanismo será criado pelo Governo (mais especificamente, pelos membros do Governo responsáveis pelas áreas da economia e da agricultura), através de portaria, que deverá também definir "as competências e o modo de funcionamento do mesmo".

Sem prejuízo de não ser ainda possível prever de que modo tal "mecanismo de acompamento da autorregulação" será criado e virá a funcionar, é possível antecipar que estas limitações prejudiquem a existência de uma verdadeira auto-regulação e, pelo contrário, permitam apenas uma auto-regulação heteronomamente determinada.

Nº 4

5. Por último, referência ao facto de o nº 4 do presente artigo prever que "[o] financiamento do mecanismo de acompanhamento da auto-regulação é assegurado exclusivamente pelas entidades que dele beneficiem". Mais uma vez, não é dada qualquer pista relativamente ao modo como isto se irá processar na prática, pelo que naturalmente se levantam inúmeras questões que não vale a pena, neste âmbito, dissecar. Resta aguardar pela publicação da portaria a que se refere o nº 3, de forma a podermos pronunciarmo-nos com mais propriedade sobre a eventual eficácia ou não deste mecanismo de acompanhamento da auto-regulação, e o modo como funcionará.

6. Apenas uma nota para o facto de o nº 4 salvaguardar o disposto na alínea *d)* do nº 1 do artigo 14º, ou seja, o facto de caber a este mecanismo – "caso exista" – 10% do montante das coimas cobradas por infracção ao disposto no Decreto-Lei nº 166/2013. Conforme referimos na anotação referente ao nº 2 do artigo 14º, para o qual remetemos, caso o referido mecanismo de acompanhamento não venha, efectivamente, a ser criado pelo Governo, os 10% do montante total das coimas que se destinavam ao seu financiamento, revertem para a ASAE.

Artigo 17º – Validade dos contratos de fornecimento

1 – Todos os contratos de fornecimento vigentes à data de entrada em vigor do presente decreto-lei cessam no prazo máximo de 12 meses, salvo se, dentro daquele prazo, forem revistos e compatibilizados com o regime jurídico previsto no presente diploma.

2 – As cláusulas dos novos contratos que estejam em desconformidade com o regime jurídico previsto no presente decreto-lei são nulas.

A. Referências

Correspondência na lei anterior: Não existia qualquer norma correspondente a esta disposição na legislação anterior.

B. Anotação

Nº 1

1. O Decreto-Lei nº 166/2013, na medida em que estabelece o regime das práticas individuais restritivas do comércio e das práticas negociais abusivas, incidindo ainda directamente nas políticas de preços, de práticas discriminatórias e de recusa de venda de bens ou de prestação de serviços, é um diploma de mera ordenação económica não concorrencial (i.e., que não visa os mesmos objectivos nem têm por objecto a defesa da concorrência ou qualquer dos valores que as leis da concorrência perseguem), e que é relativo às relações verticais, designadamente às relações contratuais de fornecimento de bens (relações duradouras que tipicamente se desenvolvem/executam, sucessivamente e ao longo do tempo, através de singulares contratos de compra e venda, porventura, também estimatórios) ou de colaboração comercial.

Na terminologia do artigo 61º da Constituição, o Decreto-Lei nº 166/ /2013 define nesta matéria os quadros nos quais a iniciativa privada pode livremente desenvolver-se[337]. Por conseguinte, é, nessa medida, um diploma **conformador** do sistema económico e, mediatamente, da liberdade de empresa. Mas impõe-se constatar que o Decreto-Lei nº 166/2013 regula não apenas as relações contratuais futuras, mas também as já constituídas. Naturalmente, essa reconformação deve ser feita nos limites constitucionais gerais, em que avulta o princípio da proporcionalidade implicado no Estado de Direito. E este diploma redefine, dentro do seu âmbito, de forma imperativa, as fronteiras do respectivo conteúdo, com a consequente nulidade de eventuais aspectos das mesmas incompatíveis com o novo regime, como resulta dos princípios gerais (artigo 280º, nº 1 do Código Civil e, eventualmente nº 2, se considerarmos que estamos perante diploma relativo à ordem pública económica do país), e como, sem necessidade, se afirma no nº 2 do artigo 17º (como se verá *infra*).

2. O **nº 1** apresenta, uma natureza específica e, em concreto, não conformadora mas *ablativa*. O aspecto mais saliente reside na circunstância de o objecto da ablação serem concretas posições jurídico-contratuais com um âmbito muito mais vasto do que o regulado pelo diploma. Por si só, tal indicia já um excesso que o preâmbulo do diploma não explica nem justifica e que também não está «legitimado» pela Lei de autorização. A questão que aqui se trata é bastante sensível tendo em conta a diferença entre, por um lado, a liberdade do legislador para <u>conformar</u> o regime da liberdade contratual e da autonomia privada e liberdade de empresa, e por outro, a <u>limitação</u> desses direitos. A primeira cabe na sua liberdade, a segunda carece de lei formal, na medida em que viole princípios como os da proporcionalidade ou da tutela da confiança.

A criação de posições jurídico-contratuais – através da negociação e celebração dos correspondentes contratos – envolveu seguramente custos de transacção mais ou menos importantes e deu certamente origem a investimentos de confiança por parte dos respectivos titulares, partes na correspondente relação, tanto contraentes fracos como contraentes

[337] Cfr. E. Ferreira Mendes, na sua anotação ao artigo 61º da Constituição, in Jorge Miranda/R. Medeiros, *Constituição Portuguesa Anotada* – Artigos 1º a 79º, Tomo I, 2ª ed., Wolters Kluwer/ Coimbra Editora, 2010, pp. 1179-1238.

fortes, seja na qualidade de fornecedores/produtores, seja na de fornecidos/distribuidores. Nessa medida, essas posições jurídico-contratuais representam um factor de valor das respectivas organizações empresariais (*activo imaterial*), cuja prevista extinção *ope legis* traduz uma perda (dano). Com efeito, a extinção atinge a própria empresa enquanto «bem» jurídico-patrimonial (propriedade produtiva, implicada na liberdade de empresa (artigo 61º, nº 1) e considerada autonomamente no artigo 62º da CRP[338]), desorganizando-a, aumentando os respectivos custos de transacção e diminuindo o seu valor.

Visto mais de perto, o artigo 17º, nº 1, do Decreto-Lei nº 166/2013 pretende *forçar* as partes nos contratos envolvidos a renegociar os seus termos, sob pena de eles se extinguirem. Tal representa uma limitação especialmente qualificada da liberdade contratual, quer enquanto liberdade civil fundamental consagrada no artigo 405º do Código Civil e "englobável" no artigo 16º, nº 1 da Constituição, quer enquanto liberdade fundamental postulada pela dignidade da pessoa humana e pelo princípio do Estado de Direito Democrático (artigos 1º e 2º da Constituição), e implicada tanto no direito ao livre desenvolvimento da personalidade (artigo 26º, nº 1 da Constituição), como em direitos económicos fundamentais de natureza análoga aos direitos, liberdades e garantias, como é o caso da liberdade de empresa/iniciativa privada (artigo 61º, nº 1) e da propriedade privada (artigo 62º). Por outras palavras, a disposição em causa não contém apenas carácter ablativo da propriedade empresarial. Limitando a liberdade de renegociar ou não renegociar os contratos, restringe também a liberdade de empresa.

3. Vejamos, em particular, de que modo o artigo 17º, nº 1, do Decreto-Lei nº 166/2013 incide sobre a liberdade contratual, a livre iniciativa eco-

[338] Cfr. E. Ferreira Mendes, na sua anotação ao artigo 61º da Constituição, in Jorge Miranda/R. Medeiros, *Constituição Portuguesa Anotada*, cit., pp. 1183 a 1186, onde se refere ao "princípio constitucional da liberdade empresarial que se impõe ao legislador ordinário, afastando a interpretação que tem prevalecido do artigo 61º, nº 1, no sentido de que a liberdade de iniciativa privada está, por expressa disposição da Lei Fundamental, sujeita ao respectivo poder conformador, só existindo na medida em que esta a reconhecer", concluindo em seguida que "[a] liberdade contratual e a propriedade implicadas no sistema – "propriedade empresarial" – apresentam idêntica dimensão e, em parte por isso, neste segundo caso, o artigo 62.º, nº 1, consagra também a sua garantia nos «termos da Constituição»".

nómica privada e a liberdade de empresa e propriedade e, bem assim, como estes valores são tutelados pela Lei e, mais especificamente, pela Constituição, designadamente enquanto instrumentos.

O artigo 405º do Código Civil consagra o princípio da liberdade contratual como instrumento principal da realização do princípio da autonomia privada. Nas palavras de Pires de Lima/Antunes Varela compreende a "possibilidade de as partes contratarem ou não contratarem, como melhor lhes aprouver; [*b*] a faculdade de, contratando, escolher cada uma delas, livremente, o outro contraente, [*c*] a possibilidade de, na regulamentação convencional dos seus interesses, se afastarem dos contratos típicos ou paradigmáticos disciplinados na lei (celebrando contratos *atípicos*) ou de incluírem em qualquer desses contratos paradigmáticos cláusulas divergentes da regulamentação supletiva contida no Código Civil"[339]. Ou seja, o princípio da liberdade contratual concede ao contraente, de forma clara e expressa, a liberdade de escolha da parte com quem contrata e, além disso, especialmente, consente a livre fixação do conteúdo e clausulado do contrato, desde que não contrariem disposições legais de natureza imperativa.

4. Ora, pelo artigo 17º, nº 1, do Decreto-Lei nº 166/2013, o legislador vem sobrepor-se aos termos resultantes do exercício da liberdade contratual por fornecedores/vendedores e compradores, nas suas vertentes de liberdade de celebração e de modelação do conteúdo dos contratos, restringindo de forma não justificada – pelo menos, no Decreto-Lei nº 166/ /2013 – as relações contratuais estabelecidas, pelo que se poderá equacionar a compatibilidade desta restrição a um direito fundamental ou, em todo o caso, a um direito fundamental de natureza análoga aos direitos, liberdades e garantias[340].

5. A este respeito, consideramos que o princípio da liberdade de empresa e o da iniciativa económica privada são objecto de tutela constitu-

[339] Pires de Lima/Antunes Varela, *Código Civil Anotado – Artigos 405º*, 4ª Edição revista, Vol. I, 3ª ed., Coimbra Editora, Coimbra, pág. 355. Cfr., ainda, Antunes Varela, *Das obrigações em geral*, Vol. I, 10ª ed., pág. 248.

[340] Jorge Miranda/Rui Medeiros, *Constituição Portuguesa Anotada*, Tomo I, Coimbra Editora, 2005 pág. 102.

cional[341]. Assim o tem entendido a jurisprudência nacional, como resulta, entre outros, dos acórdãos do Supremo Tribunal de Justiça de 9.7.1998[342] ou de 2.11.2006[343]. Refira-se, ainda, o acórdão de 13.11.2001, do mesmo STJ, que vem expressamente confirmar que o "princípio da autonomia privada é constitucionalmente tutelado e liga-se ao valor de autodeterminação da pessoa, à sua liberdade, como o direito de conformar o mundo e conformar-se a si próprio. Está internamente ligado à ideia de auto-responsabilidade conexionado com o princípio da protecção das expectativas da confiança do destinatário"[344] (sublinhado nosso).

O sentido da tutela constitucional do princípio da autonomia é, no entanto, susceptível de discussão, porquanto, é certo, não pode ver-se em qualquer regulamentação da liberdade contratual uma violação de um direito fundamental, sob pena de se reduzir de modo excessivo o âmbito da competência legislativa do Governo. Importa perceber que tipo de

[341] Em sentido contrário, Ana Prata, *A Tutela Constitucional da Autonomia Privada*, Almedina, 1982, pág. 217.

[342] V. acórdão do STJ, de 9.7.1998, proc. 98A679, disponível em www.dgsi.pt, onde se conclui que "A liberdade negocial afirmada no artigo 405 do CC permite a livre opção de escolha de qualquer tipo contratual com submissão às suas regras imperativas, a livre opção de celebrar contratos diferentes dos típicos, a introdução no tipo contratual de cláusulas defensivas dos interesses das partes que não quebrem a função sócio-económica assumida pelo respectivo tipo e a reunião no mesmo contrato de dois ou mais contratos típicos". Assim, para o STJ, "aponta-se o negócio jurídico como instrumento principal da realização da autonomia privada. [...] Trata-se de um princípio tutelado constitucionalmente. Princípio que se liga ao valor de autodeterminação da pessoa, à sua liberdade, como o direito de conformar o mundo a conformar-se a si próprio. Internamente ligado à ideia de auto-responsabilidade. Como princípio não tem valor absoluto: há que combiná-lo com outros, quando entrem em oposição consigo, tendo de se ajustar a estes, quando na ponderação dos interesses apresentem peso igual ou superior» (*sublinhados nossos*).

[343] V. acórdão do STJ, de 2.11.2006, proc. 06B3690, disponível em www.dgsi.pt, onde se esclarece que "embora sujeita a determinados limites, conforme resulta do disposto no artigo 405º, nº 1, do Código Civil, designadamente por razões da boa-fé, de justiça real, de protecção da parte social ou economicamente mais fraca, da moral pública ou dos bons costumes, a liberdade contratual releva dos princípios constitucionais da igualdade e da liberdade a que se reportam os artigos 13º, 61º e 62º da Constituição. A regra é no sentido de que as partes são livres de cumprir ou não as suas obrigações, naturalmente sujeitando-se, no caso de incumprimento, às respectivas consequências negativas legalmente previstas para o efeito, incluindo a responsabilidade civil contratual".

[344] V. acórdão do STJ, de 13.11.2001, proc. 01A1123, disponível em www.dgsi.pt.

interferência do legislador sobre a livre iniciativa económica privada é susceptível de criar problemas de conformidade constitucional.

O padrão parece ser o de considerar que o legislador não pode pôr em causa o núcleo essencial do direito fundamental à iniciativa económica privada[345]. É esse, aliás, o estatuto que doutrinalmente se deve reconhecer a estes direitos. Seguindo Gomes Canotilho/Vital Moreira[346], «[a]o reconhecer a liberdade de iniciativa económica privada (nº 1), a Constituição considera-a seguramente (após a primeira revisão constitucional) como um direito fundamental (e não apenas como um princípio objectivo da organização económica), embora sem a incluir diretamente entre os direitos, liberdades e garantias (beneficiando, porém, da analogia substantiva com eles, enquanto direito determinável e de exequibilidade imediata)». Mas não uma tutela constitucional qualquer ou em sentido meramente genérico. Para estes professores, serão de considerar como "direitos fundamentais de natureza análoga aos «direitos, liberdades e garantias», entre outros [...], o direito de iniciativa privada, cooperativa e autogestionária". E assim, independentemente de onde se encontrem previstos na CRP, estes direitos "compartilham seguramente do regime constitucional próprio destes [i.e. «direitos, liberdades e garantias»] em todos os aspectos materiais desse regime [...], com referência designadamente ao art. 18º [da Constituição]"[347] (sublinhados nossos).

345 O Tribunal Constitucional tem constantemente vindo também a declarar que a tutela constitucional da iniciativa económica privada há-de exercer-se "sempre «nos quadros definidos pela Constituição e pela lei e tendo em conta o interesse geral»" [v. acórdãos do TC nºs 25/85, 102/89, 187/01 (sublinhado nosso)]. E, tal como se referiu no acórdão nº 76/85, a "liberdade de iniciativa privada tem um *duplo sentido*. Consiste, por um lado, na liberdade de iniciar uma actividade económica (direito à empresa, liberdade de criação de empresa) e, por outro lado, na liberdade de gestão e actividade da empresa (liberdade de empresa, liberdade de empresário)". Reconhecendo que não é um direito absoluto, há um "mínimo de conteúdo útil constitucionalmente relevante, que a lei não pode aniquilar" [v. acórdãos do Tribunal Constitucional nºs 75/85 (sublinhado nosso)], devendo qualquer intervenção legislativa ou normativa deixar intocado o conteúdo essencial do respectivo preceito constitucional (cfr. artigo 18º da Constituição)" [v. acórdão do TC nº 392/89, citado e seguido pelo acórdão nº 249/90, ambos disponíveis em: www.tribunalconstitucional.pt].

346 Gomes Canotilho/Vital Moreira, *CRP – Constituição da República Portuguesa – Anotada – Artigos 1º a 107º*, cit., pp. 788.

347 Gomes Canotilho/Vital Moreira, *CRP – Constituição da República Portuguesa – Anotada – Artigos 1º a 107º*, cit., pp. 374-375. Ver também, neste sentido, Mafalda Miranda Barbosa e João Pedro da Silva Rodrigues, «Nós (Eu e Tu) e o Outro (Estado) ou o Outro entre Nós? – Breves notas a

Desta qualificação dos direitos à iniciativa económica privada ou ao *livre exercício de uma actividade económico-produtiva através de uma organização empresarial*[348] (artigo 61º da Constituição[349]) enquanto direitos fundamentais de natureza económica[350] análogos[351] a direitos, liberdades e garantias, resulta que a sua supressão ou a afectação do seu núcleo essencial depende do respeito pelo regime e requisitos vigentes para a limitação desses direitos (*maxime*, ao abrigo do artigo 17º da Constituição[352]). Por essa razão, apenas podem ser limitados por lei expressa e nos ter-

propósito do impacto da Directiva 2000/43/CE do Conselho, de 29 de Junho de 2000, sobre o princípio da liberdade contratual – morte do princípio ou manutenção do *status qvo ante?*», in *BFD*, 87 (2011), pp. 319-355, em especial, pp. 342-343, designadamente quando referem que «[s]e a autonomia é entendida como a faculdade de cada um gerir livremente a sua esfera de interesses, é ao nível obrigacional que ela se galvaniza, traduzindo-se na já referida liberdade contratual. Segundo este princípio, cada um é livre de decidir se contrata ou não, de escolher a contraparte com quem vai celebrar o negócio e de conformar o conteúdo contratual». E «como salienta Mota Pinto, a liberdade contratual pressupõe "determinadas regras de organização económica e social (...). É o caso dos princípios da livre empresa ou da iniciativa privada, da economia de mercado e da propriedade privada das unidades de produção". E acrescenta que "podemos dizer que a regra da liberdade contratual é o instrumento jurídico necessário à actuação do princípio económico da empresa livre, ao sistema de economia de mercado e ao exercício da autonomia privada"». Ver, também a este respeito, Jorge Miranda/R. Medeiros, *Constituição Portuguesa Anotada*, cit., pp. 304-305, referindo expressamente que "[s]em dúvida, são plenamente dessa natureza [i.e. «direitos fundamentais de natureza análoga»] como direitos de agir ou de exigir com eficácia imediata [...] o direito a iniciativas privada e cooperativa (artigos 61º e 86º)"; e V. Moura Ramos, «O direito fundamental à iniciativa económica privada (art.. 61º, nº 1, da CRP): Termos da Sua Consagração no Direito Constitucional Português», in *Boletim da Faculdade de Direito de Coimbra*, 77, 2001, pp. 862 e 865.

348 Na formulação adoptada por E. Ferreira Mendes, in Jorge Miranda/R. Medeiros, *Constituição Portuguesa Anotada*, cit., pp. 1183 a 1186.

349 Nos termos do nº 1 do artigo 61º da Constituição, a «iniciativa económica privada exerce-se livremente nos quadros definidos pela Constituição e pela lei e tendo em conta o interesse geral». Para uma lista bibliográfica sobre esta disposição, vide Gomes Canotilho/Vital Moreira, *CRP – Constituição da República Portuguesa – Anotada – Artigos 1º a 107º*, cit., pp. 788.

350 Dentro da categoria dos chamados «direitos económicos, sociais e culturais», na Constituição.

351 Para amplas indicações bibliográficas sobre esta qualificação, pacífica na doutrina constitucional portuguesa, vide V. Moura Ramos, «O Direito Fundamental...», cit., pp. 833-871, em especial a pp. 835, nota 6, 851 e 865.

352 Gomes Canotilho/Vital Moreira, *CRP – Constituição da República Portuguesa – Anotada – Artigos 1º a 107º*, cit., pp. 789. Já antes da Lei Constitucional nº 1/82 assim o consideravam os professores Sousa Franco e Jorge Miranda (Ver A. Sousa Franco, «Nota sobre o princípio da liberdade económica, in *BMJ*, nº 355, 1986, pág. 21).

mos estritamente necessários, desde logo com respeito pelos princípios do Estado de Direito e, nomeadamente, os princípios da proporcionalidade[353], da segurança jurídica, da protecção da confiança das empresas em causa e da manutenção das relações negociais, de forma a assegurar estes valores que são igualmente fundamentais da sociedade e do ordenamento jurídico português[354].

A verdade é que, tal como acima se referiu, os contratos de fornecimento que esta norma pretende regular constituem um elemento essencial das relações negociais estabelecidas entre fornecedores e retalhistas, e que têm por base uma multiplicidade de contratos cuja eficiente articulação resulta de anos e anos de compromissos negociais. Ao exigir expressamente que estas relações comerciais duradouras e constantes sejam renegociadas, não só esta norma se revela excessivamente onerosa para estas empresas como a sua aplicação prática é, na verdade, absolutamente irrealista.

353 Relembre-se, a este respeito, o decidido no acórdão do Tribunal Constitucional nº 187/01 (P. Mota Pinto), de 02-05-2001, proc. 120/95, relativo à actividade farmacêutica e quanto à liberdade de exercício da profissão, no qual se afirmou – convocando, para tal, a Jurisprudência alemã – que "quando uma profissão (...) pode ser exercida de forma independente ou por conta de outrem, e ambas as formas de exercício assumem relevância social, a escolha de uma ou outra está também abrangida no âmbito de protecção do direito consagrado no artigo 47º, nº 1 [da Constituição]", daí se podendo concluir que quaisquer restrições só possam ser previstas cumpridos que estejam os requisitos consagrados no artigo 18º da CRP, nomeadamente quanto à observância do princípio da proporcionalidade. Cfr., no mesmo sentido, Jorge Miranda/R. Medeiros, *Constituição Portuguesa Anotada*, cit., pp. 969-970, referindo que "quer em face das restrições inerentes à sua própria capacidade quer em relação às restrições impostas pelo interesse colectivo, afigura-se fundamental não obliterar os princípios prescritos no artigo 18º [da Constituição] sobre restrições e, globalmente, o carácter restritivo das restrições a direitos, liberdades e garantias. Em particular, o princípio da proporcionalidade assume neste contexto uma importância decisiva".

354 Na síntese de Vasco Moura Ramos, «O Direito Fundamental...», cit., pp. 862 e 870, é possível dizer que, enquanto direito análogo a um direito, liberdade e garantia – referindo-se justamente ao direito à livre iniciativa económica privada –, o conteúdo deste direito é determinável a partir da Constituição e só pode ceder na medida necessária a assegurar o princípio da máxima efectividade das normas constitucionais e, em particular, na medida necessária a garantir a harmonização com "outros valores ou bens constitucionalmente protegidos" ou com "os restantes princípios constitucionais que com a mesma poderiam conflituar, não podendo ultrapassar essa medida"».

6. Mas mais ainda. O carácter ablativo deste artigo atinge tanto contraentes fortes, como fracos (com um possível efeito "desprotector" destes), dando aso a situações manifestamente desconformes com o objectivo do legislador em promover a boa-fé, a justiça real e a protecção da parte social ou economicamente mais fraca do contrato como, por exemplo, a que ocorrerá quando um contraente forte deixe cessar uma relação que para ele se tenha tornado desinteressante, sem sofrer as consequências que teria que suportar ou aos pressupostos que teria de demonstrar se denunciasse ou resolvesse o contrato. Do mesmo modo, nada garante a um contraente que o outro se disponha a renegociar, pelo que o contrato pode vir a cessar *ope legis* sem que esse contraente possa fazer o que quer que seja – ou sem que possa fazer o que seria razoável – para evitar que isso aconteça. Há aqui, portanto, um possível efeito ablativo fora do controlo dos interessados/atingidos.

7. Tudo isto confirma e revela o carácter clamoroso do *excesso* da medida prevista, na medida em que impõe um «ónus» insusceptível de ser satisfeito pela parte que sofre as consequências. Dito de outro modo, trata-se, neste aspecto, de uma restrição da liberdade de empresa claramente desproporcionada e, nessa medida, também de uma intolerável lesão da confiança dos empresários. Além disso, se o objectivo é levar as partes a renegociar os contratos – no pressuposto de que o novo regime favorece a parte mais fraca – a norma mostra-se *inadequada* para atingir o fim visado, uma vez que o resultado pode não ser atingido e, inclusive, o contrato pode cessar em detrimento da parte fraca. Mas a disposição é também *desnecessária*, uma vez que a redefinição do regime e a correspondente reconformação legal das relações contratuais já implicará, pelo menos tipicamente, uma melhoria da posição dos contraentes fracos, promovendo um maior equilíbrio contratual, revelando ainda uma perversidade latente porquanto os ganhos obtidos desse modo podem perder-se, bastando para isso que o contraente forte opte por deixar cair o contrato de fornecimento.

Deste modo, é nosso entendimento que a disposição em causa, ao restringir de forma clara o núcleo esssencial da liberdade contratual, **dificilmente** poderá passar pelo crivo do Tribunal Constitucional, num hipotético pedido de fiscalização da sua constitucionalidade, designadamente por violação do princípio da proporcionalidade, em todos os aspectos em que este se desdobra – proporção, adequação e necessidade/exigibilidade[355], podendo, inclusivamente, ter um efeito contrário àquele que o legislador pretende.

8. Acresce que a lesão da confiança das empresas é ainda mais evidente se considerarmos a natureza retroactiva desta norma. Como explica Gomes Canotilho, trata-se aqui de uma «retroactividade inautêntica», uma vez que "incide sobre situações ou relações jurídicas já existentes embora a nova disciplina jurídica pretenda ter efeitos para o futuro"[356].

Assim, a ser lido no sentido postulado pela sua letra, com uma amplitude incontrolada, o nº 1 do artigo 17º viola de forma não justificada a confiança e a segurança jurídica quando prevê a cessação automática de todos os contratos de fornecimento vigentes à data de entrada em vigor do novo regime e que, no prazo de um ano, não forem renegociados (revistos e compatibilizados), sendo indubitável que atinge posições jurídicas e garantias "geradas" no passado e relativamente às quais os cidadãos têm a legítima expectativa de não serem perturbados por novos preceitos jurídicos.

[355] V. a este respeito, entre outros, o acórdão do TC nº 632/2008, onde se refere que "[o] que seja o conteúdo rigoroso da proporcionalidade, textualmente referida na parte final do nº 2 do artigo 18º da Constituição, é questão suficientemente tratada pela jurisprudência do Tribunal. Com efeito, e como se disse, por exemplo, no acórdão nº 634/93 (referido também no acórdão nº 187/2001), a ideia de proporção ou proibição do excesso – que, em Estado de direito, vincula as acções de todos os poderes públicos – refere-se fundamentalmente à necessidade de uma relação equilibrada entre meios e fins: as acções estaduais não devem, para realizar os seus fins, empregar meios que se cifrem, pelo seu peso, em encargos excessivos (e, portanto, não equilibrados) para as pessoas a quem se destinem. Dizer isto é, no entanto, dizer pouco. Como se escreveu no acórdão nº 187/2001 (ainda em desenvolvimento do acórdão nº 634/93):
«O princípio da proporcionalidade desdobra-se em três subprincípios:
Princípio da adequação (as medidas restritivas de direitos, liberdades e garantias devem revelar-se como um meio para a prossecução dos fins visados, com salvaguarda de outros direitos ou bens constitucionalmente protegidos);
Princípio da exigibilidade (essas medidas restritivas têm de ser exigidas para alcançar os fins em vista, por o legislador não dispor de outros meios menos restritivos para alcançar o mesmo desiderato);
Princípio da justa medida ou proporcionalidade em sentido estrito (não poderão adoptar-se medidas excessivas, desproporcionadas para alcançar os fins pretendidos)».

[356] Gomes Canotilho, *Direito Constitucional e Teoria da Constituição*, Almedina, 7ª ed., 2003, pág. 262.

Neste sentido, poderá estar aqui em causa aquilo a que o Tribunal Constitucional tem vindo a qualificar, em casos semelhantes, como uma «retroactividade intolerável», nomeadamente quando estejamos perante uma restrição que afecte de forma inadmissível e arbitrária os direitos e expectativas legitimamente fundados dos cidadãos e das empresas, e que viole o princípio de protecção da confiança. Senão vejamos.

No que respeita à questão da retroactividade, muito embora valha como princípio-regra o da não retroactividade da lei, de harmonia com o disposto no artigo 12º do Código Civil, admite-se porém que uma norma tenha eficácia retroactiva quando esta lhe seja atribuída pelo legislador, e nos termos por este fixados. Excepcionam-se, no entanto, três domínios em que o legislador ordinário está constitucionalmente impedido de conferir retroactividade às leis: são eles, o do direito penal (por força do disposto no artigo 29º da Constituição), o do direito fiscal (por força do disposto no artigo 103º nº 3 da Constituição) e, bem assim, o dos direitos, liberdades e garantias (por força do disposto no artigo 18º nºs 1 e 2 da Constituição, nos casos em que a nova lei restrinja direitos, liberdades ou garantias ou direitos análogos).

No caso do nº 1 do artigo 17º é precisamente esta última hipótese que está em causa: inserido no contexto do novo regime das práticas restritivas do comércio, o nº 1 vem restringir o núcleo essencial de um direito fundamental de natureza análoga a direitos, liberdades ou garantias dos cidadãos e das empresas. E mesmo que assim não se entendesse, importa esclarecer que, para além das situações citadas, o Tribunal Constitucional tem também vindo a entender ser constitucionalmente proibida a «retroatividade intolerável» quando esta seja incompatível com o princípio da confiança, ínsito na ideia de Estado de Direito Democrático (artigo 2º da Constituição), aí considerando quer as situações de retroactividade propriamente dita (normalmente referenciada desta forma pela doutrina), quer as situações em que não havendo propriamente uma aplicação retroactiva da lei (à luz dos critérios de aplicação da lei no tempo previstos no artigo 12º do Código Civil), esta introduz alterações com que os cidadãos e as empresas não podiam razoavelmente contar[357].

[357] Vejam-se neste sentido, entre outros, o acórdão do TC nº 625/98, em que o Tribunal Constitucional reiterou a tese perfilhada pelo STA quando este, em acórdão de 14 de Maio de 1996, concluiu que "[uma] limitação remunerativa, atingindo todos os que até aí beneficiavam de um sistema de actualização automática de vencimentos, embora não constitua uma verdadeira

Por outro lado, quando se estipula que o regime dos direitos, liberdades e garantias se aplica aos direitos fundamentais de natureza análoga, um dos principais problemas que se coloca é saber se, e em que medida, tal preceito constitucional abrange ou não o regime orgânico[358]. Dito de outro modo, importa questionar se os direitos fundamentais de natureza análoga e aqui, em especial, o direito à autonomia privada e à livre iniciativa económica, estão também sujeitos à reserva de competência legislativa da Assembleia da República. A este respeito, tal como esclarecem Gomes Canotilho e Vital Moreira, importa notar que a limitação de direitos, liberdades e garantias, ou de direitos económicos, sociais e culturais análogos (artigo 17º da Constituição) está, também ela, sujeita ao princípio da reserva de lei e, desde logo, da reserva de lei formal, "o que significa que (...) só podem ser regulados por lei da AR ou, nos termos do artigo 165º, por decreto-lei governamental devidamente autorizado"[359], o que, em todo o caso, não sucedeu com o Decreto-Lei nº 166/2013. No mesmo sentido, pronunciam-se J. Miranda e J. Pereira da Silva afirmando que "a Constituição consigna igualmente o princípio da reserva de lei a numerosíssimas disposições avulsas, a propósito de muitos direitos, liberdades e garantias ou de direitos de natureza análoga" apresentando como exemplo, entre outros, o artigo 61º, nº 1. Para estes últimos autores, a "Constituição não se limita, portanto, a consagrar um princípio de reserva de lei (e de reserva de competência) em matéria de direitos, liberdades e garantias. Concretiza-o profusamente em diferentes contextos e [...] a respeito das denominadas leis restritivas – falando-se, então,

aplicação retroactiva da nova lei, implica dela uma aplicação retrospectiva, já que através da mesma se atribuem efeitos jurídicos futuros a situações constituídas no passado e ainda subsistentes. Ora, a lei fundamental exclui semelhantes efeitos em situações nas quais a aplicação da lei nova, nos aludidos termos, implique a violação do princípio da confiança inerente à ideia de Estado de direito democrático, ou seja, sempre que se esteja perante uma afectação de forma inadmissível e intolerável, arbitrária, dos direitos e expectativas legitimamente fundados dos cidadãos, para utilizar a expressão do ac. nº 188, de 3/3/88, do Tribunal Constitucional (DR., II Série, nº 188, de 16/8/88)." Ver, também os acórdãos nºs 684/98, 109/02 e 128/02 do TC, disponíveis em www.tribunalconstitucional.pt e o acórdão do Tribunal Central Administrativo Sul, de 10.5.2012, proc. 08644/12, disponível em: www.dgsi.pt.

[358] Neste sentido, ver Jorge Miranda/R. Medeiros, *Constituição da República Portuguesa Anotada*, cit., pp. 307.

[359] Gomes Canotilho/Vital Moreira, *CRP*, cit., pp. 396.

em *reserva de lei restritiva*. Assim, serão aplicáveis à subespécie das restrições legais aos direitos, liberdades e garantias todos os corolários commumente atribuídos ao conceito de reserva de lei. Mais ainda, considerando a índole das leis restritivas, justifica-se o entendimento de que essa aplicação deve aí obedecer a parâmetros particularmente exigentes e ser sujeita a um controlo rigoroso – exigência e rigor tanto maiores quando mais intensa for a restrição e quanto mais elevada for a posição do direito restringido na axiologia constitucional" (sublinhado nosso)[360].

Parece-nos, contudo, prudente que se aceite, na linha do acórdão nº 373/91 do Tribunal Constitucional, que nem toda a modelação destes direitos esteja sujeita ao princípio da reserva de lei[361]. É o que aqui se faz. Assim, o Tribunal tem sustentado que o âmbito de protecção destes direitos resume-se ao seu "*núcleo essencial*", que é "intocável" e que, "nessa dimensão, se configura como uma verdadeira garantia, pelo que, ao menos no que a esse núcleo se refere, não se vê motivo bastante para nos afastarmos da posição expressa da doutrina quanto à sua qualificação como «direitos análogos» aos «direitos, liberdades e garantias» [...]. Assente esta qualificação – seguramente quanto ao núcleo essencial dos direitos em causa, ou seja, quanto à sua dimensão garantística – seguir-se-ia, naturalmente, decidir se as consequências dessa qualificação se projectam apenas no regime material ou implicam também com o sistema orgânico vigente. [...] entende o Tribunal que, de qualquer modo, cabem necessariamente na reserva da competência legislativa da Assembleia da República, por força das disposições combinadas dos artigos 17º e 168º, nº 1, alínea *b)*, da CRP, as intervenções legislativas que contendam com o *núcleo essencial* dos «direitos análogos», por aí se verificarem as mesmas

[360] Jorge Miranda/J. Pereira da Silva, «Artigo 18º», in Jorge Miranda/R. Medeiros, *Constituição da República Portuguesa Anotada*, cit., pp. 357-361.

[361] Cfr., também, acórdão do TC nº 329/99. Aqui, o Tribunal esclarece, ainda que a propósito do direito de propriedade, que "apesar de o *direito de propriedade* ser um direito de natureza análoga aos direitos, liberdades e garantias [...] e gozar, consequentemente – *ex vi* do disposto no artigo 17º da Constituição –, do respectivo regime naquilo que nele reveste essa natureza análoga [...] não tem forçosamente que concluir, como fazem alguns autores (cfr. Diogo Freitas do Amaral//Paulo Otero, *Direito do Ordenamento do Território e Constituição*, Coimbra, 1998, pp. 29 e 30; e J.M. Sérvulo Correia/J. Bacelar Gouveia, *Direito do Ordenamento* cit., pág. 151), que toda a normação que contenha alterações ao *ius aedificandi* (e, concretamente, a que se contém no mencionado Decreto-Lei nº 351/93) haja de ser produzida (ou autorizada) pela Assembleia da República".

razões de ordem material que justificam a actuação legislativa parlamentar no tocante aos direitos, liberdades e garantias" (sublinhados nossos).

Neste caso, uma vez que uma interpretação do artigo 17º, nº 1, do Decreto-Lei nº 166/2013 que imponha a caducidade *ope legis* dos contratos de fornecimento que não forem renegociados no prazo de um ano ofende o núcleo essencial do direito à iniciativa económica privada, por violação do princípio da proporcionalidade e do princípio da tutela da confiança, impõe-se concluir que, por falta de autorização legislativa expressa da Assembleia da República, o Governo não podia determinar, de forma imperativa, esta cessação *ope legis* dos contratos de fornecimento, quando estes não forem revistos e compatibilizados com o regime jurídico previsto no Decreto-Lei nº 166/2013[362], pelo menos na interpretação que imponha um dever de renegociação de contratos (independentemente de estes cumprirem ou não o disposto no Decreto-Lei nº 166/2013). Ao fazê-lo, o diploma assim gerado padeceria do vício de inconstitucionalidade orgânica, por violação do disposto no artigo 165º, nº 1, alínea *c)*, da Constituição[363].

Nº 2

9. De forma surpreendente, como vimos, o nº 1 do artigo 17º vem então prever que "**[t]odos** os contratos de fornecimento vigentes à data de entrada em vigor do presente decreto-lei cessam no prazo máximo de 12 meses, salvo se, dentro daquele prazo, forem revistos e compatibilizados com o regime jurídico previsto no presente diploma". Ora, no nº 2, o

[362] Neste sentido, trazemos de novo à colação o argumento de que a Lei nº 31/2013, apesar das múltiplas alíneas que compõem o seu artigo 2º e que definem o sentido e a extensão da autorização conferida ao Governo, é no entanto, enquanto lei habilitante, omissa no que respeita à matéria em causa, uma vez que apenas diz respeito às práticas individuais restritivas do comércio (e não às práticas negociais abusivas), permitindo ao Governo meramente estabelecer o regime contra-ordenacional. Conforme se referiu anteriormente, o sentido desta reserva prende-se, pois, com o facto de ser à Assembleia da República que cabe a definição das restrições e dos limites aos direitos, liberdades e garantias e aos direitos constitucionais de natureza análoga.

[363] Ver, por todos, os acórdãos do TC nºs 304/89, 305/89, 428/89, 324/90, 435/91, 447/91, 314/92, 329/92, 355/92, 385/93, 424/93, 441/93, 787/93, 837/93, 149/94, 585/94, 74/95, 574/95, 620/95, 41/97, 42/97, 165/97, 175/97, 212/97, 190/98, 253/2000, 234/2002, 374/2013, disponíveis em www.tribunalconstitucional.pt.

legislador dispõe que, na medida em que as "cláusulas dos **novos** contratos estejam em desconformidade com o regime jurídico previsto" neste decreto-lei, as referidas cláusulas são declaradas "nulas".

Independentemente do juízo que se faça – e que se fez *supra* – sobre a adequação legislativa e até da sua constitucionalidade, é indiscutível que este artigo 17º é revelador de uma ampla falta de clareza, capaz de gerar incerteza e insegurança jurídicas, se interpretado à luz do princípio do legislador razoável. Além de não se definir o seu âmbito de aplicação, que é referido aos "contratos de fornecimento", a norma do nº 1, acoplada a uma interpretação razoável e com algum sentido do nº 2, conduz a resultados inaceitáveis. Assim, estarão as empresas obrigadas a "rever e compatibilizar" um contrato que se encontre já, de *per se* e *ab initio*, conforme ao regime? Seria absurda uma tal exigência, tal como aliás é reconhecido pela ASAE nas FAQ publicadas na sua página electrónica .

10. O legislador começa por não clarificar o que se deve entender por "**contratos de fornecimento**". Será que a expressão se deve interpretar em sentido técnico, como o "negócio de execução reiterada, em que uma das partes (o fornecedor) se obriga, contra o pagamento de um preço, a realizar fornecimentos periódicos ao outro contraente (o fornecido)"[364]? O artigo 17º, nº 1 não esclarece e isso levanta sérios problemas. Tão-pouco o faz o nº 2 que apenas se limita a referir, no seguimento do nº 1, "as cláusulas dos novos contratos [de forncecimento]". Na verdade, os modernos contratos de distribuição[365] são fonte de uma relação obrigacional complexa cuja execução requer a celebração de múltiplos contratos de execução, de acordo com o quadro inicialmente acordado. Dispõem, por isso, de uma natureza híbrida (ou mista) uma vez que acumulam componentes de prestação de serviços pelos retalhistas, entre outras, e continuam a não dispor de disciplina própria no nosso ordenamento jurídico[366].

[364] Carolina Cunha, «O contrato de fornecimento no sector da grande distribuição a retalho: perspectivas actuais», in *Estudos em Homenagem ao Prof. Doutor Manuel Henrique Mesquita*, Vol. I, Coimbra Editora, pág. 621.

[365] *Contratos em matéria de distribuição*, na terminologia de Roberto Pardolesi, a que se refere detidamente Fernando Ferreira Pinto, *Contratos de Distribuição*, cit., pp. 39-41.

[366] Apesar de a sua tipicidade social ser indiscutível e de estar normativamente contemplado pelo artigo 230º, nº 2, do Código Comercial, o que lhe confere o estatuto de contrato (legal-

11. Já ao abrigo do regime anterior Carolina Cunha tinha concluído, a propósito do regime da "venda com prejuízo", que as empresas se têm "vindo a deparar com alguns obstáculos levantados pelo direito positivo, em virtude dos quais os distribuidores, no exercício da legítima e constitucionalmente garantida liberdade de fixação de preço, se vêem impedidos de revender os bens por um valor que reflicta a real contrapartida que tiveram de pagar". Na sua avalizada opinião, a génese do problema está naquilo a que designa por "uma basilar incompreensão do contrato misto" que apresenta duas vertentes, "[e]m primeiro lugar, ignora-se uma realidade secular: o contrato de fornecimento é de execução reiterada e é comum que as partes lancem em conta corrente o respectivo deve e haver. Ao arrepio desta realidade, quando interdita a venda com prejuízo, o legislador encara cada uma das singulares compras e vendas que executam o quadro estipulado como uma entidade *a se*, umbilicalmente desligada da relação duradoura de onde promana. Em segundo lugar, ignora-se a mutação sofrida pelo próprio escopo do contrato, bem como as alterações de conteúdo que a nova finalidade (o fomento activo das vendas do fornecedor) lhe veio adicionar"[367].

Mas não só. Também se ignora justamente a dimensão mista do contrato, que a prof. Carolina Cunha assinala com justeza, e a complexificação das relações comerciais pela atribuição de valor próprio a um conjunto de serviços conexos à relação de distribuição entre fornecedor//fabricante e distribuidor grossista/retalhista. E ignora-se postulando-se a desconsideração ilícita destas dimensões essenciais à moderna distribuição.

12. Uma coisa é indubitável: se o contrato, qualquer que seja a sua configuração, desde que envolva uma dimensão de fornecimento, contiver uma única disposição contratual que seja incompatível com o regime, então não parece haver forma de evitar a conclusão de que o contrato caduca se não for revisto e compatibilizado.

mente) nominado. Sobre este tema, v. Carolina Cunha, «O contrato de fornecimento no sector da grande distribuição...», cit., e também, J. Coutinho de Abreu, *Curso de Direito Comercial*, vol. I, *Introdução, Actos de comércio, Comerciantes, Empresas, Sinais Distintivos*, 4ª ed., Almedina, Coimbra, 2004, pág. 56.

[367] Carolina Cunha, «*O contrato de fornecimento no sector da grande distribuição...*», cit., pp. 633-634.

13. Porém, *quid iuris* se os contratos de fornecimento vigentes à data de entrada em vigor do Decreto-Lei nº 166/2013 já se encontrarem, de *per se* e *ab initio*, "compatibilizados" com o novo regime, isto é, se os contratos de fornecimento vigentes respeitarem, na sua integralidade, o novo regime? Em tal hipótese, já vimos que uma interpretação que impusesse a sua renegociação encontraria sérios e porventura intransponíveis obstáculos jusconstitucionais. E, de facto, é forçoso reconhecer que se impõe aqui, para encontrar uma interpretação conforme à Constituição com uma "imperfeitamente expressa" correspondência na letra, não deverá ser exigível que os mesmos tenham, ou devam ser, obrigatoriamente revistos (e compatibilizados com o novo regime). A dificuldade vem da opção redaccional do artigo 17º, ao prever genericamente que "**todos** os contratos de fornecimento vigentes à data de entrada em vigor do presente decreto-lei" – sublinhe-se, "todos" – cessam no prazo máximo de 12 meses, e só depois desta afirmação se excluir a cessação no caso de os mesmos serem "revistos e compatibilizados com o novo regime". Nesse caso, poderá estar aqui também em causa o princípio de conservação dos negócios jurídicos, até porque, do outro lado, o nº 2 se refere explicitamente aos "**novos** contratos". E isso mesmo que seja afectada uma relação contratual que ainda tenha dois, três ou até mais anos de vigência futura, ou que isso funcione em prejuízo da parte mais fraca, que não conseguiu evitar a inclusão da cláusula ilícita ou que tem interesse na manutenção da relação contratual.

É verdade que o artigo 17º, nº 1, também não esclarece qual o grau de revisão e de compatibilização com o novo regime que é necessário para evitar a caducidade dos contratos. Bastará, à semelhança do que se retira do nº 2, a revisão de aspectos pontuais inseridos em cláusulas que estejam em desconformidade com o regime jurídico? Ou será necessária uma revisão global de todo o contrato? Julgamos que bastará a primeira hipótese.

Conforme já referimos *supra*, o entendimento de que se deverá proceder a uma revisão global de todo o contrato mesmo quando este se encontre já, de *per se* e *ab initio*, conforme ao regime, é inconstitucional e descabido. E, talvez por isso, a ASAE veio já esclarecer que "[a] norma transitória do artigo 17º implica a necessidade de compatibilização com o disposto no diploma dos contratos vigentes à data da entrada em vigor do Decreto-Lei nº 166/2013 [pelo que] **não implica, deste modo, a**

necessidade de alteração dos contratos que não incluam disposições contrárias ao novo regime jurídico." (sublinhado nosso). Mas... e no que concerne aos restantes contratos? Extinguem-se por mero efeito da lei (ou seja, *ope legis*)? E se assim for, será que tal é sequer aceitável do ponto de vista constitucional, tendo em conta os princípios da liberdade contratual, livre iniciativa económica privada e liberdade de empresa e propriedade? E, noutra vertente, será que uma entidade administrativa como a ASAE pode interpretar uma lei contra a sua própria letra (o que, a verificar-se, vai frontalmente contra a própria Constituição, designadamente o seu artigo 112º)?

14. Apesar de sensata, a interpretação feita pela ASAE, agora revelada no documento publicado na sua página electrónica, não encontra um apoio fácil na letra do próprio Decreto-Lei nº 166/2013. Com efeito, pela combinação da referência a "todos os contratos" (nº 1) e "novos contratos" (nº 2), parece evidente que o legislador terá pretendido (ou, pelo menos, foi isso que consagrou) fazer um *restart* completo de todas as relações jurídicas existentes entre fornecedores e retalhistas, de forma a que, no prazo de um ano a contar da entrada em vigor do Decreto-Lei nº 166/2013, um novo e único regime jurídico passe a ser aplicável a todos as relações comerciais, já existentes ou a existir, que sejam assentes em contratos de fornecimento. Só assim, na verdade, se percebe que o nº 2 do artigo 17º preveja que apenas as "**cláusulas dos novos contratos**", na medida em que "estejam em desconformidade com o regime jurídico previsto" neste diploma, sejam declaradas "nulas".

Ora, uma vez que todos os contratos de fornecimento vigentes à data de entrada em vigor do Decreto-Lei nº 166/2013 têm obrigatoriamente de ser revistos, parece que, na economia da lei, não podem subsistir enquanto tais e têm de ser, no mínimo, *renovados*, no sentido jurídico estrito do termo, só assim podendo passar a entrar no âmbito de aplicação deste nº 2 e ser considerados como "contratos novos".

15. É com base nestes argumentos que nos parece que uma empresa que pretenda a continuação das relações de fornecimento de que dispõe a jusante, deverá, cautelarmente, e não obstante a leitura *ab-rogante* feita pela ASAE desta norma – leitura essa que a própria, aliás, declara não ser vinculativa uma vez que salvaguarda expressamente o facto de que "a interpretação legal competirá sempre, em última instância, e em cada caso, aos Tribunais" – proceder à revisão e compatibilização com o novo regime jurídico de todos os contratos de fornecimento vigentes.

Mais, entendemos que parece razoável que essa revisão e compatibilização possa ser feita através de uma simples adenda aos contratos de fornecimento ora em vigor, em que ambas as partes (*in casu*, a empresa fornecedora e os seus retalhistas/distribuidores) expressem a sua vontade na manutenção das condições contratuais que estejam vigentes (desde que, naturalmente, as mesmas estejam em conformidade com o novo regime).

16. É evidente que a solução legislativa poderá permitir, a quem não tenha interesse em manter certas relações contratuais de fornecimento, fazê-las cessar (desde que os contratos em vigor não respeitem integralmente o Decreto-Lei nº 166/2013) sem sofrer as consequências que teria que suportar se denunciasse unilateralmente o contrato. Nada no presente diploma impõe que qualquer contraente seja obrigado a negociar ou concluir qualquer novo contrato ou revisão do anterior e a manter em vigor as relações contratuais de fornecimento. Tal dará naturalmente origem a comportamentos *oportunistas*, que são notoriamente contrários aos objectivos declarados do legislador em fomentar o equilíbrio contratual como forma de proteger a parte economicamente mais fraca do contrato. De facto, a obrigatoriedade de proceder à revisão e compatibilização com o novo regime jurídico de todos os contratos de fornecimento vigentes abre a porta, pela via legal (ainda que ao arrepio dos princípios da proporcionalidade e da tutela da confiança), a que qualquer um dos contraentes possa optar por fazer cessar a relação contratual existente que, por qualquer motivo, se tenha tornado desinteressante, sem sofrer as consequências que teria que suportar se denunciasse unilateralmente o contrato.

A situação poderá ser ainda mais perversa se esse contraente for a parte mais forte da relação negocial, o que necessariamente irá deixar a outra parte numa posição que poderá ser de extrema fragilidade. No mesmo sentido, qualquer contraente pode simplesmente recusar-se a renegociar os contratos de fornecimento, sem apresentar qualquer justificação para tal, com a consequência de o contrato de fornecimento cessar *ope legis,* e sem que a outra parte possa fazer algo para evitar tal cessação. Uma vez mais, diga-se que o Decreto-Lei nº 166/2013, e neste caso específico, o artigo 17º não apresenta qualquer solução para a resolução deste tipo de problema nem para a tutela dos interesses aqui em presença.

17. Por último, é justo que se questione se o disposto neste artigo (mormente no nº 1) não funcionará como uma derrogação do disposto no artigo 21º, nº 1. É que, apesar dc o diploma estar em vigor, o artigo 17º parece pretender perservar a vigência e validade, ainda que transitória, de contratos contendo disposições incompatíveis com o regime em vigor.

Artigo 18º – Avaliação

1 – O acompanhamento da aplicação do presente decreto-lei compete à DGAE, cabendo-lhe elaborar e publicar, no final do segundo ano a contar da data da respetiva entrada em vigor, e posteriormente com uma periodicidade bienal, com base em dados fornecidos pela ASAE, um relatório sobre a execução do diploma.

2 – O relatório referido no número anterior deve incluir uma avaliação do mecanismo previsto para verificação da venda com prejuízo nos casos em que o desconto consista na atribuição de um direito de compensação em aquisição posterior de bens equivalentes ou de outra natureza.

A. Referências

Correspondência na lei anterior: artigo 15º.

B. Anotação

Nº 1

1. Nos termos do nº 1 do presente artigo, verificamos que "[o] acompanhamento da aplicação do presente decreto-lei compete à DGAE [Direcção-Geral das Actividades Económicas]", a quem compete elaborar um relatório "com base em dados fornecidos pela ASAE", ou seja, com base nos relatórios bienais que esta autoridade deve também elaborar, nos termos do artigo 15º.

Em resultado desta obrigação de acompanhamento e elaboração e publicação de um relatório sobre a execução do diploma, numa primeira fase, no final do segundo ano a contar da data da entrada em vigor do Decreto-Lei nº 166/2013, e posteriormente com uma periodicidade bienal, cabe à DGAE 10% do produto das coimas e outras sanções cobradas por infracções ao disposto no Decreto-Lei nº 166/2013, nos termos da alínea *c)* do nº 1 do artigo 14º. A mesma obrigação está prevista, como referido *supra,* para a ASAE (artigo 15º), vindo também descrita no preâmbulo do Decreto-Lei nº 166/2013, onde consta que a aplicação deste diploma deverá ser acompanhada pela DGAE que, "**em articulação com a ASAE**", deverá "elabora[r] um relatório no final do segundo ano a contar da data da respectiva entrada em vigor, do qual deve constar a avaliação do mecanismo previsto para a verificação da venda com prejuízo, nos casos em que o desconto consista na atribuição de um direito de compensação em aquisição posterior de bens equivalentes ou de outra natureza" (sublinhado nosso).

2. A este respeito dizemos apenas que as mesmas preocupações de "operacionalidade e eficácia à máquina de vigilância e contraordenação" que justificam a integração e concentração das "funções de fiscalização económica"[368] não valem, pelo menos com a mesma força, para a atribuição das competências de acompanhamento da aplicação do diploma exclusivamente à ASAE.

Nº 2

3. O nº 2 esclarece apenas que do relatório sobre a execução do Decreto-Lei nº 166/2013, deve constar, obrigatoriamente, "uma avaliação do mecanismo previsto para verificação da venda com prejuízo nos casos em que o desconto consista na atribuição de um direito de compensação

[368] Palavras do Sr. Secretário de Estado Adjunto da Economia e Desenvolvimento Regional, Dr. Almeida Henriques, no debate na generalidade da PPL 126/XII, cit.

em aquisição posterior de bens equivalentes ou de outra natureza", i.e. uma avaliação específica da aplicação do nº 5 do artigo 5º do diploma. Estamos, pois, perante uma prova de que até para o próprio legislador a aplicação deste normativo não está isenta de problemas e dúvidas na sua interpretação e, mais problemático, na sua aplicação prática. Ao contrário do que ficou referido *supra* quanto aos relatórios de execução elaborados pela ASAE nos termos do artigo 15º, prevê-se expressamente que os relatórios sobre a execução do Decreto-Lei nº 166/2013 elaborados pela DGAE sejam publicados, o que se saúda tendo em conta a transparência e a necessidade de visibilidade da actividade da ASAE na aplicação do regime das práticas restritivas do comércio. O legislador não esclarece, todavia, em que local é que tais relatórios devem ser publicados. Pensamos, no entanto, fazer todo o sentido que os mesmos sejam publicados em Diário da República e no sítio electrónico da DGA e da ASAE, em analogia com o artigo 5º, nº 8 da Lei da Concorrência.

Artigo 19º – Transição de processos

1 – Os processos contraordenacionais por infração ao Decreto-Lei nº 370/93, de 29 de outubro, alterado pelos Decretos-Leis nºs 10/2003, de 18 de janeiro, e 140/98, de 16 de maio, que se encontrem pendentes em fase de instrução na Autoridade da Concorrência no 30º dia anterior à data da entrada em vigor do presente decreto-lei são remetidos oficiosamente à ASAE.

2 – Nos casos a que se refere o número anterior, os prazos processuais ou substantivos suspendem-se no 30º dia anterior à data da entrada em vigor do presente decreto-lei, reiniciando-se a contagem no 30º dia posterior à referida data.

A. Referências

Correspondência na lei anterior: Não existia qualquer norma correspondente a esta disposição na legislação anterior.

B. Anotação

Nº 1

1. O artigo 19º regula a transição dos processos que se encontravam pendentes, "em fase de instrução na Autoridade da Concorrência" no 30º dia anterior à data de entrada em vigor do Decreto-Lei nº 166/2013, que ocorreu a 25 de Fevereiro de 2014 (ou seja, 60 dias após a sua publicação). De forma a salvaguardar uma transição harmoniosa dos processos pendentes para a ASAE, o legislador consagrou expressamente uma excepção para a data de entrada em vigor da norma que regula essa transição. Por conseguinte, o presente artigo 19º entrou em vigor no dia seguinte ao da publicação do diploma, ou seja, a 28 de Dezembro de 2013, nos termos do nº 2 do artigo 21º.

2. Nos termos do nº 1, verifica-se que, para ocorrer a transição oficiosa para a ASAE dos processos contra-ordenacionais que foram abertos ao abrigo do Decreto-Lei nº 370/93, estes têm de se encontrar (i) pendentes na AdC; (ii) essa pendência se verifique durante a fase de instrução; (iii) no 30º dia anterior à data de entrada em vigor do Decreto-Lei nº 166/2013 (ou seja, 26 de Janeiro de 2014). Dito de outro modo, só os processos contra-ordenacionais abertos ao abrigo do Decreto-Lei nº 370/93 que se encontrem em fase de instrução na AdC a 26 de Janeiro de 2014 é que serão transitados para a ASAE. No fundo, o diploma dava à AdC 30 dias para concluir a instrução de processos de contra-ordenação que tivesse em curso e quisesse decidir.

Nº 2

3. Mais dificuldades suscita o nº 2 que, no caso referido no nº 1, "os prazos processuais ou substantivos suspendem-se no 30º dia anterior à data da entrada em vigor do presente decreto-lei, reiniciando-se a contagem no 30º dia posterior à referida data". Ou seja, para a transição para a ASAE dos processos contraordenacionais pendentes, o diploma prevê a suspensão da contagem do prazo no mesmo dia em que a pendência desses processos na AdC se tem de verificar. Mas se o termo inicial da suspensão é claro, não é tão clara a lei quanto ao termo final da suspensão. Com efeito, a letra da lei comporta duas leituras fundamentais: para uma, a suspensão é levantada no 30º dia posterior à data da suspensão; noutra leitura, também possível, a suspensão cessa no 30º dia posterior à data da entrada em vigor do Decreto-Lei nº 166/2013, i.e. a 27 de Março de 2014. Impõe-se, por conseguinte, a maior das precauções na definição rigorosa das condições em que se permite a suspensão dos prazos de prescrição, em razão dos imediatos efeitos que a suspensão de um processo concreto tem no prolongamento temporal do período durante o qual se mantém a incerteza sobre a presunção de inocência de que beneficia o acusado. Consequentemente, a definição das causas de suspensão (e, do mesmo modo, das causas de interrupção) dos prazos de prescrição terá obrigatoriamente de ser descrita de um modo totalmente preciso e claro, sujeitando-se às exigências decorrentes da aplicação rigorosa do princípio da tipicidade e devendo, a todo o custo, evitar que se caia no âmbito de disponibilidade discricionária (e muito menos arbitrária) das autoridades públicas e da perpetuação do procedimento contra-ordenacional[369].

4. A nosso ver, esta disposição não pode aplicar-se aos prazos de prescrição do procedimento por contra-ordenação que estejam em curso, os quais se regem pela lei do momento da prática do facto, sob pena de retroactividade *in malam partem* vedada pelo RGCO (artigo 3º) e, antes e acima dele, pela Constituição (artigo 29º).

Artigo 20º – Norma revogatória

São revogados:

a) **O Decreto-Lei nº 370/93, de 29 de outubro, alterado pelo Decretos-Leis nºs 140/98, de 16 de maio, e 10/2003, de 18 de janeiro;**

b) **A alínea *b)* do nº 1 do artigo 5º do Decreto-Lei nº 10/2003, de 18 de janeiro.**

[369] Para mais desenvolvimentos, e com indicações bibliográficas e de jurisprudência relevante, cfr. José Lobo Moutinho/Henrique Salinas, «Artigo 31º», in *Lei da Concorrência – Comentário Conimbricense* (M. Gorjão-Henriques, Dir.; Manuel Lopes Porto/J.L. da Cruz Vilaça/Carolina Cunha/Miguel Gorjão-Henriques et. al., Coords.), Almedina, Coimbra, 2013, pp. 329-356.

A. Referências

Correspondência na lei anterior: Não existia qualquer norma correspondente a esta disposição na legislação anterior.

B. Anotação

1. Com a entrada em vigor do Decreto-Lei nº 166/2013, nos termos do artigo 20º, o anterior regime das práticas restritivas do comércio foi revogado. Ou seja, o presente artigo procede à revogação expressa, sistemática e total do Decreto-Lei nº 370/93, de 29 de Outubro, na redacção em vigor à data da publicação do presente diploma, que é a que resulta das alterações efectuadas pelo Decreto-Lei nº 140/98, de 16 de Maio, e pelo Decreto-Lei 10/2003, de 18 de Janeiro.

Trata-se também aqui[370] de uma revogação expressa, pois o Decreto-Lei nº 370/93 é "revogado por outra lei" através de "declaração expressa" (artigo 7º, nº 1 e 2 *ab initio,* do Código Civil). Mas também de uma revogação sistemática, pois a revogação do Decreto-Lei nº 370/93 resulta também, quer "da incompatibilidade entre as novas disposições e as regras precedentes" (*lex posterior derogat lex anterior*), quer da "circunstância de a nova lei regular toda a matéria da lei anterior".

2. A alínea *b)* vem apenas esclarecer que a alínea *b)* do nº 1 do artigo 5º do Decreto-Lei nº 10/2003, de 18 de Janeiro, diploma que criou a Autoridade da Concorrência e aprovou os seus Estatutos, é também revogada. Estava aí expressamente prevista o exercício pela AdC de todas as competências atribuídas pelo Decreto-Lei nº 370/93, de 29 de Outubro.

[370] Miguel Gorjão-Henriques, «Artigo 99º», in *Lei da Concorrência – Comentário Conimbricense* (M. Gorjão-Henriques, Dir.; Manuel Lopes Porto/J.L. da Cruz Vilaça/Carolina Cunha/Miguel Gorjão-Henriques et. al., Coords.), Almedina, Coimbra, 2013, pp. 924-925.

Artigo 21º – Entrada em vigor

1 – O presente decreto-lei entra em vigor 60 dias após a data da sua publicação.

2 – Sem prejuízo do disposto no número anterior, o artigo 19º do presente decreto-lei entra em vigor no dia seguinte ao da sua publicação.

A. Referências

Correspondência na lei anterior: artigo 8º do Decreto-Lei nº 370/93 (***Entrada em vigor***) *O presente diploma entra em vigor no dia 1 de Janeiro de 1994.*

B. Anotação

Nº 1

1. A chamada lei formulária (Lei nº 74/98, de 11 de Novembro) determina que "[o]s actos legislativos e os outros actos de conteúdo genérico entram em vigor no dia neles fixado, não podendo, em caso algum, o início da vigência verificar-se no próprio dia da publicação" (artigo 2º, nº 1). Uma vez que o Decreto-Lei nº 166/2013 determina o seu momento de entrada em vigor – 60 dias, contados a partir do dia imediato ao da publicação, a 27 de Dezembro de 2013 (artigo 2º, nº 4) – não se aplicam os prazos de *vacatio legis* referidos nos nºs 2 e 3 do artigo 2º, da referida Lei nº 74/98.

Desta forma, o Decreto-Lei nº 166/2013, publicado a 27 de Dezembro de 2013, entrou em vigor a **25 de Fevereiro de 2014**.

2. Verifica-se apenas uma alteração relativamente à PPL 126/XII, que previa um prazo de *vacatio legis* de apenas 30 dias. Trata-se de uma medida positiva mas insuficiente, dada a complexidade do novo regime, as dúvidas substanciais sobre o sentido e alcance das alterações introduzidas e o impacto do novo enquadramento sancionatório, caracterizado por um agravamento brutal das coimas o que, conforme referido anteriormente, introduz um elevado grau de incerteza e risco para a normal actividade económica.

Nº 2

3. Também com carácter inovatório face à PPL 126/XII, o Decreto-Lei nº 166/2013 vem introduzir um novo número no artigo 21º, visando essencialmente salvaguardar a especificidade dos casos referentes à transição de processos da Autoridade da Concorrência para a ASAE. Prevê então o artigo 21º, nº 2 que "[s]em prejuízo do disposto no número anterior [isto é, da entrada em vigor do diploma ocorrer 60 dias após a data da publicação], o artigo 19º do presente decreto-lei entra em vigor no dia seguinte ao da sua [do Decreto-Lei nº 166/2013] publicação".

Desta forma, o artigo 19º do Decreto-Lei nº 166/2013 entrou em vigor a 28 de Dezembro de 2013.

ÍNDICE GERAL

I. PREFÁCIO 5

II. DECRETO-LEI Nº 166/2013, DE 27 DE DEZEMBRO 9

III. LEI Nº 31/2013, DE 10 DE MAIO 23

IV. COMENTÁRIO 25

Preâmbulo (Miguel Gorjão-Henriques) 27

Artigos 1º a 8º (Miguel Gorjão-Henriques)[371]

Artigo 1º 81

Artigo 2º 82

Artigo 3º 112

Artigo 4º 120

Artigo 5º 127

Artigo 6º 177

Artigo 7º 193

Artigo 8º 214

Artigos 9º e 10º (José Lobo Moutinho)[372]

Artigo 9º 222

Artigo 10º 232

[371] Com a colaboração de Luís Bordalo e Sá.

[372] Com a colaboração de David Silva Ramalho.

Artigos 11º a 21º (Miguel Gorjão-Henriques)[373]

Artigo 11º 273
Artigo 12º 277
Artigo 13º 278
Artigo 14º 284
Artigo 15º 285
Artigo 16º 286
Artigo 17º 290
Artigo 18º 309
Artigo 19º 311
Artigo 20º 313
Artigo 21º 315

V. ÍNDICE 317

[373] Com a colaboração de Luís Bordalo e Sá.